2 Coleção
Ciências e Culturas

Coordenação Científica da Colecção Ciências e Culturas
João Rui Pita e Ana Leonor Pereira

Os originais enviados são sujeitos a apreciação científica por *referees*

Coordenação Editorial
Maria João Padez Ferreira de Castro

Edição
Imprensa da Universidade de Coimbra
Email: imprensa@uc.pt
URL: http://www.uc.pt/imprensa_uc

Design
António Barros

Pré-Impressão
António Resende
Imprensa da Universidade de Coimbra

Capa
António Barros, com imagem de *E. M. de Melo e Castro*, 2003
[Fractal original gerado no Fractint com tratamento no Photoshop 7.0];
Cortesia: António Barros

Print By
CreateSpace

ISBN
978-989-8074-12-6

ISBN Digital
978-989-26-0469-5

DOI
https://doi.org/10.14195/978-989-26-0469-5

Depósito Legal
263457/07

Os volumes desta coleção encontram-se indexados e catalogados
na Basedados da Web of Science.

Ana Leonor Pereira
João Rui Pita
(Coordenação)

Rotas da Natureza
Cientistas
Viagens
Expedições
Instituições

I
IMPRENSA DA UNIVERSIDADE DE COIMBRA
COIMBRA UNIVERSITY PRESS
U

• COIMBRA 2006

Sumário

Nota Introdutória

Nos dias 30 de Junho, 1 e 2 de Julho de 2003, a Faculdade de Letras da Universidade de Coimbra recebeu o *Colóquio Internacional Rotas da Natureza, Cientistas, Viagens, Expedições e Instituições.* Este Colóquio assinalou os 10 anos da fundação da *Red de Intercambios para la Historia y la Epistemologia de las Ciencias Químicas y Biológicas RIHECQB*, rede de investigação a que pertencemos desde a sua fundação. Este Colóquio foi considerado a XII Reunión Internacional da RIHECQB.

A obra que agora se publica resulta da reunião dos textos que nos foram enviados pelos autores e participantes no Colóquio e que serviram de base às comunicações apresentadas. Nalguns casos, o título do texto não é exactamente igual ao título da comunicação apresentada, mas estas pequenas variações não afectam a identidade do produto inicial e final. A actualidade e originalidade dos textos mantêm-se apesar do significativo intervalo de tempo que já nos separa do Verão de 2003. Finalmente, conseguimos reunir as condições materiais e editoriais para dar à estampa este memorável volume.

O Grupo de História e Sociologia da Ciência do Centro de Estudos Interdisciplinares do Século XX (CEIS20) da Universidade de Coimbra, mais concretamente os coordenadores do mesmo, tiveram a seu cargo este Colóquio Internacional. Deve dizer-se que a natureza do Colóquio e a sua organização inseriram-se no âmbito das actividades do Grupo de História e Sociologia da Ciência do CEIS20.

Este desafio foi-nos proposto pela Coordenadora Geral da Rede, Prof.ª Doutora Patrícia Aceves Pastrana, e pela Coordenadora da Rede para Portugal, Prof.ª Doutora Ana Luísa Janeira. Aceitámos imediatamente esta tarefa da maior responsabilidade e pudemos chegar a bom termo com o apoio científico, material e logístico de diversas instituições e personalidades. Em diversas fases da organização do presente Colóquio foram importantes para nós as palavras sapientes e amigas da Comissão Científica, e em particular da Coordenadora Geral da Rede e da Coordenadora da Rede para Portugal. O diálogo fecundo que fomos travando facilitou bastante a arquitectura organizacional deste encontro em três dias que envolvia um número elevado de participantes e de comunicantes e um programa científico tendo como pano de fundo os objectivos da Rede.

Na Universidade de Lisboa, nos três dias anteriores a este Colóquio, realizou-se um outro Colóquio Internacional, tendo sido responsáveis pela organização do mesmo os Profs. Doutores Ana Luísa Janeira e José Augusto Mourão e as Dr.ªs Isabel Cruz e Alexandra Escudeiro. Com a Comissão Organizadora deste Colóquio houve mais do que sintonia e convergência de interesses e de objectivos. Foi uma experiência inesquecível e muito fecunda de bom entendimento pessoal e institucional entre Lisboa - Coimbra - Lisboa. Para muitos participantes, como foi caso de todos os organizadores de Lisboa e de Coimbra, foram seis dias de Colóquio, seis dias longos, muito intensos pela abundância extraordinária de informação nova e de situações dialógicas muito criativas, tanto em Lisboa como em Coimbra.

Só o Colóquio de Coimbra contou com a participação de mais de cem inscrições e cerca de sete dezenas de conferências e comunicações como se verifica no livro de resumos então editado e agora retomado. Os comunicantes eram provenientes de diversos países da Europa, do Continente Americano e da Ásia: Portugal, Espanha, França, México, Brasil, Argentina, Perú e Japão. Além de investigadores seniores, também comunicaram alguns investigadores em formação, mestrandos e doutorandos, cumprindo-se assim o nosso objectivo de provocar o diálogo entre as diferentes gerações de estudiosos, provenientes de variadas instituições e centros de investigação.

A organização do Colóquio só foi possível com a colaboração directa de algumas pessoas e os patrocínios e apoios de diversas instituições. Desde logo, uma palavra de muito apreço e de agradecimento pela colaboração prestada pela Assessora, Dr.ª Isabel Maria Luciano, pela técnica profissional do ceis20, Sr.ª D. Ângela Lopes e, ainda, pela estudante da fluc, Joana Brites.

A Comissão Científica do Colóquio foi constituída por:
Prof.ª Doutora Patricia Aceves Pastrana (México e Coordenadora Geral da Rede);
Prof.ª Doutora Ana Luísa Janeira (Portugal, delegada da rede no nosso país);
Prof.ª Doutora Ana Goldfarb (Brasil);
Profª Doutora Celina Lertora (Argentina);
Prof. Doutor Javier Puerto (Espanha);
Prof.ª Doutora Márcia Ferraz (Brasil);
Prof. Doutor Patrice Bret (França).

À Reitoria da Universidade de Coimbra, na pessoa do seu Pró-Reitor para a Cultura, Prof. Doutor João Gouveia Monteiro, o nosso agradecimento por todo o apoio e disponibilidade. À Faculdade de Letras da Universidade de Coimbra agradecemos a cedência das salas, do Teatro Paulo Quintela e do espaço para a instalação do secretariado na sala dos Professores, bem como toda a sua capacidade de receber bem todos os participantes.

O Colóquio teve o patrocínio da *Fundação para a Ciência e a Tecnologia* — fct (Apoio do Programa Operacional Ciência, Tecnologia, Inovação do Quadro Comunitário de Apoio iii), o patrocínio da Fundação Calouste Gulbenkian e da Fundação Engenheiro António de Almeida. Igualmente indispensável foi o apoio da Fundação Passos Canavarro, do Instituto de Investigação Interdisciplinar da Universidade de Coimbra e da indústria farmacêutica Baxter. A todas estas instituições o nosso agradecimento pelas verbas que nos garantiram a organização do Colóquio, a estadia em Coimbra de conferencistas convidados, a concepção e impressão de cartazes divulgativos, a edição do livro de resumos e do presente volume.

À Câmara Municipal de Coimbra e ao Governo Civil do Distrito de Coimbra que muito dignamente ofereceram ao vasto público duas recepções, uma delas, a do Governo Civil, com fados de Coimbra, a viva gratidão de todos os participantes e da organização. Outras instituições apoiaram por diversos modos o Colóquio: Fundação Bissaya Barreto, Museu Nacional da Ciência e da Técnica Prof. Mário Silva, Região de Turismo do Centro, BPI, Cafés Delta, Caves Messias, Águas do Cruzeiro, Livraria Minerva e In Vivo-Revista Mensal de Saúde — para todos deixamos registado o nosso reconhecimento.

A edição do presente volume e a organização do Colóquio articulam-se necessariamente com os interesses e projectos científicos do Grupo de História e Sociologia da Ciência do CEIS20: *Público e Privado: História Ecológico-Institucional do Corpo (1900-1950). O caso português (POCTI / HAR / 49941 / 2002)*; *História da Farmácia em Portugal (1900-1950). I / HISTOFAR*; *Egas Moniz: vida e obra de um Prémio Nobel / EMPNOBEL*. A edição da presente obra encerra o ciclo do *Colóquio Internacional Rotas da Natureza, Cientistas, Viagens, Expedições e Instituições* realizado na Universidade de Coimbra nos dias 30 de Junho e 1 e 2 de Julho de 2003. Tivemos muita honra em colaborar nas comemorações dos 10 anos da fundação da *Red de Intercambios para la Historia y la Epistemologia de las Ciencias Químicas y Biológicas RIHECQB*, pois é uma instituição dinamizadora do conhecimento científico, da partilha de experiências de ensino e de investigação e de diálogo entre valores e culturas muito distintas.

Coimbra, Julho de 2006

João Rui Pita

Ana Leonor Pereira

PARTE I

•

ABERTURA

Patricia Aceves Pastrana

Universidad Autónoma Metropolitana - Unidad Xochimilco, México

LAS RUTAS HISTORIOGRÁFICAS DE LA RED DE INTERCÂMBIOS PARA LA HISTORIA Y LA EPISTEMOLOGIA DE LAS CIÊNCIAS QUÍMICAS Y BIOLÓGICAS

Introducción

Queridas y queridos colegas, a nombre de los miembros de la Red de Intercambios para la Historia y la Epistemología de las Ciencias Químicas y Biológicas (RIHECQB), para mí es un honor pronunciar la conferencia de apertura en esta solemne y feliz sesión inaugural de los trabajos de la XII Reunión de la RIHECQB. Antes de entrar en materia, deseo agradecer encarecidamente a los organizadores de este evento por todos los desvelos pasados y por pasar, para recibirnos en Portugal; en especial a la Dra. Ana Luisa Janeira y al Comité Organizador encabezado por los doctores Isabel Cruz, Jose Augusto Mourao, Ana Leonor Pereira y Joao Rui Pita. También deseo dar las gracias a las instituciones que nos han acogido: el Centro Interdisciplinario de Ciencia Tecnología y Sociedad de la Universidad de Lisboa, el Centro Interdisciplinario del Siglo xx de la Universidad de Coimbra y el grupo de Historia y Sociología de la Ciencia de esta última. Asimismo reciban nuestro reconocimiento, todos aquellos que han respondido a la convocatoria de los organizadores.

En los últimos nueve años, la RIHECQB ha logrado publicar los resultados de sus investigaciones en diez volúmenes: siete en la Colección *Estudios de Historia Social de las Ciencias Químicas y Biológicas*, dos en los *Anais da Sociedade Brasileira de História da Ciencia*, y uno en la *Collection de Travaux de l'Académie Internationale d'Histoire des Sciences*. Esta pequeña biblioteca representa varios millares de páginas que recogen cientos de contribuciones elaboradas por investigadores provenientes principalmente de once países: México, Brasil, Argentina, Venezuela, España, Portugal, Francia, Inglaterra, Bélgica, Australia y Estados Unidos.

A lo largo de su primera década de existencia, la RIHECQB ha podido consolidar sus líneas de investigación y sus espacios académicos. En la actualidad los distintos grupos de investigación que la conforman, han sabido crear escuela en sus respectivos países, además de establecer y extender fructíferos intercambios con la comunidad internacional. A través de años de intensa actividad, los integrantes de la Red hemos aprendido de todos y también hemos tenido tiempo para iniciar y refrendar una y otra vez, profundos lazos de amistad, respeto y confianza; sobre la base de las ininterrumpidas reuniones que año con año hemos efectuado en diversos lugares.

Hoy, que conmemoramos la primera Reunión de nuestra Red realizada en esta bella ciudad de Lisboa hace casi diez años, vale la pena recordar parte de la memoria que en conjunto hemos construido y que alegres festejaremos durante los días de este feliz reencuentro.

Antecedentes

La Red de Intercambios para la Historia y la Epistemología de las Ciencias Químicas y Biológicas surgió en 1992 por la iniciativa de un grupo de académicos afiliados a la Sociedad Latinoamericana de Historia de la Ciencia y la Tecnología, que fuimos invitados por la Dra. Ana María Alfonso Goldfarb al «Congreso América 92» realizado en Sao Paulo Brasil y Rio de Janeiro en agosto de 1992. Durante la semana que duró este magno evento varios historiadores de las ciencias químicas y farmacéuticas reflexionamos sobre la urgente necesidad de construir un lugar común de encuentro y los mecanismos para establecer la comunicación y el intercambio de información entre los investigadores provenientes de disciplinas diversas y de distintas regiones geográficas; con el fin de integrar una visión de conjunto del desarrollo de estos campos.

Así las cosas, el último día del Congreso ante un suculento plato de Bacalao pudimos concretar el proyecto de lo que bautizamos como la Red de Intercambios para la Historia y la Epistemología de las Ciencias Químicas y Biológicas, siendo sus progenitoras y madrinas: las doctoras Ana María Alfonso Goldfarb y Marcia Mendes Ferraz de Brasil, la Dra. Celina Lértora de Argentina, la Dra. Ana Luisa Janeira de Portugal y por México, una servidora. En aquel momento también decidimos integrar a la directiva de la Red al Dr. Javier Puerto Sarmiento de España, al Dr. Pedro Pruna de Cuba y a la Dra. Hebe Vesuri de Venezuela. Si bien, en la práctica nunca fue posible incorporar a estos dos últimos profesores, en el camino se nos unió la Dra. Luzia Aurelia Castañeda de Brasil y el Dr. Patrice Bret de Francia.

La agenda de trabajo para el futuro cercano incluía dar a conocer esta Red en nuestras instituciones y países, además de organizar dos eventos académicos, para reencontrarnos en el verano de 1993. Así lo hicimos y al siguiente año pudimos reunirnos, en el mes de agosto, por iniciativa de la Dra. Alfonso Goldfarb, en el Simposio «Historia de los estudios médicos y químicos de las aguas minerales (siglos XVI-XIX)» dentro del Congreso Internacional de Historia de la Ciencia realizado en Zaragoza España. Pocos días después, nos veríamos nuevamente en la primera Reunión la RIHECQB realizada en Lisboa el 2 de septiembre de 1993, misma de la que hoy conmemoramos su X aniversario.

A partir de ese momento comenzaría el desarrollo de un sueño y de un proyecto académico, cuyos resultados superarían con creces nuestras expectativas iniciales; aun a pesar del paso de los años transcurridos, las distancias por recorrer y nuestras personalidades diversas. En los minutos que me restan presentaré un resumen apretado de los objetivos, desarrollo, mecanismos de acción, resultados y balance historiográfico de las publicaciones de la Red.

La estructura de la RIHECQB

Desde el inicio de nuestra Red, los investigadores que la integramos hemos organizado su actividad sobre la base de los objetivos siguientes:

• Vincular a los grupos de investigación regionales e internacionales interesados en la historia y la epistemología de las ciencias químicas y biológicas.
• Promover la comunicación y el intercambio de información entre sus miembros.
• Proporcionar a los investigadores un foro de análisis y discusión de los estudios generados en este campo.
• Organizar reuniones académicas para la presentación de los avances de investigación.
• Promover la realización de publicaciones temáticas.

Al mismo tiempo y con el propósito de agrupar a sus miembros y facilitar los intercambios entre ellos se establecieron los nudos temáticos que ha continuación se mencionan:

• La materia y sus transformaciones: aspectos filosóficos, sociológicos e históricos.
• Intercambios científico-técnicos en la metalurgia y en la mineralogía.
• Industria y ciencias químicas y biológicas.
• Sanidad y salud.
• Naturaleza y sociedad.
  Comunicación y semiótica de las ciencias químicas y biológicas (representaciones, espacios y discursos).
• Sociedad, ciencia y valores.

Debido a que las temáticas precedentes son cultivadas por un número considerable de académicos, paulatinamente y de manera natural se ha ido incrementando el número de investigadores participantes en la Red.

En cuanto al Consejo Directivo de la RIHECQB, ha estado integrado con los académicos que se mencionan enseguida:

Coordinadora General: Dra. Patricia Aceves, México.
Coordinadores por país:
Dra. Celina Lértora, Argentina.
Dra. Ana María Alfonso Goldfarb, Brasil.
Dr. Francisco Javier Puerto Sarmiento, España.
Dr. Patrice Bret,Francia.
Dra. Ana Luisa Janeira, Portugal.

Los estudios comparativos: la realización de un proyecto

Con el fin de dar cumplimiento a los objetivos de la RIHECQB, año tras año el Consejo Directivo acordó la temática eje para la próxima reunión; temática que también articuló los trabajos a integrar en la publicación siguiente. Así, con doce meses o más de anticipación los distintos grupos de investigación participantes unen sus esfuerzos en torno a un proyecto común y asumen el compromiso de discutir los resultados obtenidos en el próximo encuentro. Esta dinámica de trabajo renovada una y otra vez, nos ha permitido aprovechar la capacidad de los miembros de la RIHECQB, extender nuestras redes, madurar en paralelo y elaborar publicaciones de gran calidad.

Hasta el momento los intereses de investigación de la RIHECQB, publicados en diez volúmenes, han girado principalmente alrededor de dos grandes áreas del conocimiento:

- La historia de las ciencias, las ideas y las técnicas químicas y biológicas.
- La historia de los saberes profesionales y populares sobre las enfermedades y las terapias para mantener el cuerpo y el alma sanos[1].

Una característica singular de nuestra pequeña biblioteca es que trata de recuperar la gran diversidad cultural alrededor de temas comunes, en un esfuerzo por explicar los intercambios científicos y culturales entre las metrópolis y sus colonias, así como sus influencias recíprocas tanto positivas como negativas. Este ha sido un intento exitoso de integrar la historia del espacio iberoamericano, que en muchos de los casos ha desbordado sus fronteras y abarca otras regiones.

Las investigaciones contenidas en los dos grandes apartados mencionados, presentan múltiples caras y ramificaciones hacia la farmacia, la medicina, la química, la biología, la metalurgia y la industria; y nos permiten recorrer un territorio, donde la multiplicidad rebasa toda definición *a priori,* y nos conduce a historias en proceso de hacerse, que se parecen menos a la marcha triunfal y positiva de la historiografía tradicional de las ciencias. Historias plurales que nos hablan de ciencias tremendamente viejas y modernas a la vez, con sus éxitos y equivocaciones. Herederas de las técnicas más antiguas que han definido a la humanidad y que continúan haciendo aportes de primera línea[2].

Este espacio historiográfico dilata aún más sus alcances si tomamos en cuenta su extensión en el tiempo. Si bien una gran parte de las contribuciones aluden a los siglos XVIII y XIX, el resto se refiere a otros periodos históricos más remotos: la antigüedad grecolatina, la Edad Media, las culturas prehispánicas, el Renacimiento y las revoluciones científicas del siglo XVII.

Las tematicas analizadas

La mayoría de las temáticas expuestas por los autores pueden caer en las divisiones siguientes:

- Fuentes para la historia de las ciencias químicas y biológicas en Europa y América.
- Materia médica y farmacia de la antigüedad al siglo XIX.
- Tradición e innovación en los saberes teóricos prácticos y técnicos.
- Introducción, adopción y aplicación de los postulados de la química moderna en territorio iberoamericano, en particular en el terreno de la medicina, la farmacia y la metalurgia.

---

[1] Retomo estas dos grandes áreas del conocimiento y algunas ideas del *Prólogo* escrito por mi colega el Dr. Adolfo Olea Franco para el volumen 5 de los *Estudios e Historia Social de la ciencias Químicas y Biológicas.*

[2] Bensaude-Vincent, Bernadette, *Histoire de la chimie*, Paris, Éditions La Découverte, 1993.

- Procesos de profesionalización e institucionalización de la química y la farmacia en los siglos XVII al XIX,

La geografía del saber dibujada en las distintas publicaciones de la RIHECQB, refleja la gran riqueza de las alternativas historiográficas presentadas por los autores y proporciona varios planos de interpretación donde se superpone lo mundial, lo nacional y lo regional.

Por un lado, la historia de las prácticas instrumentales y los oficios nos permite rastrear de qué manera las ciencias van conformando sus objetos de estudio a partir de un conjunto de operaciones y técnicas instrumentales. En un movimiento complementario, podemos analizar cómo los discursos epistemológicos forjados por los científicos van legitimando sus prácticas experimentales. Desde otro ángulo, el estudio de las ideas y los conceptos que integran una teoría no tiene por qué ser contrario a preguntarse por las condiciones materiales y culturales que las posibilitaron, a entender el contexto social, político y económico donde se originaron.

En los volúmenes editados, a través de la obra de científicos prominentes se puede acceder a un colectivo, definido no solamente por sus anclajes institucionales, sino también por sus prácticas comunes de laboratorio y de lenguaje. Junto a estos grandes nombres, también aparecen personajes de la historia local que ayudaron a forjar las tradiciones e instituciones científicas y que nos permiten ahondar en las particularidades de cada caso. De este modo, al revisar las distintas tradiciones de investigación, uno cae en la cuenta de que en cada época no existe un consenso de opiniones y una homogeneidad de prácticas. Sin lugar a dudas, la situación se rebela más compleja para la historia de las ciencias médicas, farmacéuticas, químicas y biológicas, donde en diferentes momentos coexisten en tensión teorías y prácticas antiguas y modernas. Para seguir de cerca los conflictos y negociaciones implícitos en estas tensiones y escribir una historia más humana y real, es necesario dejar atrás la tentación de simplificarlo todo a la victoria de un paradigma sobre otro, ya que ninguna teoría científica se impone por ella misma, como una luz que ahuyenta la tinieblas.

Por último, la historia de las instituciones nos sitúa en la nivel donde se define la cientificidad de las ciencias y se reproduce su cultura. La creación de nuevas instituciones, periódicos científicos, convenciones de nomenclatura, reglamentos y premios, son elementos que contribuyen al establecimiento de una ciencia académica, y a su legitimación social y política entre las prácticas sociales.

En resumen, el conjunto de los trabajos que integran los volúmenes de la RIHECQB nos permiten entender las manifestaciones científicas y culturales desarrolladas en los nuevos países surgidos a sangre y fuego a partir de la llegada de los europeos a tierras americanas, y delinean una gama de problemáticas que bajo distintos enfoques presentan diferentes matices de la reflexión histórica, epistemológica y sociológica. El amplio espectro del espacio temático permite acceder a diferentes aspectos del quehacer científico. Por un lado están las teorías científicas, la bibliografía y los desafíos científico-técnicos del momento; por el otro, podemos encontrar las técnicas y los métodos utilizados en el laboratorio y los aspectos técnicos de la incipiente industria química. Asimismo, no podían quedar fuera las expediciones y comunidades científicas, los centros de enseñanza e investigación y el papel del Estado en estos ámbitos. Por último, también se evidencia la vinculación existente entre los campos de la química, la medicina, la botánica, la farmacia, la mineralogía y la metalurgia.

Las metas logradas

En estos diez años los miembros de la RIHECQB hemos acumulado un paquete importante de logros y aportaciones. Á continuación se citan los más significativos.

1. Publicación de estudios temáticos comparativos de historia de las ciencias químicas, farmacéuticas y biológicas.

2. Formación de recursos humanos en estas áreas mediante la dirección de tesis de grado y posgrado en historia de la ciencia.

3. Apertura de nuevos espacios académicos, tales como proyectos y grupos de investigación, así como programas de estudio en Historia de la Ciencia de grado y posgrado.

4. Socialización de los resultados de investigación en diversos foros académicos y publicaciones especializadas.

5. Consolidación en el ámbito internacional del grupo de investigadores que conforman la RIHECQB y de sus diversas publicaciones. En esta línea de acción se realizaron once reuniones internacionales, cinco Simposia internacionales y dos cursos de historia de la química. Además se editaron siete volúmenes de la Colección *Estudios de Historia Social de las Ciencias Químicas y Biológicas*, dos volúmenes de los *Anais da Sociedade Brasileira de História da Ciência* y un volumen de la *Collection de Travaux de l'Académie Internationale d'Histoire des Sciences*.

Los logros que acabo de referir fueron posibles gracias a la gran capacidad, entusiasmo, interés, esfuerzo y compromiso sostenido por el núcleo de investigadores que conforman la directiva de la RIHECQB, quienes supieron sumar a un número cada vez mayor de colegas y alumnos que nos han honrado con su participación en esta empresa intelectual colectiva tan exitosa.

Todo mi reconocimiento, admiración, respeto y amor a mis queridos compañeros de aventura. Gracias por brindarnos generosamente su inmensa sabiduría. Gracias por arroparnos con su gran fortaleza e integridad. Gracias por su amistad. Mi más profundo agradecimiento a las doctoras Ana María Alfonso Goldfarb, Celina Lértora, Ana Luisa Janeira, Luzia Aurelia Castañeda, Marcia Mendes Ferraz y Ana María Huerta, así como a los doctores Javier Puerto Sarmiento y Patrice Bret.

No puedo enumerar por falta de espacio a todas las personas e instituciones que nos han apoyado a lo largo de los años. Sin embargo debo de hacer una mención especial al trabajo realizado por los doctores José Luiz Goldfarb y Marcia Mendes Ferraz en la edición de los dos volúmenes de los *Anais* de la Sociedade Brasileira de História da Ciência; a la maestra Alba Morales y al Dr. Adolfo Olea por su valiosa colaboración en la edición de los últimos tres volúmenes de los *Estudios de Historia Social de las Ciencias Químicas y Biológicas*, así como al Dr. Gérard Empotz por la edición del libro *Between the Natural and the Artificial: Dyestuffs and Medicines*. A ellos, a los presentes y los ausentes les damos las gracias por tantos años de enseñanzas, y por habernos colmado con su valioso apoyo y amistad.

ANEXO I

Rutas recorridas por la rihecqb, 1992-2003

1992

Creación de la rihecqb, Brasil, agosto de 1992.

1993

i Reunión de la Red de Intercambios para la Historia y la Epistemología de las Ciencias Químicas y Biológicas, Lisboa, 2 de septiembre de 1993. Responsable: Ana Luisa Janeira.

Simposio «Historia de los estudios médicos y químicos de las aguas minerales (siglos xvi-xix)», xix Congreso Internacional de Historia de la Ciencia, Zaragoza, 23 de agosto de 1993. Responsables: Ana María Alfonso Goldfarb y Patricia Aceves Pastrana.

1994

ii Reunión de la rihecqb, Coloquio Internacional «Lavoisier entre Europa y América: Las ciencias químicas y biológicas 200 años después», Universidad Autónoma Metropolitana, México DF, 15-17 de junio de 1994. Responsable: Patricia Aceves Pastrana.

Patricia Aceves ed., *La Química en Europa y América (siglos XVIII-XIX,* Serie *Estudios de Historia Social de la Ciencias Químicas y Biológicas,* n.º 1, México, uam-x, 1994.

1995

v Seminário de História da Ciência e da Tecnologia et iii Reuniâo da rihecqb, Ouro Preto Brasil, 24-27 de julio de 1995. Responsables: Jose Luis Goldfarb, Ana María Alfonso, Marcia Mendes Ferraz, María Helena Roxo, Luzia Castañeda.

Simposio Internacional «Intercambios en las ciencias químicas y biológicas», iv Congreso Latinoamericano de Historia de la Ciencia y de la Tecnología, Santiago de Cali Colombia, 25-27 enero 1995. Responsables: Celina Lértora Mendoza

Patricia Aceves ed., *Las ciencias químicas y biológicas en la formación de un mundo nuevo,* Serie *Estudios de Historia Social de las Ciencias Químicas y Biológicas,* n.º ii, México, uam-x, 1995.

1996

IV Reunión de la RIHECQB, «Coloquio Internacional Materia Médica Terapéutica y Farmacia Intercontinentales», Puebla 17-19 de octubre de 1996. Responsable: Ana María Huerta Jaramillo.

Patricia Aceves ed., *Farmacia, Historia Natural y Química Intercontinentales*, Serie *Estudios de Historia Social de las Ciencias Químicas y Biológicas*, n.º III, México, UAM-X, 1996.

1997

V Reunión de la RIHECQB, «Historia de la Materia Médica, Europa y América», Buenos Aires 13-16 de octubre de 1997. Responsable: Celina Lértora Mendoza.

Simposio «Between the natural and the artificial: Materia medica and pharmacy», XXth International Congress of History of Science, Liège, Bélgica, 28-26 julio 1997. Ana María Alfonso Goldfarb y Patricia Aceves Pastrana.

1998

VI Reunión de la RIHECQB, «Ciencia y Sanidad en América Latina», Universidad Complutense de Madrid, Madrid, 14 de noviembre de 1998. Responsable: Javier Puerto Sarmiento.

Simposio «Intercambios científicos entre Europa y América: el caso de las ciencias químicas y biológicas», V Congreso Latinoamericano de Historia de las Ciencias y la Tecnología, Rio de Janeiro, 28-31 de julio de 1998. Responsable: Patricia Aceves Pastrana.

Patricia Aceves ed., *Construyendo las ciencias químicas y biológicas*, Serie *Estudios de Historia Social de las Ciencias Químicas y Biológicas*, n.º IV, México, UAM-X, 1998.

Goldfarb, José Luiz y Marcia Mendes Ferraz eds., *Anais do V Seminario Nacional de História da Ciência e da Tecnologia, III Reuniao da Rede de Intercâmbios para a História e a Epistemologia das Ciências Químicas e Biológicas*, Sao Paulo, Sociedade Brasileira de História da Ciência, 1998.

1999

VII Seminário Nacional de História da Ciência e da Tecnologia et VII Reuniâo da Rede de Intercâmbios para a História e a Epistemologia das Ciências Químicas e Biológicas, Sao Paulo, Brasil, 24-27 de julio de 1999. Jose Luis Goldfarb, Marcia Mendes Ferraz.

VIII Reunión Internacional de la RIHECQB «Coloquio Historia de las Ciencias y prospectivas para el nuevo milenio», México, 24-26 de noviembre de 1999. Responsable: Patricia Aceves Pastrana; Alba Morales Cosme; Adolfo Olea.

2000

Colloque International «La Memoire de Science. Archives et collections, sources de l'histoire des sciences et de techniques», IX Reunión Internacional de la RIHECQB, Paris, 27-29 de junio de 2000. Responsable: Patrice Bret.

Congreso Internacional Europa-América. Milenio y Memoria. Museos y Archivos para la Historia de la Ciencia, X Reunión Internacional de RIHECQB, Buenos Aires, 20-24 de noviembre de 2000. Responsable: Celina Lértora Mendoza.

Aceves, Patricia ed., *Tradiciones e intercambios científicos: materia médica y farmacia*, Serie *Estudios de Historia Social de las Ciencias Químicas y Biológicas*, n.º V, México, UAM-X, Sociedad Química de México, Instituto Politécnico Nacional, 2000.

Goldfarb, José Luiz y Marcia Mendes Ferraz eds., *Anais, VII Seminário Nacional de História da Ciência e da Tecnologia, VII Reuniao da Rede de Intercâmbios para a História e a Epistemologia das Ciências Químicas e Biológicas*, Sao Paulo, Sociedade Brasileira de História da Ciência-Imprensa Oficial- EDUSP-UNESP, 2000.

Gérard Empotz; Patricia Aceves eds., *Between the Natural and the Artificial: Dyestuffs and Medicines*, Turnhout, Brepols Publishers, 2000.

2001

XI Reunión Internacional de la RIHECQB Simposio «Las ciencias químicas y biológicas a la luz de sus fuentes», México, 2001. Responsables: Patricia Aceves Pastrana, Alba Morales Cosme y Adolfo Olea Franco.

Curso Internacional de «Temas selectos de historia de las ciencias químicas y biológicas», México, 5-6 de junio de 2001. Responsable: Patricia Aceves Pastrana.

Patricia Aceves ed., *Periodismo científico en el Siglo XVIII: José Antonio de Alzate y Ramírez*, Serie *Estudios de Historia Social de las Ciencias Químicas y Biológicas*, n.º VI, México, UAM-X, Sociedad Química de México, 2001.

2002

Simposio Internacional «Temas centrales de historia y epistemología de las ciencias naturales», I Congreso Osvaldo Reig, Buenos Aires, 13-17 de marzo de 2002. Responsable: Celina Lértora Mendoza.

Simposio Internacional «Estampas históricas de la química en el mundo», XXV Congreso Latinoamericano de Química, Cancún 22-26 de Septiembre de 2002. Responsable: Patricia Aceves Pastrana.

Curso Internacional de «La construcción de las ciencias químicas en la historia: tradiciones e identidades», XXV Congreso Latinoamericano de Química, Cancún 22-26 de Septiembre de 2002. Responsable: Patricia Aceves Pastrana.

2003

Patricia Aceves, Adolfo Olea y Alba Morales, coords., *Las ciencias químicas y biológicas a la luz de sus fuentes históricas*, Serie *Estudios de Historia Social de las Ciencias Químicas y Biológicas*, n.º VII, México, UAM-X, Sociedad Química de México, Colegio Nacional de QFB, 2004.

XII Reunión Internacional de la RIHECQB, «Rotas da Natureza», Lisboa 23, 27-29 de junio de 2003. Responsables: Ana Luisa Janeira, Isabel Cruz y Jose Augusto Mourao.

XII Reunión Internacional de la RIHECQB, «Rotas da Naturaza», Coimbra 30 junio, 1-2 julio de 2003. Responsables: Joao Rui Pita y Ana Leonor Pereira.

PARTE II

•

SIMPLES E DROGAS

Mar Rey Bueno

Investigadora Postdoctoral de la Facultad de Farmacia. Universidad Complutense de Madrid, España

LOS PROYECTOS SOBRE MATERIA MÉDICA PERUANA DE ANTONIO DE ROBLES CORNEJO Y MATÍAS DE PORRES (1617-1621)

La publicación de la celebérrima *Historia medicinal de las Cosas que se traen de nuestras Indias Occidentales que sirven en Medicina* (1565-1574), obra del médico sevillano Nicolás Monardes, marcó el nacimiento de una literatura científica específica dedicada al estudio de la materia médica autóctona del Nuevo Mundo. En su conocimiento y estudio quedaron atrapados numerosos personajes de todo género y condición, que dedicaron buena parte de sus esfuerzos económicos e intelectuales a la descripción de especies desconocidas y usos médicos ignorados por los ciudadanos de la Europa Moderna. Pese a dedicar lo mejor de su intelecto a la consecución de la gloria científica reservada a los más grandes, muchos de sus estudios se perdieron, condenando sus desvelos en pos del conocimiento al más cruel de los olvidos. Por fortuna, algunos contemporáneos, sabedores de la labor hercúlea que estaban llevando a cabo, dejaron constancia de ella en sus obras. Se trata de pequeñas pistas que nos permiten rastrear archivos y bibliotecas en busca de las pocas pruebas que puedan haber sobrevivido al paso de los siglos.

Tal es el caso de Antonio de Robles Cornejo y Matías de Porres, dos médicos españoles que vivieron a caballo entre los siglos XVI y XVII, protagonistas de la aventura americana en tierras incaicas, autores ambos de sendos tratados de materia médica peruana que, de haber visto la luz, habrían modificado para siempre el conocimiento de la botánica americana, adelantándose en más de un siglo a las amplias monografías que sobre esta temática se publicaron en Europa, de la mano de expedicionarios franceses.

Historia de un fracaso: simples medicinales indianos (1617) de Antonio de Robles Cornejo

En 1571 Felipe II encomendaba al toledano Francisco Hernández la tarea de hacer una reseña de todas las plantas medicinales que hallase en el conjunto de las tierras americanas. Durante siete años Hernández recorrió los amplios territorios que entonces pertenecían al Virreinato de Nueva España y, con el material recogido, elaboró unos cuarenta y ocho volúmenes manuscritos. Si bien la tarea de Hernández no fue despreciable, lo cierto es que no alcanzaba, ni de lejos, los propósitos del monarca, interesado en conocer el potencial curativo de las nuevas tierras descubiertas para la corona española: quedaba, sin estudiar, el inmenso territorio que entonces agrupaba el Virreinato del Perú[1].

Frente al relativamente amplio conocimiento que se tenía de la materia médica mexicana, apenas si habían llegado un puñado de datos relacionados con las plantas medicinales autóctonas del continente sudamericano. Quizás fue esa una de las razones que impulsaron al salmantino Antonio de Robles Cornejo a emprender su aventura ultramarina en pos de un estudio detallado de la materia médica indígena. Recién salido de las aulas salmantinas, donde estudió medicina entre 1583 y 1586[2], partió rumbo al Perú, amparado por la desahogada posición económica de su familia, instalada en el virreinato peruano desde los inicios mismo de su conquista[3]. Durante veinticinco años recorrió buena parte del continente, entrevistándose con médicos, cirujanos, herbolarios, indios y, en general, cualquier persona que pudiera suministrarle la información que precisaba. El resultado final de tan ardua tarea investigadora fue un manuscrito que, bajo el título de *Simples medicinales indianos*, presentó al Consejo de Indias en 1617, con la intención de que corrieran con los gastos de impresión. Pese a que los protomédicos reales consideraron que la obra tenía gran importancia, el Consejo no se puso de acuerdo en cuanto a su edición. Robles Cornejo, decidido a no dar por perdido su viaje a la Corte, contrató impresores y compró todo lo necesario para editarlo una vez que hubiera regresado a Indias. Tras obtener la cédula real que le concedía licencia para imprimir y vender su obra en América[4] y el título de Protomédico de Tierra Firme, para compensar la negativa del Consejo, emprendió regreso a Panamá en la primavera de 1618[5]. Pero la suerte no parecía estar de su parte y, así, cuando ya divisaba Portobelo, la fragata en la que iba naufragó, pudiendo salvar su vida pero no el fruto de su trabajo, que se hundió sin remedio en las aguas del Caribe[6]. Pese a que Robles tuvo la precaución de guardar, al menos, una copia

---

[1] Para una mayor profundización en la expedición de Francisco Hernández y todos los aspectos con ella relacionados, remito a los estudios de José María LÓPEZ PIÑERO y José PARDO TOMÁS *Nuevos materiales y noticias sobre la Historia de las plantas de Nueva España*, Valencia, Instituto de Estudios Documentales e Históricos sobre la Ciencia, 1994 y *La influencia de Francisco Hernández (1515-1587) en la constitución de la botánica y la materia médica modernas*, Valencia, Instituto de Estudios Documentales e Históricos sobre la Ciencia, 1996.

[2] Teresa SANTANDER, *Escolares médicos en Salamanca (siglo XVI)*, Salamanca, Secretariado de Publicaciones, 1984, p. 313.

[3] El padre de Robles, Francisco, fue uno de los hombres de Lagasca, pacificador de la rebelión de Pizarro. En el expediente de concesión de licencia para pasar a Perú, los testigos presentados por Antonio de Robles hablan de los hermanos y tíos ricos y hacendados que el solicitante tiene en aquellas tierras, entre otros, su hermano Diego, tesorero de Nueva Toledo de los Charcas, y su hermano Juan, escribano en Tarija. *Archivo General de Indias (=AGI), Indiferente*, 2096, N. 94.

[4] Fechada en 4 de febrero de 1617, habla del escrito de Robles como «*un libro intitulado Simples medicinales indianos, muy importante y necesario para la salud universal, a donde con certeza están aclaradas muchas cosas que hasta ahora han sido confusas e inciertamente entendidas*», señalando el mucho trabajo y estudio invertido por su autor en la elaboración del texto. *AGI. Indiferente*, 428, L. 35, ff. 15 vº-16.

[5] En el expediente de información y licencia de pasajeros se concede autorización, además del médico, a tres criados, dos sobrinos y cuatro impresores. *AGI. Contratación*, 5363, N. 10.

[6] *AGI. Panamá*, 17, R. 3, N. 34.

de su ingente trabajo en su hogar americano, las pérdidas económicas derivadas del naufragio le impidieron llevar a cabo su intención impresora, quedando el manuscrito inédito y, con el tiempo, perdido, pues no ha llegado prueba alguna de su existencia material hasta nuestros días. Si que fue conocido, sin embargo, por muchos de sus contemporáneos, que dejaron cumplida muestra de ello en sus obras. Así, Antonio de León Pinelo, conocido como el oráculo de América por la vastedad de su instrucción en materias concernientes a la Indias, hace mención de un *Examen de las hierbas y simples medicinales indianos* escrito por el licenciado Antonio de Robles Cornejo en su *Epítome*[7] publicado en 1629 para repetir, siete años después, una referencia similar aunque más amplia en el tratado que dedica al chocolate. En concreto, Pinelo recoge lo que Robles Cornejo había dicho sobre el cacao, reproduciendo párrafos completos, lo que indica que tuvo un original del manuscrito en sus manos. Quizás fuera el que Robles debió entregar ante el Consejo de Indias y que se guardó en sus archivos. Frente al título ofrecido en su *Epítome*, León Pinelo habla ahora de un libro llamado *De los simples medicamentos indianos* e, incluso, ofrece noticias muy concretas de porqué afirma la publicación de esta obra: «*tengo indicios de haberse impreso, aunque sólo he visto parte del manuscrito y el privilegio de la impresión*», en clara alusión a la cédula real fechada en febrero de 1617 que conservaba el archivo del Consejo de Indias en aquel entonces y, en el momento actual, se encuentra entre los fondos del Archivo General de Indias[8].

Dos décadas después sería el médico sevillano Gaspar Caldera de Heredia quien mencionara el manuscrito de Robles en su *Tractatus utilis et jucundus de potionum varietata*[9], un pequeño opúsculo dedicado a las bebidas más comunes de la época. La referencia a Robles se encuentra, una vez más, en capítulo dedicado a las virtudes y propiedades del cacao donde, tras mencionar a otras autoridades en la materia, transcribe lo que se recoge en el manuscrito de Robles, que Caldera presenta como «*In manuscripto Licenciati Robles de Plantis Occidentalis Indiae*». Cinco años después, encontramos una nueva referencia a la obra de Robles Cornejo dentro de la producción escrita de Caldera, que nos ayuda a saber las razones por las cuales el médico sevillano menciona la obra del salmantino: el famoso manuscrito de Robles se hallaba en su biblioteca personal. La cita aparece en el estudio monográfico que Caldera dedica a la quina y dice así:

«*Entre los investigadores y tratadistas célebres de los árboles, plantas y hierbas de la provincia del Perú (…) el licenciado Antonio de Robles Cornejo, protomédico de la*

---

[7] Antonio de LEÓN PINELO, *Epítome de la biblioteca oriental y occidental náutica y geográfica*, Madrid, Francisco Martínez Abad, 1737-1738, 2, p. 794.

[8] Antonio de LEÓN PINELO, *Questión moral. Si el chocolate quebranta el ayuno eclesiástico. Trátase de otras bebidas y confecciones que se usan en varias provincias*, Madrid, viuda de Juan González, 1636, p. 4 vº. León Pinelo tuvo conocimiento de todo este tipo de noticias merced a su puesto como Relator del Consejo de Indias desde el año de 1629, que le permitió acceder a la legislación promulgada para los dominios españoles en ultramar.

[9] Gaspar CALDERA DE HEREDIA, *Tribunal medicum, magicum et politicum*, Lugduni Batavorum, apud Johannem Elsevirium, 1658, pp. 433-488.

*provincia del Perú y médico del virrey marqués de Montesclaros, expuso el año 1625
sus observaciones y dibujos sobre estas plantas y sus propiedades en el manuscrito que se
conserva en mi biblioteca»*[10].

Un proyecto inconcluso: las concordias medicinales de entrambos mundos (1621) de Matías de Porres

El intento por elaborar una monografía dedicada a las plantas medicinales peruanas no tuvo a Antonio de Robles como único protagonista. En 1621 veían la luz las *Breves advertencias para beber frío con nieve*, quinto impreso de temática médica salido de las prensas limeñas de Gerónimo Contreras. Su autor, el médico Matías de Porres, se presentaba a sí mismo como médico de cámara del virrey Príncipe de Esquilache. La obra, dedicada a una polémica en auge dentro de la terapéutica seiscientista, como fue el empleo de nieve como remedio contra las enfermedades que cursaban con fiebre, no tendría mayor importancia de no ser por el breve opúsculo que, sin título, se incorporaba al final del tratado y que tenía por finalidad estudiar las propiedades terapéuticas de las frutas autóctonas del virreinato peruano. Se trataba, tal y como el autor aclara al comienzo del mismo, de un adelanto sobre una obra de mayor enverg adura, a publicar en Madrid, y que llevaría el sonoro título de *Concordias medicinales de entrambos mundos*[11].

Son pocos los datos biográficos que conocemos de Matías de Porres. Natural de Toledo, según declara en su única obras conocida, se formó en la Universidad de Salamanca y, tras ejercer como médico de familia en las cortes de Felipe II y Felipe III, fue elegido para acompañar como médico personal a Francisco de Borja, Príncipe de Esquilache, cuando éste fue nombrado Virrey del Perú. La publicación de la única obra impresa conocida de Porres coincide con sus últimos momentos en la capital limeña, próximo ya el regreso a España acompañando a su ilustre paciente. Tras estudiar la utilidad terapéutica de la nieve, las formas diferentes de enfriar el agua y los diversos aspectos relacionados con la temática principal de su estudio, Porres dedica las páginas finales de su obra a hacer una breve aproximación a la materia médica peruana. Los motivos de tal ocupación aparecen manifestados en las primeras líneas del nuevo escrito:

*«En los ocios de mi Corregimiento (amigo lector) hice estas breves advertencias por mi
gusto; si las has tenido en leerlas re lo agradezco y me huelgo y, si no, el castigo está en
la mano, no las leas otra vez, que yo te prometo si Dios me vuelve a España con bien,*

---

[10] Gaspar CALDERA DE HEREDIA, «De pulvere febrifugo Occidentalis Indiae, provinciae Cardinalis de Lugo, in Hispania Juannis de Vega», en: *Tribunalis medici ilustrationes et observationes practicae*, Antuerpiae, apud Iacobum Meursium, 1663, pp. 155-161. La nota se ha extractado de la traducción castellana que de este opúsculo han hecho José María LÓPES PIÑERO y Francisco CALERO, *De Pulvere febrifugo occidentalis indiae (1663) de Gaspar Caldera de Heredia y la introducción de la quina en Europa*, Valencia, Instituto de Estudios Documentales e Históricos sobre la Ciencia, 1992, p. 33.

[11] El ejemplar consultado para la realización del presente trabajo es el conservado en la Biblioteca Nacional de Madrid, signatura R/9184. El opúsculo ocupa las pp. 32-48 vº.

donde son más cómodas y menos costosas las impresiones, sacar a la luz un libro que voy escribiendo, que intitulo 'Concordias medicinales de entrambos mundos', quizá te agradará más que este breve tratado»[12]

Este breve adelanto de lo que sería su obra nacía de una necesidad manifiesta como era el conocimiento en profundidad de la materia médica peruana, imprescindible para procurar la salud en aquellas tierras sin necesidad de recurrir a medicamentos importados de la Península. Tan difíciles de conseguir y que, en contadas ocasiones, llegaban en las condiciones óptimas para ser consumidos. Como fuente de información, Porres confesaba haber recurrido a los indios más ancianos.

La idea del médico toledano, al afrontar el estudio de las plantas medicinales peruanas, era describir las enfermedades típicas del virreinato, el porqué de muchas de ellas y la forma de atajarlas, mediante el uso de plantas autóctonas. En total, Porres describe los usos terapéuticos de diecisiete frutas y cinco raíces, a la vez que ofrece el nombre autóctono con que eran conocidas entre los indígenas a los que consultó para escribir el opúsculo.

Si Porres llegó a poner en marcha su proyecto inconcluso, una vez en España, es algo que desconocemos. No hay constancia de ninguna obra publicada con el título que ofrece Porres ni ha quedado registrado ningún manuscrito del médico que tratase sobre la temática señalada. Una vez más nos encontramos ante la pérdida de una preciosa información que habría enriquecido la botánica y la materia médica peninsulares a la par que habría aumentado el intercambio económico y cultural entre las colonias y la metrópoli.

---

[12] PORRES (1621), p. 32.

Liliana Schifter Aceves

Doctoranda en el Depto de Historia de la Farmacia
Facultad de Farmacia Universidad Complutense de Madrid, España

PARTICULARIDADES DE ALGUNOS FÁRMACOS DE ORIGEN VEGETAL QUE APARECEN EN LAS FARMACOPEAS MEXICANAS DEL XIX

La primera mitad del siglo XIX mexicano se caracteriza por un clima de inestabilidad política, económica y social que sin embargo coincide con un sentimiento común en la mayor parte de la sociedad para construir un nuevo país. Dentro de este contexto, los profesionales farmacéuticos pugnaron a lo largo del siglo por obtener el reconocimiento social de su gremio y organizar la enseñanza y el ejercicio de su profesión; sus esfuerzos se volcaron en tres vertientes bien claras, lograr la institucionalización de los estudios de farmacia, promover la publicación de estudios científicos acerca de los recursos naturales del país, y el establecimiento de normas jurídicas que regularan el ejercicio de su profesión. Nosotros nos concentraremos en la segunda.

La primera *Farmacopea Mexicana* se publicó en 1846 bajo el auspicio de la Academia Farmacéutica de México.[1] Los integrantes de la Academia fundada en 1839 y encabezada por el ilustre Leopoldo Río de la Loza, consideraban que México tenía una materia médica particular y por lo tanto, que la publicación de una Farmacopea Nacional que sustituyese a los textos extranjeros en las boticas y consultorios era indispensable.[2] Estas circunstancias fueron las que en 1838 impulsaron a estos científicos a elaborar una farmacopea que en todo cuanto fuese posible correspondiera al estado actual de la ciencia y dejase satisfechas las presentes necesidades. Adicionalmente, el texto representó el rescate y la sistematización de los conocimientos de la materia médica mexicana antigua y contemporánea. Solamente hablando de productos simples, encontramos entre sus páginas, 495 medicamentos de origen vegetal, 28 provenientes del reino animal y 51 medicamentos de origen mineral.

Aunque la Academia desapareció tiempo después de haber conseguido la publicación de la primera *Farmacopea Mexicana* en 1846, su antiguo presidente promovió en 1871 la fundación de una nueva asociación de farmacéuticos para que retomara

---

[1] Es importante destacar que a diferencia de la gran mayoría de sus semejantes latinoamericanas, la *Farmacopea mexicana* permanece vigente hasta nuestros días y en constante revisión; al principio a cargo de la Sociedad Farmacéutica de México y desde 1930 por los órganos oficiales destinados para tal fin.

[2] Los códigos más comunes eran la *Farmacopea Matritense* (edición en castellano en 1823), la *Pharmacopoeia hispana* (1794), la *Pharmacopoeia universelle* (1828) y el *Noveau traité de pharmacie théorique et pratique* (1840). La confusión derivada de su utilización simultánea se manifestaba en la falta de uniformidad tanto en la nomenclatura, como en los métodos de preparación y dispensación de medicamentos.

los objetivos de su antecesora, es así como nace la *Sociedad Farmacéutica de México* que en 1874 daría a la luz la *Nueva Farmacopea Mexicana.*[3]

Las primeras ediciones de la *Nueva Farmacopea Mexicana*, una en 1884 y la otra en 1896, pusieron de manifiesto el notable esfuerzo llevado a cabo por la pequeña y aguerrida comunidad farmacéutica capitalina, que a pesar de los problemas económicos, espaciales y sociales que les acecharon en todo momento, mantuvieron la constancia y el compromiso de aumentar, actualizar y ahondar en todo momento en la utilidad y aplicación de los numerosos recursos naturales del país en la Farmacia Nacional. La edición de 1896, fue sin lugar a dudas, la más completa del siglo, en ella se incluyó la clasificación de numerosas plantas medicinales que hasta entonces eran desconocidas, y – lo que es más destacado, el análisis químico y la identificación de los principios activos de algunos vegetales que aún no estaban estudiados[4]. La Tabla 1 refleja el gradual enriquecimiento del que fueron objeto las farmacopeas mexicanas a lo largo del siglo XIX, en esta sección podemos observar que en general hubo un paulatino aumento en los productos de origen vegetal que se incluyeron en las farmacopeas, mientras que hubo una disminución en los provenientes del reino animal y mineral. Esto se debe a que con el paso de los años, muchas de las preparaciones farmacéuticas fabricadas a partir de ellos pasaron a considerarse arcaicas, por lo que los redactores de la *Nueva Farmacopea*, decidieron eliminarlas.

Tabla 1 - Productos naturales vegetales, animales y minerales en las Farmacopeas Mexicanas del siglo XIX

Nombre del texto y año de su publicación	Origen Animal	Origen Mineral	Origen Vegetal	Total
Farmacopea Mexicana (1846)	28	51	495	574
Nueva Farmacopea Mexicana (1874)	21	41	541	603
Nueva Farmacopea Mexicana (1884)	22	40	604	666
Nueva Farmacopea Mexicana (1896)	24	40	617	681

Hay un detalle que es particularmente interesante y que nos parece importante destacar, y es que de los 55 productos vegetales en los que excede la farmacopea de

---

[3] La Sociedad estuvo integrada en un principio por Leopoldo Río de la Loza, su colega Alfonso Herrera, José Ma. Lasso de la Vega y otros médicos y farmacéuticos de la capital principalmente. Ver: AZUELA, L.F.; GUEVARA, R., «Las relaciones entre la comunidad científica y el poder político en México en el siglo XIX, a través del estudio de los farmacéuticos», en ACEVES, P., (ed.) *Construyendo las ciencias químicas y biológicas,* Estudios de historia social de las ciencias químicas y biológicas, num. 4, México, UAM-X, 1998; ACEVES PASTRANA, P., «Hacia una farmacia nacional: La primera farmacopea del México Independiente», en ACEVES, P. (ed.) *Farmacia, Historia Natural y Química Intercontinentales,* Estudios de historia social de las ciencias químicas y biológicas, num. 3, México, UAM-X, 1995.

[4] Una gran parte de los estudios analíticos fueron realizados por los aspirantes al título de profesor en farmacia que cursaban sus estudios en la Escuela Nacional de Medicina y que se adentraron en el estudio a conciencia de las plantas medicinales para la realización de su tesis y la obtención de su título. En esta edición de la Farmacopea aparecen 46 citas a las tesis profesionales de farmacia en la sección de Productos naturales vegetales, animales y minerales.Ver: ORTIZ REYNOSO, Mariana, *Las tesis de farmacia del siglo XIX mexicano.* Biblioteca de Historia de la Farmacia, num. 4, México, UAM-X, 2002.

1884 a la de 1874, 15 de ellos ya habían aparecido en la edición de 1846, y habían sido removidos de la de 1874 para finalmente reaparecer en la de 1884; y es que desde la publicación de la primera farmacopea en el 46, hasta la tercera en el 84, hay un lapso de casi cuarenta años que fueron clave para el desarrollo de la farmacognosia en México. Durante este periodo se analizaron y caracterizaron numerosas plantas indígenas desconocidas.

Aunque los primeros redactores reconocían en ellas propiedades medicinales y posibles aplicaciones terapéuticas, en la mayoría de los casos desconocían su composición química y los métodos de purificación necesarios para extraer el principio activo responsable de su actividad. Quizás contagiados del predominante ambiente positivista que imperó en el país durante las últimas décadas del xix, los miembros de la flamante Sociedad Farmacéutica Mexicana, recién inaugurada en el 71 y ávidos de hacer de su organización y su obra ejemplos encumbrados del hacer científico nacional, eliminaron las plantas indígenas de la edición del 74 por no tener toda la información que consideraban pertinente para considerarlas como materia prima para hacer medicamentos y por lo tanto incluirlas en la Farmacopea Mexicana. Sin embargo, durante los últimos 30 años del siglo, y gracias a los grandes avances en las técnicas de análisis químico aplicado a las plantas nacionales – sobretodo loa desarrollados en la Escuela Nacional de Medicina y posteriormente en el Instituto Médico Nacional (fundado en 1888) –, se pudieron caracterizar numerosas plantas hasta entonces desconocidas o erróneamente clasificadas y que finalmente volvieron a aparecer en la *Nueva Farmacopea Mexicana* de 1884, después de casi 40 años de ausencia. Las plantas son las que aparecen en la siguiente tabla:

Tabla 2 - Productos de origen vegetal que reaparecen en la Farmacopea de 1884 y sus usos terapéuticos.

Nombre de la planta	Uso terapéutico (Farmacopea 1884)
Abedul de México	Tónico y astringente
Albahaca	Estimulante difusible y del estómago
Archipín	Purgante y diurético
Camote	Como alimento
Cañuela	Diurético y antiblenorrágico
Carrizo	Sudorífico y diurético
Coclearia	Como antiescorbútico
Coco	Astringente en las diarreas
Coquito de aceite	Como alimento
Flor de Santiago	Emético
Goma Kino	Astringente y antidiarreico
Guaco de Tierracaliente	Estimulante y antiespasmódico
Nabo	Pectoral
Sagitaria	Astringente
Zapote prieto	Astringente

De estas plantas las nos interesa destacar lo siguiente:

1) El Archipín, que en la edición de 1846 aparece definido como:
   «Goma–resina particular. Diurético»[5]. Desaparece en la del 1874, y reaparece
   en la de 1884 como «Goma Archipín», cuyo uso permanece como «purgante y
   diurético»[6], pero para la cual se incluye además la composición química...»según
   Río de la Loza» y un extenso párrafo con sus características físicas que incluyen
   su coloración, peso específico a 18^0, sabor, olor y comportamiento ante el fuego
   directo.
2) El Camote, para el cual también se incluye en la edición de 1884 su composición
   química, aunque no se modifican sus usos, que permanecen relacionados con
   cuestiones puramente alimenticias.
3) La Coclearia, para la cual, aunque no aparece su composición química, si que
   se incluye una dosis recomendada de «60 a 150 gramos diarios»[7] como medicamento anitiescorbútico e indicado en los infartos ganglionares.
4) El Coco, para el cual aparece en la edición del 84 la composición química,
   tanto del: «líquido encerrado en la almendra»[8], como de la almendra, de donde
   se extraía el aceite que servía como materia prima para la obtención de «ácido
   caproico, caprílico, lauroestéarico, mirístico y palmítico»[9]. Entre sus usos medicinales se destacan las raíces como astringentes en las diarreas; la médula y la
   yema terminal como alimento, las flores que se usaban como pectorales y los
   frutos verdes que se empleaban como hemostáticos.
5) Y finalmente el caso del Kino, que es sustituído en la edición de 1884 por la
   Goma Kino y que es muy similar al del Archipín y la Goma Archipín que ya
   hemos expuesto.

Por otro lado, llama la atención el poco perceptible aumento de productos naturales
en la *Nueva Farmacopea* de 1896. Sin embargo en este caso, las cifras son engañosas
si las tomamos como indicativo del trabajo realizado y las nuevas aportaciones que
tiene la obra en esta sección.

En realidad, la *Nueva Farmacopea* del 96 tiene 74 artículos nuevos en la sección
de Productos Naturales, sin embargo el número total sólo aumenta en 14 porque
muchos artículos que aparecían en la edición preliminar de 1884, fueron omitidos.
Estas modificaciones obedecen a un sentido más estricto de lo que es una planta
con aplicaciones terapéuticas, lo que implica el dejar de lado otros aspectos menos
farmacéuticos, como es el caso de su valor nutricional (como el trigo) o económico
(como la madera de Sándalo) y como toda obra de estas características, que tiene

---

[5] ACADEMIA FARMACÊUTICA de la capital de la República, *Farmacopea Mexicana*, México, 1846,
p. 18

[6] SOCIEDAD FARMACÊUTICA DE MÉXICO, *Nueva Farmacopea Mexicana,* segunda edición, México,1884,
p. 50

[7] *ibid,* p. 46.

[8] *bid* p. 47

[9] *ibidem*

que modernizarse y ser lo más precisa posible en cuanto a la composición de los elementos que en ella aparecen descritos, también desaparecen algunas resinas vegetales y derivados. Entre los ejemplos de artículos desaparecidos que responden a estas características podemos mencionar:

Tabla 3 - Productos naturales de origen vegetal omitidos en la Farmacopea de 1896.

Productos alimenticios	Resinas indefinidas
Alfalfa, Arvejón, Coquito de aceite,	Bedelio, Caraña,
Huazontle, Lenteja, Quelite de cocina,	Goma quino, Sándalo
Manzana, Moral Blanco, Nabo,	
Sagitaria, Trigo y Verdolaga	

La evolución y los cambios en las farmacopeas a lo largo del siglo antepasado coinciden con la turbulencia social y política características de este siglo. El estudio de los recursos naturales y sus aplicaciones en medicina y farmacia fueron producto de una añeja tradición y herencia de los primeros pobladores de mesoamérica, que se mantiene vigente hasta nuestros días, donde echando mano de las nuevas herramientas tecnológicas seguimos aprovechando los remedios vegetales de los que la Naturaleza tan afortunadamente nos ha rodeado.

Miguel López Pérez

Instituto de Catálisis, Consejo Superior de Investigaciones Científicas, Madrid, España

ASPECTOS SANITARIOS DE LA CIUDAD DE MÉXICO
A PRINCIPIOS DEL SIGLO XVII

La presencia de médicos en los virreinatos durante los siglos XVI y XVII es una cuestión bastante conocida y estudiada. Sin embargo, más allá de los rasgos generales que suelen presentarse, hay unas cuestiones anexas a dicha presencia que resultan muy llamativas para el historiador.

A principios del siglo XVII existía una nueva cultura en torno a la figura del médico, al ejercicio de su profesión y a la adecuación de la práctica médica a unos escenarios y a unos pacientes que no siempre respondían al tratamiento de la enfermedad de la misma manera que en la península. Por ello se hacían imprescindibles, dentro de esta cultura de la salud, más extensa que la de la propia formación del médico, la existencia de textos que ofrecieran información sobre muy diversos aspectos de la cotidianeidad a la que habría de enfrentarse el posible enfermo. Uno de estos aspectos era la necesidad de destacar las características climáticas y sanitarias de los núcleos urbanos.

El mejor ejemplo de todo esto lo tenemos en la figura del médico madrileño Diego de Cisneros, llegado de la Universidad de Alcalá a la Real Universidad de México. En el año 1618 publicó su «Sitio, naturaleza y propiedades de la Ciudad de México»[1], donde explica cuestiones climatológicas, hidrológicas y de otros tipos con el fin de informar acerca de los elementos que tiene que considerar tanto el médico como las demás personas, con el fin de mantener la salud.

Y todo ello basado en una experiencia propia o ajena, la mayor parte, de carácter preventivo y, porqué no decirlo, de pronóstico astrológico. Tal era la finalidad de todas las informaciones que contamos sobre este periodo. En general, este tipo de testimonios y advertencias son de carácter positivo hacia el lugar descrito y nacen por la necesidad de compensar y equilibrar otro tipo de datos que, estos sí, son negativos. Veamos algunos de ellos.

El ejercicio de la medicina y la farmacia no estuvo plenamente estructurado y su funcionamiento tampoco era todo lo bueno que se podía desear. El 30 de marzo de

---

[1] Somolinos D'Ardois, German, Los impresos médicos mexicanos (1953-1618), in: Fresquet, J. L. y López Piñero, J. M. (eds), El mestizaje cultural y la medicina novohispana del siglo XVI, Valencia, 1995, p. 145-296.

1587 el Conde de Monterrey, que entonces era el Virrey de Nuevo México, escribió a Felipe II. Se quejaba de que la multitud de médicos en esa ciudad era muy grande y quería remediar «el poco crédito de ellos y opinión de que esta arte no se sabe con fundamento en esta tierra, ni se platica con la seguridad que conviene siendo tan peligroso como se deja entender[2].

No le faltaba razón al Virrey. Se pedían recetas al otro lado del Atlántico desde todos los lugares y durante todo el siglo XVII [3], ejercían boticarios sin licencia[4] y las medicinas que había estaban en tan mal estado[5], que el Rey se vio obligado a ordenar que se tiraran en alguna ocasión[6]. Además de la escasez de medicinas, los lugares donde administrarlas tampoco abundaban ni eran suficientes. Como ocurrió en el hospital de Nuestra Señora de la Concepción de la Isla la Española en 1557, desbordado ante la cantidad de pobres que acudían a él "por no haber otros ospitales poblados ni probeydos de lo necesario"[7].

Pero no eran estos todos los problemas. Hay bastantes noticias de la no adaptación a las colonias y de la preferencia de curarse en España. Por ejemplo, en 1538 varios médicos de la isla de Santo Domingo determinaron que la mujer de un tal Melchor de Torres sólo podía curarse de cierta enfermedad contagiosa volviendo a Sevilla[8]. Debido al clima pidieron volver a la península desde Quito el oidor Matías de Peralta[9], el canónigo Diego Ortiz de Velasco[10], Francisco de Cáceres, contador, o el tesorero Gaspar Alonso de Zúñiga[11].

Las epidemias se sucedían en México, como la que hubo en 1577 por todo el territorio[12], o la que hubo en 1595, «entre los españoles y mestiços mulatos y negros

---

2 AGI (Archivo General de Indias), México; 24, nº 8, 3v-; 1587-03-30.

3 Carta de Francisco Fernández de Madrigal a los jueces oficiales de la Casa de Contratación para que sin más dilación envíen las recetas que le ha pedido Bernardino de Valdés de las partidas entregadas al poderhabiente del tesorero general del Consejo. AGI, Quito; 209, L.3 38R-39R; 14 de julio de 1651.

4 Cédula Real a la Audiencia de la Isla Española: que Andrés de Acevedo, boticario, estante en esa tierra ha hecho relación que él no está examinado en dicho oficio y porque no puede venir a examinarse a estos reinos, suplica se haga que le examinen ahí un doctor en medicina y un boticario y hallandole hábil le den título de ello. AGI, Santo Domingo; 899, L.1, F.229; 31 de agosto de 1561.

5 «El Doctor Bartolomé de Figueroa, médico, ha hecho relación que va con su mujer y casa a vivir y permanecer en esa tierra y porque los boticarios que en esta residen tienen las medicinas muy añejas y simples y ello es causa de grandes estragos y daños en los enfermos». AGI, Panamá; 235, L. 7, 16v-17r; 6 de septiembre de 1538.

6 Cédula Real a los oidores de la audiencia de Tierra Firme para que cuando les parezca hagan visitar las boticas que haya en esa tierra y provean y se tiren las medicinas y cosas que se hallaren en mal estado para que no puedan venderse, pues SM ha sido informada q pasan boticarios con las medicina preparadas desde estos reinos, q en cuanto llegan a aquella tierra se corrompen. AGI, Panamá; 235, L. 6. 195v-196r; 16 de abril de 1538.

7 AGI, Santo Domingo; 899, L.1, F.24v; 24 de junio de 1556.

8 AGI, Santo Domingo; 868, L.1, 153v; 20 de diciembre de 1538.

9 AGI, Quito; 28, nº 43; 28 de marzo de 1612.

10 AGI, Quito; 80, nº 37; 15 de abril de 1611.

11 AGI, Quito; 8. r.24, n.76; 10 de enero de 1590.

12 AGI, México, 20, nº 1.

libres y esclavos, provocando que la gente estuviera afligida y atemorizada»[13], o la del año 1693[14].

Es en esta relación de elementos negativos donde debemos buscar la razón de la existencia del texto de Cisneros. En este sentido, la historia del ámbito médico y farmacéutico en la Nueva España es más que la mera descripción de formas de ejercer la medicina, ya que las prácticas médicas involucran tanto al ser humano como a la naturaleza y así, a partir de su estudio, es posible inferir la concepción de mundo que se tenía, la conceptualización de la naturaleza y su funcionamiento.

Se ha elegido el estudio de la ciudad de México porque si bien fue una ciudad de renombre, al no haber tenido una ubicación geográfica que le permitiera un contacto permanente, rápido y efectivo por estar ubicada en un lugar de difícil acceso además de su evidente distancia de los puertos marítimos, puede considerase que se encontraba aislada. Este aislamiento geográfico despierta la curiosidad sobre cómo se consolidaron allí las prácticas médicas. México en sí misma es un conjunto complejo para ser delimitado ya que la ciudad no tenía unos confines específicos y su influencia y cercanía con otros núcleos poblacionales hace que sea difícil establecer una delimitación clara, concisa y verdadera.

Todas estas cosas son las que refleja nuestro autor. Tal y como el doctor Cisneros nos dijo, su texto lo escribió «para el ejercicio de la medicina, su incertidumbre y dificultad sin el de la Astrología». Su objetivo y el planteamiento del autor para describirlo no es más que el resultado del deseo de ser útil. Útil a los que lleguen, para evitar el desconcierto. La autoridad que le permite realizar este ejercicio tiene varias fuentes. La primera la experiencia propia. Pero hasta ésta ha de ser autorizada. Y esto lo solventa de la forma más rotunda. Por un lado el aval de su formación en la Universidad de Alcalá. El ser español era un elemento fundamental para la vida práctica ya que determinaba la posición jerárquica dentro de la sociedad, así como las posibilidades de acceder a ciertos oficios.

En el nivel de la medicina resultaba indispensable demostrar que se había pasado por el aprendizaje en Europa, ya que esta era la única manera consensuada y aceptada de legitimar el conocimiento. Sus argumentos son contundentes: él considera que no solamente debe ser permitido que se ejerza en el Nuevo Reino la medicina aún cuando no se tengan títulos, sino que cree que lo importante es que el practicante haya vivido lo suficiente en América para haberse naturalizado y así pueda comprender las características de las enfermedades y las curas en estas latitudes. Sin duda, la forma como se ejerció la medicina en el Nuevo Mundo tenía características que la diferenciaban de la clásica, no solamente por las distintas enfermedades contra las que se enfrentaron sino también por las particularidades del comportamiento de los cuerpos humanos en otras latitudes.

Refiriéndose a Galeno, el influjo de la naturaleza, el intercambio de humores entre el entorno y el individuo, generan una necesidad terapéutica específica. Para él, ni el mismo médico del Rey de España y todo su imperio ultramarino, podría venir a América y tener éxito inmediato con sus intentos de curar pues sería abrumado por

---

[13] AGI, México, 23, nº 86.
[14] AGI, Mexico, 60, R.5, nº 22.

aquello que no podía haber aprendido con sus libros y sus maestros sencillamente porque era algo que, desde el conjunto de conocimiento españoles, hasta ahora, por la práctica y observación, se estaba conociendo. Cuando cree haber demostrado sus cualidades, su conocimiento de la tradición clásica y la experiencia en América, lo cual hace de él el candidato idóneo para hablar de estas tierras.

Estamos ante la descripción global de una ciudad, de sus propiedades geográficas y de la incidencia de éstas en la salud sus habitantes. Más aún, los clasifica estableciendo una tipología según su experiencia. Cisneros echa mano de todo el andamiaje teórico de la medicina de aquéllos tiempos, teniendo como puntal básico la concepción de la salud como el equilibrio entre los cuatro humores. Pero que apelase al galenismo y el hecho de contrastarlo con sus experiencias propias no es más que la introducción de un sutil carácter innovador de Cisneros. El galenismo también contenía un profundo valor psicológico que es contrapuesto a la falta de fundamento y a la eficacia curativa. La ciencia médica de Cisneros es y se va realizando a base de todo un depósito de observaciones seguida de un ejercicio de observación y análisis.

Otro componente en las palabras de Cisneros es la dieta. La dieta es la principal fuente de salud y la garantía de una larga vida. Así nos dijo que :

> «Hay otra causa muy poderosa en esta ciudad [...] que es el exceso y desorden con que se da de comer a los enfermos, y desto hay mucho en todas partes, mas en Mexico yrremediable, porque a todas horas y tiempos están dando de comer, ya pistos, atoles, aguas distiladas de substancis y otras cosas con las cuales agravan la enfermedad.»[15]

Otros elementos que conforman el grupo de informaciones son si los habitantes de la ciudad de México son nacidos en España o no, la influencia de sus diferentes complexiones ate la enfermedad, qué tipo de mal y con qué intensidad afecta a unos y a otros. Además, y he aquí la importancia del texto de Cisneros, introduce como novedades los diferentes tipos de vientos que afectan a la ciudad y las particularidades de las aguas y su naturaleza. Además incluye las características propias de las estaciones anuales, como su duración, intensidad, amplitud térmica de cada una, etc. esto hace que el médico haya de valerse, como ya se ha dicho, de su propia formación en el galenismo y compaginarla con las experiencias que va adquiriendo en México.

La clave mayor que recomienda Cisneros, habida cuenta de la multitud de variables que se le presenta a quien venga a ejercer la medicina en un sitio tan particular es, descartada la efectividad real de las experiencias en su lugar de origen y las novedades a las que se ha de enfrentar es, sin lugar a duda la Astrología.

El motivo es fácilmente explicable. Según la mentalidad de la medicina de su tiempo y la ya aludida «cultura en torno a la medicina», la Astrología resulta ser el único elemento común en que él médico puede confiar a la hora de iniciar su tarea. Las influencias celestes son iguales en intensidad y también son fijas.

Por tanto, y a modo de conclusión, todas las variables que se puedan introducir, especialmente las relativas a los aspectos sanitarios de la Ciudad de México, tienen

---

[15] Cisneros, Diego, *Sitio, naturaleza y propiedades de la Ciudad de México*, México, Real Universidad de México, 1618.

para Cisneros un elemento común en el que el médico puede confiar: la presencia de los astros y su influencia. Toda una garantía y un aval sobre la que incide fuertemente con el fin de encaminarse hacia la salud del enfermo. Tal era la visión de Cisneros ante las particularidades de una ciudad la de México. Gracias a él y a esta ciudad contamos, pues, con la visión que se tenía acerca de los aspectos sanitarios urbanos durante el siglo XVII.

José Sanfilippo B.

Dep^(to). de Historia y Filosofía de la Medicina. Fac. de Medicina, UNAM, México.

EL REMEDIO DE LA LAGARTIJA, UN TRATAMIENTO CONTRA LA SÍFILIS DEL SIGLO XVIII

Durante el siglo XVIII la sífilis en el mundo seguía teniendo un estatus de endémica; recordando que en los dos siglos anteriores, en diversos países del mundo, se presentaron los primeros brotes epidémicos y en ciertos momentos llegó hasta ser una pandemia.

Desde su identificación, como una de las enfermedades que amenazaba la existencia de la humanidad sobre la faz de la tierra, se idearon infinidad de remedios que pudieran controlar o erradicar dicha amenaza.

Recordemos que las primeras señales de la sífilis se presentaron durante el siglo XV alcanzando sus máximas manifestaciones en el XVI, y que Italia estuvo importantemente ligada a sus primeros conocimientos en Europa.

Sin entrar en la muy trillada polémica de que sí la sífilis es de origen americano o si se exacerbó el *Treponema pallidum* existente en el viejo continente, señalaré algunos de los datos más conocidos sobre dicha enfermedad. Por ejemplo, en algunos documentos italianos y suizos entre los años de 1429 y 1431, se mencionan algunas enfermedades desconocidas las cuales tienen algunos síntomas muy parecidos a los de la sífilis, cien años antes de que Fracastoro los identificara y diera el nombre a la enfermedad.[1] Por esta razón se cree que la sífilis ya existía en Europa antes de la gran aventura colombina, pero nunca se ha podido demostrar con pruebas irrebatibles. Sólo es seguro que, tras el descubrimiento de América, invadió Europa en grandes oleadas epidémicas después de 1494,[2] con el sitio de Nápoles por el ejército francés.

Desde el momento mismo de su aparición, se utilizaron una gran variedad de substancias que intentaron controlarla y hasta erradicarla, con un total fracaso. Así podemos mencionar las plantas de guayacan (*Guaoacum Sancium Zygop*) y la de zarzaparrilla (*Smilax Moranensis Lilia*), y el más común de todos los remedios a los largo de los siglos, fue el propuesto por Paracelso, el mercurio y sus derivados. Esta sustancia se utilizó como medicamento de primera mano, a pesar de todos los estragos que ocasionaba en el organismo humano, hasta el siglo XX.

---

* Coordinado de enseñanza.
[1] *Crónica de la medicina.* 2° edic. España. Plaza & Janes. 1994. p. 115.
[2] Pollak, Kurt. *Los discípulos de Hipócrates.* Círculo de lectores. España. 1969. p. 26.

Por esta razón hubo una gran cantidad de propuestas de medicamentos y remedios en todas las partes del mundo. Uno de ellos fue el ideado por un médico latinoamericano, que no es del todo desconocido pero sí muy poco recordado, el doctor Joseph Felipe de Flores, quien hizo importantes aportaciones a la medicina, a la óptica y a la navegación, durante las últimas dos décadas del siglo XVIII y primeras del XIX.

Semblanza del Dr. Joseph de Flores

El Dr. Flores nació en Ciudad Real de Chiapa en 1751, cuando esta población correspondía a la Capitanía General de Guatemala, y que en la actualidad es conocida como San Cristóbal de las Casas, perteneciente al estado mexicano de Chiapas. Estudió en la Universidad de San Carlos, fundada en el año de 1681, y se graduó de Bachiller en Medicina en 1773; siendo el último graduado en esa época, ya que la ciudad fue destruida en ese mismo año debido a dos desbastadores terremotos (en julio y diciembre de 1773), lo que decidiera que la ciudad se construyera y trasladara a un nuevo lugar, fundándose la nueva ciudad de Guatemala de la Asunción,[3] la actual capital de ese país.

En 1779 obtiene el grado de Licenciado en Medicina, al defender la tesis *Ventajas de la inoculación de las viruelas y necesidad de establecer esta operación en este reino para precaver los estragos de esta funesta enfermedad*, la cual causó una gran controversia por lo novedoso del tema, al siguiente año obtuvo el grado de Doctor.

En 1780 se presentó en Guatemala, una terrible epidemia de viruela, que diezmó a la población indígena; el doctor José de Flores la combatió mediante la aplicación de su tesis: la inoculación preventiva, lo que ocasionó una gran descontento entre el gremio médico, pero a pesar de todo tuvo grandes logros y estableció la obligación de inocular a la población.[4]

En 1783, obtiene en un concurso de oposición, por unanimidad de votos, la cátedra de prima de medicina en la Universidad de San Carlos. Una de las actividades que desarrolló en este campo fue la fabricación de figuras anatómicas articuladas – armables y desarmables – hechas de madera, las cuales mostraban todas las partes del organismo, como huesos, músculos y órganos, ideada en 1792, ante la escasez de cadáveres con fines didácticos.[5]

Por esta misma época, 21 de junio 1793, el rey de España Carlos IV instituye el Tribunal del Protomedicato en Guatemala, y es nombrado el doctor José Felipe de Flores, primer protomédico.[6]

Debido a su extraordinaria labor académica, a sus logros en el combate de las epidemias (principalmente a la de viruela) y al gran éxito de sus figuras anatómicas,

---

[3] Johnston, René. «La Antigua Guatemala: algunas secuelas tras el terremoto de 1773». *Perspectiva histórica*. Centro de estudios históricos internacionales. México. Año 4(7-8) Junio 2001. p. 81-98.

[4] Aznar López, José. Op. cit. p. 34-5.

[5] *Ibid*, p. 57-63.

[6] *Ibid*, p. 74.

el rey Carlos IV de España, le concede el nombramiento de Médico de Cámara de Su Majestad, el 16 de abril de 1794.[7]

A su paso por Francia, el Dr. Flores, hace algunos estudios de la óptica, especialmente en la reflexión de la luz con el fin de perfeccionar el telescopio, utilizando vidrios azogados y espejos cóncavos para evitar la distorsión de las observaciones cuando se descompone el haz de luz.[8]

Años más tarde, a raíz de la invasión de España por los franceses en 1808, don José de Flores, decide regresar a su tierra, pero no se le concede el permiso necesario, por lo que inicia una serie de investigaciones sobre la conservación de los alimentos en los barcos, consistente en mantener en aguardiente los productos perecederos. En 1811 escribió las experiencias de esta técnica en un artículo de 8 páginas en la *Gaceta del Gobierno* titulado *Experimentos sobre la conservación de las carnes*.[9]

Falleció a la edad de 73 años, en Madrid, España, el 20 de junio de 1824 y se sepultó en el cementerio de San Martín, el cual fue destruido para construir una zona habitacional, desapareciendo los restos del doctor José Felipe de Flores.[10]

El remedio de la lagartija

Entrando en materia, el *Remedio de las lagartijas para el tratamiento del cancro*, es uno de los escritos más controvertidos que tuvo el Dr. Flores, ya que desde los tiempos mismos en los que escribió su opúsculo hasta nuestros días, se ha seguido discutiendo desde diferentes facetas.

El Dr. José de Flores titula su escrito *Específico nuevamente descubierto en el reyno de Guatemala, para la cura radical del horrible mal del cancro*, publicado el año de 1782,[11] de escasas 18 páginas, el cual fue traducido a varios idiomas y ampliamente difundido en muchos países del mundo.[12]

Este escrito se originó cuando el Dr. Flores fue nombrado por la corte española en Madrid, comisionado para enviar las «producciones raras y plantas exquisitas y cuerpos de animales disecados» al Real Gabinete de Ciencias Naturales, las cuales deberían ser enviadas perfectamente acondicionadas para que llegaran en buen estado, principalmente las plantas que deberían estar vivas.

Durante esta comisión hizo varios viajes al lago de Amatitla, que está a una distancia de 33 kms. de Guatemala. En la población cercana al lago, encuentra ciertas lagartijas que son de diferente especie a las que comúnmente se conocen.

---

[7] *Ibid*, p. 101.

[8] *Ibid*, p. 105-7.

[9] *Ibid*, p. 117,

[10] *Ibid*, p. 142.

[11] *Específico nuevamente descubierto en el reyno de Goatemala, para la curación radical del horrible mal del cancro, y otros mas frecuentes.* su autor El Dr. Don José Flores del Gremio, y Claustro de la Real Universidad de dicha Goatemala. Dase al público a expensas de un espíritu patriótico. Ciudad de Nueva Goatemala el 6 de marzo de 1782.

[12] Aznar López, José. *Op. cit.* p. 44.

En el capítulo inicial del opúsculo, llamado «Breve noticia»,[13] se hace una reseña de la forma en que el Dr. Flores se enteró del tratamiento del cancro. Narra que un catalán llamado José Ferrer, «vecino de Goatemala», tenía más de un año con una llaga en el labio superior del lado derecho, y el cirujano que lo atendía lo desahució ya que esperaba que la llaga cancrosa llegara a la carótida. Se le aplicaron todos los tratamientos que había en ese momento, sin ningún resultado satisfactorio.

Esperando su muerte, el Sr. Ferrer se retiró a la Iglesia de la Candelaria, en donde el párroco José de Eloso, le contó que cuando estaba en San Juan Amatitan lo llamaron para confesar a un enfermo en el pueblo cercano de San Cristóbal, allí vio a una joven indígena llena de bubas y llagas. Se propuso trasladarla a la Nueva Guatemala para intentar curarla, pero las autoridades del lugar se opusieron diciendo que en el mismo pueblo tenían el remedio para curar aquella enfermedad.

Después de algunos días regresaron con la india «enteramente sana». El cura pidió que le revelaran el remedio y le contestaron, «... que comiendo crudas ciertas Lagartijas, que se criaban en el Pueblo, sanaban de las llagas, y de las bubas que era el remedio que habían aplicado, á la India, y que ellos siempre habían usado para sanar de aquella enfermedad».

El cura Eloso convenció a don José Ferrer para que empleara el tratamiento de las *Lagartijas de San Cristóbal*, accediendo «Comió tres según el uso de los Indios, y á los cinco días sintió calor en todo el cuerpo con sudor copioso. A poco comenzó á arrojar una baba espesa, abundante, y de color amarillo, y porque ya comenzaba á desaparecer el hedor, siguió comiendo otras cinco. Dentro de breves días paró el babeo, y consecutivamente fueron viniendo las carnes buenas, quedando la llaga tan encarnada, que apenas se conocía alguna imperfección en la cara».

El doctor José de Flores termina la introducción comentando la conmoción que ocasionó la cura del Sr. Ferrer, entre el gremio médico, por lo que se dio a la tarea de averiguar todo lo relacionado con este remedio.

En el siguiente capítulo, el «Método» para usar la lagartija, que describe el Dr. Flores,[14] era cortándole la cabeza y la cola, después le sacaban los intestinos e inmediatamente le quitaban la piel de un tirón. «En este estado, cruda, la carne aun caliente, y en toda su vitalidad, la mascan, y la tragan con gran serenidad». Toman una diaria y pueden comer hasta tres al día. Flores menciona que esta enfermedad «de las llagas y las bubas [es] endémica en este pueblo».

Para hacer menos desagradable el remedio, propone que después de quitarle la piel a las lagartijas se pique con un cuchillo, la carne y los huesos y se hagan unas píldoras [albóndigas] envueltas en obleas; de cada lagartija se hacían dos píldoras «poco menores que una bola de fusil», elaborándola lo más rápido posible «para tomar la carne lo mas viva que se pueda».

José de Flores señala que los habitantes de San Cristóbal Amatitan le dijeron que conocían el remedio desde tiempos inmemorables y que la costumbre la llevó un

---

[13] Flores, José. Op. cit. Breve noticia de las lagartijas del pueblo de San Cristoval Amatitan del Reyno de Goatemala, con las que se cura radicalmente el Cancro, y otras enfermedades. p. 1-7.

[14] *Ibid.* Método con que los indios de San Cristóval toman las lagartijas para curarse las llagas y las bubas. p. 8-10.

vecino del pueblo de Ysalco. Recalca que los habitantes de los pueblos vecinos como San Juan y San Pedro Mártir acuden a este lugar cuando tienen necesidad de usar el remedio de la lagartija.

En la última parte, en la «Descripción de las Lagartijas»[15] describe que el animal es cómo de 8 a 10 pulgadas de largo por media de ancho, muy ágiles y de gran resorte, unas de color tornasol, entre amarillas y verdes, y otras pardas con manchas. Con piel cubierta de escamas triangulares cuya punta es hacia la cola. Y además, presupone que las lagartijas tornasol son las hembras, por tener el vientre más ancho y abultado.

Viven en lo árboles y agujeros de las peñas, paredes y cerros. Se alimentan de escarabajos – llamados *Ronrones* –, moscas y abejas. No son ponzoñosas porque al cogerlas muerden y no tienen ninguna reacción sus mordidas. Y agrega que son muy comunes en todo el Reyno de Guatemala.

Luego se narra el caso de don Carlos Suncin, cura de la parroquia de San Sebastián, que tenía una «llaga cancrosa» en un lado de la nariz, de más de treinta años, que se curó con el mismo tratamiento de las lagartijas, y aventura que puede ser el remedio esperado para curar el Cancro diciendo que: «... desde luego habremos encontrado el secreto de esterilizar con las Lagartijas el veneno terrible de este Animal cornizaro, si es verdadera la conjetura de aquel Sabio, que colocó al Cancro en la clase de los insectos».

Después de los resultados obtenidos, el Dr. Flores piensa que pueden usarse las lagartijas en vez del mercurio, ya que tiene grandes ventajas pues se puede emplear sin peligro, porque «... se puede encontrar en estos Animales un excelente Vermífugo, un Antihidrofóbico, y el Específico Antivariólico, que el célebre Boerhaave pensaba se podía hallar en cierta composición preparada con el Antimonio y el Mercurio». Y termina diciendo que en el Real Hospital está criando seis lagartijas «... para examinar su vida, sus sexos, su generación, y conservación, con el fin de enviarlas vivas al Real Gabinete de Historia Natural, y que la Europa participe de tan precioso hallazgo». Este librito llegó a la Ciudad de México ese mismo año de 1782, lo que ocasionó que se entablara una intensa polémica entre algunos de los personajes más renombrados de la cultura ilustrada novohispana, la cual se centró en la utilidad de las lagartijas como tratamiento para el cancro.

Este concepto se desvirtuó y llevó el problema por dos caminos que hasta la fecha se sigue mencionando. Esto es el tratamiento de la lagartija contra la sífilis (chancro) o el tratamiento de la lagartija contra el cáncer (cancro); términos que en las acepciones actuales son diferentes a las utilizadas en el siglo XVIII.

Este tratamiento nos trae a la memoria los actuales tratamientos del cáncer con carne de víbora de cascabel, la cual no tiene hasta el momento ninguna explicación que caiga dentro de nuestro cuerpo de conocimientos «científicos», como podemos ver en el caso del *Remedio de la Lagartija*.

A manera de conclusión

Retomando las palabras del biógrafo del Dr. José de Flores, José Aznar López, podemos hacer extensivo a muchos de los investigadores actuales que han tratado de

---

[15] *Ibid.* Descripción de la lagartija de Amatitan. p. 11-15.

hacer un bien a la humanidad y se han deslumbrado con cosas que nos parecen de lo más descabellado.

Aznar dijo: «El específico tiene un gran fondo de charlatanismo, pero ¿vamos a exigir a un hombre que en una época tan dada a las elucubraciones sin base científica, no caiga también algunas veces en ideas peregrinas? Particularmente creo que esta idea, que hoy nos parece ridícula, influiría extraordinariamente en bastantes casos, y se conseguirían curaciones en algunos enfermos diagnosticados de cangro, afectados en realidad de cualquier otro proceso curable, pues cuántas maravillas no es capaz de hacer la sugestión. La prueba palpable del éxito de su sistema la encontramos en la amplísima difusión de su folleto».[16]

---

[16] Aznar López, José. *Op. cit.*, p. 44.

PARTE III

•

Rotas Historiográficas

Simpósio organizado pela Red

Ana María Dolores Huerta Jaramillo

Área de Historia. Instituto de Ciencias Sociales y Humanidades.
Benemérita Universidad Autónoma de Puebla, México

LOS LIBROS DE LA NATURALEZA QUE VIAJARON A PUEBLA
SEGUNDA MITAD DEL SIGLO XIX

Viajes y colecciones constituyen los dos polos de la historia natural. Libros que viajaron de un lugar a otro, como lo hicieron las diferentes especies vegetales, animales y minerales que se clasificaron para la construcción de un nuevo orden científico, que sustituyó o se desarrolló a la par del orden religioso. Especies de todo tipo transitaron por diferentes rutas que ayudaron a encontrar los parentescos con las especies locales de cada continente, la herramienta principal para ese reconocimiento fueron los textos impresos que construyeron imágenes e imaginarios.

En 1875 se instaló en la Escuela de Medicina de Puebla, el gabinete de Historia Natural,[1] un albergue de la naturaleza. En el se integraron diferentes colecciones anatómicas humanas, especies animales, minerales y un herbario.[2] Además de instrumentos de laboratorio el Gabinete contó con una extensa biblioteca con textos procedentes de Europa, manuales especializados, tratados sobre especies, diccionarios, diversas historia naturales, información que respaldaba todas las clasificaciones y cuyo aprovechamiento se difundía a través de la enseñanza. Con el tiempo algunos de esos libros se integraron a los anaqueles de la Biblioteca Central José María Lafragua de la Universidad Autónoma de Puebla, y se nos presentan como una oportunidad para realizar una revisión acerca de la producción historiográfica sobre la naturaleza que llegó a tierras americanas durante el siglo XIX.

Los insectos a una Enciclopedia

De 1875 data la *Enciclopedia de Historia Natural o Tratado completo de esta Ciencia,* cuyo autor se nombra como Doctor Chenú, cirujano mayor en el Hospital Militar de

---

[1] Archivo Histórico Escuela de Medicina. Biblioteca Central José María Lafragua. «Inventario de los muebles, utensilios, que existen en el Gabinete de Historia Natural. 1907.» Manuscrito. 40 hojas

[2] 820 especies de aves, de las cuales la mayor parte eran de procedencia extranjera, 85 especies de mamíferos de distintas clases, 81 reptiles, 56 tipos de peces, 10 ejemplares de felinos, 17 ejemplares de roedores, 4 primates y 2 marsupiales.

Val-de-Grass y profesor de Historia Natural.[3] En ella se incluyen los trabajos de «los naturalistas más eminentes de todos los países y de todas las épocas» como Buffon, Daubenton, Lacepede, Georges y F. Cuvier, Geoffroy Saint-Hilaire, Latreille, Jussieu, Brongniart. El tomo del que nos ocuparemos es el correspondiente a los anélidos, trabajo integrado con la colaboración de Desmarest del Museo de Historia Natural y Secretario de la Sociedad Entomológica de Francia. Este volumen contiene una Tabla alfabética de los nombres vulgares y científicos de todos los temas descritos y figuras.[4] La idea del autor es que gracias a las viñetas y dibujos que se incluyen en el texto, es posible conocer suficientemente las especies verdaderamente útiles, y los grupos genéricos admitidos por los autores, remitiendo a obras especiales que podrían completar las nociones que se dan. La justificación principal de producir un texto de estas características se debió a la necesidad que se tenía de conocer los anélidos útiles y diferenciarlos de los que se consideraban como enemigos del hombre. Como anélidos útiles se incluyeron a: la abeja que produce miel y cera; la cochinilla que se había aprovechado durante mucho tiempo y que constituye en sí misma un bello color tintóreo; ciertos himenópteros como el denominado blastófago[5] que producen el fenómeno de la fecundación necesaria para lograr la maduración de lo higos en ciertos países; los insectos del género cynips, que producen en contacto con el roble la tinta o tinte conocido como negro de Gales; las hormigas, interesantes por ellas mismas, que neutralizan la acción desagradable de los pulgones sobre la mayoría de los arbolillos; la sanguijuela, que era ventajosamente empleada en la medicina. Entre los anélidos dañinos que se debían conocer para impedir sus estragos se señalaba a las cucarachas que maltratan las provisiones; los grillos, perjuicio de los agricultores; toda clase de chapulines y langostas que arriban en bandas inconmensurables, la pulga de la rata que produce la peste; las termitas que roen los bosques; las avispas y abejorros que producen crueles piquetes y heridas; las avispas de los pinos que devastan esta foresta y que son célebres por las perforaciones que ocasionan en los troncos; los piojos, las arañas, la tarántula, los escorpiones, y los ácaros que propagan la sarna. Los grupos de que se encontraban presentes en el Gabinetes de Historia Natural de Puebla por su clasificación eran: los miriápodos[6],

---

[3] Dr. Chenú. *Encyclopédie D'Histoire Naturelle ou Traité complet de cette Science.* D'apres les Travaux des Naturalistes les plus eminents de tous les pays et de toutes les Epoques, Buffon, Daubenton, Lacepede, G. Cuvier, F. Cuvier, Geoffroy Saint-Hilaire, Latreille, de Jussieu, Brongniart...etc... Annelés. París, Maresq et Compagnie/Gustave Havard, 1875

[4] *Encyclopédie D'Histoire Naturelle. Table Alphabetique des nomes vulgaires et scientifiques de tous les sujets décrits et figurés dans cette encyclopédie. Annelés.* París, Librarie de Firmin-Didot et Cie, Imprimeurs de L'institut, 1875.

[5] Introduciéndose en los higos efectúa la polinización y asegura la madurez de estas variedades que, sin esta práctica dejan caer los frutos prematuramente.

[6] Grupo de artrópodos mandibulados y antenados, de respiración traqueal, caracterizados por presentar numerosos segmentos. *Enciclopedia Textual Permanente*, Salvat Editores, 1999.

arácnidos[7], coleópteros[8] (insectos de 4 alas), ortópteros[9] (grillos), himenópteros[10] (abejas), lepidópteros[11] (mariposas).

La historia natural en una galería

Una *Galería de Historia Natural* publicada en 1885 se presenta como «sacada de las obras completas de Buffon[12] y arreglada al castellano por García-Ramón. Se trata de una preciosa edición «adornada con 32 grabados en acero dibujados por Travíes y

---

[7] Clase de artrópodos, generalmente terrestres, que presentan el cuerpo seccionado en dos partes: un cefalotórax o prosoma, provisto de seis pares de apéndices, y el abdomen u opistosoma, ápodo. *Ibídem.*

[8] Orden de insectos caracterizados por la presencia de un primer par de alas queratinizadas o élitros que sirven de estuche a un segundo par de alas membranosas que les sirven para volar. Sin embargo, ambos pares de alas faltan o están atrofiadas en muchos casos. El desarrollo es holometábolo, con larvas ápodas y ninfas móviles. El aparato bucal es generalmente masticador. Es uno de los órdenes más extensos y variados del reino animal, conociéndose en la actualidad no menos de 300.000 especies que han poblado toda clase de hábitats. El grado de especialización es asimismo elevadísimo; es uno de los grupos animales mejor adaptados. Muchas especies son altamente perjudiciales para la agricultura. Suelen dividirse en dos grandes subórdenes: adéfagos y polífagos. *Ibídem.*

[9] Orden de insectos heterometábolos que comprende los llamados saltamontes, langostas y grillos. Tiene el aparato bucal masticador, dos pares de alas, el primero coriáceo, y las partes posteriores muy grandes y adaptadas al salto. Algunas especies son ápteras o con las alas reducidas. Es característica del grupo la presencia de órganos estridulantes. Comprende más de 15.000 especies repartidas por todo el mundo. *Ibídem.*

[10] Orden de insectos pterigotas holometábolos. Su tamaño varía entre 0,1 y 50 mm. El aparato bucal es masticador o lamedor. Tienen cuatro alas membranosas, unidas durante el vuelo por unos ganchos. Las hembras presentan un oviscapto que en algunas especies se convierte en un aguijón venenoso. La partenogénesis es muy frecuente; por lo general los huevos no fecundados producen machos. Las formas más evolucionadas del orden presentan muchos casos de especies altamente sociales (hormigas, abejas, avispas), con un acusado polimorfismo: hembras, machos y obreras. Comprende unas 280.000 especies, casi todas terrestres. Suelen dividirse en dos subórdenes: sínfitos, con las piezas bucales masticadoras y abdomen no pedunculado, y apócritos, con el abdomen pedunculado. *Ibídem.*

[11] Orden de insectos holometábolos, con 4 alas grandes membranosas recubiertas de pequeñas escamas y con un aparato bucal chupador típico llamado espiritrompa, formado por las maxilas. Sus larvas (orugas) poseen aparato bucal masticador, tres patas dorsales y, a veces, falsas patas abdominales. La crisálida suele ser inmóvil y muchas veces está protegida por un capullo. Es bastante frecuente el dimorfismo sexual; la coloración es muy variable y generalmente muy vistosa. Ojos compuestos bien desarrollados y antenas de conformación y longitud variables. Las larvas son fitófagas, y muchas veces perjudiciales para la agricultura; los adultos chupan el néctar y el polen de las flores. Todos son terrestres, aunque algunas larvas pueden ser dulceacuícolas. *Ibídem.*

[12] Buffon, Georges-Louis Leclerc, conde de (1707-1788). Naturalista francés. En 1739 fue nombrado director del jardín botánico del rey y de su museo adjunto. Al encargársele la elaboración de un catálogo del museo, se dedicó desde 1749 a dirigir y redactar en gran parte una inmensa Historia natural de 36 volúmenes, a los que tras su muerte se añadieron 8 más. En ella se tratan principalmente los animales, pero también se dedican volúmenes al ser humano, los vegetales, los minerales y la historia de la Tierra y el Sistema Solar. De estilo vivaz y colorista, la Historia natural tuvo un gran éxito y contribuyó a la difusión de las incipientes ideas evolucionistas sobre el origen de la Tierra y los seres vivos. *Ibídem.*

Enrique Gobin e iluminados por los mejores artistas».[13] La designación de *Galería* es atinada pues las noticias sobre los ejemplares zoológicos son acompañadas de bellísimas ilustraciones de página completa con pespuntes para ser desprendidas y enmarcadas y aprovecharse como material didáctico. Los autores a los que remite constantemente a lo largo de la obra son Cuvier,[14] Flourens y Plinio[15]. Lo primero que encontramos después de la portada es un estudio introductorio sobre la vida y obra de Bufón donde se resalta su *Historia Natural de los Animales* y que se califica como «su verdadero monumento, el que siempre subsistirá y le merecerá la admiración, el respeto y la gratitud de las generaciones venideras».[16] En este texto existen dos tipos de imágenes, las pictóricas y las literarias. En cuanto a las segundas se trata de un traslado de representaciones imaginarias de atributos y carencias de las diversas especies, ideas que se han construido a través de la lectura de textos de Historia Natural de diferente procedencia y autoría. En particular llama la atención la forma en que se describe la interacción entre los habitantes y los animales procedentes de diferentes meridianos, en particular me referiré sólo a algunos ejemplos y contrastes entre lo americano, lo mexicano y lo europeo. Cuando se refiere al cocodrilo afirma que ciertas especies que Plinio no conoció y que se encontraban en algunos parajes de América, «como todos los grandes animales de esas regiones nuevas en las que la humedad es superior al calor, tiene menos valor y fuerza que los animales que los representan en los países

---

[13] García-Ramón. *Galería de Historia Natural*. Sacada de las obras completas de Bufón y arreglada al castellano por... Edición adornada con 32 grabados en acero dibujados por Travíes y Enrique Gobin e iluminados por los mejores artistas. París, Librería Española de Garnier Hermanos, 1885.

[14] Cuvier, Georges (1769-1832). Naturalista francés. Cursó estudios en Alemania. En 1795 pasó a formar parte del equipo científico del Jardin des Plantes de París e ingresó en la Academia de Ciencias. En 1799 fue designado como sucesor de Daubenton en la cátedra de historia natural del Collège de France. Gozó del favor de Napoleón, Luis XVIII – que lo nombró barón – y Luis Felipe; en 1818 fue elegido miembro de la Academia Francesa. Inspirándose en Aristóteles, emprendió la tarea de establecer las leyes de una anatomía funcional, y puede considerársele como el fundador de la anatomía comparada. Sus investigaciones abarcan todo el reino animal, en el que distingue cuatro grandes tipos de organización: vertebrados, moluscos, articulados y radiados. Formuló el principio de la correlación de los órganos, según el cual éstos no están simplemente yuxtapuestos, sino que actúan los unos sobre los otros para realizar una función común. .Puede considerársele como uno de los fundadores de la paleontología; describió y estudió numerosas especies fósiles, principalmente vertebrados. Sostenía, sin embargo, que estas especies no tenían relación con las actuales, al no poder demostrarse la existencia de formas intermedias entre unas y otras; influido por sus ideas religiosas, se mostró partidario de una concepción fijista: las especies no podían derivar las unas de las otras por cambios graduales. Se opuso en este terreno a las teorías transformistas de Lamarck y Geoffroy de Saint-Hilaire, con quienes sostuvo polémicas de gran interés. Obras principales: *Leçons d'anatomie comparée* (1800-05*), Le règne animal distribué d'après son organisation* (1817), *Histoire naturelle des poissons* (1828), etc. *Enciclopedia Textual, op.cit.*

[15] Plinio el Viejo, Cayo Plinio Cecilio Segundo, llamado (23 ó 24-79). Escritor romano. Tío de Plinio el Joven, éste lo cita como autor de obras históricas y de carácter retórico y gramatical. De él sólo se conserva una Historia Natural (Naturalis historia XXXVII libri), compilación del saber antiguo con índice de materias y enumeración de fuentes aprovechadas. Son particularmente valiosas las noticias que aporta para la historia del arte y para los estudios geográficos. El estilo es seco y conciso y de escaso valor literario. Una epístola de su sobrino para Tácito refiere las circunstancias de su muerte durante la famosa erupción del Vesubio. *Ibídem.*

[16] García Ramón. *Op. cit.*, p. VIII.

secos del antiguo continente».[17] En el caso de la Boa constrictor[18] señala que como todo lo que produce terror y la admiración parece tener gran superioridad sobre los otros seres «causa en los cerebros poco ilustrados la idea de un agente sobrenatural». A ello se atribuía que los antiguos habitantes de México consideraban a la Boa con religioso temor, pensaban que una masa tan considerable que ejecutaba movimientos rápidos no podía ser movida sino por un soplo divino, o debido a que era ministro de la «omnipotencia celeste», convirtiéndose en objeto de culto. «La apellidaron emperador para designar la preeminencia de sus cualidades».[19] Acerca de la víbora de cascabel, García-Ramón nos informa que los mexicanos la designan como *escacoatl*, que significa el viento. Lo considera «funesto reptil» que habita casi todas las regiones del nuevo mundo, desde la tierra de Magallanes[20] hasta el lago Champlain, hacia el cuadragésimo quinto grado de latitud septentrional. La víbora de cascabel reinaba en esas vastas regiones en las que ningún animal se atrevía a atacarlas y «los antiguos americanos no mataban retenidos por supersticiosos temor; pero animados por los europeos en breve han tratado de libertarse de esa terrible especie...».[21]

La valoración cambia cuando se trata de informar acerca de la Llama, variedad doméstica del guanaco originaria del Perú, utilizada como animal de carga. Apoyándose en noticias de Gregorio de Bolivar, el autor de la *Galeria* informa que desde el Perú, su verdadera patria, las llamas eran conducidas a otras provincias, como a Nueva España, más por curiosidad que por utilidad. Mientras que en toda la extensión del Perú, desde Potosí[22] hasta Caracas, estos animales eran muy numerosos, así como necesarios, formando «la única riqueza de los Indios» y contribuyendo mucho a la de los españoles. Su carne se describe como buena para comer, su pelo como una lana fina de un uso excelente, y durante toda su vida sirven para transportar los productos del país. Su carga ordinaria era de 150 libras y los animales más fuertes llevaban hasta 250, haciendo viajes bastante largos en lugares escabrosos para otra clase de animales. Su andar lento les permite recorrer cuatro o cinco leguas al día; «los ocupan mucho para el transporte de los minerales que se sacan de Potosí».[23] Atrás se quedaron los bestiarios medievales,[24] las especies animales habían sido desprovistas de su asociación

---

[17] *Idem.* p. 293

[18] La boa constrictora (Boa constrictor o Constrictor constrictor) captura sus presas lanzándose desde los árboles y las tritura enroscándose sobre ellas. Se encuentra en América centromeridional.

[19] García-Ramón. *Op. cit.* P. .369

[20] Magallanes. Estrecho del S. de América, que comunica el Atlántico con el Pacífico y separa la Tierra del Fuego del continente; 600 kms. de longitud y 33 de anchura media. Descubierto por F. de Magallanes en 1520. *Enciclopedia Textual, op. cit.*

[21] García-Ramón. *Op. cit.* p. 378

[22] Potosí. Departamento del SO. de Bolivia, limítrofe con Chile y Argentina; 118.218 km² y 949.000 hab. Forma parte del Altiplano y está accidentado por la cordillera Real en su mitad oriental. Cereales, patatas, legumbres y quina. Ganadería. Minas de plomo, estaño, plata. Salinas. Capital, Potosí. *Enciclopedia Textual... op. cit.*

[23] García Ramón. *Op. cit.* Pp. 296-297

[24] Me refiero a obras como *El Fisiólogo. Bestiario Medieval.* Prol. Juli Peradejordi. España, Ediciones Obelisco, 2000. (Colección Archivo de Símbolos). Tambíen: Ignacio Malaxecheverría. *Bestiario Medieval.* España, Ediciones Siruela, 1999 (Biblioteca Medieval Siruela)

a la virtud o al pecado y de su virtud moralizante, y su nueva dimensión se construía en función de la utilidad que proporcionaba al hombre.

Un curso de historia natural

Impreso en la Librería de la viuda de Charles Bouret, París-México, el libro de J. Langlebert, profesor de ciencias físicas y naturales, doctor en Medicina y oficial de Academia, se anuncia como una obra «enteramente refundida, con arreglo a las clasificaciones Zoológica, Botánica y Geológica admitidas en las grandes escuelas francesas y europeas en 1899». Traducida por Don Antonio de Linares, la obra contiene 680 grabados en el texto, dos de ellos iluminados. Este ejemplar corresponde a la onceava edición española que incluye adiciones y reformas del autor en 1901.[25] En la nota de la sesenta y tresava edición francesa, que es la que se traduce, Langlebert aclara que ha modificado su trabajo haciéndolo nuevo y enteramente acorde con los programas de enseñanza del momento. Si bien la clasificación zoológica no había exigido sino cambios de escasa importancia, por el contrario en la botánica se daba una descripción más moderna de la estructura de las raíces, de los tallos y de las hojas, así como de los carpelos, de los óvulos y de los frutos, cuya clasificación se había simplificado en extremo. La clasificación del reino vegetal se había realizado de acuerdo con Brongniart.[26] El libro se halla estructurado en tres partes principales, después de una Nociones Preliminares, se abarca la Zoología, la Botánica y la Geología y Paleontología. Se define a la Historia Natural como la ciencia que estudia todos los cuerpos brutos o vivos esparcidos sobre la superficie de la tierra o constitutivos de la masa terrestre. Establece que si bien la Física y la Química se ocupan también de tales cuerpos, los miran desde otros puntos de vista. Por su parte la Física inquiría sobre las propiedades generales de la materia y los grandes fenómenos a que deben su origen, la atracción universal, el calor, la electricidad, el magnetismo, la luz; mientras la Química mide las fuerzas moleculares, indaga las leyes que presiden a las combinaciones y examina los productos nuevos que de ellas resulten. La Historia Natural a su vez investiga el origen, el modo en que los cuerpos crecen y se constituyen, sus formas exteriores, su organización o estructura interna, su distribución geográfica, en suma todos los caracteres que pueden servir para distinguirse entre sí.[27] Los tres reinos admitidos por la ciencia y el lenguaje usual a los que se referirá Langlebert son el mineral, que comprende los cuerpos brutos o inorgánicos; el animal y el vegetal, donde están reunidos todos los seres dotados de vida. Así los caracteres distintivos de los cuerpos inorgánicos y de los seres organizados son: origen, duración, desarrollo, nutrición y organización, precisándose la celular para lo viviente.[28] La especie, Langlebert explica,

---

[25] J. Langlebert. *Historia Natural*. Curso elemental de estudios científicos. Trad. por D. A. de Linares. Librería de la Vda. de Ch. Bouret. París/México, 1901.

[26] Brongniart, Alexandre (1770-1847). Geólogo francés. Colaborador de Cuvier, estableció la primera ordenación cronológica de las formaciones geológicas del período terciario. *Enciclopedia Textual... Op. cit.*

[27] Langlebert. *Op. cit.*, p. 1

[28] *Ibídem.*, p. 2

viene de la voz latina *species* que significa en Historia Natural una colección de individuos dotados de caracteres comunes entre sí, y los distinguen de todos los demás individuos que pertenecen a otras especies. La reunión de muchas especies análogas constituyen un género.[29] Y cita a Cuvier, «La especie... es la reunión de individuos engendrados unos por otros, o por ascendientes comunes, y de cuantos se les parecen tanto como ellos en sí».[30] El autor reconoce que el origen de las especies animales y vegetales era una discusión para los naturalistas. Unos, como Linneo,[31] Jussieu[32] y Cuvier, consideraban la especie como un tipo fijo, invariable, que había conservado a través de las generaciones desde su origen su forma primitiva y esencial. Pero otros, como Lamarck, Geoffroy Saint-Hilaire y el naturalista inglés Carlos Darwin pretendían, al contrario, que las especies, lejos de ser fijas e inmutables, con el tiempo y bajo el influjo de causas diversas pueden modificarse poco a poco y transformarse en nuevos tipos específicos de un orden superior. Estas a su vez en el curso del tiempo y por causas activas podrían producir otras especies y así sucesivamente.[33] Pero en lo que a materia de clasificación se refería consideraba como las más célebres a las de Linneo, Lamarck[34] y Jorge Cuvier. Linneo había dividido a los mamíferos, las aves, los reptiles, los peces, los insectos y los gusanos. Lamarck en 1801 dividió a los ani-

---

[29] *Ibídem.*, p. 5

[30] *Ibídem.*, p. 6

[31] Linné, Carl von (1707-1778). Naturalista sueco, conocido también con el nombre castellanizado de Linneo. Se le considera el padre de la botánica moderna. Desde edad temprana mostró gran afición a la botánica. Entró en la Universidad de Lund, donde inició los estudios de medicina, y al cabo de un año pasó a la de Uppsala. Habiendo adquirido cierta reputación por sus trabajos de botánica, la Real Sociedad de Ciencias de esta última ciudad le subvencionó un viaje a través de Laponia, cuyo resultado fue materia del libro Flora lapponica, publicado en 1737. Este mismo año pasó a la Universidad de Hardewijck en Holanda, donde se graduó de doctor en medicina. Estuvo luego en Leiden, donde aparecieron los primeros ensayos de su Systema naturae y Fundamenta botanica. Más tarde se estableció en Estocolmo para ejercer la medicina. En 1741 fue nombrado catedrático de medicina en Uppsala y luego de botánica e historia natural. Linné fue ante todo un gran sistemático; ideó la nomenclatura binaria, pronto aceptada universalmente, con lo que puso orden en el caos taxonómico imperante hasta entonces. La primera edición de su obra Species plantarum (1753) ha sido aceptada internacionalmente como el punto de partida para la nomenclatura botánica actual. Del mismo modo, su Systema naturae (1735-58) constituye la base de la taxonomía zoológica. Clasificó las plantas basándose en los caracteres sexuales, e intentó establecer una sistemática natural de los seres vivientes. Además de las obras ya citadas, deben señalarse también: Genera plantarum (1737), Classes plantarum (1738), Flora suecica (1745), Fauna suecica (1745) y Philosophia botanica (1751). *Enciclopedia Textual... Op. cit.*

[32] Jussieu, Bernard de (1699-1777). Botánico francés. Fundó un método de clasificación de las plantas basado en los caracteres anatómicos del embrión. Desarrollado por su sobrino, Antoine-Laurent de Jussieu, se convirtió en la primera clasificación natural de los vegetales. *Enciclopedia Textual... Op.cit.*

[33] Langlebert. *Op. cit.,* pp. 6 y 7

[34] Lamarck, Jean-Baptiste de Monet de (1744-1829). Naturalista francés. Empezó dedicándose a la botánica e ideó el sistema de claves dicotómicas que aplicó a los vegetales. En 1792 fue nombrado profesor del Jardin des Plantes (instituto de biología general) y se dedicó a la zoología, a la que prestó múltiples servicios: estudió intensamente los invertebrados, que separó por completo de los vertebrados; se aproximó a la teoría celular, que formularon 39 años después Schleiden y Schwann. Los estudios sistemáticos le llevaron a formular su teoría de la evolución, que expuso en Philosophie zoologique (1809), donde afirmó que las especies no son constantes, sino que derivan de especies preexistentes. *Enciclopedia Textual... Op. cit.*

males en dos grandes series: vertebrados, con esqueleto interno, e invertebrados, sin él. Jorge Cuvier en 1820 había construido la clasificación mayormente seguida hasta entonces por los naturalistas. A cada grupo correspondía una modificación particular en la estructura y la conformación del sistema nerviosos y constuían las cuatro grandes divisiones primarias del reino animal que Cuvier denominó ramas: los vertebrados, los articulados, los moluscos, los radiados o zoofitos.[35]

En suma, nuevos lenguajes y valoraciones de la naturaleza desde una ciencia moderna que se expandía en territorios académicos a través de redes aparentemente intangibles.

---

[35] Langlebert. *Op. cit.*, p. 199

Martha Eugenia Rodriguez

Departamento de Historia y Filosofía de la Medicina – Facultad de Medicina, UNAM, México

ANÁLISIS DE *LA FARMACIA, PERIÓDICO DE LA SOCIEDAD FARMACÉUTICA MEXICANA* (1890)

La edición de revistas, periódicos, semanarios y gacetas fue extensa en el México del siglo XIX. La mayoría de los periódicos que circulaban eran de contenido político; sin embargo, el ámbito científico también tuvo presencia, y a su vez, dentro de éste, hubo muchas publicaciones periódicas especializadas en el área médica, algunas de carácter general, que daban a conocer artículos de todas las especialidades, y otras muy particulares, dirigidas a la difusión de alguna rama en particular, la oftalmología, la cirugía y la salud pública, entre otras.

El presente estudio lo dedicaré al análisis de una publicación que apareció en 1890 bajo el título de *La Farmacia, periódico de la Sociedad Farmacéutica Mexicana, dedicado a difundir los conocimientos científicos del ramo y sostener los derechos del profesorado,* el cual tuvo una periodicidad mensual y compuesta por 16 páginas en cuarto menor.

Su publicación respondía al ambiente que se vivía; en la segunda mitad del siglo XIX se observa un repunte en la ciencia. Al mismo tiempo que se fundaban instituciones de investigación, como el Instituto Médico Nacional en 1888 para estudiar la flora y la fauna mexicanas y encontrar en ellas diversos recursos terapéuticos, se reestructuraban establecimientos educativos, como la propia Escuela Nacional de Medicina que frecuentemente actualizaba los planes de estudio de las carreras de médico cirujano y de farmacia. De igual manera, se establecieron bibliotecas y museos. Asimismo, en esta etapa surgieron hechos importantes, como la aparición del primer código sanitario de los Estados Unidos Mexicanos elaborado por el Consejo Superior de Salubridad y dado a conocer el 15 de julio de 1891.

Una característica más de la centuria decimonónica fue la conformación de sociedades académicas, algunas integradas por los propios estudiantes de educación superior y la mayoría, por profesionales ya graduados. Para el caso particular de los médicos, gustaban de reunirse, comentar los casos difíciles o relevantes que se les presentaran en las clínicas, traducir y enriquecerse con notas que llegaran del extranjero, externar las necesidades académicas que tenían en la escuela o en el hospital, entre otros motivos. Las sociedades académicas significaban un espacio para los interesados en las actividades intelectuales. La primera corporación que se conformó en el siglo XIX fue la Academia de Medicina en 1836. Para la década de los años 40 se fundó la Sociedad Filoiátrica de México, integrada también por profesionales de la salud. Más avanzada la centuria aparecieron la Sociedad Filoiátrica y de Beneficencia de los Alumnos de la Escuela de Medicina, la Asociación Médica Pedro Escobedo, la Sociedad Médico-Homeopática Mexicana y muchas otras más. Un distintivo de estas agrupaciones consistió en contar con un órgano de difusión, fuera revista o periódico que se editara semanal, quincenal o mensualmente y que sirviera para dar a conocer los quehaceres de cada una. Fueron publicaciones que incorporaron los elementos de las teorías vigentes en su tiempo.

Como todas las sociedades académicas, la Sociedad Farmacéutica Mexicana, fundada en febrero de 1871, también contó con una publicación propia, *La Farmacia,* que ahora ocupa nuestra atención. Su objetivo consistía en difundir las actividades que llevaran a cabo los miembros de la Sociedad señalada, que en esos momentos enfrentaba una etapa de crisis por la desunión de los farmacéuticos. Para salir de esa situación y evitar la decadencia de la profesión, la Sociedad Farmacéutica luchó fehacientemente, reflejándose este hecho en la publicación de manuscritos que les fueran de interés, que discurrieran sobre el quehacer del farmacéutico.

Los artículos publicados en *La Farmacia* invitaban a la reflexión del lector, a entablar un diálogo entre éste y el escritor, actualizando a todos los interesados en el progreso de su profesión; era un espacio donde existía libertad de expresión, donde publicaban desde los descubrimientos terapéuticos hasta el cambio de domicilio de la botica.

La organización del periódico estableció la presencia de cuatro secciones,[1] la primera enfocada a los artículos de investigación, donde los propios socios eran los autores. La segunda sección contenía material que ayudaría al progreso del cuerpo farmacéutico, como traducciones de artículos extranjeros referentes a los adelantos químico farmacéuticos. La siguiente sección debía difundir los conocimientos de la profesión farmacéutica, los compuestos que se descubrieran, los procedimientos de preparaciones de reconocida utilidad, la legislación farmacéutica e información relevante que los estudiantes dejaran por escrito en sus tesis de grado. La cuarta sección de *La Farmacia* se dedicó a la publicación de avisos; cobró un carácter un tanto comercial, puesto que ahí se anunciaban los productos que elaboraban los farmacéuticos. En fin, el periódico que se relata fue un medio donde quedó plasmada la labor de los farmacéuticos, la compilación, clasificación y análisis de las plantas medicinales, cuyos resultados quedaron escritos en el libro que debía servir de norma a todos los farmacéuticos, la *Farmacopea Mexicana,* que fue objeto de diversas ediciones, la primera en 1846. Para 1874 se publicó la *Nueva Farmacopea Mexicana,* reeditada en 1884 y en 1896.[2]

La Sociedad Farmacéutica señaló que el periódico estaba a disposición de todo el que mostrara interés en su lectura. Las suscripciones se llevaban a cabo en la Botica del Profesor don Francisco Barradas, en la calle de la Joya número 3 de la ciudad de México. Un número suelto costaba $0.13, mientras que el pedido semestral ascendía a $0.62, animando al lector para que realizara un pedido al mayoreo.

A través de las páginas del periódico *La Farmacia* se analizó cuál era la situación del farmacéutico en relación con el médico, con el público y con los compañeros

---

[1] *La Farmacia, periódico de la Sociedad Farmacéutica Mexicana, destinado a difundir los conocimientos científicos del ramo y sostener los derechos del profesorado,* México, Imprenta del Círculo Católica, t. I, 1890.

[2] Mariana Ortiz Reynoso. *Las tesis de farmacia del siglo XIX mexicano,* México, Universidad Autónoma Metropolitana, 2002, p. 16-18.

de su profesión. Al respecto, Maximino Río de la Loza, presidente de la Sociedad Farmacéutica Mexicana, señalaba que la farmacia y la medicina caminaban siempre inseparables, no podía avanzar una sin llevarse consigo a la otra, un nuevo descubrimiento de la una, era el adelanto de la otra; en fin, en vista de esa íntima relación científica, era de esperar la buena armonía, desinterés y hermandad de médicos y farmacéuticos, pero en la práctica no era así; el farmacéutico no había merecido del médico las consideraciones del profesorado.

Ante el médico, el farmacéutico estaba desacreditado porque el servicio de las boticas se desempeñaba por medio de individuos prácticos bajo la dirección de un profesor, lo que traía cierta confusión entre el valor personal de ambos. Río de la Loza afirmaba que la profesión había caído en un mayor descrédito porque las autoridades gubernamentales habían permitido que cualquier persona abriera una botica, de ahí que hubieran encontrado militares, abogados y aún mozos de botica como dueños de estos establecimientos; situación que ocasionaba la confusión del verdadero farmacéutico, del hombre de ciencia que ejercía su profesión de manera responsable con el simple especulador, el intruso comerciante que engañaba al público.[3]

Ante este hecho, la situación del médico era de ventaja respecto al farmacéutico, pues en el caso, por ejemplo, de una equivocación injusta del boticario, ya fuera porque en sus preparaciones agregara cantidades exageradas de sustancias activas o equivocara los nombres de las sustancias, el médico era el primero en saberlo, ya porque lo descubría en vista del efecto producido por el medicamento, ya porque el paciente era el primero a quien consultaba. En estos casos el médico manifestaba a la familia del enfermo haber sido mal despachada la receta, quedando el interesado en el encargo de hacer la reclamación, pero como no eran profesionales de la salud, no recibían explican alguna, refluyendo esto en descrédito de los establecimientos.

Por lo general, los farmacéuticos respetaban al médico, lo llenaban de atenciones y le servían en cuanto podían. Si el médico cometía un error al recetar, que prescribiera una fórmula por otra, el farmacéutico tenía que acudir a él para aclarar el error. Es decir, el médico tenía quien le revisara sus actos, quien le cuidara su honra y lo liberara de todo error porque el farmacéutico era amigo del facultativo.

Para que el farmacéutico tuviera una digna posición ante la sociedad y ante la élite científica, Río de la Loza expresaba que tenía, para empezar, que tener una escuela propia en vez de ser parte de la Escuela Nacional de Medicina. Para que la farmacia como especialidad elevara su estatus, las deliberaciones y determinaciones debían ser libres y hechas solamente por los interesados, únicos conocedores de las necesidades del ramo; es decir, demandaba la independencia de los médicos.

Dado que la medicina y la farmacia tenían que estar unidas por relaciones recíprocas para el buen desempeño de ambas profesiones, Río de la Loza proponía que los médicos cooperaran eficazmente con su buena voluntad a mejorar el despacho de las boticas; para el perfeccionamiento del profesorado farmacéutico sugería la erección de una escuela especial de farmacia; asimismo expresaba que debían tomarse en cuenta

---

[3] Maximino Río de la Loza, «De algunas dificultades en el despacho farmacéutico y de la necesidad de procurar el mejoramiento de esta facultad» en *La Farmacia,* t. I, 15 de febrero de 1890, p. 5-18.

las exigencias injustas del público al juzgar la conducta del farmacéutico y que se reglamentara el establecimiento de boticas, que no cualquiera pudiera establecerlas.

El 15 de enero de 1892 salió a la luz el segundo tomo del periódico que nos ocupa. La redacción señalaba que seguirían publicando las tesis de los alumnos que se presentaran a examen, ya íntegras o extractadas, por tratarse de estudios inéditos; también publicarían todo material que fuera alusivo al ejercicio de la farmacia, fuera antiguo o actualizado. «El objeto que nos guía al hacer este acopio de trabajos, no solamente es darlos a conocer a nuestros lectores especialmente los radicados fuera de la capital, sino también reunir datos que puedan servir más tarde para formar la terapéutica nacional, y mejorar la Farmacopea Mexicana, cuando llegue la vez de hacer nueva edición».[4]

En beneficio de la profesión, la Sociedad Farmacéutica Mexicana solicitaba al gobierno mexicano la creación de una «Escuela Especial de Farmacia»; a través de un manuscrito publicado en nuestro periódico expresaban: «Notable es verdaderamente que una profesión de tanto interés, una profesión de quien depende en muchos casos la vida del enfermo y el prestigio del médico y de la medicina que se aplica, haya quedado estacionaria, haciéndose tanto más perceptible, puesto que otras profesiones han mejorado notablemente.»[5] Queda señalado que 50 años atrás, recuérdese que estamos en 1892, las ciencias médicas eran rudimentarias en México, pero desde que la Escuela de Medicina adquirió un edificio propio, en 1854, pudo organizarse de una manera conveniente y progresar al grado en que se encontraba, nivelándose con los adelantos de la época y haciéndose lugar al lado de las escuelas extranjeras, quienes le guardaban honrosos miramientos.

Los estudios farmacéuticos habían quedado prácticamente estacionados o con muy ligeros beneficios debido a que no contaban con una escuela propia. La formación del farmacéutico no era sencilla, sus conocimientos debían abrazar además de lo relativo a la farmacia propiamente dicha, las ciencias naturales, la geografía, economía, legislación farmacéutica, terapéutica, toxicología, reglas comerciales y muchas materias más, pues había que formar individuos para el profesorado e iniciar a otros en los conocimientos de comercio y fabricación farmacéutica, para emanciparse en lo posible del comercio extranjero. Fue precisamente en esta época cuando las medicinas de patente y los laboratorios médicos europeos llegan a México.

Los farmacéuticos reconocían la importancia de la Escuela Nacional de Medicina, pues de no existir, la especialidad estaría en manos de simples prácticos o curanderos en lo que llaman el arte de curar; quedaba reconocido que estaban en manos de hombres instruidos en la ciencia de curar, pero al lado de la escuela de medicina, hacía falta la escuela de farmacéuticos, aunque el gobierno pudiera argumentar que era evidente el escasísimo número de alumnos que cursaban la carrera, y se supone que en vista de esto sería inútil la creación de la Escuela Especial de Farmacia. El presidente y primer secretario de la Sociedad Farmacéutica, Maximino Río de la Loza y Francisco Barradas respectivamente, respondían a esto que se debían formar escuelas para los alumnos y no alumnos para las escuelas.

---

4 «A nuestros lectores» en *La Farmacia*, t. II, 15 de enero de 1892, p. 1-2.

5 «Escuela Especial de Farmacia» en *La Farmacia*, t. II, 15 de febrero de 1892, p. 25-29.

El tercer tomo del periódico *La Farmacia*, publicado en 1894 decía en su introducción: «*La Farmacia* seguirá siendo como hasta ahora una publicación esencialmente científica pero tratará también de aquellas cuestiones que impliquen la defensa de los intereses profesionales y por último no descansará en su empeño de procurar verdadera utilidad a sus lectores de quienes espera benevolencia y protección».[6] Quedaba escrito que la publicación contribuiría al adelanto moral y material de la profesión farmacéutica. El tomo IV del periódico en cuestión reiteraba que se hacía necesaria la difusión de los conocimientos científicos del ramo, e indispensable la existencia de publicaciones que levantaran la voz en defensa de sus intereses profesionales tan vulnerados por la ignorancia y la especulación.

La publicación que nos ocupa gozó de aceptación nacional e internacional; circuló no sólo en la capital e interior de la república, sino también en Francia, Inglaterra, Bélgica, Alemania, España, Estados Unidos y Repúblicas Hispano-Americanas, países que a su vez enviaban sus publicaciones a México.

La Farmacia publicó la reseña de los trabajos presentados en el Segundo Congreso Médico Mexicano celebrado en San Luis Potosí en 1894; artículos sobre la conveniencia de uniformar la enseñanza farmacéutica en todas las escuelas oficiales de la república; la necesidad de crear una escuela propia de los farmacéuticos; la situación laboral de éstos; las propiedades terapéuticas de diversas plantas y de productos químicos; higiene; instituciones de investigación; prescripciones médicas; asepsia y conservación de los medicamentos; consideraciones sobre el uso de medicinas de patente, entre otros.

Escriben en el periódico citado farmacéuticos de gran renombre, entre ellos Maximino Río de la Loza, José María Lasso de la Vega y Juan B. Calderón que en diferentes momentos ocuparon la presidencia de la Sociedad Farmacéutica Mexicana; Ricardo Arévalo, Alejandro Uribe, Felipe García Flores, entre muchos más.

En 1907 se publicó el último volumen de la primera época del periódico *La Farmacia,* el tomo 16, que abarcó únicamente los meses de enero a octubre, en vez de llegar hasta diciembre, como solía hacerse. Diez años más tarde, el 1 de agosto de 1917 se reanudó la segunda época de la publicación citada, bajo el título de *La Farmacia, periódico de la Sociedad Farmacéutica Mexicana (Unión Nacional de Farmacéuticos Científico-Cooperativa).*

El primer número de la segunda época expresó que la Sociedad Farmacéutica Mexicana había desaparecido por anacrónica, por no ir acorde con el progreso de las modernas agrupaciones y porque ya había cumplido su misión en una primera etapa de su vida. La segunda etapa de la Sociedad dio inicio el 23 de septiembre de 1916. Sus ideales fueron los mismos que la anterior, pero ahora también con un espíritu cooperativo, ya que proporcionaría a los farmacéuticos socios medicamentos a precios más bajos que cualquier almacén.[7]

En la Hemeroteca Nacional existen 16 tomos de la primera época, publicados entre 1890 y 1907 y 9 tomos de la segunda, editados entre 1917 y 1940. Todos ellos constituyen una importante fuente de información para el historiador de la ciencia; consultando tomo por tomo el lector puede bien reconstruir el desarrollo de la profesión farmacéutica en México.

---

[6] «Introducción» en «*La Farmacia*», t. III, 15 de julio de 1893, núm. 1, p. 3-4.

[7] *La Farmacia,* Segunda época, t. I, Núm. 1, 1 de agosto de 1917, p. 3-4.

Analicia Hinojosa Padilla

Titular de la Biblioteca Dr. Nicolás León
de la Facultad de Medicina de la Universidad Nacional Autónoma de México, México

LA MEDICINA EN EL MÉXICO COLONIAL

México país de vivos colores y sabores de profundas raíces y de grandes contrastes, que ha modificado sensiblemente la pureza de su raza como un resultado de conquistas e invasiones de influencia extranjera, creando nuevos prototipos étnicos poseedores de una maravillosa cultura.

La época de la colonia en México abarca los siglos XVI al XVIII, durante este período histórico nuestro país se formó como una nueva ciudad ya que a la llegada de los españoles México-Tenochtitlan era una isla y los conquistadores tuvieron muchas dificultades para adaptarse al carácter lacustre de la ciudad, entonces emprendieron la sistemática desecación del lago, sin embargo todavía por mucho tiempo después permanecieron algunos canales que la cruzaban y que servían para el transporte de los productos del campo que la abastecían. La ciudad alcanzó hacia fines del siglo XVIII su máximo tamaño y fue considerado como una de las más grandes del continente americano, conservó su diseño original sus calles trazadas en forma de tablero de ajedrez con un centro delimitado por una plaza, rodeada ésta por los edificios donde se asentaron las principales instituciones que gobernaban a la ciudad y al conjunto del territorio novo hispano, el patio virreinal, la catedral., el cabildo y el Parian.

La ciudad de México además de constituirse en el más importante centro de la vida política, social y económica de la Nueva España, fue un núcleo fundamental de transmisión y creación cultural, poco a poco a lo largo del virreinato, se promovieron muy diversas actividades artísticas tales como la arquitectura, escultura y pintura en donde la cantera y el tezontle se unieron para crear el barroco, el churrigueresco y neoclásico en donde la mano de obra india, desde que le fue permitida alguna iniciativa guiada por el arte ancestral, interpretaba los modelos hispánicos de una forma sencilla casi nunca exenta de cierta gracia primitiva, como ejemplo de la arquitectura de ésta época está el Palacio de la Inquisición construido de 1732 1737 de estilo barroco, por el arquitecto Pedro Arrieta ubicado en la plaza de Santo Domingo, que por poco menos de un siglo fue sede del temido tribunal del Santo Oficio, abolida la Inquisición el inmueble fue fragmentado y dedicado a los más diversos fines, así para el año 1854 este edificio fue comprado por un grupo de profesores médicos que instalaron por 102 años la Escuela Nacional de Medicina.

Durante el período colonial se desarrolló la disciplina y enseñanza de la Medicina como un saber y una práctica, una ciencia y un arte, con la aplicación de valores religiosos, éticos, culturales, así como con el ejercicio del método científico, la tradición y la experiencia personal del médico. Sabemos que el conocimiento médico se basa en paradigmas que se transforman y que pueden prevalecer en la comunidad científica durante algún tiempo en ocasiones muy largo tal es el caso de la teoría preconizada por Hipócrates y Galeno, quienes concibieron la enfermedad cono un desequilibrio de humores, tesis vigente durante 15 centurias, hasta que Paracelso en el siglo XVI señaló que la enfermedad tenía un origen local y podía ser causada por agentes que provenían del exterior, aportaciones que se suscitaron una idea ontológica y parasitaria de la enfermedad, un hecho importante que conviene resaltar es que entre las disciplinas del conocimiento que surgieron de las primeras universidades europeas medievales, como la filosofía, el derecho, la teología; la medicina fue la única que desarrolló una conexión sistemática con la ciencia y la tecnología, la medicina recibe de diversas disciplinas un caudal de conocimientos cada vez mayor, con el consiguiente flujo de aportaciones científicas y técnicas que determinan el saber y la práctica del médico.

El encuentro entre las dos culturas afectó grandemente el saber de la medicina medieval por parte de los españoles y el conocimiento de los indígenas en la Nueva España, creándose una nueva medicina transformada, producto de la mezcla tanto de conocimientos y prácticas, como de visiones diferentes sobre la enfermedad y la salud, la vida y la muerte, en la sociedad azteca convergieron las herencias culturales de la mayor parte de los pueblos del Anáhuac, cuyo análisis puede revelar el estado de la medicina en la época pre- hispánica, entre las ciencias naturales destacaba la botánica, sobre todo en vinculación con la medicina, el suelo y el clima semi-tropical favorecieron la aparición de una gran variedad de especies de flora, Moctezuma II[1] regalaba a sus súbditos enfermos plantas medicinales que habían hecho cultivar en los jardines reales, 50 años antes de que se creara el jardín botánico de Padua y 100 años antes del de París, la medicina europea recibió un gran aporte con la flora mexicana, medio siglo después de la conquista, el médico particular de Felipe II, el Dr. Francisco Hernández reunió 1200 especies vegetales curativas, a manera de ejemplo se pueden citar algunas plantas de acción medicinal como la jalapa, el guayacan, la zarzaparrilla, el recino, la valeriana, el toloache y otras más[2].

El herbolario fue considerado el sucesor del brujo y antecesor del médico, el arte de curar se convirtió en un conocimiento empírico y era tara de sacerdotes y hechiceros la lucha contra la enfermedad, con la intercesión ante los dioses o bien conjurando los espíritus del mal. Los aztecas sabían diferenciar las enfermedades, una bronquitis de una tuberculosis pulmonar o del asma, conocían el delirio, la locura y la epilepsia, la indigestión aguda y la dispepsia, los diferentes tipos de diarreas y las disenterías, el reumatismo y probablemente la gota, confundieron las enfermedades infecciosas a las

---

[1] Noven o tlatoani o rey de México Tenochtitlan hijo de Azayacatl.

[2] Jalapa, planta trepadora, con dos o tres tallos herbáceos volubles y delgados se como purgante. Zarzaparrilla, planta trepadora inerme o con pocos espinos provista de rizomas delgados, hojas ovaladas de 10 a 12 cms. de largo; se usa como estimulante sudorífico. Durante mucho tiempo gozó de fama como remedio para la sífilis. Recino o higuerilla, con aspecto de una garrapata. Valeriana, planta herbácea provista de raíz gruesa con flores blancas, Su uso es para los nervios con propiedades antiespamódicas. Toloache pasee hojas de mal olor con flores de color violáceo se usa como narcótico o antiespamódico, puede en grandes dosis ser veneno, Árnica, plata herbácea, vellosa, perenne de unos 50 cms. Su uso es para las contusiones.

que dieron el nombre genético de «calenturas», distinguieron el tifo (matlazahuatl) y la fiebre del paludismo (viptlatica), diferenciaron enfermedades de la piel como el cloasma, la sarna, la tiña y el mal de pinto, atribuían a ciertos agentes exteriores como el frío, el viento y la humedad los estados catarrales y el mal del reumatismo, en algunas epidemias llevaban a cabo el aislamiento de los enfermos, entre sus recursos terapéuticos tenían masajes, baño termal (temazcalli) dietas, fricciones, purgas, lavativas así como la sangría, aplicaban también vendajes y férulas para inmovilizar miembros, abrieron abscesos con bisturís de obsidiana, para que saliera el pus y después cocían con cabello en vez de hilo, en algunas excavaciones de Monte Albán fueron encontrados cráneos en los cuales se practicó la trepanación, como Noven o tlatoani o rey de México Tenochtitlan hijo de Azayacatl como Anestesia ocupaban el toloache que los embriagaba, el peyote, así como alguna clase de hongos. Fray Bernardino de Sahagún investigó y reconoció la eficiencia del conocimiento médico de los antiguos mexicanos de igual forma el Dr. Francisco Hernández a fines del siglo XVI.

Ambas culturas tenían su religión y sus creencias y sin embargo tanto los nativos como los españoles rodeaban a la medicina dentro de un campo místico y de autoritarismo y diferían en el concepto del mal, que para los cristiano el demonio es la causa y para los aborígenes eran los mismos dioses quienes participaban de lo bueno y de lo malo, esto es de lo humano como sucede dentro de la mitología griega, así por ejemplo el Dios Tlaloc conocido como el Dios de la lluvia ayuda a la germinación, pero también provoca a su vez las dolencias vinculadas con el frío y con el agua, por otra parte las creencias de los españoles basadas en una concepción medieval religiosa del mundo y de la enfermedad, introdujeron la idea del maleficio, o sea la fuerza mística que pueden provocar la enfermedad conocida como el mal de ojo que tuvo en Santo Tomás a su mayor intérprete, así para los primeros habitantes de la Colonia se generalizó la idea de que las epidemias eran provocadas por un castigo de Dios, por lo que una enfermedad en específico se ligaba a un santo que la podía curar, como por ejemplo a San Basilio se le pedía curara todos aquellos padecimientos relacionados al pulmón y la garganta, a Santa Apolonia sobre las dolencias de los dientes, a San Erasmo se le pedía que mitigara las enfermedades del abdomen.

La aplicación y la educación médica durante la época colonial fueron reguladas por el Protomedicato que observaba rigurosamente la normatividad, producto de los lineamientos recibidos de España, la medicina que se ejercía en la época de la colonia en la Nueva España sin lugar a dudas fue de carácter mixto ya que los españoles criollos y algunos mestizos recurrían a los pocos médicos españoles y los indígenas recurrían a los médicos autóctonos, sin embargo, los que practicaban la medicina ya presentaban cambios culturales de mutua influencia, el surgimiento de las enormes epidemias de viruela, sarampión producto del gran intercambio de genes y antígenos provocaron la creación de hospitales y nos refiere Sahagún «En esta Nueva España murió la mayor parte de la gente que en ella había». En 1520 la viruela (cocoliztli), 1530 el sarampión (topiton zahuatl), la del tifo o tobardillo. Durante el siglo XVI fueron abiertos en la capital unos 10 hospitales y en la provincia más de 20.

Durante los dos siglos y medio que duró la enseñanza medieval, médicos famosos y hombres orientados al estudio de diversas disciplinas dejaron constancia a través de su obra escrita, la primera que se imprimió en el Nuevo Mundo fue la de *Opera Medicinalis* del Dr. Francisco Bravo impresa por vez primera en México en 1570. *La*

Opera Medicinalis contiene descripciones clínicas, doctrinas médicas, epidemiología, enfermedades infecciosas, dieta y materia médica, que muestra en forma excelente a través de sus grabados y contenidos lo europeo adaptado a la nueva sociedad colonial, el impresor de la obra médica fue Pedro Ocharte, familiar del primer impresor conocido en el mundo Juan Pablos, y el grabador de la obra fue Juan Ortíz. No cabe duda que la *Opera Medicinalis* introduce en América un gran debate entre los problemas médicos contemporáneos en Europa provocando discusión y juicio, el autor realiza textos en griego provenientes de Galeno de sus propias observaciones clínicas, el mérito de Bravo es la realización de sus descripciones sobre la anatomía y el problema de las enfermedades venéreas y la identificación de lo verdadero y de lo falso sobre la zarzaparrilla.

El primer tratado sobre cirugía fue el libro titulado: *Suma y Recopilación de Cirugía con un arte para sangrar muy útil y provechosa* de Alonso López de Hinojosa también conocido Hinojosos o bien como se señala en la portada del libro Alonso López natural de los Inojosos, tiene en la portada un grabado en donde aparecen dos frailes uno mostrando un libro abierto al otro enseñándole algún texto en particular, el otro fraile lleva un libro cerrado bajo el brazo y en alto con la mano sostiene una lámpara que da la luz, el título completo de la obra que aparece en la portada, muestra en cada renglón diferente tipografía, así como el nombre del autor haciendo referencia que era cirujano y enfermero del Hospital de S. Joseph de los Indios de la Ciudad de México, dedicado al ilustre S. Don P. Moya de Contreras arzobispo de México, impreso por Antonio Ricardo 1578, al inicio de la obra están las licencias para la publicación de la misma por Don Martín Enríquez quien la realizó por mandato de su excelencia Joan de Cuevas, Don Pedro Mora de Contreras por mandato de su señoría ilustrísimo Martín Ochoa, así como las de Fray Agustín Farfán, el Dr. Francisco Bravo, Bartolomé de Argumedo, el protomédico Dr. De la Fuente, en la dedicatoria, el autor manifiesta el amor hacia los indios y la posibilidad de transmitir su experiencia al fundir la medicina tradicional europea con la indígena mexicana para ayudarlos a vivir sanamente, la obra describe detalladamente la anatomía humana y se cuestiona, sobre las diferentes partes del cuerpo y su relación entre ellas, dice qué remedio utilizar o como proceder en cada caso, al final de la obra presenta una Tabla de Contenido de los diferentes capítulos del libro y termina con dos grabados, uno de San José y el otro de la Virgen María.

El primer médico graduado en México fue el sevillano Agustín Farfán en 1567 y años más tarde se ordena como sacerdote, realizó dos obras que son fundamentales para el estudio de la historia de la Medicina en México, el primer libro es el *Tratado Breve de Anatomía y Chirugía y de algunas enfermedades que más comúnmente suelen haber en la Nueva España*, compuesto por el muy reverendo padre Fray Agustín Farfán, doctor en Medicina y religioso de la orden de San Agustín, dirigido al muy reverendo padre Maestro Fray Martín de Perea provincial de la orden de nuestro padre San Agustín, impreso en México por Antonio Ricardo en 1579, estos datos son tomados de la portada de la obra, la cual también posee un grabado, después de las anuencias para la publicación de la obra otorgadas por Fray Antonio de la Vera Cruz, Fray Martín de Perea el mismo Farfán dedica su obra y le corresponde a Francisco de Solís alabar la obra con la impresión de un bello soneto alusivo a la práctica médica, en esta obra se describe detalladamente las enfermedades como se presentan y como deben de atenderse para su curación, casi al final de la obra antes de la Tabla de Contenido existe un grabado del de Fray Agustín Farfán. El segundo libro realizado por Farfán es el *Tractado Breve de Medicina* el cual se ubica en la biblioteca en la obra Colección Incunables Americanos del siglo XVI volumen X impreso en México en 1592 por Pedro Ocharte en versión facsimilar española, este libro básicamente es un manual para los habitantes de los pueblos alejados, donde no había hospitales ni boticas, en sus obras se observa la influencia indígena, sobre la ciencia médica europea de su tiempo, que muestra la manera en que las creencias mágicas y la ciencia se unían para aliviar las enfermedades.

La obra cumbre del período pre-universitario fue el libro del Dr. Francisco Hernández médico e historiador de su majestad Don Felipe II rey de España y de las Indias y Protomédico de todo el Nuevo Mundo, según se consigna en su obra titulada: *Historia Plantarum Novae Hispanie,* Hernández después de casi 7 años de arduo trabajo dio fin a la obra que la había sido encomendada, creando 17 volúmenes en los cuales describió con dibujos e índices los productos naturales de la región así como la topografía y antiguedades del Reino Mexicano con un verdadero método y orden sistemático en la descripción de los objetos naturales que coadyuvó a elevar a la Botánica como Ciencia, esta obra se publicó finalmente en el año 1791, después de dos siglos de la expedición que le dio origen, debido a una serie de problemas incluso el incendio del Escorial de 1671 en donde se perdieron varios manuscritos.

Es así como se concluye este recorrido imaginario a través de la historia de la Medicina en la época del virreinato en México a través de los libros que se custodian y difunden en la biblioteca Dr. Nicolás León de la Facultad de Medicina de la Universidad Nacional Autónoma de México.

REFERENCIAS

AGUILAR P., Gilberto. Los Hospitales en México, 1936: ed. La Casa Bayer

DICCIONARIO DE AZTEQUISMOS. México: ed. Fuente Cultural, 1941. 548 p.

DICCIONARIO DE BIOGRAFÍAS. Barcelona: Nauta, 1997. 1966 p.: il.

FARFÁN, Agustín. Colección de Incunables Americanos. Tratado breve de Medicina. México: 1592. Ediciones Cultura Hispánica. Madrid. 1944

FLORES, Francisco de Asís. Historia de la Medicina en México. México: Secretaría de Fomento, 1886--1888. 3v.

FRAY BERNARDINO DE SAHAGÚN. Historia general de las cosas de Nueva España, Ed. Porrúa. ; éxocp. 1969

GUERRA, Francisco. El Hospital en Hispanoamérica y Filipinas 1492-1898. Madrid, 1994.

HERNÁNDEZ, Francisco. Historia de las plantas de la Nueva España. Imprenta Universitaria México, 1942. 3t.

LÓPEZ DE HINOJOSA. Suma y Recopilación de Cirugía. México, 1578. (copia)

MARTÍNEZ, Máximo. Las plantas medicinales en México. México: Botas, 1939. 628 p.

ROMERO DE TERREROS. Miscelánea de Arte Colonial. México: 1990. Ediciones Espejo de Obsidiana.

SOMOLINOS D'ARDOIS, Germán. Relación y estudio de los impresos médicos mexicanos redactados y editados desde 1521 a 1618. Capítulo cuarto. Sociedad Mexicana de Historia y Filosofía de la Medicina. México, 1982.

Alba Morales Cosme e Patricia Aceves Pastrana

Universidad Autónoma Metropolitana. Unidad Xochimilco, México

LAS RUTAS HISTORIOGRÁFICAS DE LA FARMACIA EN MÉXICO
SIGLOS XIX Y XX

La carrera de Farmacia se creó en 1833 en el Establecimiento de Ciencias Médicas. A principios del siguiente siglo, en 1919, los farmacéuticos abandonaron la Escuela de Medicina para unirse a la recién creada Facultad de Química, lo cual marcó una nueva etapa en la historia de su disciplina. El proceso por el que atraviesa la Farmacia en este periodo ha sido objeto de diversas investigaciones que han alimentado una novedosa línea en la historiografía mexicana de las ciencias; cuyo campo de estudio en construcción, ha ido conformando un acervo que da cuenta del desarrollo de la Farmacia desde finales del siglo XVIII hasta los principios del xx. La descripción – a grandes pinceladas – de las diversas etapas y áreas de interés involucradas en el pasado de esta disciplina, es el objetivo del presente trabajo.

1. La farmacia en la historia: las primeras rutas

El siglo XIX representa una etapa importante para la historia de la ciencia en México dado que durante la centuria se crearon nuevas formas de organización profesional, académica y legal que configuraron el ejercicio de la ciencia durante la etapa independiente[1]. Así por ejemplo, se instituyeron sociedades especializadas, se multiplicaron las publicaciones, se conformaron las primeras instituciones de investigación y los hombres de ciencia se convirtieron en profesionales. En otras palabras, la ciencia se establece como institución dentro de la estructura social[2].

En este marco, los profesionales de la farmacia constituían un minoría dentro de la reducida comunidad científica mexicana del siglo XIX, sus lazos de unión eran

---

[1] Azuela, Luz Fernanda; Guevara, Rafael, «La ciencia en México en el siglo XIX: una aproximación historiográfica», *Asclepio*, v. L, fasc. 2, 1998.

[2] La ciencia – dice Leonel Rodríguez – fue un elemento constitutivo en la concepción moderna del Estado. Ver: Rodríguez, Leonel, *La ciencia y la técnica en la industrialización de México independiente: estudio histórico del programa editorial promovido por el Banco de Avío. 1830-1832*, Tesis de Maestría en Ciencias, Instituto Politécnico Nacional, 2000, p. 7.

precarios y el aprecio social hacia ellos era escaso. El anterior señalamiento podría explicar el por qué hasta hace poco la historia de la farmacia en el siglo XIX debía ser rastreada en las historias generales de la ciencia en México donde aparece ligada a la vida de personajes señeros como Leopoldo Río de la Loza (1807-1876), considerado el padre de la química, y Alfonso Herrera (1838-1931) fundador de la Sociedad de Historia Natural e impulsor del primer instituto de investigación en México, el Instituto Médico Nacional[3]. O bien, se le vincula a la práctica de disciplinas importantes en esta época como la medicina, la historia natural y la botánica. No es extraño que en esta línea historiográfica el desarrollo histórico de la Farmacia en México aparezca unido primero a la medicina y, a partir de la segunda década del siglo XX a la química; asimismo, en las historias generales de las ciencias, la farmacia también va relacionada con estas dos ciencias[4].

Los trabajos realizados en México a partir de 1970, se dieron a la tarea de recuperar la producción científica local – es decir – las obras, publicaciones periódicas, y hombres de ciencia, cuya existencia cobraba significado en el propio contexto de estudio. Fue una primera forma en la que se intentó superar el enfoque eurocentrista, que en términos historiográficos implicaba buscar en nuestra historia rastros de la ciencia europea. El propósito era explicar la tradición científica nacional y en ese sentido, la historia social de la ciencia ha ofrecido una nueva línea para estudiar el ejercicio científico como una actividad señalada por el contexto en el que tiene lugar. Esta ruta desplaza el enfoque difusionista de la historia de la ciencia y deja de explicar la actividad científica del siglo XVIII y XIX como resultado de la inercia generada durante la Ilustración[5]. Para el caso de la Farmacia, la historia social ha permitido subrayar la importancia de la estructura institucional y de las formas de organización académicas y profesionales en donde aterriza la práctica científica.

2. Las transiciones: del XVIII al XIX y del XIX al XX

Los trabajos que han estudiado la farmacia entre los años que nos ocupan han privilegiado dos periodos históricos: el que explica el surgimiento de la carrera de farmacia y que parte de la segunda mitad del siglo XVIII; y aquellos que se ubican en el último tercio del siglo XIX, que en el contexto político corresponden a la República Restaurada (1867-1876) y al gobierno de Porfirio Díaz (1876-1910). Estas últimas son etapas en las que la estabilidad política permitió la construcción de programas científicos dentro de los cuales se ubica la Farmacia.

---

[3] De Gortari, Eli, *La ciencia en la historia de México*, México, Grijalbo, 1980.

[4] Sólo existe un estudio general dedicado a la historia de la farmacia en México realizado en 1992 por Pérez Islas, Valentín y Sánchez Ruiz, Juan F. Se trata de un texto revisionista que no aborda problemáticas específicas de la disciplina: *Breve historia de la Farmacia en México y en el mundo*, México, Asociación Farmacéutica Mexicana, 1992.

[5] Lafuente, A. «Ciencia colonial y roles socioprofesionales en la América Española del siglo XVIII», en *Quipu*, 6 (3) 1989; Chambers, W., «Localty and science: of center and periphery», *Mundialización de la ciencia y cultura nacional*, Madrid, Doce Calles, 1993, pp. 605-618.

La ruta historiográfica que aborda el primer periodo ha generado trabajos que ilustran la noción de *proceso* que condujo a la creación de la carrera de Farmacia. En los textos se aborda la renovación de la práctica farmacéutica originada a raíz, por un lado, de la incorporación de nuevos saberes relacionados con la química y la botánica; y por otro, de la fundación de nuevas instituciones como el Hospital General de San Andrés (1779), el Jardín Botánico (1788), y su Cátedra de Botánica (1788), cuya aparición significó la alteración y progresivo rompimiento de la organización gremial de la disciplina[6]. Los estudios subrayan el papel destacado de la Farmacia en el cambio del modelo de organización profesional y administrativo de las disciplinas de la salud en la primera mitad del siglo XIX y enfatizan la importancia de los materiales culturales preexistentes y de formas de organización académico-profesionales locales[7].

Dentro de la producción historiográfica de este periodo destaca un tema: la conformación de una materia médica nacional, tarea que ocupó a personajes como Vicente Cervantes, Antonio de la Cal y Leopoldo Río de la Loza, y dio pie al surgimiento de la primera Academia de Farmacia, la cual editó la primera *Farmacopea Mexicana* en 1846[8]. Este proyecto, significó rescatar los recursos terapéuticos locales, uniformar y sistematizar la práctica profesional, unificar el sector en la primera etapa independiente y, sobre todo, ofrecer la imagen de la Farmacia como ciencia nacional[9].

Al lado de estos aspecto se han estudiado las reformas institucionales, la adopción de un nuevo lenguaje farmacéutico derivado de la introducción de la nomenclatura de Lavoisier, así como la denominada internacionalización de la ciencia, o bien los intercambios científicos manifestados en la presencia de una variada lista de libros de procedencia diversa, revistas y profesores extranjeros[10].

---

[6] Se pueden citar los trabajos de: Aceves, Patricia, *Química, botánica y farmacia en la Nueva España a finales del siglo XVIII*, México, Universidad Autónoma Metropolitana, 1993; Huerta, Ana María, *Los boticarios poblanos 1536-1825*, Puebla, Gob. Del Edo de Puebla-Sria de Cultura, 1994. Azuela Luz Fernanda; Guevara,Rafael, «La ciencia en México en el siglo XIX: una aproximación historiográfica», *Aclepio*, v.L, fasc. 2, 1998, .

[7] Una obra muy completa que desarrolla estos aspectos es: Morales, Alba, *El Hospital General de San Andrés: la modernización de la medicina novohispana (1770-1833)*, P. Aceves (ed.), *Biblioteca Historia de la Farmacia*, No. 2, México, UAM-Xochimilco, Soc. Quim. Mex., Colegio Nac. QFB., 2002.

[8] Ver: Urbán, Guadalupe, *La obra científica el doctor Leopoldo Río de la Loza*, Aceves, P. (ed y coord.), *Biblioteca de Historia de la Farmacia*, No. 1, México, UAM-Xochimilco, IPN, Soc. Quim. Mex., 2000.

[9] Aceves, Patricia. «Hacia una farmacia nacional: la primera farmacopea del México Independiente», en P. Aceves (ed.), *Farmacia, historia natural y química intercontinentales, Estudios de Historia Social de las Ciencias Químicas y Biológicas*, N. 3, México, UAM-Xochimilco, 1995, pp.161-178; Ana María Huerta ha contribuido con diversos trabajos de carácter regional muy valiosos por la carencia de este tipo de estudios en la historiografía del tema., entre ellos se encuentran: «La farmacia y las ciencias médicas en Puebla. 1795-1848», en P. Aceves (ed) *Farmacia, historia natural y química intercontinentales*, op. cit., pp. 179-188; «La primera materia médica del México independiente. Influencias y procedencias», en P. Aceves (ed), *Tradiciones e intercambios científicos. Materia médica, farmacia y medicina, Estudios de Historia Social de las Ciencias Químicas y Biológicas*, No 5, México, UAM-Xochimilco, Instituto Politécnico Nacional, Sociedad Química de México, A.C., 2000, pp. 301-316; *El Jardín de la Cal. Antonio de la Cal y Bracho , la botánica y las ciencias de la salud en Puebla*, Puebla, Gob. Del Edo de Puebla-Sria. de Cultura, 1996.

[10] Lavoisier A. L., *Tratado elemental de chimica*, México, Mariano Zúñiga y Ontiveros, 1797, (edición facsimilar con un Estudio preliminar de P. Aceves P., México, UAM-Xochimilco, 1990); Empotz, Gerard y Aceves, P. (eds), *Between the Natural and Artificial Dyestuffs and Medicines, Collection de Travaux de l'Aca-*

Otro periodo bien estudiado desde la historia de la ciencia en general y de la farmacia en particular, es el correspondiente al último tercio del siglo XIX y las primeras décadas del XX. Para abordarlo se parte del argumento de que la estabilidad política permitió al Estado configurar políticas científicas, en cuya construcción participaron los propios hombres de ciencia. En ese sentido se han analizado las relaciones de los farmacéuticos con el poder político en estos años[11], aspecto desde el cual se explica la consolidación del proceso de institucionalización de la disciplina; hecho que se manifiesta en la conformación de la Sociedad Farmacéutica Mexicana (1871) y la aparición del primer órgano de difusión de la disciplina: la revista *La Farmacia*, publicada a partir de 1891.

En este periodo, además de las figuras señeras de la Farmacia, como Alfonso Herrera, o bien las propias instituciones que abren espacios para la práctica farmacéutica (la Sociedad, la revista *La Farmacia*, las cátedras de la Escuela de Medicina) destaca como sujeto de la historia el Estado; entidad que tiene un papel central en el caso de la ciencia en México[12].

Diversos trabajos monográficos tratan los aspectos sobresalientes en el camino recorrido por la Farmacia para su profesionalización[13], y han abierto otras vertientes que analizan la estructura de la enseñanza y las tesis de grado (requisito impuesto a los farmacéuticos en 1870)[14]. Por último, recientemente ha sido abordada la construcción de identidades profesionales, ruta que pasa por la revisión de los saberes propios de la Farmacia, sus campos de trabajo y los escenarios institucionales para su ejercicio. Esta orientación ha sido tomada para explicar, por ejemplo, el viraje dado por la Farmacia mexicana al pasar del ámbito médico al químico a partir del último tercio del siglo XIX[15].

Comentario final

demie Internationale d'Histoire des Sciences, Turnhout; Brepols Publishers, 2000; Aceves, P. «Bibliografía médico-farmacéutica del siglo XVIII novohispano», en P. Aceves (ed), *Construyendo las ciencias químicas y biológicas, Estudios de Historia Social de las Ciencias Químicas y Biológicas*, No. 4, México, UAM-X., 1998, pp. 99-120; Saladino, Alberto, «Bibliografía farmacéutica durante el siglo XVIII en la América Hispánica», en *Ibid*, pp. 121-138.

[11] Azuela, L. F. y R. Guevara «Las relaciones entre la comunidad científica y el poder político en México en el siglo XIX, a través del estudio de los farmacéuticos», en P. Aceves (ed), *Construyendo las ciencias químicas y biológicas, Estudios de Historia Social de las Ciencias Químicas y Biológicas*, op. cit, pp. 239-258.

[12] Ver: Aceves, P. y Olea, Adolfo (coords.), *Alfonso Herrera: homenaje a 100 años de su muerte*, Biblioteca Historia de la Farmacia, No. 5, México, UAM-Xochimilco, Soc. Quim. Mex., Colegio Nac. QFB., 2002.

[13] Hinke, Nina «Entre arte y ciencia: la farmacia en México a finales del siglo XIX», en *Relaciones. Estudios de Historia y sociedad. Ciencia y Nación en México*, El Colegio de Michoacán, v. 22, n. 88, (oct-dic) 2001, pp. 51-78.

[14] Ortiz, Mariana, *Las tesis de farmacia del siglo XIX mexicano*, Aceves P. (ed.), *Biblioteca de Historia de la Farmacia*, No.4, México, UAM-Xochimilco, Soc. Quim. Mex., Colegio Nac. QFB, 2002.

[15] Martínez, Sandra, *Desarrollo y transformación de la farmacia en México (1890-1920). El caso de las primeras mujeres farmacéuticas*. Tesis de Licenciatura en Historia, México, Facultad de Filosofía y Letras, UNAM, 2003.

Las líneas de estudio reseñadas a grandes rasgos, ilustran el camino seguido por una disciplina poco estudiada en la historia de la ciencia en México: la Farmacia. La construcción y reconstrucción de este objeto de estudio ha redundado no sólo en la renovación de los sujetos de la historia de la ciencia en México, sino también en la puesta al día de las fuentes de estudio, los personajes, las instituciones y los enfoques.

Por su condición de reciente, la historiografía de la Farmacia escapó a los debates de internalistas y externalistas y a los enfoques positivistas y difusionistas. Adscrita a la llamada historia social de la ciencia, ha ofrecido una nueva perspectiva para señalar la importancia de la estructura institucional y de las formas de organización académicas y profesionales de la práctica farmacéutica[16]. De esta manera los trabajos de historia de la Farmacia se han tornado cada vez más específicos y se han ocupado en definir los procesos de enseñanza, profesionalización, institucionalización y organización de redes científicas; así como la conformación de identidades profesionales. Además, la existencia de estudios regionales al respecto permite un acercamiento mayor y más real del hecho histórico, y proporciona un plano de reflexión diferente que enriquece la historia de la ciencia en México.

---

[16] Muchos de los trabajos que abren nuevas rutas para la historia de la ciencia han tenido que construir espacios para su exposición, este es el caso de las colecciones: *Estudios de Historia Social de las Ciencias Químicas y Biológicas* que integra 7 volúmenes y de *Biblioteca de Historia de la Farmacia* que cuenta con 5 volúmenes.

João Rui Pita* e Ana Leonor Pereira**

Faculdade de Farmácia e CEIS20, Universidade de Coimbra, Portugal
**Faculdade de Letras e CEIS20, Universidade de Coimbra, Portugal*

A História da Farmácia em Portugal: o Estado da Arte
O projecto interdisciplinar do ceis20

1. Introdução

Os autores do presente artigo coordenaram um projecto de investigação (*Repertório bibliográfico da historiografia sanitaria portuguesa. Problemáticas e fontes especializadas (séculos XVIII-XX) / SANISTÓRIA*)[1] com o objectivo de, posteriormente, estudar a história da medicina e a história da farmácia que foi escrita, desde o século XVIII ao século XX inclusivé. Contudo, o projecto não se limitou apenas ao levantamento do que foi escrito sobre a história da medicina e da farmácia. Igualmente em causa estão, igualmente, outras áreas como a enfermagem, os domínios da fisioterapia e o termalismo foram contemplados.

O presente artigo pretende dar a conhecer o trabalho desenvolvido no projecto referido, mostrar o seu valor capital para a história das ciências da saúde em Portugal, e dar conta das actividades que se têm realizado. Menção especial será dada às publicações decorrentes da investigação realizada no Grupo de História e Sociologia da Ciência do Centro de Estudos Interdisciplinares do Século XX (ceis20) da Universidade de Coimbra, centro de investigação da Universidade de Coimbra, fundado em 1997 e com financiamento plurianual da Fundação para a Ciência e a Tecnologia desde 1998.

2. A tradição das investigações histórico-médicas e histórico-farmacêuticas

No campo vasto da história das ciências, o interesse pela investigação histórico--médica tem no uma longa tradicional, embora a historiografia médica desenvolvida em instituições próprias e autónomas e com cultores profissionais seja uma realidade,

---

[1] *Repertório bibliográfico da historiografia sanitaria portuguesa. Problemáticas e fontes especializadas (séculos XVIII-XX) / SANISTÓRIA)*. Projecto financiado pela Fundação para a Ciência e a Tecnologia/FCT (*Praxis/P/ HAR/13114/1998*). Investigador Responsável: João Rui Pita. O presente artigo decorre desse projecto de investigação.

relativamente recente, do século XX[2]. A história da farmácia acompanhou em muitos países estes percurso da história da medicina.

Em Portugal, também é antiga a tradição da investigação histórico-médica. Em finais do século XIX e na primeira metade do século XX esta tradição conheceu um período florescente com os trabalhos de Maximiano Lemos e, posteriormente, de Luís de Pina[3]. O trabalho realizado pelos dois professores e historiadores da medicina não teve a continuação renovada que se impunha para que Portugal acompanhasse o estrangeiro nesta matéria. Diferentemente, noutros países, como é o caso de Espanha, os estudos de história da medicina conheceram um progresso efectivo. No país vizinho, a pesquisa histórica neste domínio profissionalizou-se na universidade e expandiu-se por outras instituições de ensino[4]. Algo idêntico ocorreu noutros países como a Alemanha, a Suiça, os Estados Unidos da América, a Grã-Bretanha, a França, que além do ensino da história da medicina e da farmácia nos cursos de licenciatura ou pós graduados constituíram uma área de investigação científica profissional[5].

No caso particular da história da farmácia, em Portugal, foi num passado relativamente recente que esta disciplina teve direito de cidadania enquanto disciplina científica nos planos de estudos do ensino farmacêutico[6]. A este nível é uma realidade com pouco mais de vinte anos. Ao cabo de duas décadas, é desejável que a profissionalização nesta área se faça também noutros enquadramentos institucionais, segundo o exemplo da França ou da Espanha onde a tradição de estudos histórico-farmacêuticos é muito forte[7]. É justamente nesse sentido que se caminha em Portugal, a sermos optimistas. Num horizonte mais largo é notório que a história da ciência em geral, nos últimos quinze anos tem sido alvo de um esforço de institucionalização que espelha também o interesse, a motivação e a produção efectiva dos seus cultores e são várias as Universidades que têm albergado unidades devotadas à história das ciências[8].

---

[2] Cf. Josep Lluís Barona, *Ciencia e Historia*, Seminari d'Estudis sobre la Ciencia, 1994, p. 121 e ss.

[3] Cf. o que é dito a este propósito por A. L. Janeira; A. M. Nunes dos Santos; A. Coelho, «A história das ciências em Portugal: ensino e investigação», *Ingenium*, 2, 1990, pp. 95-117.

[4] Cf. P. Laín Entralgo, *Hacia la recta final*, Galaxia Gutenberg/Círculo de Lectores, p. 387 e ss (1998). Cf. Josep Lluís Barona, *Ciencia e Historia*, *ob.cit.*, p. 140 e ss.

[5] Vide Jean Flahaut no artigo «Enseignement de l'histoire dans les Facultés de Pharmacie». Cf. *Revue d'Histoire de la Pharmacie*, 309, 1996, pp. 133-142.

[6] João Rui Pita, «História da Farmácia: uma disciplina científica fundamental», *Revista Portuguesa de Farmácia*, 49(4)1999, pp. 161-170.

[7] Cf. F. J. Puerto Sarmiento, *El Mito de Panacea. Compendio de Historia de la Terapéutica y de la Farmacia*, Madrid, Doce Calles, 1997, p. 18 e ss.

[8] Ana Leonor Pereira; João Rui Pita, «Recherche et enseignement de l'histoire de la médecine et de l'histoire de la pharmacie à l'Université de Coimbra (Portugal). L'exemple du Centre d'Études Interdisciplinaires du XXème siècle, de l'Université de Coimbra – CEIS20», *Revue d'Histoire de la Pharmacie*, 322, 256-258 (1999).

3. O labor do GHSC/CEIS20 desde 1997-1998

A estrutura do CEIS20 compreende grupos de trabalho tendo cada grupo uma coordenação científica articulada com a coordenação científica geral do Centro[9]. O Grupo de História e Sociologia da Ciência (GHSC/CEIS20) tem desenvolvido projectos de investigação com financiamento decorrente do financiamento plurianual do CEIS20, aprovados em Conselho Científico e, também, projectos financiados pelo programa PRAXIS XXI e pela Fundação Calouste Gulbenkian – Serviço de Ciência (Programa Estímulo).

O GHSC/CEIS20 tem realizado iniciativas diversas de divulgação da história das ciências da saúde, sendo os projectos desenvolvidos dentro das suas possibilidades financeiras com os recursos humanos disponíveis.

O projecto de investigação *Repertório Bibliográfico da Historiografia Sanitária Portuguesa (séc. XVIII-XX) – Problemáticas e Fontes Especializadas / SANISTÓRIA*[10], cuja sigla traduz, justamente, a história da saúde e a história das ciências da saúde escritas nos séculos XVIII, XIX e XX, permitiu fazer um primeiro balanço de alguns aspectos que caracterizam a historiografia sanitária portuguesa, bem como lançar algumas pistas para a sua renovação metodológica. Nele se inclui também, necessariamente, a história da farmácia.

4. A história da farmácia no repertório bibliográfico de finais do séc. XIX a meados do século XX

No projecto referido foi realizado um levantamento em revistas portuguesas da bibliografia sobre história da saúde em Portugal. Ficámos assim conhecedores de um acervo documental relevante para se fazer uma história da história da medicina, da farmácia, da enfermagem, da saúde, etc. em Portugal.

Sabe-se que muitos dos textos de Maximiano Lemos e de Luís de Pina são de capital importância para a história da farmácia. Maximiano Lemos introduziu o estudo organizado da história da medicina. Publicou e dirigiu entre 1886 e 1923 (em duas séries) o primeiro periódico sistematizado e dedicado especificamente à história da medicina, os *Arquivos de História da Medicina Portuguesa*. Legou-nos, também, a *História da Medicina em Portugal. Doutrinas e Instituições* (2 vols.)[11]. Dignas de registo são, também, as biografias de Maximiano Lemos sobre Amato Lusitano e Zacuto

---

[9] Desde 1997 que é coordenador científico do CEIS20 o Prof. Doutor Luís Reis Torgal, da Faculdade de Letras da Universidade de Coimbra.

[10] Trata-se do projecto de investigação *Repertório Bibliográfico da Historiografia Sanitária Portuguesa (séc. XVIII-XX) – Problemáticas e Fontes Especializadas/SANISTÓRIA*, pesquisa financiada no âmbito do programa *Praxis XXI /P/ HAR/13114/1998* – Fundação para a Ciência e a Tecnologia. Início do projecto: Setembro de 1999; conclusão do projecto: Setembro de 2001. Este projecto de investigação contou, entre os recursos humanos, com a colaboração de um Bolseiro de Iniciação à Investigação Científica.

[11] Publicada pela primeira vez em 1899 e pela segunda vez em 1991: Maximiano Lemos, *História da Medicina em Portugal. Doutrinas e Instituições*, 2 vols., Lisboa, Publicações Dom Quixote/Ordem dos Médicos, 1991. Esta edição tem o prefácio de Maria Olívia Rúber de Meneses que organizou os índices

Lusitano, publicadas em 1909 e de Ribeiro Sanches publicada em 1911. Ora estes trabalhos são incontornáveis para a história da farmácia. O mesmo sucede com outras publicações, nomeadamente artigos publicados nos seus *Arquivos* e noutras revistas como, por exemplo, *Coimbra Médica*, *Gazeta Medica do Porto*, *Arquivo Médico*, *Anais da Faculdade de Medicina do Porto*, etc.. Muitos deles são capitais para a história da farmácia em Portugal, em particular os estudos que traçam um panorama global das diferentes artes de curar. Texto ps valiosos para a história da farmácia são, também, *A medicina em Portugal. A hydrologia medica – banhos e aguas minerais (1130-1290)*[12], *A Real Academia de Cirurgia do Porto*[13], *Medicina portugueza: as cruzadas. A Medicina entre nós no século XIII*[14], etc.

Luís de Pina conjugou o trabalho de investigação com um trabalho de divulgação de história da medicina e de deontologia médica. São de registar diversas obras do autor como a *História Geral da Medicina* (1954) ou a *Histoire de la médecine portugaise – abrégé* (1934). Publicou a sua vasta bibliografia em periódicos como *Acção Médica*, *Jornal do Médico*, *Folia Anatomica Universitatis Conimbrigensis*, *Boletim da Ordem dos Médicos*, *Imprensa Médica*, *Anais Portugueses de Psiquiatria*, *Anais da Faculdade de Farmácia do Porto*, *Revista Portuguesa de Medicina*, *Anais do Instituto de Medicina Tropical*, *O Médico*, *Revista Portuguesa de Filosofia*, etc. Os seus artigos versam sobre figuras como Garcia de Orta, Amato Lusitano, S. João de Deus, Francisco Sanches, Brás Luís de Abreu, Ribeiro Sanches, Magalhães Lemos, Júlio de Matos, Ricardo Jorge, e outros. Publicou, também, sobre jornalismo médico, história da deontologia médica, água de Inglaterra, terapêutica, farmácia, higiene pública, história da medicina tropical e muitas outras vertentes da história da saúde em Portugal. São fundamentais, hoje também como fonte, as páginas do capítulo de sua autoria inserto na *História da Portugal*, dirigida por Damião Peres[15], sobre a história da ciência em Portugal. Merece, igualmente, destaque, entre outros, o artigo intitulado História da «História da Medicina» em Portugal publicado em 1956[16], na *Imprensa Médica*, um trabalho incompleto a exigir continuidade em moldes estruturais. Muitos dos seus trabalhos, ainda mais do que os de Maximiano Lemos, revestem-se da maior importância para a história da farmácia. Entre eles citem-se, como exemplo: *A terapêutica provinciana*

juntamente com Amélia Ricon Ferraz. No final, a obra apresenta uma biografia de Maximiano Lemos da autoria de Hernâni Monteiro, já anteriormente publicada

[12] Maximiano Lemos, «A medicina em Portugal. A hydrologia medica – banhos e aguas minerais (1130--1290)», *Archivos de Historia da Medicina Portugueza*. 4, 1894, pp. 129-146.

de há cem anos[17], *A Água de Inglaterra em Angola*[18], *O boticário quinhentista Henrique Dias na «História Trágico-Marítima»*[19], *Um capítulo portuense da história da higiene em Portugal*[20], *Garcia de Orta e o Pau de Cobra (Rawolfia Serpentina, Benth.) no Século xvi*[21], *Medicina e farmácia, ontem, hoje e amanhã*[22], *A marca setecentista de Ribeiro Sanches na história da higiene político-social portuguesa (1756-1956)*[23], *Garcia de Orta e a verdade*[24], *O método científico no luso-tropicalismo de Garcia de Orta*[25], *Garcia de Orta no magistério universitário da filosofia natural em Lisboa*[26], *Homeopatia e dosimetria (Apostila histórica)*[27], etc.

Os trabalhos de Maximiano Lemos e de Luís de Pina devem ser vistos como textos bem datados, isto é, como peças decisivas na estruturação duma história da história da farmácia e da medicina em Portugal.

Para além dos cultores da escola portuense referidos há trabalhos de outros pesquisadores médicos com interesse para a história da farmácia. É o caso, por exemplo, de Silva Carvalho que publicou em 1929 uma breve *História da Medicina Portuguesa*[28] e muitos outros estudos dispersos com significativo interesse para a história da farmácia como, por exemplo, a série de artigos publicados em *A Medicina Contemporânea*, com início em 1926, subordinados ao título genérico *Mezinhas e remedios de segredo, Subsídios para a história das Caldas de Monchique*[29], *Garcia d'Orta*[30], *Garcia d'Orta: o Hospital d'El-Rei. Sua história. Descrição e regimento. O que dêle disseram muitos estrangeiros*[31],

[17] Luís de Pina, «A terapêutica provinciana de há cem anos», *Portugal Médico*, 15(9)1931, pp. 376-383.

[18] Luís de Pina, «A Água de Inglaterra em Angola», *Jornal do Médico*. 1(1)1940, pp. 5-6.

[19] Luís de Pina, «O boticário quinhentista Henrique Dias na 'História Trágico-Marítima'», *O Médico*. Nova série. 3 (55) 1952, pp. 460-462.

[20] Luís de Pina, «Um capítulo portuense da história da higiene em Portugal», *Portugal Médico*, 39 (8--9)1955, pp. 461-477; 39 (10) 1955, pp. 538-572.

[21] Luís de Pina, «Garcia de Orta e o Pau de Cobra (Rawolfia Serpentina, Benth.) no Século xvi», *Revista Portuguesa de Medicina*, 4(7)1955, pp. 173-182.

[22] Luís de Pina, «Medicina e farmácia, ontem, hoje e amanhã», *Anais da Faculdade de Farmácia do Porto*, 15, 1955, pp. 121-166.

[23] Luís de Pina, «A marca setecentista de Ribeiro Sanches na história da higiene político-social portuguesa (1756-1956)», *O Médico*. Nova série, 5 (283) 1957, pp. 241-247.

[24] Luís de Pina, «Garcia de Orta e a verdade», *O Médico*. Nova série, 10(383)1959, pp. 97-105.

[25] Luís de Pina, «O método científico no luso-tropicalismo de Garcia de Orta», *Garcia de Orta*, 11 (4 – número especial comemorativo do 4° centenário da publicação dos «Colóquios dos Simples») 1963, pp. 631-662.

[26] Luís de Pina, «Garcia de Orta no magistério universitário da filosofia natural em Lisboa», *O Médico*. Nova série, 29(636)1963, pp. 322-334.

[27] Luís de Pina, «Homeopatia e dosimetria (Apostila histórica)», *O Médico*. Nova série, 31(658)1964, pp. 94-99.

[28] A. Silva Carvalho, *História da Medicina Portuguesa* , Lisboa, Imprensa Nacional, 1929.

[29] A. Silva Carvalho, «Subsídios para a história das Caldas de Monchique», *Jornal da Sociedade das Ciências Médicas de Lisboa*, 94(5)1930, pp. 105-166.

[30] A. Silva Carvalho, «Garcia d'Orta», *Revista da Universidade de Coimbra*, 12, 1934, pp. 61-246.

[31] A. Silva Carvalho, «Garcia d'Orta: o Hospital d'El-Rei. Sua história. Descrição e regimento. O que dêle disseram muitos estrangeiros», *A Medicina Contemporânea*, 52 (10) 1934, pp. 81-85.

Pina Manique: o ditador sanitário[32], Memórias das Caldas do Gerez[33], Introdução em Portugal do éter sulfúrico e dos seus sucedâneos na medicina[34]. M. Ferreira de Mira publicou em 1947 a História da Medicina Portuguesa[35], obra que aborda muitos tópicos de interesse para a história da farmácia. Também é o caso da série de artigos publicados em 1916 em A Medicina Contemporânea subordinados ao título genérico A terapêutica medicamentosa da tísica pulmonar atravez das edades. Por seu turno, Fernando da Silva Correia legou-nos um conjunto de trabalhos de enorme importância para a história da farmácia portuguesa, em particular sobre higiene, saúde pública, águas termais e termalismo. Há ainda outros estudos com interesse para a história da história da farmácia. É o caso dos trabalhos de F. A. Rodrigues de Gusmão, Costa Sacadura, Rocha Brito, José Lopes Dias, Augusto d'Esaguy, Feliciano Guimarães, e outros.

A história da farmácia em Portugal teve em Pedro José da Silva o seu primeiro cultor a escrever uma obra de notável dimensão: a História da Pharmacia Portugueza (1866-1868)[36]. Trata-se de um trabalho merecedor de um estudo aprofundado na vertente da história da história da farmácia portuguesa e que articula a história com a defesa dos valores profissionais. De certo modo é também uma legitimação da farmácia pela via da história.

Outros cultores da história da farmácia portuguesa podem ser referidos como, por exemplo, Sousa Teles e Xavier Cordeiro que também viam na história um modo de justificar as ambições e os interesses profissionais da farmácia. No Jornal da Sociedade Pharmaceutica Lusitana, encontramos plasmados, na segunda metade do século XIX, e nos primeiros anos do século XX, vários artigos que apresentam este mesmo pano de fundo. Esses artigos são da autoria de Joaquim José Alves, de Francisco de Carvalho, de Tello da Fonseca, Bernardino Álvaro de Pinho, e outros.

Entre outros textos interessantes, tendo como referente os vínculs entre a ciência, a profissão e a comunidade, refira-se: J. A. de Almeida que publicou nos anos 30 e 40 no Monitor da Farmácia e no Jornal do Sindicato Nacional dos Farmacêuticos temas como Exercício ilegal de farmácia (resenha histórica)[37], 1835-1935: centenário da Sociedade Farmacêutica Lusitana. Resenha histórica[38], A farmácia e a química portuguesas. Roberto

---

[32] A. Silva Carvalho, «Pina Manique: o ditador sanitário», Archivo de Medicina Legal, 8, 1935, pp. 157-250.

[33] A. Silva Carvalho, «Memórias das Caldas do Gerez», Jornal da Sociedade das Ciências Médicas de Lisboa. 105 (7-12) 1941, pp. 67-181.

[34] A. Silva Carvalho, «Introdução em Portugal do éter sulfúrico e dos seus sucedâneos na medicina», A Medicina Contemporânea, 65 (5) 1947, pp. 165-177.

[35] M. Ferreira de Mira História da Medicina Portuguesa, Lisboa, Empresa Nacional de Publicidade, 1947.

[36] P. J. Silva, História da Pharmacia Portugueza desde os primeiros séculos da monarchia até ao presente, 3 memórias, Lisboa, Tip. Franco-Portugueza, 1866-1868.

[37] João António de Almeida, «Exercício ilegal de farmácia (resenha histórica)», O Monitor de Farmácia, 6(122) 1935, p. 8; 6 (123) 1935, p. 2; 6 (124) 1935, p. 4; 6 (126) 1935, pp. 8-9.

[38] João António de Almeida, «1835-1935: centenário da Sociedade Farmacêutica Lusitana. Resenha histórica», O Monitor de Farmácia, 6 (136) 1936, pp. 3-8.

Duarte Silva[39], *Da fundação e dos fundadores da Sociedade Farmacêutica Lusitana*[40], *Sindicato Nacional dos Farmacêuticos. Sociedade Farmacêutica Lusitana. Perfil histórico da sua vida centenária*[41], *O São Miguel e os Santos Cosme e Damião na vida associativa dos farmacêuticos portugueses*[42]. Cisneiros de Faria publicou regularmente no *Notícias Farmacêuticas* sob a designação genérica de *Antiguidades Farmacêuticas*e textos onde deu a conhecer muitos pormenores da história da farmácia, focando medicamentos, farmácias, artefactos, mas também figuras ilustres da comunidade farmacêutica. Alves da Silva para além da obra *Grandeza da Farmácia* (1940) publicou alguns outros artigos que têm por objectivo enaltecer o valor da farmácia e da profissão farmacêutica como, por exemplo, *Galeria dos farmacêuticos ilustres que honraram outrora a nossa terra*[43] e uma biografia sumária de Frei Cristóvão dos Reis[44]. Entre os que na primeira metade do século XX deram o seu contributo significativo à historiografia farmacêutica merece destaque Tello da Fonseca que nos legou uma *História da Farmácia portuguesa através da sua legislação*[45], obra em três volumes que constitui hoje um elemento de consulta importante para os estudos histórico-farmacêuticos; também no *Boletim Pharmaceutico* publicou alguns artigos biográficos sobre farmacêuticos célebres. Tello da Fonseca foi proprietário e redactor do famoso jornal farmacêutico *Acção Farmacêutica*, periódico que marca os anos 30 da história da farmácia portuguesa por ser um jornal de defesa exaustiva dos interesses profissionais farmacêuticos.

Também devem ser mencionados os trabalhos dos docentes universitários Guilherme de Barros e Cunha, alguns dos textos histórico-farmacêuticos iniciais de Ramos Bandeira (que continuou a publicação de textos histórico-farmacêuticos já nos anos 60 e 70) e de J. C. Rodrigues Dinis (todos da Escola / Faculdade de Farmácia da Universidade de Coimbra); de Raúl de Carvalho (da Escola / Faculdade de Farmácia da Universidade de Lisboa). De todos, Guilherme Barros e Cunha, embora não tendo publicado de forma significativa no domínio da história da farmácia, legou-nos textos importantes como os que publicou no *Notícias Farmacêuticas*[46] e uma quantidade

---

[39] João António de Almeida, «A farmácia e a química portuguesas. Roberto Duarte Silva», *O Monitor de Farmácia*, 7 (163) 1937, pp. 1-4.

[40] João António de Almeida, «Da fundação e dos fundadores da Sociedade Farmacêutica Lusitana», *Jornal do Sindicato Nacional dos Farmacêuticos*, 1 (1-2) (2ª série), 1940, pp. 10-14.

[41] João António de Almeida, «Sindicato Nacional dos Farmacêuticos. Sociedade Farmacêutica Lusitana. Perfil histórico da sua vida centenária», *Jornal do Sindicato Nacional dos Farmacêuticos*, 1(5-6) 2ª série, 1940, pp. 10-19.

[42] João António de Almeida, «O São Miguel e os Santos Cosme e Damião na vida associativa dos farmacêuticos portugueses», *Jornal do Sindicato Nacional dos Farmacêuticos*, 1(7-8) 2ª série, 1940, pp. 13-19.

[43] J. Alves da Silva, «Galeria dos farmacêuticos ilustres que honraram outrora a nossa terra», *Eco Farmacêutico*. 10 (88) 1949, p. 16; 10 (89) 1949, pp. 13-14; 10 (90) 1949, pp. 12-13; 11 (93) 1949, p.9; 11 (95) 1949, p. 9; 11 (96) 1949, p. 18.

[44] J. Alves da Silva, «Frei Cristóvão dos Reis», *Notícias Farmacêuticas*, 10 (5-6) 1944, pp. 265-282.

[45] M. D. Tello da Fonseca, *História da Farmácia portuguesa através da sua legislação*, 3 vols.,Porto, Empresa Ind. Gráfica do Porto, 1935-1941.

[46] Guilherme de Barros e Cunha, «História. Poeira dos arquivos… migalhas da nossa história», *Notícias Farmacêuticas*, 1(1-2)1934, pp. 41-45; «Sobre a data em que começaram os exames de farmácia em Portugal», *Notícias Farmacêuticas*. 2:3-4 (1936) 94-98.; «O ensino farmacêutico na Universidade de Coimbra.

enorme de textos de Direito Farmacêutico e de doutrina, trabalhos fundamentais para hoje se compreender a farmácia em Portugal na primeira metade do século xx.

Ainda nos anos 30 e 40 assinalem-se, também, os trabalhos de Américo Pires de Lima, de Pereira Forjaz e de Aníbal de Albuquerque publicados em periódicos como os *Anais da Faculdade de Farmácia do Porto*, os *Anais Azevedos*, o *Eco Farmacêutico*, o *Jornal dos Farmacêuticos*, etc, trabalhos igualmente rigorosos, mas bem datados e onde com frequência se alinha por um nacionalismo científico-farmacêutico. Vejam-se, como exemplo, os relevantes textos de A.Pires de Lima, *Como se tratavam os portugueses em Moçambique, no primeiro quartel do século XVII*[47], *A botica de bordo de Fernão de Magalhães*[48], *Brotero e uma pretensa sarçaparrilha da Guiné*[49], *As boticas do Dr. Alexandre Rodrigues Ferreira (fim do século XVIII)*[50]. Pereira Forjaz, entre outros artigos publicou, entre os anos 40 e os anos 60, vários textos sobre a história da química com interesse para a história da farmácia e outros como por exemplo *Seis centenários científicos: breve evocação de dois franceses, dois ingleses e dois suecos* [Lémery; Mayow; Shorpe; Lippmann; Gottlieb Gahn; Sefström][51]. De Aníbal Albuquerque registem-se *Alguns aspectos curiosos da antiga terapêutica*[52]; *As ciências farmacêuticas na Península durante a época quinhentista*[53], *Boticários e mezinhas nos promórdios da nacionalidade*[54].

5. Conclusão: ordenar e classificar para progredir

São muitos (milhares) os artigos publicados em revistas portuguesas sobre a história da medicina em geral e sobre a história da medicina e da farmácia portuguesas. No âmbito do nosso projecto referido compilámos mais de seis mil referências. Continuamos este trabalho exaustivo na certeza de que nunca estará completo. A diversidade

Sua criação e evolução até à reforma de Hintze Ribeiro (1902)», *Notícias Farmacêuticas*, 4(1-2)1937, pp. 67-89; «Professor Doutor José Cipriano Rodrigues Diniz», *Notícias Farmacêuticas*, 12(9-10) 1946, pp. 372-375; «Professor Pierre Cazaux», *Boletim da Escola de Farmácia*, 26, 1966, pp. 142-144.

[47] Américo Pires de Lima, «Como se tratavam os portugueses em Moçambique, no primeiro quartel do século XVII», *Anais da Faculdade de Farmácia do Porto*, 3, 1941, pp. 62-135.

[48] Américo Pires de Lima, «A botica de bordo de Fernão de Magalhães», *Anais da Faculdade de Farmácia do Porto*, 4, 1942, pp. 33-109.

[49] Américo Pires de Lima, «Brotero e uma pretensa sarçaparrilha da Guiné», *Anais da Faculdade de Farmácia do Porto*, 7, 1947, pp. 57-71.

[50] Américo Pires de Lima, «As boticas do Dr. Alexandre Rodrigues Ferreira (fim do século XVIII)», *Anais da Faculdade de Farmácia do Porto*, 9, 1949, pp. 5-22.

[51] António Pereira Forjaz, «Seis centenários científicos: breve evocação de dois franceses, dois ingleses e dois suecos» [Lémery; Mayow; Shorpe; Lippmann; Gottlieb Gahn; Sefström], *Jornal dos Farmacêuticos*, 43-44, 3ª série, 1945, pp. 122-124

[52] Aníbal de Albuquerque, «Alguns aspectos curiosos da antiga terapêutica», *Anais da Faculdade de Farmácia do Porto*, 1, 1939, pp. 31-47.

[53] Aníbal de Albuquerque, «As ciências farmacêuticas na Península durante a época quinhentista», *Anais da Faculdade de Farmácia do Porto*, 8, 1948, pp. 155-179.

[54] Aníbal de Albuquerque, «Boticários e mezinhas nos primórdios da nacionalidade», *Anais da Faculdade de Farmácia do Porto*, 17, 1957, pp. 141-160.

e desigualdade destas fontes ao nível do rigor historiográfico e quanto ao grau de neutralidade ideológica, política e religiosa tornam difícil a sua classificação ou agrupamento tipológico. A ordenação de um tão substancial e diversificado volume de fontes para a história da história da medicina e da farmácia tem de ser feita com dois critérios fixos e fundamentais: a ordem cronológica e a ordem ideográfica. Enquanto a primeira é simples e linear, já a segunda é complexa e obriga o historiador a fazer opções epistemologicamente fundamentadas. Além destas coordenadas importa fazer a distinção dos autores segundo os critérios de actividade profissional e de graduação académica. Esta terceira ordem pode revelar-se importante a vários níveis, nomeadamente quanto à selecção temática, formas de tratamento das fontes primárias, rigor historiográfico ou ausência dele.

A leitura que já foi feita de muitos artigos publicados suscita-nos várias questões. Uma das mais importantes pode equacionar-se nestes termos: em que medida e em que proporções a história da medicina e a história da farmácia que se tem escrito em Portugal apresenta as três limitações que Pedro Laín Entralgo apontou no caso espanhol: «o diletantismo irresponsável, a investigação rigorosa mas gremial e a concepção de cultivo da história da medicina como um 'hobby' dos profissionais reformados»[55].

O contacto directo com as publicações nesta área, dá-nos acesso à verificação do seu desigual valor, à constatação da falta de denominadores historiográficos comuns e científicos, à ausência de planificação e de continuidade na investigação que se fez na historiografia passada. Sem dúvida, o diagnóstico de Pedro Laín Entralgo para o caso espanhol é válido no caso português, o que torna este assunto ainda mais interessante a vários níveis. Mas, a Espanha[56] há muito ultrapassou a fase diagnosticada por Pedro Laín Entralgo. Na verdade, Pedro Laín Entralgo não se limitou ao diagnóstico. Antes, lutou, de forma decidida e apaixonada, pela profissionalização desta área de estudos, criou uma escola e espalhou discípulos pelo mundo inteiro. Um deles, Francisco Javier Puerto Sarmiento, ao reflectir sobre a investigação e o ensino da história da farmácia em espanha, no artigo *Une réflexion sur l'histoire de la pharmacie*[57], continua a lição do mestre e assim sublinha que a história da farmácia não pode ser «*um passatempo para os diletantes*», tem de ser um trabalho científico interdisciplinar, não se pode contentar com resultados «intelectualmente atraentes», para confortar uma «clientela corporativa», mas tem de atingir, interessar e envolver o «vasto grupo dos humanistas».

Em Portugal, estamos ao corrente do estado da arte no nosso e noutros países e temos consciência de várias questões sérias como o «*envelhecimento conceptual*»[58], as

---

[55] Pedro Laín Entralgo citado por Juan Esteva de Sagrera em «El envejecimento conceptual e metodológico de la Historia de la Farmacia», *Boletin de la Sociedad Española de Historia de la Farmacia*, 149-150, 29 (1987). Tradução dos autores.

[56] Cf. J. M. Lopez Piñero, «Los modelos de investigación historicomédica y las nuevas técnicas». In: A. Lafuente; J. J. Saldaña, *Historia de las ciencias*, Madrid, C.S.I.C., 1987, pp. 125-150.

[57] F. J. Puerto Sarmiento, «Une réflexion sur l'histoire de la pharmacie», *Revue d'Histoire de la Pharmacie*, 312, 251-253 (1996).

[58] J.Esteva de Sagrera «El envejecimento conceptual e metodológico de la Historia de la Farmacia», *Boletin de la Sociedad Española de Historia de la Farmacia*, 149-150, 27-32 (1987).

«*novas orientações da historiografia*», «*as três direcções da historiografia médica*»[59], os «*objectos de estudo*»[60], entre outros problemas de perfil epistemológico. E justamente por isso temos de alimentar a esperança de que Portugal também poderá caminhar no sentido da profissionalização desta área de estudo.

[59] Cf. Mirko D. Grmek, «Introduction», *Histoire de la pensée médicale en Occident*, vol. 1, Paris, Seuil, 1995, p. 20 e ss.

[60] Cf., por exemplo, Juan Esteva de Sagrera, *Historia de la Farmacia*, Barcelona, Facultad de Farmacia, 1979-80, p. 11.

Celina A. Lértora Mendoza

Conicet, Buenos Aires , Argentina

EL ESTATUTO EPISTEMOLÓGICO DE LAS CIENCIAS BIOLÓGICAS Y LOS DEBATES SOBRE EL CONCEPTO DE «ALMA»

PRESENTACIÓN

Los entes vivos constituyen una categoría de entes naturales que desde la antigüedad, y especialmente por la teoría aristotélica sobre la *psyché* (principio vital), gozaron de un estatuto epistemológico medianamente autónomo, constituido fundamentalmente por los tratados *De anima* de la primera y segunda escolástica. Pero desde el s. XVI varios factores histórico científicos van modificando este criterio e instauran un debate acerca del concepto de «alma» que incide en la historia de la *Historia naturalis* de los ss. XVII y XVIII. Presento una hipótesis para explica el tardío y difícil camino de las ciencias biológicas para constituirse como una especialidad científica y académica, superando diversos reduccionismos[1]. Señalo también un notable defasaje entre la práctica concreta descriptiva y taxonómica y la elaboración teórica para la misma época, hecho que tal vez pueda ser explicado a la luz de la hipótesis aquí expuesta sobre la irresuelta polémica acerca de la naturaleza ontológica y el estatuto epistemológico del «principio vital»[2].

---

[1] H. Capel ha mostrado que las ciencias naturales se constituyeron como tales en el s. XIX con un paradigma propio: el positivismo, cuyas notas son, entre otras: el monismo metodológico, el reduccionismo científico, la predicción, la importancia de la teoría y el empirismo. Esta concepción epistemológica ha sido cuestionada a lo largo del s. XX, justamente recurriendo a una revaloración del «historicismo», aunque naturalmente, con matices muy diversos al anterior («Positivismo y antipositivismo en la ciencia geográfica». El ejemplo de la Geomorfología», *Actas, I Congreso de teoría y metodología de la ciencia*, Oviedo, Pentalfa, 1982: 255-303). Este movimiento de fundación epistemológica de las ciencias empíricas ha sido caracterizado como el tránsito de la filosofía natural a la ciencia natural con fuerte impronta matemática y empírica (cf. A. Albarracín Teulón, «El tránsito de la *Naturphilosophie* a la *Naturwissenschaft*», *Asclepio* 37, 1985, p. 210).

[2] Conforme a una intuición muy arraigada, cada ciencia o ámbito científico se corresponde con un ámbito de la realidad que se presenta ontológica y no sólo epistemológicamente irreductible. A este ámbito real delimitable se lo ha llamado «ontología regional»: conjunto de fenómenos cuya descripción y explicación teórica (si es posible) puede ser obtenida de manera sensiblemente autónoma, independientemente de los fenómenos exteriores a ese conjunto. De allí que toda teorización sea una reducción de lo arbitrario de la descripción (cf. René Thom, «Le problème des ontologies regionales en science», *Philosophie et culture. Actes du XVII Congrès Mondial de Philosophie*, Montreal, 1986, v. 1, p. 198). Una ontología regional

1. El estatuto epistemológico de las ciencias biológicas hasta el s. XVIII

Aunque los estudios naturales de la antigüedad no se reducen a Aristóteles, sin duda su obra no sólo fue la más significativa del período clásico, en cuanto conjunción de observación y teoría, sino que es la que, en virtud de su magisterio intelectual universal, tuvo la mayor influencia y presencia en la constitución del currículo académico científico en las universidades medievales. El hecho de que Aristóteles (o sus redactores) dedicara una obra completa y sistemática a cada parte del estudio del universo (teoría del mundo o física, el cielo, los seres vivos, los elementos, etc.) fue también un motivo complementario de que se constituyera en modelo de la distribución de las materias científicas[3]. Precisamente gracias a esto, creo, es que la disciplina que

---

comporta tres elementos: un espacio sustrato (su microuniverso), una geometría (que permite definir la similitud de formas localizadas) y los mecanismos de propagación o pregnancias. En el caso de la biología el espacio sustrato es el espacio-tiempo real, las formas propias son los organismos vivientes, las pregnancias regulativas son las vitales (hambre, miedo, etc.), los modos de propagación son los modos de generación y sus efectos figurativos constituyen el movimiento interno del metabolismo (ibid. p. 204). Para las controversias contemporáneas sobre el concepto de «vida» v. G. Canguilhem, *Études d'histoire et de philosophie des sciences*, Paris, Vrin, 1994, p. 335 ss.

[3] La relación entre la clasificación aristotélica de los animales, la biología del Estagirita y la unidad teórica de su sistema del mundo ha sido estudiada especialmente por P. Pellegrin, *La classification des animaux chez Aristote. Statut de la biologie et unité de l'aristotélisme*, Paris, Les Belles Lettres, 1982. Por otra parte, hay que considerar que un problema conexo muy importante, en el tema del «corte» ontológico establecido por el Estagirita, está dado por el fenómeno indubitable en su tiempo de la generación espontánea, o sea la generación de seres vivos a partir de una materia inerte. La importancia del «corte» entre lo vivo y lo inerte lo llevó a ser el primer naturalista griego ocupado en el asunto. La idea de espontaneidad (designada con el adjetivo «*autómatos*») es una expresión corriente en sus trabajos naturales, especialmente en los Libros V y VI de *Historia animalium*. La conclusión general es que para Aristóteles, en todos los casos de generación espontánea hay un orden natural que es respetado. Esto hace que también este caso se integre en su teoría sobre formación y reproducción de los seres vivos. Un estudio del tema en P. Louis, «La génération spontanée chez Aristote», *Revue de Synthèse*, 89, n. 49-52 (3ª s.), 1968: 191-306 y en L. A. C. Pereira Martins, «Aristóteles e a geração espontánea», *Cadernos de História e Filosofia da Ciência*, Campinas, 2 s. 2, 1990: 213-237. Digamos también, que para Aristóteles la generación se explica con sus conceptos hilemórficos: la hembra aporta la materia y el macho la forma. Por lo tanto sólo uno de los factores intervinientes tiene potencia generadora (a diferencia de la escuela hipocrática, que atribuye emisión de semen – o sea potencia generadora – a los dos sexos). Lo importante es que en cualquier generación (incluyendo la espontánea) se mantiene el mismo esquema: un elemento material y uno formal. La especificación, como es obvio, proviene de la forma y por tanto del principio generador activo. Los epicúreos continuaron la línea aristotélica en algún sentido, al admitir como él una materia eterna, pero discontinua, compuesta por elementos primarios (átomos) en cuya combinación aparecen cualidades emergentes; por lo tanto, el viviente es un fenómeno de emergencia. Epicuro es animista, pero su doctrina sobre el alma humana es diferente a la de Platón y Aristóteles, pues admite que nace, crece y muere con el compuesto. En cuanto a los seres vivientes, han sido generados inicialmente – conforme a la teoría espontaneista de Aristóteles – por la tierra y el calor del sol. Por eso, a diferencia de Aristóteles, Epicuro admite una cierta evolución y una especie de adaptacionismo. Si esta teoría realmente anticipatoria no prosperó fue en buena medida no sólo por el auge del aristotelismo sino porque su mayor discípulo y el difusor de sus ideas en la latinidad, Lucrecio, si bien se expresa en cierta forma acercándose a la idea de selección natural (o lucha por la vida), no es evolucionista, pues para él las especies aparecen ya con todas sus características

llamaríamos «animástica» (aunque luego, con esta palabra se designa un contenido un tanto diferente) tuviera un lugar propio en las universidades tardomedievales y que lo mantuviera sin mayores modificaciones hasta fin del s. XVII.

Dejando de lado las interpretaciones actuales de Aristóteles, voy a indicar en cambio cómo era visto y leído en estos siglos. En esta época (ss. XIII a XVII) la estructuración de los saberes científicos, cuya expresión era más la enseñanza universitaria que la investigación empírica en laboratorios o academias financiadas por mecenas) seguía un modelo común derivado de la lectura aristotélica del s. XIII, estructura que ni los intentos de incorporar otros elementos (como los mertorianos o los parisinos del XIV y XV con la física) o de cuestionar la base gnoseológica (los nominalistas del XV y XVI) lograron quebrar.

2. El modelo científico: los *segundos analíticos* de Aristóteles

Aristóteles no sólo había provisto los contenidos teóricos centrales (las grandes teorías) sino que también había dado las claves epistemológicas, que resultaron tanto o más rígidas que los contenidos mismos. Esta concepción, expresadas en los *Segundos Analíticos* tuvo una importancia decisiva en la legitimación de los saberes científicos[4].

Conforme al concepto aristotélico[5], la ciencia presenta ciertas notas o caracteres esenciales que son:

---

específicas de una sola vez (cf. P. Brien, «La génération des êtres vivants dans la philosophie épicurienne», *Revue de Synthèse*, 89, n. 49-52, 1968: 307-322).

[4] La ubicación sistemática de esta obra dentro del *Organon* y sus relaciones con las otras han sido objeto de numerosas reinterpretaciones en los últimos años. Hay acuerdo en que esta obra trata de un caso especial de la teoría general de los silogismos expuesta en los *Primeros Analíticos* (cf. M. -D. Philippe, *Introduction a la philosophie d'Aristote*, Belgique, Editions Universitaires, 1994 p. 243 ss.). Pero el orden de composición (y por ende de correcta interpretación del sentido y objetivo de las teorías expuestas) no es el que nos ha conservado la tradición de Andrónico de Rodas. Este punto ha sido estudiado por G. Reale (*Introducción a Aristóteles*, Barcelona, Herder, 1992 p. 137 ss.) e I. Düring (*Aristóteles. Exposición e interpretación de su pensamiento*, México, UNAM, 2000, p. 95 ss.). En síntesis, y por lo que aquí interesa, parece definitivamente aclarado que los cuatro libros que ahora conocemos como «primeros» y «segundos» Analíticos eran leídos por Aristóteles en forma corrida (igual a la actual) y que la consideraba una obra en conjunto. Por lo tanto, la opinión antes un tanto extendida de que los «segundos» Analíticos son anteriores a los «primeros» no tiene hoy suficiente sustento. Esto significa entonces que el silogismo científico es pues, como dijimos, un caso especial del silogismo general como medio de adquirir conocimiento. En otro aspecto, los ejemplos utilizados muestran que Arisóteles estaba investigando los seres naturales. El segundo de los dos libros (posiblemente anterior al primero en redacción) es un esbozo de teoría de la ciencia fuertemente antiplatónico. Pero es el primero de los dos el que interesa sobre todo en cuanto a la presentación de una teoría axiomática de la ciencia esencialmente conectada a la silogística. Es, a mi juicio, este primer libro de los *Segundos Analíticos* el que más influencia ha tenido en la constitución de la epistemología estándar de los ss. XIII al XVII.

[5] Se expone en el Libro I de los *Segundos Analíticos*, especialmente en los caps. 1 (Bk 71 a 1 ss. sobre los conocimientos previos), 2 (Bk 71 b 9 ss, sobre la relación entre ciencia y demostración causal), 4-5 (Bk 73 a 21 ss, sobre la universalidad) y 6 (Bk 74 b 5 ss sobre la necesidad y esencialidad de las premisas).

- **universalidad**: sólo hay ciencia de lo universal, lo particular o individual, lo irrepetible, sólo puede ser objeto de descripción empírica;
- **necesidad**: el conocimiento científico es necesario tanto en el sentido semántico (es apodíctico) como en sentido ontológico (inmutabilidad de las leyes y procesos naturales);
- **atemporalidad**: por ser universal, el contenido conceptual de la ciencia no se refiere a un tiempo determinado, debe verificarse en cualquier tiempo posible;
- **deducibilidad**: la ciencia procede por definición, análisis y deducción, no hay otros procedimientos mentales que garanticen la apodicticidad y necesidad ya mencionadas;
- **causalidad**: la explicación propiamente científica debe ser causal, porque consideramos saber algo cuando hemos establecido su causa, y esta causa expresa el «por qué» del fenómeno, expresión que constituye la ciencia en sentido más estricto, mientras que una mera descripción, que muestra «que» el fenómeno existe con tales o cuáles caracteres, es una forma inferior e incompleta de conocimiento científico[6].

Es fácil ver que el modelo teórico perfecto es la física y aquellas disciplinas cuyos métodos de investigación pudieran de algún modo reducirse a los de aquella. En esta concepción la ciencia se presenta como un sistema articulado, elaborado en forma estrictamente deductiva[7]. Hoy diríamos que en esta concepción sólo integra la ciencia el contexto de justificación, no el de descubrimiento[8]. Por eso el lugar otorgado a la investigación empírica era difuso y en vistas al resultado sistemático, hoy nos parece poco significativo.

---

[6] Este carácter de la ciencia puede considerarse el más estrictamente aristotélico, mientras que los otros son más o menos compartidos por todos los teóricos de la ciencia, incluso en la actualidad. En su concepto: «Creemos que sabemos cada cosa sin más, pero no del modo sofístico, accidental, cuando creemos conocer la causa por la que es la cosa, que es la causa de aquella cosa y que no cabe que sea de otra manera» (Bk 71 b 9-12, traducción de M. Candel Sanmartín, Aristóteles, *Tratados de lógica*, Madrid, Gredos, 1988 p. 316).

[7] Esta visión de un Aristóteles exclusivamente deductivista es hoy muy cuestionada, pues parece necesario admitir que el mismo Estagirita concedió un papel nada desdeñable a la experiencia y la intuición. V. Kal ha insistido en la necesidad de atender a los aspectos intuicionistas de la inducción, pero a la vez también hay que ver la diferencia de la inducción, según se opere en la esfera lógica, gnoseológica o psicológica. En ese sentido un texto decisivo es el cap. 5 del libro III del *De anima* (*On intuition and discursive reasoning in Aristotle*, Leiden. Brill, 1988, tercera parte). Por otra parte las dificultades para coordinar la lógica aristotélica de la no contradicción (que organiza los conceptos en su escala lógica) con la ley biológica que determinaría una escala natural de seres, ha sido señalada por G. Canguilhem, *Études d'histoire et de philosophie des sciences* cit., p. 336 ss.

[8] Sin embargo, el mismo Aristóteles ha tomado como principio metodológico central el ir de lo más conocido a lo más desconocido, o de los más «familiar» a lo más difícil: por ejemplo *Anal. Pr.* (Bk 46 a 198-27) *Phys.* (Bk 209 b 33- 211 a 10). Aristóteles asume que la investigación científica y el conocimiento versan acerca del mundo real (*Met.* Bk 993 b 1) y esto implica el desarrollo de una lógica de la investigación según la cual hay una correspondencia significativa entre lo que decimos (el discurso científico), la forma lógica y lo que existe (cf. J. Kung, «Metod, sense and virtue in Aristotle's science», *7º Intern. Congress of Logic, Methodology and Philosophy of Science*, Salzburg, 1983, v. 5, p. 55).

Como resultado de esta exigencia, era muy difícil que surgieran teorías altamente divergentes, puesto que ellas, casi siempre, suponen un apartamiento no sólo disciplinario, sino también epistemológico. Esto era algo imprevisible en esta concepción. Por tanto, no es sólo que durante estos siglos no se elaboró una teoría sobre la vida alternativa a la de Aristóteles (dentro del sistema) sino que no podía haberla.

3. La *história naturalis*

Los seres vivos son objeto de dos tipos de investigación aristotélica. Por una parte, tenemos lo que podríamos llamar la «teoría general» sobre los seres vivos, y la dilucidación acerca del principio vital, sus especies propias, etc. El conocimiento científico producto de esta indagación es *propter quid*, o sea, ciencia en el sentido más estricto. Este tratamiento ocupa los libros *De anima* del Estagirita, y todos los comentarios acumulados en los siglos posteriores. De ellos merecen especial atención los que comienzan a elaborarse a partir del s. xv, porque ya se van a plantear algunas cuestiones nuevas, aunque sin alterar profundamente el viejo esquema[9].

La otra vertiente es la investigación empírica que el mismo Aristóteles desarrolló en los otros tratados naturales. Precisamente la tradición latina los denominó *historia naturalis* porque los fenómenos observados, a diferencia de los físico-mecánicos, carecen de algunas de las notas exigidas para la ciencia del por qué. En efecto, a veces se desconoce la causa, otras no se puede garantizar la universalidad, etc. Por eso el conocimiento aportado no es absolutamente apodíctico, está ligado a la observación y por ende supone una cierta (mayor o menor) dosis de inducción y por tanto de conocimiento imperfecto.

Sin embargo, tanto en las primeras generaciones de aristotélicos como en los latinos tardomedievales, y con mayor razón en los siglos siguientes, este tipo de investigaciones resultaba tal vez más sugerente, motivadora y acuciante. Es casi innecesario recordar que los viajes (hacia Oriente y luego, hacia América) y las exploraciones, constituyeron un acicate muy poderoso al desarrollo de estas investigaciones.

El esquema teórico de estos estudios incluye los siguientes pasos: – *descriptio* – *definitio* – *ubicatio*. La descripción es el momento empírico y constituye la tarea de recolectar la mayor cantidad de datos fidedignos posibles. Con ellos se procura una definición, y en virtud de la misma se ubica la especie en la organización taxonómica previa.

---

[9] Aunque habitualmente se tiende a considerar la época renacentista (ss. xv y xvi) como antiaristotélica, la presencia de Aristóteles en las universidades es un hecho innegable, a pesar del fuerte influjo y presencia académica del nominalismo en sus múltiples variantes. Este tema ha sido perfectamente establecido por C. B. Schmitt, *Aristote and the Renaissance*, Cambridge (Ma.) Harvard University Press, 1983, donde además de señalar el importante trabajo histórico crítico y de traducción vinculado al *corpus* aristotélico, muestra la diversidad y riqueza de las tendencias que pueden denominarse «aristotelismo ecléctico» (p. 89 ss). Este trabajo completa uno anterior, en el cual defiende la existencia de un verdadero aristotelismo renacentista, apoyándose en la nutrida bibliografía de la época, especialmente de la Escuela de Padua, Pablo de Venecia y Jacobo Zabarella. El hecho de que el aristotelismo renacentista no formara una escuela compacta no obsta a su presencia verdaderamente significativa («Towards a reassessment of renaissance aristotelianism», *Histoy of Science* 11, 1973: 159-193).

Este proceder deja una serie de problemas irresueltos. En primer lugar la definición. El mismo Aristóteles ha fijado las exigencias de una definición científica: ella debe exhibir el género próximo y la diferencia específica (aquella que la especie no comporte con ninguna otra y le es exclusiva). Ahora bien, en la mayoría de los casos de la experiencia, sobre todo de los seres vivos, no estamos en condiciones de especificar tan claramente como en el caso del hombre con la «racionalidad». Es decir, si «gato» es una especie, tendrá una diferencia específica a la que llamaremos «gatunidad» y que hace del gato una especie irreductible al asno, por ejemplo, cuya diferencia específica será la «asneidad». Pero en términos «propter quid» no sabemos en qué consiste la gatunidad del gato o la asneidad del asno, dado que resulta altamente arbitrario fijarla en alguna de las características empíricas de estos animales. Y si – siguiendo con la lógica interna de la metodología aristotélica – esto no es posible para una nota característica (por ejemplo las garras o las pezuñas) tampoco lo será para la totalidad de ellas, porque la cantidad no cambia el carácter «accidental» de esa nota o conjunto de ellas. Por lo tanto, decir que el asno se especifica por la «asneidad» (obvia perogrullada con la cual ironizaban los antiarisotélicos) no nos provee de un tipo de conocimiento que permita el avance científico: de la «asneidad» en abstracto no se deduce nada, porque no incluye un elemento cognitivo nuevo, al contrario de lo que sucede con la diferencia específica humana, que no es «humanidad» (que no añadiría nada) sino «racionalidad».

El otro problema que suscita la definición es que, conforme a la enseñanza aristotélica, ella no se deduce, porque no es el término del silogismo científico sino su supuesto o premisa. Por lo tanto, cuando la definición no es ostensiva o no es evidente, surge el problema del modo de legitimación aceptable, ya que previamente hemos eliminado el recurso a la inducción.

En tercer lugar, el proceso: hipótesis – validación, que en el caso modelo de la física es de por sí universal o universalizable, tropieza aquí con la imposibilidad *a priori* de universalizar una hipótesis causal: el sistema aristotélico (y sus derivados hasta bien entrada la modernidad) es fijista, por tanto ningún estado anterior del mundo biológico es causa, en sentido propio y estricto, del estado actual de las especies. El sistema aristotélico las trata en forma a-temporal (a-histórica) aunque las describe en forma «histórica» (no general sino individualizadamente). Este problema, que la exégesis aristotélica actual resuelve reconociendo una doble metodología de trabajo del Estagirita, no tenía solución para los escolásticos del s. XVII. Tal vez por eso los tratados omnicomprensivos de filosofía, es decir, los que exponen todo el *corpus* del saber, o bien siguen cuidadosamente el original, con lo cual soslayan estos problemas, como Arriaga y otros jesuitas del XVII [10], o incluyen la problemática biológica en el ámbito de la física, añadiendo – si se da el caso – algunas noticias modernas, pero explicando

---

[10] Rodrigo de Arriaga SI organiza su *Cursus philosophicus* (cito por la ed. Lugduni, 1669) en disputaciones divididas en seis partes: Proemio, Lógica, Física (los ocho libros de la *Physica* aristotélica), Generación y corrupción, Alma y Metafísica (siguiendo los homónimos aristotélicos). Igual tesitura sigue el curso de los Conimbricenses, cuyo tratado sobre la generación y la corrupción se presenta como la teoría general del cambio sustancial y por tanto también como una oblicua justificación del «reduccionismo» aludido (*Commentarii Collegii Conimbricensis S.I. In duos libros de Generatione et Corruptione Aristotelis*, Lugduni, 1606).

los fenómenos biológicos en forma análoga a los físicos, optando indirectamente por una solución reduccionista.

En este segundo caso estamos ante un considerable ensanchamiento de la «física», que pasa de ser «física general» (como la *Physica* aristotélica) a ser una especie de «física total» que incluye a todos los fenómenos naturales, y por tanto también a los biológicos, con excepción del alma humana. Resultará así que el viejo *De anima* aristotélico se diluirá dividido en dos: los dos primeros libros pasarán a integrar la física particular o especial, y el tercero, por tratar del alma espiritual, integrará la metafísica o la animástica (estudio de los seres espirituales: al alma humana, los ángeles y Dios). Lo que aquí importa es que si bien la biología queda vinculada a la ciencia física, lo hace al precio de perder bastante de su especificidad metodológica. En esto concuerdan tanto los escolásticos[11] como los modernos[12], porque el «fisicalismo» (si se me permite la expresión, un tanto anacrónica) permea todo el pensamiento de estos siglos.

---

[11] Por ejemplo Emanuel Maignam OM en su *Cursus Philosophicus concinnatus ex notissimis cuique principiis ac praesertim quod res physicas instauratus ex lege naturae sensatis experimentis passim comprobata* (ed. Tolosa 1653, 4 v.) dedica el primer tomo a la filosofía racional y la ontología, el segundo a la parte general de la filosofía natural, el tercero a la segunda parte de ella y el cuarto a la tercera parte que comprende el estudio de los elementos inferiores (el agua y la tierra), a lo que sigue el estudio del cuerpo animado (capítulos 22 a 33). En este caso resulta curioso y en cierto modo paradojal el tratamiento dentro de la física del alma racional moral y hasta de la separada. La secuencia de estos capítulos es la siguiente: 22. el cuerpo animado; 23. el cuerpo vegetal; 24. el cuerpo sensitivo, 25. los sentidos externos en particular, 26. el apetito animal, 27. el movimiento animal, 28. el animal irracional, 29. el alma racional inmortal, 30. el alma como forma del cuerpo, 31. el alma racional en cuanto tal, 32. el alma racional moral y 33. el alma racional separada. Esta mezcolanza es un claro indicio de las perplejidades epistemológicas del autor. He citado este autor porque fue uno de los maestros académicos más conspicuos del s. XVII y hasta bien entrado el XVIII, sobre todo a través de la versión de su discípulo Juan Saguens: *Philosophia Maignani Scholastica* (cito por ed. Tolosa 1703). El tema que nos ocupa está tratado en el cuarto tomo, segunda parte, y dividido en cuatro disputaciones a su vez con varios artículos: 1. el alma vegetativa, 2. el alma sensitiva, 3. los sentidos interiores y externos, 4. el alma racional. A esto sigue la última parte del curso, dedicada a la Moral. Como vemos, se ha organizado un poco mejor, pero en sustancia es el mismo contenido.

[12] Por ejemplo Gassendi divide su *Syntagma Philosophicum* (tomos 1, 2 y 3 de *Opera omnia*, Lugduni 1658) en tres partes (con ciertas connotaciones estoicas): lógica, física y ética. La Física a su vez se divide en tres secciones. La primera trata de las cosas naturales en general, la segunda de las celestes y la tercera de las terrestres, a su vez dividida en dos subsecciones: los seres inanimados y los vivientes. Y Antonio Legrand, que escribe un curso general de filosofía siguiendo estrictamente los principios cartesianos (*Institutio Philosophiae secundum principia D. Renati Descartes*, Genevae 1694) lo divide en diez partes: 1. Lógica, 2. Teología Natural; 3. Demonología (y Angelología); 4. Física general; 5. Física especial; 6. Los cuatro elementos; 7. Los vivientes en general y en especial las plantas y los animales; 8. El hombre en cuanto al cuerpo; 9. El hombre en cuanto al alma; 10. La recta vida humana. Como vemos, en esta distribución un tanto curiosa, está claro que al principio y al final se tratan los seres espirituales y en los tratados intermedios los seres materiales. Siguiendo los principios cartesianos, todo ser material debe ser explicado mecanicísticamente es decir, de acuerdo a los principios generales de la física expuestos en la parte 4.

4. La ciencia «de anima»

El «principio vital» es un concepto central en la tradición aristotélica. Constituye el «corte ontológico» en el *continuum* natural, a tal punto que en realidad la división entre seres vivos y seres inorgánicos es la más importante de toda la especulación física (dejamos de lado el problema exegético actual acerca de si ese «corte» está a nivel de las plantas o de los animales o animados). El Estagirita no presenta estrictamente una prueba de la existencia del alma (o principio vital) y tampoco podía hacerlo ya que un principio de su metodología es que cada ciencia supone la existencia de su sujeto y no disputa contra aquellos que lo niegan[13]. Sin embargo, podríamos decir que presenta una justificación racional del tratamiento especial que dará a determinados seres, los que tienen principio vital, en razón de que ellos exhiben comportamientos notoriamente diferentes de los otros.

Estos comportamientos son caracterizados como «propios» en sentido lógico (como uno de los predicables). En varios tramos de sus investigaciones discute Aristóteles la pertinencia de una descripción por los propios cuando no sea posible una esencial. Así por ejemplo, la racionalidad es la diferencia específica del hombre, y la risibilidad es un propio. Si bien no sería correcto definir esencialmente al hombre por la risibilidad, sí sería válido describirlo por ella, puesto que tal descripción nos permitiría identificar al hombre y sólo a él en el conjunto de los animales; es decir, también funciona como un especificador del género próximo, aunque no esencial, porque la risibilidad no es la raíz de los demás propios, como lo es la racionalidad.

Por lo tanto, se presenta el problema de si la descripción natural es «esencial» o «por los propios». Los escolásticos hasta inicios del s. XVIII aceptaron que el único (o al menos el mejor) procedimiento de abordaje del tema es el mismo establecido por Aristóteles: las diferencias naturales se infieren de las diferentes operaciones vitales. Así, el esquema estándar de las operaciones vitales justifica la división en los tres reinos naturales: mineral, vegetal y animal. Las dos categorías de seres naturales que exhiben operaciones vitales se diferencian entre sí no porque sus operaciones sean totalmente disímiles, sino más bien como grados de perfección de las mismas. Así, existe un grupo de operaciones básicas comunes a todos: la nutrición y la reproducción. Más arriba se ubican las operaciones superiores, que corresponden a la sensitividad (en los animales irracionales) y a la inteligencia (humana)[14].

---

[13] Cf. *Physica* I, Lib. I, cap. 2 (Bk 185 a 25 ss).

[14] Además de los ya mencionados, podemos dar otros ejemplos de esta tesitura, todos ellos del s. XVII. Francisco Bayle (autor bastante utilizado en Europa y también en América), en sus *Institutiones Physicae* (cito por ed. Tolosa 1700, 3 v) divide el tratamiento en forma aproximadamente aristotélica: primero la física (general y especial o sea los elementos), luego el tratado del mundo en general (y el cielo) y en tercer lugar la segunda parte de la física particular, que comprende dos tratados relativos a los seres vivos: las plantas y los animales. El P. Honorato Fabri SI (muy usado en las cátedras jesuitas) en su *Physica, id est scientia rerum corporearum in decem tractatus distributa* (cito por ed. Lugduni 1649), dedica los dos últimos a nuestro tema. Edmundo Pourchot, en *Institutiones philosophicae ad faciliorem veterum et recentiorum philosophorum intelligentiam comparatae* (cito por la ed. Paris 1695, 4 v.) dedica el tomo tercero a la Física (los otros versan sobre Lógica, Geometría y Ética), que se divide en tres partes: 1. el cuerpo natural en general, 2. los cuerpos desprovistos de vida, 3. los cuerpos vivientes.

¿Son estos cortes esenciales? La respuesta no es fácil. Aristóteles mismo parece dudar en algunos casos puntuales, aunque mantenga nítido el principio diferenciador general. Pero en todo caso, lo decisivo para el Estagirita es el principio de la unicidad del principio vital: a cada ente concreto corresponde un solo y único principio vital, cualquiera sea la complejidad de sus operaciones vitales, porque las inferiores quedan subsumidas en el principio unificador superior. Así, lo vegetativo es asumido por el alma animal y lo vegetativo y sensitivo es asumido por el alma racional. Aunque esta teoría nos parezca algo más o menos obvio y de sentido común, de hecho ha sido uno de los puntos de más fricción con las tradiciones latinas no aristotélicas, a las que en general voy a denominar «platónicas» haciendo la salvedad de que es sólo una denominación aproximativa.

El «alma» en la tradición platónica latina adquiere connotaciones muy diferentes y cuya incidencia en las cuestiones científicas es necesario tener presente a fin de no confundir más un panorama ya de por sí complejo.

Los filósofos cristianos, desde los primeros tiempos hasta bien entrado el s. XIII asumieron la doctrina platónica de que el hombre es sobre todo su alma, es decir, un alma que se sirve de un cuerpo cuya organización no depende de aquella, por lo cual ella debe dominarlo «como el marino a la nave» o «el auriga al caballo», según las expresivas metáforas platónicas para indicar la indocilidad y resistencia del cuerpo a las órdenes del alma. Por lo tanto, expresado en fórmulas aristotélicas, la «forma» del cuerpo es distinta a la forma del alma, se trata de dos entidades unidas pero distintas, e incluso separables: después de la muerte el cuerpo se corrompe mientras que el alma continúa con su vida propia.

En el s. XIII la confluencia de las dos tradiciones dio por resultado la teoría de la pluralidad de formas que, salvando los diversos matices según los autores, consiste en atribuir una forma sustancial propia a cada uno de los grados vitales. El resultado sigue siendo una unidad por las mismas razones que el platonismo usaba para justificar la unidad humana, y que en clave cristiana fueron expresadas por San Agustín, de donde la teoría pasó a la amplia gama del agustinismo medieval[15].

La segunda mitad del s. XIII asiste a una fuerte controversia: la discusión sobre la unidad esencial: si ella supone unidad o pluralidad de «formas». Los aristotélicos defendían el principio unicista ya mencionado: a cada ente corresponde una sola forma sustancial puesto que forma sustancial y sustancia se co-implican. Por lo tanto, es imposible -afirman- que un único ente tenga dos o más formas sustanciales, porque eso significaría que no es un ente sino varios. Los partidarios de la pluralidad de formas responden que el concepto de forma sustancial no implica la referencia ontológica a la existencia individual, por lo cual es perfectamente posible que varias

---

[15] Un elemento de peso aquí es la concepción cristiana del alma como imagen divina, conforme parece seguirse del relato del Génesis («Hagamos al hombre a nuestra imagen y semejanza»): el camino de la mente hacia Dios pasa por el alma, entendida en sentido platónico. Sobre el influjo de esta concepción en el pensamiento biológico altomedieval v. A. Koyré, *Estudos de história do pensamento científico*, Rio de Janeiro, Ed. Forense-Universitaria, 1973, p. 31 ss. Pero a la vez, la idea aristotélica de que el pensamiento es un atributo esencialmente divino lleva a los aristotélicos (y no sólo los cristianos) a dar diversas interpretaciones a su teoría del intelecto agente, compatibles con cierta supervivencia del alma humana, como Alejandro de Afrodisia, Temisio, los árabes y Tomás de Aquino (ib. p. 40-41).

formas sustanciales coexistan en un individuo cuya unidad está dada por su acto existencial, no residiendo ella en la esfera de la esencia. Como es claro, la controversia en tales términos es irresoluble, porque las teorías de base son inconmensurables, no se oponen como dos proposiciones contradictorias, sino que son simplemente distintas, solidarias con diversas concepciones ontológicas. Si la teoría de la pluralidad de formas no subsistió más allá de los inicios del s. xiv, fue simplemente porque el aristotelismo en bloque se impuso en las universidades. Pero algunas consecuencias directas o indirectas de dicha teoría aparecen en los siglos siguientes, en forma de desviaciones de la ortodoxia aristotélica y son atribuidas muchas veces al influjo de las investigaciones empíricas y de las nuevas filosofías, lo cual en parte es cierto, porque ellas mismas (investigaciones y teorías nuevas) se nutrieron de la crítica y la búsqueda de alternativas al aristotelismo tradicional.

Quisiera señalar un punto de dichas discusiones que a mi modo de ver refleja la persistencia de las intuiciones que correspondían a la vieja teoría de la pluralidad de formas, aunque elaborada en el cuadro teórico del pensamiento moderno. Me refiero al problema de la «inmutabilidad» de la especie que – creo – puede entenderse como un estadio de la disputa: forma sustancial única aristotélica vs. «suma» o «composición» platónica.

El fijismo ha sido una doctrina de largo alcance histórico y por diferentes razones. Aristóteles fue fijista por razones metodológicas o si se quiere filosóficas, aunque como buen observador sabía perfectamente que es posible alterar las especies animales y vegetales por manipulación (cruzas, injertos, etc.). Pero debemos tener presente que él maneja de modo indistinto dos conceptos de «especie» y muchas veces es difícil precisar a cuál se está refiriendo. Uno es el concepto «lógico» de especie, conforme lo trabaja en los *Analíticos*. Otro es el concepto empírico de especie, es decir, el concepto de ciertas clases de animales o plantas tal como se entendía en su tiempo y como de hecho se siguió entendiendo en los siglos siguientes y conforme al cual distinguimos por ejemplo el peral del olmo y el gato del caballo, aunque no podamos precisar en sentido estricto la raíz esencial de esas diferencias. Por lo tanto, se podría decir, en términos aristotélicos, que las especies en sentido estricto son inmutables, pero que las especies de nuestra experiencia son aproximaciones dentro de las cuales caben modificaciones y diferenciaciones accidentales.

La tradición cristiana (incluso la de raigambre teórica platónica) fue fijista por razones religiosas o teológicas: una nueva especie (especie en sentido estricto, también) supondría un acto nuevo de creación por parte de Dios, lo cual es imposible y está contra la fe que enseña, conforme al relato del Génesis, que la creación concluyó el sexto día. Precisamente esta doctrina de la inmutabilidad de las especies se reforzaba indirectamente, al reconocer que la creación de nuevas entidades (por ejemplo nuevas almas humanas, que no se generan de los padres sino que son directamente creadas por Dios durante la concepción) es posible dentro de una especie ya existente. La última y más perfecta especie es el hombre, no puede haber retrocesos en el proceso.

Esta asunción teológica supone pues, la inmutabilidad de la especie en sentido estricto, y se aplica sobre todo a la concepción aristotélica, que liga estrechamente la unidad ontológica existencial a la unidad esencial de la forma. En cambio, pareciera que en una concepción que de algún modo separe ambos términos, la inmutabilidad de la especie exigida por la teología sería compatible con diversas «composiciones» a las que daríamos el nombre de «especie» pero en otro sentido. Podría verse este caso como el reverso teórico de la discusión sobre la inmortalidad del alma (humana). En aristotelismo estricto, la forma sustancial no es subsistente, se corrompe con la muerte del compuesto (el mismo Aristóteles tuvo dificultades para expresar, incluso en forma poco convincente, la hipótesis de una supervivencia del alma racional, lo que algunos exegetas ven, justamente, como un resabio platónico). En cambio para una concepción de tipo platónico, como se trata de una unidad no tan estrecha, aunque no llegue a ser calificada por todos los autores como «accidental» en sentido fuerte (lo que es de un modo pudiendo ser de otro), la corrupción del cuerpo no implica, ni supone, ni exige, la del alma y sin que esto signifique negar la unidad del hombre individual. Bien, cambiando proporcionalmente los términos, podría decirse que una modificación de la composición o combinación de las formas sustanciales no alteraría estrictamente el principio de la inmutabilidad, porque lo nuevo que adviene no es una novedad absoluta sino una modificación de la composición de lo ya dado. Y observemos que esta explicación no necesita recurrir a la teoría de las «razones seminales» que, si bien fue en su momento una solución ingeniosa para salvar algunos problemas teóricos, producía otros también difícilmente resolubles.

5. Reproducción escolástica (ss. xv-xvii) de la controversia

La segunda escolástica desarrolló en forma bastante variada la tradición recibida de los ss. xiii y xiv. Sobre su valor filosófico- científico y su originalidad hay juicios muy dispares y no es el caso entrar en esa controversia. Pienso que -dado el gran volumen de temas y de obras- no puede darse una respuesta global a riesgo de generalizar y simplificar en exceso. Por lo que hace a nuestro tema, creo que debemos reconocer sólo un pequeño y sectorial avance, vinculado más a la filosofía que a la ciencia. En otros términos, no parece que el desarrollo segundo escolástico de los tratados *De Anima* y del resto de la obra biológica de Aristóteles (poco transitada, por lo demás, en las aulas de la época) contribuyeran significativamente al desenvolvimiento de la historia natural como disciplina científica.

Por otra parte, es claro que si ninguna de las ciencias en sentido moderno tuvo un lugar sistemático (y académico) en la estructuración de los saberes científicos (de la ciencia *propter quid*) de la época, una de las ramas menos favorecidas fue precisamente la historia natural. Creo que este retraso tiene varias causas, tal vez muchas y mucho más complejas de lo que a primera vista aparece. Pero para comenzar a desbrozar el terreno voy a tratar cuatro que me parecen indubitables: 1. la dificultad de legitimación científica; 2. la influencia de la censura teológica; 3. la dispersión y el desorden de la práctica empírica; 4. la dificultad de articulación de los elementos en juego. En los párrafos que siguen me ocupo de las dos primeras, que son causas – diríamos – extrínsecas. En el punto 6 trato las otras dos, que constituyen el aspecto intrínseco y completan el panorama.

• **La legitimación.** El proceso de legitimación de un saber es complejo, pero podemos asegurar que se trata siempre un proceso intersubjetivo e implica una socialización de ese saber. Desde que Kuhn nos habló de la «comunidad científica» ese concepto ha pasado a ser un marco de referencia insustituible para la presentación histórica de los procesos de desarrollo (evolución o involución) de las disciplinas científicas. Pero dicho concepto tampoco exhibe, en sus concreciones históricas, una suficiente homogeneidad. En la época que nos ocupa la «comunidad científica» puede ser entendida como «comunidad académica», o como «comunidad de investigadores empíricos» (estas categorías son más fácilmente delimitables). Pero si se la quiere entender como ambas cosas el resultado se torna problemático. Si lo visualizamos como una intersección lógica (quienes son a la vez académicos e investigadores) tendremos una clase poco poblada, y ciertos sectores (particularmente el que estamos consideramos) tal vez vacía por largos trechos históricos. La razón es que quienes investigan empíricamente no tienen lugar en las aulas, incluso por la índole poco compatible de ambas tareas. Si lo entendemos como una unión de ambas, es evidente que el perfil de la «comunidad» se desdibuja mucho.

Por tanto, no es fácil contestar a la pregunta ¿quién legitima, o cómo se legitima un saber natural en los ss. xv-xvii? No hay una respuesta unívoca. Pero si preguntamos más ceñidamente ¿quién legitima o cómo se legitima un saber natural en cuanto ciencia en sentido estricto? entonces la respuesta es clara: se legitima en el ámbito académico (universitario) por los carriles institucionales establecidos (oposiciones, disputas, aquiescencia del claustro, publicaciones oficiales, etc.)[16]. Eso determina que una descripción o una taxonomía realizada por un investigador empírico no adquiere por sí misma legitimación sino que ella le viene por el hecho de ser publicada en una obra académica, ser enseñada o integrar una disputa o un acto académico. Ahora bien, a diferencia de lo que sucede en la física, e incluso la química (a partir de la segunda mitad del s. xvii) en el período que consideramos las investigaciones empíricas naturales no integran habitualmente este tipo de canales de legitimación. Por lo tanto ellos no adquieren estatuto científico, lo cual no quiere decir que no sean tenidos por aceptables, pero fuera de los ámbitos en que se discuten proposiciones científicas estrictas. De allí que debamos buscar estos nuevos conocimientos en libros de viajes, informes presentados (con más o menos fortuna) en los círculos privados, muchas veces auspiciados por un mecenas, y tal vez en instituciones (como las del estado) que pudieran servirse de esos conocimientos para fines políticos o militares propios. Más adelante, ya a mediados del s. xvii debemos añadir, ente los órganos de legitimación, las Academias Reales cuyas actas son citadas regularmente como aportes científicos por los tratados académicos. Pero incluso en este caso, la falta de un lugar sistemático inequívoco en el *curriculum* de Artes (el único o el más propio lugar de las ciencias) constituyó un obstáculo casi insalvable para la incorporación académica de los conocimientos empíricos y por tanto para su legitimación científica.

---

[16] Esta omnipotencia académica en materia de legitimación fue objeto de fuertes críticas, desde los primeros decenios del s. xviii y sobre todo por parte de los ilustrados. Está claro que el movimiento renovador de los ss. xvi y xvii apenas afectó a la universidad, donde predominaba (en el ámbito católico) la presencia jesuita. La polémica desatada en España en la segunda mitad del s. xviii sobre las causas del atraso científico español ejemplifican bien esta percepción por parte de los ilustrados, y muestra a la vez los argumentos de la defensa tradicional, que intenta puntualizar y minimizar las críticas de los «modernos» a los «antiguos». Sobre este tema un interesante análisis en A. Lafuente, «El P. Isla y el conde de Peñaflorida: historia de una polémica entre antiguos y modernos en la España ilustrada», A. Albarracín Teutón y otros (eds.), *Medicina e historia*, Madrid, Univ. Complutense, 19870: 79-86.

• **La confesionalidad.** Este elemento es parte integrante del proceso de socialización del saber y no puede pasarse por alto. Se ha discutido mucho sobre el papel de las confesiones religiosas y de las iglesias (especialmente la católica) en el desarrollo científico, y los pareceres transitan desde el extremo más positivo (que hace del apoyo de la religión un elemento insustituible del proceso) hasta el más negativo (sólo ha constituido un obstáculo, siempre grave y a veces trágico). Tampoco es posible resolver esta polémica ahora, que además tiene mucho de ideológico y depende también de variables imponderables como el valor otorgado a unos y otros conocimientos (por ejemplo los de la filosofía escolástica en comparación con los empíricos). Pero sí creo que es innegable el papel de la censura en este proceso de legitimación y socialización a que me estoy refiriendo.

La censura, es decir, la prohibición de difundir contenidos conceptuales opuestos (o que se interpretan como opuestos) a la fe cristiana o a las verdades teológicas establecidas jugó un doble papel, y esto no sólo en la época que nos ocupa sino desde mucho antes, y no sólo tampoco para la ciencia, sino también para la filosofía. Por una parte, impidió el desarrollo normal de las teorías heterodoxas, determinando modos complejos y subrepticios de difusión, adhesión y desenvolvimiento teórico. Por otra parte, acució los ingenios para hallar concordancias, o para pensar en alternativas teóricas aceptables para explicar los fenómenos objeto de las teorías sospechosas o prohibidas. Sea esto bueno o malo (éticamente hablando) la realidad es que ha exigido la elaboración de conceptos de sustento de índole especial y sobre todo un mayor (y a la postre positivo) rigor en el establecimiento de los hechos a explicar y en la crítica metodológica a las explicaciones tradicionales como una justificación de la necesidad de nuevas elaboraciones. Este «salto del límite» o de la frontera de la tradición ha exigido sin duda mucho esfuerzo, pero tal vez por eso mismo los resultados, cuando lograron abrirse un cauce, fueron arrolladores.

6. La investigación Empírica

La investigación empírica, amplia y un tanto caótica, sobre los seres vivos, fue sin duda una de las características más salientes de la ciencia de los ss. xv-xviii. Sin duda en los ciento cincuenta años posteriores al descubrimiento de América se obtuvo tanta información natural como la que se había acumulado en los veinte siglos anteriores. Pero no había un método científico estandarizado para su tratamiento teórico[17]. De allí que hasta bien entrado el s. xviii en realidad casi el único problema científico tratado por los naturalistas fue el taxonómico.

---

[17] Por eso hay gran indecisión sobre el criterio para distinguir la biología filosófica de la científica, cuya diferencia sin duda está en el uso de modelos. Pero también podría señalarse un conflicto de actitudes, que puede ser ejemplificado en la oposición entre William Harvey y Descartes. La influencia de la filosofía en la ciencia es patente. E. Mendelsohn ha señalado que incluso Gassendi y Charleton no dejaron de sentirse influenciados por la biología filosófica. Y justamente el tema de la generación espontánea, que ya he mencionado, es una buena piedra de toque para diferenciar las actitudes («Philosophical biology vs experimental biology: spontaneous generation in the seventeenth Century», *Revue de Synthèse* 89. n. 49-52 (3ª s.) 1968, p. 341).

El problema taxonómico tiene a su vez varias puntas. Por una parte, existía una vieja taxonomía heredada de los comentadores aristotélicos. Por otra, aparece la taxonomía religiosa derivada de la narración del Génesis. Durante siglos, la preocupación de los estudiosos cristianos fue compaginar ambas. Podemos decir que a comienzos del s. xv este concordismo había llegado a su mejor momento. La taxonomía de inspiración religiosa se basa en un doble principio de interpretación del relato de la creación: 1. los seres fueron creados según grados de perfección esencial, por lo tanto, hay una escala natural que la taxonomía científica debe respetar; 2. esta escala es inmutable y cerrada.

En otros términos, la taxonomía científica debe concordar con el plan divino expresado en el relato de la creación. Ahora bien, este acuerdo puede entenderse a nivel general o con diversos niveles de menor generalidad. A nivel general el acuerdo es relativamente fácil pues también la ciencia admite que las especies superiores añaden a las inferiores algunas operaciones vitales diferentes e irreductibles. En niveles de menor generalidad, en cambio, sin duda se presentan múltiples problemas, sobre todo en los seres de un mismo rango general. Ni la fe (los dogmas) ni la teología pueden ofrecer una respuesta *a priori* a estos problemas, cuya solución teórica concordista dependerá en buena medida de dos variables: de la exegética (cómo y con cuánta literalidad se lee la Biblia) y la científica (cómo y con qué alcance ontológico se entienden los conceptos científicos).

Por lo que hace a la exégesis, la tradición teológica ha tendido casi siempre a un literalismo que hoy calificaríamos sin duda de excesivo, aun cuando reconociera que los hagiógrafos emplean las palabras en sentido vulgar y para referirse a objetos de la experiencia de su entorno y no a otros seres que no pudieron tener en vista. Pero incluso en estos casos, la afirmación (de fe) de que toda especie viviente estuvo – de algún modo – en el Arca de Noé obliga a considerar cómo pudieron estar allí real y concretamente plantas y animales inexistentes en la zona y que sólo se hallan en sectores muy determinados del globo[18].

En cuanto a la ciencia, desde el s. xvi los científicos tienden a solicitar (y a veces exigir, como el caso de Galileo) a la teología una interpretación menos literalista de la Biblia. La idea es que los textos sagrados tienen sólo una finalidad salvífica, han sido escritos para indicar a los hombres el camino de su salvación religiosa y no para instruirlos acerca de las cosas del mundo. Este criterio no fue compartido en general por la teología oficial. La mayoría de los conflictos entre ciencia y religión en estos siglos (aunque no sólo en ellos) ha derivado de este hecho.

---

[18] El descubrimiento de las especies americanas desconocidas en Europa comenzó a plantear estos problemas por boca de José de Acosta (*Historia natural y moral de las Indias*, Sevilla, 1590) quien duda de la idea agustiniana de la dispersión posterior al diluvio de una pareja animal inicial llevadas a su vez por otros hombres. También Abraham Milius (*De origine animalium et migratione populorum*, Ginebra, 1667) considera que el problema de la distribución de los animales es muy difícil de resolver. El P. Calmet, ya en el s. xviii propone que todas las especies que hoy pertenecen a un mismo género fueron una sola especie al principio, y así se explicaría que todas estuviesen en el Arca. Pero de todos modos la enorme multiplicidad de los géneros mismos lo hace imposible. También Calmet, con su fuerte autoridad, contribuyó a difundir la vieja hipótesis de Tertuliano de que los fósiles son animales destruidos por el diluvio (cf. A. D. White, *La lucha entre el dogmatismo y la ciencia en el seno de la Cristiandad*, México, s. xxi, 1972, p. 65-67 y 305).

Pero además, e independientemente de lo anterior, la ciencia tiene sus propios problemas para incorporar los datos que va recogiendo, analizarlos críticamente, hacer descartes, adiciones, etc. Este es el problema de la inserción de los datos en un marco «científico». Entrecomillo esta última palabra para indicar que precisamente el problema, en la época que nos ocupa, es determinar qué debe entenderse por ello, en relación a lo ya mencionado sobre la legitimación de los saberes. Así como en la época fueron importantes las concordancias ente la Biblia y la ciencia, también y en la misma medida de indecisión epistemológica, lo fueron las concordancias entre lo antiguo y lo nuevo. En la mayoría de los casos la concordancia se tradujo en términos de eclecticismo y de «incorporacionismo»: añadir a lo antiguo los nuevos datos (como ciertos) y una exposición imparcial de las nuevas teorías (como hipótesis «para salvar los fenómenos», como decían los medievales)[19]. Esta característica del s. XVII se mantiene en algunos casos hasta bien entrado el s. XVIII[20]. Por otra parte, he podido constatar que en casi todos los casos consultados, la referencia a las investigaciones empíricas (*experimenta*) es adicional y no se utiliza para dirimir las divergencias teóricas irre-

[19] Un buen ejemplo de esta tarea, en los medios académicos del s. XVII es la obra de Juan Bautista Duhamel, *De consensu veteris et nova philosophia*, con dos libros en la edición de París de 1663. En el primero trata los principios generales de las cosas naturales según las principales escuelas: los platónicos, los peripatéticos y los cartesianos, mientras que en el segundo se dedica a un estudio particularizado de los elementos en forma ecléctica. Años después la obra se amplía a cuatro libros (*De consensu veteris et nova philosophia libri quatuor seu promotae per experimenta Philosophiae pars prima*, Rothomagi, 1675), en que las teorías platónicas ocupan el primer libro, dedicándose el segundo a los peripatéticos, epicúreos y cartesianos. Este interés por el platonismo no se centra en los temas propiamente físicos, pues trata también la existencia de Dios. Pero sin duda el tema biológico tiene un lugar destacado pues Duhamel le dedica dos de los cinco capítulos de este primer libro. Hay que señalar, con todo, que la referencia del título a «experimentos» (más bien «experiencias») se cumple sólo muy limitadamente. También Duhamel dedicó a la animástica una obra especial: *De corpore animato Libri quatuor seu promotae per experimenta Philosophia* (cito por la edición de Paris de 1673). Esta obra es un buen ejemplo del eclecticismo que he mencionado. El primer libro, sobre la naturaleza y facultades del alma sensitiva sigue el orden tradicional aristotélico. El libro segundo trata los sentidos exteriores y sus funciones, incorporando datos de la investigación científica moderna. El libro tercero, sobre los sentidos interiores, sus órganos y funciones, trata sobre el conocimiento de los animales, el sueño y la vigilia y otros temas de tradición aristotélica, pero los enfoca estrechamente vinculados (aunque sin mayores justificaciones teóricas) a las funciones orgánicas del cerebro y los nervios. Esta tesitura se afirma en el último libro, sobre el movimiento animal. Finalmente, la versión escolar de estas elaboraciones, *Philosophia vetus et nova, ad usus Scholae accomodata, T. II Physicam continet* (cito por la edición de París, 1684), divide la física en tres partes. La primera trata la física general, es decir, la naturaleza y propiedades de todos los cuerpos; la segunda se dedica a los cuerpos carentes de sensibilidad (los celestes, los mixtos inorgánicos y las plantas), la tercera se dedica al cuerpo animado o sensible. Como vemos en esta distribución se pierde la unidad de la biología entendida en el sentido de ciencia del «principio vital» porque «alma» (que antes era un equivalente semántico) a pasado a designar exclusivamente el alma sensitiva, con lo cual nos separamos del peripatetismo anterior.

[20] Como ejemplo podemos tomar, en España, la obra de Vicente Tosca, *Compendium philosophicum praecipuas philosophiae partis complectens nempe rationalem, naturalem et transnaturalem* (cito por la edición de Valencia, 1754, en 8 tomos). Reparemos, primeramente, en la división tripartita de vieja raigambre estoica, y tan arraigada que no fue nunca totalmente desplazada por el aristotelismo estricto. La filosofía natural comprende la física general, el tratado del mundo y el cielo y el tratado de los elementos y mixtos. Este último incluye cuatro partes: los elementos y mixtos en general, los meteoros, los fósiles y minerales, las plantas y los animales. Como vemos, el orden o escala natural aristotélica se ha mantenido, con el añadido de los nuevos conocimientos modernos.

ductibles (por ejemplo entre peripatetismo y cartesianismo), lo que significa que estos autores se mantienen en la epistemología tradicional, que veda usar la inducción o los *exempla* particulares en el proceso de prueba o justificación científica. Finalmente, hay que señalar que en algunos casos el tema biológico ha desaparecido de la estructura filosófica académica[21], y en otros se ha desplazado a otro tipo de escritos[22], entre los cuales se cuentan el estilo dialogal (por supuesto un estilo clásico antiguo, vigente en la latinidad hasta el s. XI, y que los renacentistas desempolvaron y remozaron) enfoque redaccional que el s. XVIII hereda del XVII[23].

Podemos indicar que hubo dos problemas centrales al respecto. El primero deriva de la imposibilidad de lograr una definición empírica natural que cumpla con los requisitos de la llamada «definición real» de los escolásticos, tal como se la explica en los *Analíticos* aristotélicos. Por lo tanto, debemos atenernos a las notas que en lógica científica aristotélica se denominan propios. Pero ¿cómo definir y /o distinguir una especie por «propios»? Nuevamente lo entrecomillado nos señala el eje del dilema.

---

[21] Por ejemplo W. J. Sturm St. Gravesande (*Oeuvres philosophiques et metaphysiques*, Ámsterdam, 1777) trata en su primera parte sólo la física general o mecánica, y en el libro dedicado a la metafísica incluye una parte dedicada al alma humana, como una especie de metafísica especial.

[22] Un interesante ejemplo de esto en el s. XVII es la obra de Atanasio Kircher, realmente inclasificable según los modelos estándar, y que puede ser vista (él mismo lo propone así) como una renovación del *Ars lulliana*: *Ars magna sciendi in XII Libros digesta, qua nova et universali methodo per artificiosum combinationum contextum de omni re proposita et prope infinitis rationibus disputari, omniumque summaria quaedam cognitio comparari potest*, Ámsterdam, 1669. En este abigarrado «contexto» -que va desde la evocación de Raimundo Lullio hasta la discusión de las teorías de Kepler y la composición de una elegía por la muerte de Ticho Brahe, pasando por hipótesis sobre el origen de los romanos, ejemplos de conjunción astronómica y cursillos de retórica- los temas biológicos no tienen, como es obvio, un lugar que podamos calificar como sistemático, salvo en la aplicación de las reglas generales que enuncia en su *Ars combinatoria*. Pero estas reglas, que a continuación y en libros sucesivos se aplican a todas las disciplinas, no determinan una sección específica para la biología, precisamente porque ella no tenía, en ese momento, una delimitación clara, como sí la tenía, por ejemplo, la medicina, a la que sí se le dedica una parte del arte combinatoria, parte en la cual se encuentran expuestas, de hecho, las concepciones biológicas más salientes de la época.

[23] Podemos mencionar en este sentido dos obras. Antonio Pluche considera que una formación psicomoral de los jóvenes pasa por una comprensión previa del mundo natural, sobre todo el viviente. A este cometido formativo dedica una obra, *Le spectacle de la nature, ou Entretiens sur les particularités de l'histoire naturelle qui ont paru les plus propes à rendre les jeunes gens curieux et à leur former l'esprit* (cito por la edición de Paris 8 v. 1732-1750). Estamos aquí en presencia de una revaloración de este sector del conocimiento humano, sin duda por influjo ilustrado. Pero no se trata de una sistemática de las ciencias naturales, como el mismo título lo aclara, sino de la presentación de una serie de conocimientos biológicos en función de la formación del carácter, y por tanto la explicación de la naturaleza y propiedades de animales y plantas ocupa sólo el primero de los ocho libros de que consta la obra. El otro caso es la obra de Noel Regnault, *Les entretiens physiques d'Ariste et d'Eudoxe ou Physique nouvelle en dialogues* (cito por la edición de París, 1755, en 4 tomos). También sigue, en un caso notable de persistencia histórica, el orden tradicional de la física aristotélica, comenzando por los principios generales, estudiando las propiedades de los cuerpos (ya en clave moderna), luego los elementos, dedicando especial atención al aire y al agua, luego a los fenómenos subterráneos, para arribar sin solución de continuidad al cuerpo humano, es decir, sin pasar por una consideración general de los vivientes. En función del hombre se estudian conceptos anatómicos y funcionales. He mencionado estos dos ejemplos para mostrar cómo la tradición del s. XVII, que dejó irresueltos los problemas epistemológicos y sistemáticos con respecto a la ubicación de la biología en la física, determinó a comienzos del XVIII esta doble vía que no pudo expresarse académica sino informalmente.

Porque el «propio» en sentido aristotélico es detectable como tal por su relación con la diferencia específica ya establecida, y no en forma independiente de ella o sin ella. En otros términos, sabemos que «risible» es un propio del hombre porque ya sabemos que «racional» es su diferencia específica y que el hombre es risible por ser racional. Pero si no conociéramos su diferencia específica, y sólo nos atuviéramos al hecho de reír, no podríamos saber que es un propio (que se deriva de la esencia necesaria y no accidentalmente). Y aun cuando – en una hipótesis casi imposible – averiguáramos que ningún otro ente natural se ríe, este hecho podría ser fácticamente universal pero accidental y contingente. Y esto porque la distinción – aristotélicamente hablando – entre el propio y el accidente no deriva de su presencia universal, sino del tipo conexión con la diferencia específica. Por lo tanto, la ciencia natural no sólo no puede proporcionar definiciones reales (por género y diferencia) en sentido aristotélico, sino que tampoco puede, en términos también aristotélicos, ofrecer definiciones o caracterizaciones por propios.

El segundo problema irresuelto, abstrayendo lo anterior, es el de articular las descripciones o definiciones por notas propias. ¿Cómo articularlas manteniendo el principio causal? Ya dijimos que en la epistemología aristotélica, sólo tenemos conocimiento científico cierto y estricto cuando hemos dado con el «por qué» o sea la causa. Pero las causas se relacionan con las notas esenciales (diferencia específica y propios) no con las accidentales. Toda dificultad en la fijación de propios o en su carácter de tales se reflejará en cualquier búsqueda causal. La epistemología aristotélica – tal como la entendían entonces – en esto es un sistema cerrado y muy poco flexible. Los investigadores naturales, desde lo empírico, no pueden acceder a soluciones aceptables dentro del marco aristotélico. La única solución posible, en definitiva, era su ruptura. En la medida en que ella se hacía difícil y se retrasaba, la ciencia natural no pasó de *historia naturalis*. Y si fue muy importante en la cultura de la época – que sin duda fue así – eso no se debió a su reconocimiento como ciencia, sino a su utilidad y sobre todo a que respondía muy bien a aquella pulsión de saber por el saber mismo, que tenemos todos los hombres, y que el viejo y denostado Aristóteles había enunciado como el primer principio de sus propias indagaciones.

Ana Maria Alfonso-Goldfarb ; Márcia Helena M. Ferraz ; Maria H. Beltran

Pontifícia Universidade Católica de São Paulo;
Programa de Estudos Pós-Graduados em História da Ciência;
Centro Simão Mathias de Estudos em História da Ciência, Brasil

A HISTORIOGRAFIA CONTEMPORÂNEA E AS CIÊNCIAS DA MATÉRIA: UMA LONGA ROTA CHEIA DE PERCALÇOS

Em setembro de 1957, um grupo de estudiosos reuniu-se para discutir o labirinto de caminhos e questões em que penetrara a história da ciência. Abrigados sob grandes temas tradicionais, pensadores tão distintos como M. Clagett, R. Merton, T. Kuhn e o casal M. Boas e R. Hall, debateram, durante 10 longos dias, suas divergentes concepções sobre teoria/práxis; ciência/sociedade; revolução/revoluções continuidades nas ciências e outras questões espinhosas na área. Expressos nas páginas do hoje clássico *Critical Problems in the History of Science*, esses debates refletiam profundas diferenças no fazer, pensar e ensinar história da ciência entre cada autor ou grupo de autores. Ou, em poucas palavras: as divergências eram de natureza historiográfica.

Todavia, para melhor refletir sobre essas divergências, voltemos as primeiras décadas do século XX quando se deu a gestação de um espaço autônomo para a história da ciência. Entre as perspectivas metodológicas e historiográficas então surgidas irá se destacar, tornando-se hegemônica, aquela que teve como principal articulador G. Sarton.

Figura central na institucionalização da história da ciência, Sarton será o fundador e, por muitos anos, o editor de *Isis* – periódico exclusivamente dedicado à área e até hoje um dos mais respeitados. Não por acaso, o modelo seguido por esse pioneiro iria se perpetuar por longo tempo.

Era esse um modelo baseado nas tendências epistemológicas da virada do século, contemplando idéias de estudiosos como E. Mach e P. Duhem e pressupondo o desenvolvimento contínuo e acumulativo da ciência. Um processo considerado único, progressivo e inevitável, pois teria seguido a trilha lógica das verdades sobre a natureza. Acreditava-se que esse processo tivesse sido atrasado ou interrompido várias vezes por contingências históricas, mas que ao pairar acima destas fora sempre retomado, alcançando um patamar estável de crescimento com a ciência moderna.

Em linhas gerais, a Grécia antiga era vista como o berço onde acontecera a primeira infância da ciência. Esta teria vivido uma instável juventude durante o Medievo e o Renascimento, atingindo o início de sua maturidade no século XVII – sobretudo a partir das teorias de Copérnico, Galileu e Newton. Aliás, as chamadas «ciências exatas» – mais precisamente as ciências físicas – e destas a face teórica, constituíam a base sobre a qual eram mensuradas as demais ciências do passado.

Sem dúvida, o modelo continuísta obrigava a ciência a olhar para a história, pois sem ela, segundo afirmava Sarton, seria: «...como se conhecêssemos um homem já na idade madura, sem que nos apercebêssemos de que tal maturidade foi possível graças aos longos anos de infância e adolescência.» Mas, por outro lado, esse era um modelo intrinsecamente anacrônico, que pressupunha todo o conhecimento passado objetivando o presente e, portanto, criava uma interminável linhagem de «precursores» ou «pais» da ciência.

De qualquer modo, entre as décadas de 30 e 40, esse modelo continuísta, baseado na evolução interna das teorias sobre a natureza, permaneceu como paradigmático em história da ciência. Os grandes compêndios de A. Mieli, A. Rey e do próprio Sarton foram a expressão mais bem acabada desse tipo de historiografia.

Todavia, em torno a esse período, várias tendências divergentes irão ganhar corpo. A corrente denominada externalista, estabelecida por estudiosos como B. Hessen, J. D. Bernal e J. Needham, passa a considerar o desenvolvimento da ciência numa perspectiva social e política. Além disso, passa a haver uma adesão cada vez maior a teses como a de L. Thorndike que, por exemplo, sem abandonar o enfoque interno à ciência, pensava a sua transformação a partir de uma perspectiva operativista, abrindo um leque histórico desde a magia até o experimentalismo. Também nessa época, a partir dos trabalhos de E. Burtt e G. Bachelard, começa a tomar forma uma perspectiva descontinuísta e, portanto – mais do que divergente – oposta à de Sarton.

A crescente aceitação de que a ciência não se desenvolvera necessariamente de forma homogênea e acumulativa, e de que fatores externos pudessem ter interferido nesse processo, afastou cada vez mais, nas décadas seguintes, a produção em história da ciência das diretrizes estabelecidas por Sarton. Tudo indica, porém, que a ruptura definitiva com a historiografia continuísta tenha se dado nos anos 60, gerada, sobretudo, pelo debate em torno da obra de T. S. Kuhn. Muito embora tenha sido considerado relativista e pouco preciso em suas teses, Kuhn desmontou de forma radical as bases do continuísmo. Mesmo vaga, sua definição de ciência pré-paradigmática e paradigmática deu conta das possíveis rupturas no processo do conhecimento, permitindo observar a incomensurabilidade entre as teorias dos diferentes períodos. Introduziu-se, assim, de uma vez por todas a questão do contexto, já no nível conceitual das teorias, eliminando do panorama da história da ciência as incômodas e artificiais linhagens de «precursores».

Entretanto, ao pretender-se muito abrangente e afastar-se de forma radical do modelo continuísta e *ad tempore*, o modelo kuhniano acaba produzindo uma série de problemas. O excessivo descontinuísmo assumido por esse modelo não permitiu, por exemplo, avaliar a tendência à continuidade que parece ter existido tradicionalmente na *praxis* da ciência, mesmo nos momentos em que as teorias passavam por reformulação. Além disso, há indicações claras de que Kuhn tenha apoiado sua definição de ciência paradigmática nas ciências físicas. Assim, ao estender essa definição a outras ciências, acabou impondo um modelo pouco adequado às singularidades destas, desvalorizando suas histórias pré-modernas – que em geral considerava pré-paradigmáticas – e tornando muitas vezes incompreensível a sua inserção na modernidade.

Em todo caso, o estabelecimento de um modelo descontinuísta abrangente forçou, a partir dos anos 70, a revisão profunda do modelo tradicional, o que auxiliou a gerar uma nova corrente historiográfica que até hoje vem se desenvolvendo. Essa nova historiografia teve como princípio não só a observação pontual e minuciosa de estudos de caso, mas também as variantes regionais e circunstanciais que os envolveram e particularizaram dentro do contexto mais geral ao qual pertenciam.

Fundamental para a tessitura dessa nova historiografia foi a assimilação de estudos como o de W. Pagel e F. Yates que, já nos anos 60, corriam paralelos às vias hegemônicas da história da ciência. Muito embora a partir de abordagens distintas, tanto Pagel quanto Yates propunham: (I) a difusão, para outras áreas do saber, do foco centrado sobre as ciências físicas e seus personagens principais. (II) a diluição das linhas entre as chamadas «proto» e «pré» ciências, bem como entre estas e a ciência moderna em suas origens. Através desses estudos, vários dos conhecimentos esquecidos, exilados ou mesmo deformados pela história da ciência, passavam a ter dimensão e relevância, até então insuspeitados, no quadro dos saberes sobre a natureza.

Os contornos desse novo quadro historiográfico, foram delineados de forma magistral por G. Canguilhem quando nos diz:

> «Convém reconhecer como indispensável uma boa utilização da recorrência e uma educação da atenção às rupturas (...). A epistemologia da continuidade encontra nos começos ou no despertar de um saber os objectos de sua preferência. A epistemologia das rupturas de modo algum despreza a epistemologia da continuidade, mesmo quando faz ironia sobre os filósofos que só acreditam nesta...»

Com os olhos postos nesse quadro – que já insinuava articulações inéditas – a nova historiografia desenvolveu um processo de análise não continuísta, portanto, sem ler o passado a partir do presente; mas também evitando a imposição generalizada de fórmulas descontinuístas. A tônica desse processo, conforme já indicado, recai inicialmente sobre a especificidade de casos e documentos – suas fontes, suas singularidades, seus vínculos e ecos locais – para só depois traçar as relações destes com um contexto mais amplo. Trata-se de uma análise de mão dupla, que perpassa as diversas camadas de texto e contexto. Sua realização vem utilizando elementos de filologia, arqueologia, semiótica, antropologia, das histórias do livro e das artes e ofícios, além das já tradicionais histórias da cultura, do pensamento e da sócio-política. Desta maneira, tem se formado um mapa temporal da ciência, extremamente complexo, onde convivem rupturas e permanências, e onde é possível estabelecer pressupostos que extrapolam os modelos historiográficos convencionais.

Estudiosos como A. Debus, B. J. Dobbs, G. E. R. Lloyd, P. Rossi, P. Rattansi, B. Copenhaver e W. Shea – responsáveis por boa parte do traçado original desse mapa – redimensionaram as vias preferenciais da ciência, associando a estas, por exemplo, vieses religiosos, herméticos, neoplatônicos, bem como uma releitura dos aristotelismos guardando as singularidades de seus leitores ou grupos de leitores nos contextos das diferentes épocas. Vieses estes que foram de grande importância até, pelo menos, o século XVIII.

Reflexos das transformações historiográficas na ciência da materia

Como seria de se esperar, na historiografia que trata da ciência da matéria também se observa um movimento semelhante ao acima descrito. Trabalhos sérios desenvolvidos pelo menos desde o início de nosso século XX, tais como os de E. O. von Lippman,

J. Ruska, e P. Diepgen acabaram por gerar uma escola de estudiosos que baseava seus trabalhos no modelo continuísta ou *ad tempore*. Partindo da ciência helênica e, em especial do aristotelismo, um fio vermelho seguia de modo linear e cumulativo, fazendo com que a ciência antiga, cuja noção de matéria estava baseada em qualidades e humores, parecesse uma etapa prévia e incipiente da ciência moderna. Traçava-se assim um passado a partir do presente, no qual as concepções de precursor, pré-história, e predeterminação eram inevitáveis.

Em sua maioria, esses estudos destacavam as práticas de laboratório e seus materiais, assim como os processos de intervenção e observação de fenômenos naturais, na medida em que esses, de alguma maneira, pudessem ser comparados a procedimentos modernos. De tal sorte que acabava por se dar uma fragmentação das obras e das teorias estudadas, lançando à sombra do esquecimento histórico porções fundamentais a seu entendimento. Arrancadas de seu contexto, certas partes das obras eram apresentadas como velhos receituários de cozinha ou sortilégios de antigos feiticeiros, enquanto outras eram vistas como prenúncio da ciência da matéria moderna - colocando palavras e intenções inexistentes na boca de seus autores.

Na verdade, buscando as origens de sua própria disciplina, os estudiosos continuístas romperam, muitas vezes, as complexas relações traçadas por autores antigos, pinçando e selecionando idéias, conceitos e receituários que acreditavam diretamente ligados a suas respectivas especialidades modernas. Grandes pensadores do passado como Ar-Razi ou Arnaldo de Villanova, por exemplo, foram apresentados de forma completamente distinta pela história da química e pela história da medicina. Não raro, aliás, ao longo desse processo seletivo, se chegava a versões diferentes e até conflituosas sobre um mesmo autor ou uma mesma teoria. Enquanto a primeira via nas obras alquímicas significativas desses autores uma grande contribuição para a ciência da matéria, a segunda considerava tais obras como apócrifas ou minimizava a sua importância em termos de ciências da vida.

Neste, como em outros casos, as análises continuístas consideravam antigas obras - complementares ou polimáticas em sua origem distante - projetando sobre elas imagens que pertenceram, de fato, aos séculos XVIII e XIX. Pois somente nesse período os estudos sobre a matéria bruta e aqueles sobre a matéria viva foram contrapostos e correram por vias separadas rumo à especialização.

A historiografia relacionada à ciência da matéria, sem dúvida, irá sofrer profundas modificações a partir da assimilação das teses descontinuístas. Entre os anos 50 e início dos 60, mesmo antes do grande impacto causado pelas idéias de T. S. Kuhn, começam a surgir trabalhos como os de E. J. Dijksterhuis, M. Boas e M. P. Crosland, formando a base principal das concepções sobre a chamada «revolução científica», no que tange às ciências da matéria. Ao aceitar a idéia de que teria havido uma transformação radical entre os séculos XVI e XVII, esses estudiosos sugerem um antes e um depois para a ciência da matéria. Pois, em torno a esse período, entre as várias transformações radicais teria ocorrido a substituição da ciência das qualidades por uma ciência quantitativa e mecanicista.

Todavia, o processo histórico em que se deu a transição do modelo de matéria antigo para o novo resistiu em vários pontos às análises descontinuístas. Efetivamente, a nova concepção mecanicista fora uma das bases da chamada «revolução científica». Mas, campos importantes do saber, como por exemplo, medicina, história natural, química e farmácia, mantiveram uma concepção qualitativa, até finais do século XVIII e princípios do XIX. E, quando, finalmente, se adota nesses campos uma nova concepção da matéria, esta já não será mais a mecanicista.

De igual maneira, as análises descontinuístas não conseguiram dar conta da permanência de debates antigos - como, por exemplo, sobre o natural e o artificial - que deveriam ter desaparecido com a argumentação da concepção mecanicista.

Nas últimas décadas, a nova historiografia vem retomando essas questões, visando introduzir a ciência da matéria num panorama que contemple a relação entre rupturas e permanências e respeite a complexidade dos documentos históricos, como queria Canguilhem. Nesse sentido, os trabalhos de B. J. Dobbs e W. Shea, que analisaram respectivamente as obras de Newton e Descartes, conseguiram captar uma topografia heterogênea, onde permanência e descontinuidade conviveram lado a lado. Enquanto estudiosos como A. G. Debus, P. Rattansi e G. Lloyd fizeram levantamento das correntes submersas na ciência hegemônica, e que parecem ter sido base importante para sua transformação. Mais recentemente, diversas publicações coletivas vêm tentando discutir o tema, tais como: *Reading the Book of Nature: The other Side of Scientific Revolution*, organizado por A. G. Debus e M.T. Walton; *Repraisals of Scientific Revolution*, sob a direção de D.C. Lindberg e R.S. Westman e, ainda *Rethinking the Scientific Revolution*, organizado por M.J. Osler.

Essas obras tentam refletir a validade de se pensar em grandes rupturas (como a chamada 'revolução científica') ou se é possível falar em período 'revolucionário' estendido (na verdade, uma transformação gradual entre os séculos XVI e XVIII).

Em nosso caso particular, temos buscado identificar a topografia desse ir e voltar histórico. Como tradicionais historiadores das ciências da matéria, voltamos nossa atenção a análise de documentos por meio de crítica textual, considerando as raízes e as camadas dos textos. Enquanto, por outro lado, temos buscado – dentro de uma perspectiva mais recente – entender como vão desaparecendo esses focos e camadas textuais, a medida em que modifica-se o contexto e com este as concepções de cosmo.

Especificamente, temos usado como base documentos medievais de formulação poligráfica, derivados de antigas fontes, onde é possível verificar a coligação intrínseca dos vários saberes e o caráter qualitativo das ciências da matéria. Essa característica permanece visível ainda em textos renascentistas, que temos analisado, embora já se anuncie um princípio de desmembramento e classificação de temas específicos. E mais ainda, apesar de várias transformações radicais e palpáveis durante os séculos XVI e XVII, foi possível verificar em textos de vários estudiosos considerados iniciadores da ciência moderna, uma composição dos saberes formando um desenho à moda antiga, onde permanecem, mesmo sem querer, velhas concepções qualitativas. Um desmembramento mais evidente, foi verificado por nós em textos a partir do século XVIII, em trabalhos que tratam de separar as ciências que cuidam dos fenômenos com a matéria viva e aquelas dirigidas aos fenômenos da matéria bruta. Ainda assim, verifica-se, já em pleno século XIX, quando a separação e especificidade das ciências estaria sendo estabelecida, que a antiga visão qualitativa ainda permanece em textos dirigidos a procedimentos práticos, sejam de laboratório químico, dispensário médico ou botica. Ou como diria G. Canguilhem: «Numa trama histórica, alguns fios podem ser inteiramente novos, enquanto outros são tirados de texturas antigas».

PARTE IV

•

Ideias e ideários

Experiências, Deslumbramentos e Preconceitos

Laboratórios, Tráfegos e Redes

Manuel Correia

Bolseiro de doutoramento da FCT. *Colaborador do Centro de Estudos Interdisciplinares do Século* XX *da Universidade de Coimbra,* CEIS20 *(Grupo de História e Sociologia da Ciência), Portugal*

EGAS MONIZ: UM CIENTISTA EM VIAGENS.
A INTERNACIONALIZAÇÃO COMO ESTRATÉGIA

O relacionamento internacional com centros de produção de conhecimento científico e técnico foi para Egas Moniz, mais do que uma necessidade premente, um critério explícito de aferição de cultura científica acerca do qual teorizou esparsamente. Necessidade incontornável, tal como era vivida pelos cientistas mais esclarecidos do seu tempo, de reconhecer as rotas e as redes, os pontos de passagem mais importantes, e os mestres neurologistas que se tinham constituído em referência. Paralelamente, a publicação de resultados e observações, subordinava-se também a essa mundividência, levando a que as respectivas traduções fossem asseguradas, mesmo nos momentos mais infelizes e dramáticos do que viria a ser o primeiro cientista português galardoado com o prémio Nobel da Medicina ou Fisiologia em 1949.

A participação em reuniões internacionais – encontros, conferências e congressos – e também a organização de alguns desses fora, decorre da mesma postura que aproxima lugares afastados, (centros internacionais de produção de autoridade e credenciação científica), compondo o quadro rigoroso das cidades e sumidades que então valia a pena visitar, frequentar e manter em contacto.

No texto seguinte tentamos reconstituir o mapa e as ideias-chave que levaram Egas Moniz a estabelecer, gerir e alargar uma rede de contactos deliberadamente orientada para a internacionalização dos seus trabalhos e da sua figura, permitindo, ao mesmo tempo, a rápida percepção das inovações que se iam operando noutros lugares.

De acordo com teorias implícitas em que as nossas culturas são férteis, o homem viajado é um homem fascinante, detentor de uma visão mais alargada das coisas do mundo. O imobilismo relativo daqueles que vivem praticamente toda a vida sem se ausentarem do mesmo sítio ou da mesma região, é desprezado em favor da iniciativa viajante, tanto mais valorizada quanto mais sonantes forem os lugares visitados e os trajectos empreendidos. A ideia de «descobrimentos» é, a esse respeito, incontornável. A literatura de viagens está recenseada na história da Literatura Portuguesa desde, pelo menos, o século XVI, com Francisco Álvares e a sua obra *Verdadeira Informação das Terras do Prestes João*, mas quer o surgimento das concepções planetárias da história, quer as inumeráveis expedições político-científicas que coloriram as rotas cujos pontos de partida e retorno se situavam nas grandes capitais da Europa, são igualmente sugestivas. O alargamento dos territórios do saber e do poder seguiu paralelamente, em múltiplas ocasiões.

A afirmação identitária de Egas Moniz, aspirando a progressões sucessivas dos seus estatutos político e académico, (primeiro) e científico (depois), foi sempre atravessada pela necessidade da deslocação (interna e externa), da viagem e da visita. Tudo isso sobre um roteiro preciso e esquematizado de acordo com uma estratégia bem definida.

A precedência de objectivos estratégicos emerge dos escritos de Egas Moniz com tal nitidez que, para além do objectivo científico e de uns curtos apontamentos acerca das circunstâncias da viagem, tudo o resto parece deslizar para as excursões de carácter histórico-filosófico, em que o inventor da *Angiografia Cerebral* discorre acerca da história da cultura, recorrendo a formulações anteriores, sem lhes acrescentar qualquer nota pessoal de observação.

De certo modo, o mundo que Egas Moniz quis visitar, conhecer melhor, e incluir no seu roteiro específico, era um mundo já duplamente «descoberto», em virtude dos estágios de especialização em neurologia, em França, logo a seguir à sua formatura em Coimbra, e das suas actividades políticas anteriores, designadamente resultantes da sua passagem pela pasta ministerial dos Negócios Estrangeiros, durante o *Sidonismo*. Era também um mundo cujos pontos de aproximação estavam intimamente associados às experiências mais avançadas no campo da neurologia.

Ao associar-se, de perto, aos cientistas de nomeada no seu campo, EM procedia à complementar construção da autoridade e da notoriedade, reforçando a sua posição em Portugal e, simultaneamente, constituindo-se em interlocutor avisado no plano internacional.

Enumerando aqueles que considerou seus mestres, EM enfatiza frequentemente a dimensão «viajante». De Augusto Rocha, por exemplo, diz ser um «dos poucos mestres viajados»[1]. A implícita censura ao imobilismo dos «outros», acantonados na rotina estagnante, torna-se por vezes mais expressa, sendo uma constante no seu critério de avaliação da competência científica.

Num elogio misto do experimentalismo, reflexão própria e contacto internacional, EM escreve a certo passo:

> «As Universidades não podem nem devem ser constituídas por aqueles que apenas se contentam com a ciência feita»[2].

Sugere, assim, que a avaliação dos professores deveria ser ponderada desse modo, no qual a inquirição acerca dos contactos científicos internacionais ocupava um lugar de relevo, mostrando a sua preferência pelos que

> «(...) continuavam a receber estímulos dos centros científicos estrangeiros, convivendo com mestres competentes e dinâmicos (...)»[3]

---

[1] Moniz, 1949, 10) doravante CIC.

[2] CIC, 20.

[3] CIC, p. 18.

A par das numerosas referências a Ramón y Cajal de cuja obra reteve não apenas a concepção neuronal mas, tudo leva a crer, algo também do método contrastante[4] por ele posto em prática, Egas Moniz aponta a França como lugar de eleição. Para além das razões já apontadas, relacionadas com os estágios de especialização e com a actividade política, virá a visitar a pátria de Voltaire também, depois, por questões ingentes relacionadas com a afirmação, defesa e consolidação das suas posições no campo da neurologia e da *Psico-cirurgia*. No livro «Confidências de um Investigador Científico», que o próprio EM considera a sua melhor obra, confirma-o:

«O que sou em ciência devo-o à França, aos seus Mestres, ao seu ensino e especialmente ao estímulo que imprimem aos frequentadores das suas clínicas para estudarem e progredirem.»[5]

É esse o primeiro eixo estruturante das rotas preferenciais que EM desenhou para se conferir a si próprio e ao seu trabalho uma dimensão internacional, uma visibilidade tão nítida como a que pretendia para a sua *Angiografia Cerebral*. Com a divulgação dos primeiros resultados da *Arteriografia*, o mapa virá a diversificar-se, e a sua rede de contactos a alargar-se. Porém é em França que EM faz os seus primeiros e decisivos investimentos.

Assim, a França surge na estratégia de EM como a primeira placa giratória para as comunidades médicas e científicas.

Tão cedo estima estar na posse de elementos de prova, suficientemente sólidos para iniciar o processo de aceitação da sua *Arteriografia Cerebral*, decide, de imediato, deslocar-se a Paris com o fito de obter uma primeira avaliação positiva por parte dos seus mestres.

Paralelamente, apresenta comunicações sobre o mesmo assunto à Sociedade de Neurologia – de que Babinski, um dos seus mestres, foi co-fundador – e à Academia de Medicina de Paris.

«Só depois da aceitação pelos grandes nomes da neurologia francesa é que, já seguro da situação, comunicou os seus achados em Portugal, em especial à Academia de Ciências e à Faculdade de Medicina[6].»

O mapa geográfico e a correspondente rede de contactos, alargam-se, nos anos seguintes, à Alemanha, Brasil, Inglaterra, Itália, Japão e Suécia. À medida que a *Angiografia Cerebral* é replicada e adoptada, os novos contactos sucedem-se, granjeando-lhe prestígio e influência crescentes.

A viagem que decide fazer a Paris imediatamente após ter conseguido, com Almeida Lima, a primeira *Arteriografia Cerebral*, decorre sob forte emoção, mas tal não significa que não tenha sido objecto de meticulosa preparação. Tudo leva a crer que essa

---

[4] O método é da autoria de Camillo Golgi, que ganhou o Prémio Nobel de Medicina ou Fisiologia no mesmo ano de 1906, ex-aequo com Rámon y Cajal.

[5] CIC, 69.

[6] Fernandes, 1983.

viagem fez parte de uma estratégia longamente amadurecida. Se é certo que Moniz afirma recordar-se de inúmeros pormenores, que traduz sob a forma de apontamentos paisagísticos, entrecortados por manifestações de enervamento e ansiedade

«[Ainda em viagem, já] vagueava por Paris na inquietação dos momentos sempre angustiosos que marcam as grandes exibições.»[7]

também é verdade que a agenda de encontros, reuniões e apresentação de comunicações foi cuidadosamente estabelecida. Além dos encontros prévios com Babinski, por um lado, e Souques, por outro, EM receberá, durante a sua estadia em Paris, as «chapas» que pedira para Almeida Lima lhe enviar de Lisboa, de modo a completar as apresentações programadas. Mesmo naquilo que poderia parecer menos importante, EM empenha-se com denodo: lembra aos convivas da casa de Babinski que elogiavam desmedidamente um *Cognac* servido no final da refeição, que o vinho do *Porto* possui um paladar e uma textura excepcionais, presenteando-os com uma prova das garrafas que trouxera de Portugal, para o efeito.

Esta atenção aos mínimos pormenores e a capacidade de planificação serviram a estratégia delineada por EM que visava

1) o estabelecimento da autoria da Arteriografia Cerebral (capital para mais tarde fazer prova de precedência, como foi o caso)
2) a exposição das virtualidades da sua criação perante os seus pares e
3) colocar-se num patamar superior de autoridade científica[8].

Apesar de nem tudo lhe ter corrido bem no Hospital Necker, quando se tratou da replicar a experiência descrita nas suas comunicações, EM regista em tom proclamatório:

«Já podiam agredir-me os médicos patrícios, sempre prontos a amesquinhar o esforço dos conterrâneos e a deitar ao desprezo as conquistas científicas alcançadas no país. Os Mestres parisienses em que confiava tinham julgado em última instância, e a minha obra avultava aos meus próprios olhos como sempre a vira, mas agora com uma solidez que o meu exclusivo critério não era suficiente para lhe dar»[9]

Estava claro que, para além do valor que ele próprio atribuía à sua criação, ela só se consubstanciaria numa tecnologia de diagnóstico partilhada com a condição de

---

[7] CIC, 66.

[8] Maria Helena Roque, num curto ensaio versando também a problemática das *Viagens*, enfatiza diferentes dimensões: «As viagens de Egas Moniz organizaram-se em torno de quatro vectores fundamentais, a saber:1. Formação: absorção de conhecimentos e técnicas. 2. Amadurecimento: transferência e aplicação dos modelos apropriados. 3. Criação: ampliação e descoberta de novos métodos. 4. Difusão: disseminação das criações originais.» (Roque, 2000).

[9] CIC, 91.

vencer as resistências[10] à mudança implicada por qualquer inovação e na concomitante construção da notoriedade com o que ela implica de autoridade, reconhecimento e afirmação.

Praticamente em seguida, é convidado a participar na Semana Médica de Bruxelas, já na qualidade de Presidente da Academia de Ciências de Lisboa e, pouco depois, Aloysio de Castro formula-lhe o convite oficial de visitar o Brasil, onde participará numa série de reuniões e proferirá conferências, quer no Rio de Janeiro, quer em São Paulo.

Nas suas memórias, a descrição destas viagens é mais sucinta. O nervosismo e a ansiedade deixam de ser mencionados. Todavia, a boa impressão que deixou entre os colegas brasileiros valer-lhe-á mais tarde, em retorno, consecutivos apoios e nomeações para o Prémio Nobel.

De um modo ou de outro, EM estabelece laços sólidos com lugares e pessoas. Dotado de um sentido agudo da diplomacia, potenciado pela sua experiência política anterior, dispõe os seus trunfos metodicamente.[11]

João Lobo Antunes frisa a este propósito que, para além da publicação tempestiva de artigos em revistas famosas, de circulação internacional, como a *Lancet* e o *New England Journal of Medicine*

«Egas Moniz tinha entre os seus colaboradores verdadeiros embaixadores que vão praticar a técnica angiográfica em serviços estrangeiros, como o de Cairns, em Londres, ou o de Olivecrona, em Estocolmo.»[12]

Ao arrepio da vitimização simplificadora que exagera os feitos de EM, com intuitos panegíricos, contributos recentes têm permitido uma abordagem mais profunda e descomplexada do significado e alcance do homem, da obra e dos contextos correlativos. É de elementar justiça referir, para além dos textos já citados, os trabalhos de Ana Leonor Pereira e João Rui Pita, de António Fernando Cascais e Tiago Moreira, entre outros. Este último, de acordo com um dos pressupostos capitais da corrente teórica em que se inscreve, qualifica o acesso que EM tinha aos meios internacionais como uma espécie de vantagem comparativa:

«Director do Serviço de Neurologia do Hospital de Santa Marta e professor de Neurologia Clínica na Faculdade de Medicina de Lisboa (...). Tinha poder e recursos. Tinha relações com um dos centros mundiais da neurologia, França»[13]

---

[10] Tiago Moreira chama a atenção, a justo título, para a circunstâncias em que decorreu a primeira tentativa de replicação da arteriografia cerebral no Hospital Necker, considerando-as «primeiras resistências», o que no quadro da ANT – Actor Network Theory, constitui uma fase incontornável na realização de qualquer inovação tecnológica.

[11] «[EM] conseguiu quase sempre concretizar os seus projectos, mas foi esta vontade audaz, a capacidade argumentativa, o sentido da oportunidade e a perícia diplomática que lhe permitiram desenvolver os trabalhos de investigação e divulgá-los internacionalmente»(Roque, 2002, 133).

[12] Lobo Antunes, 1999.

[13] Moreira, 1997, 10.

Da *Arteriografia* à *Angiografia Cerebral* e, depois, à *Leucotomia Pré-frontal*, EM constitui-se gestor de um dispositivo de produção técnico-científica, disputando a primazia dos seus produtos, publicando, fazendo-se representar quando impossibilitado de se deslocar[14], multiplicando-se em contactos, convites, comunicações e artigos.

Quando, em 14 de Março de 1939, EM sofreu o atentado em que foi baleado por um dos seus pacientes, o *Daily Telegraph* (entre outros) noticiou a ocorrência. Choveram, então, em Lisboa, mensagens de pesar e de inquietação pelo seu estado de saúde. Era óbvio tratar-se já de um cientista de renome. O mapa das suas viagens e pontos de influência posteriores a 1935, ano que marca o II Congresso Internacional de Neurologia de Londres, e o início das suas experiências ligadas à *Leucotomia Pré--frontal*, consistirá, em parte, de uma sobreposição da influência consolidada com a *Arteriografia Cerebral*, afectada pela emergência da II Grande Guerra, mas, por outro lado, alargada aos Estados Unidos da América, onde, por razões desencontradas, Freeman e Wats, se tornam seus discípulos. Surgiu assim um novo e decisivo apoio na difusão da *Psicocirurgia* e no reconhecimento público da primazia de EM. Walter Freeman e James Wats modificaram o método de Moniz, que passaram a denominar *Lobotomia Pré-Frontal*, acrescentando-lhe a variante *transorbital*, igualmente derivada, em todo o caso, da *Leucotomia Pré-frontal*, método fundador da autoria de EM.

As suas viagens ulteriores, inscrevem-se na mesma senda. Dispensará, nas suas memórias, espaço e atenção diferenciados a cada uma delas – a viagem a Itália, em 1937, por exemplo, entre descrições de sessões de trabalho, cursos, experiências e fruição artística, ocupa mais de dois capítulos das Confidências de um Investigador Científico – mas a sensibilidade para a gestão do dispositivo que montou e de que a sua imagem permanece o *ex-libris*, permanece.

Sustentando implicitamente a existência de um dado equilíbrio entre a importância dos trabalhos de EM e esse *savoir faire* diplomático que aludimos, um outro neurocirurgião do nosso tempo estima que

> «Para uma nova técnica diagnóstica ou uma terapêutica revolucionária serem adoptadas na prática médica corrente, é necessário que, em primeiro lugar, tragam solução a problemas até então por resolver. Mas é também indispensável que elas sejam apresentadas aos poderosos e influentes em cenários apropriados, além de publicadas nas revistas de maior prestígio. Egas Moniz foi um mestre na arte de comunicar ciência.»[15]

A nobelização de EM em 1949, constitui, pois, o corolário da obra de um homem atento aos nichos de oportunidade existentes na sua época, na sua profissão, e num espaço mais vasto do que o país onde nasceu. Em todo o caso, alguém «(...) extraordinariamente hábil na luta do mundo»[16]

---

[14] Saldanha, 1974, 7.

[15] Lobo Antunes, 1999, 6.

[16] Lobo Antunes, 1999, 7.

BIBLIOGRAFIA

CASCAIS, António Fernando. (2001) «A cabeça entre as mãos: Egas Moniz, a psicocirurgia e o Prémio Nobel» in Nunes, João Arriscado e Gonçalves, Maria Eduarda. (Org.), *Enteados de Galileu? A semiperiferia no sistema mundial da ciência*, Porto, Afrontamento.

FERNANDES, Barahona. (1983) *Egas Moniz, pioneiro de descobrimentos médicos*, Lisboa, ICLP.

LOBO ANTUNES, J. (1999) «Prefácio» in Pereira, A. L., Pita, J. R., e Rodríguez, R. M., *Retrato de Egas Moniz*, Lisboa, Círculo de Leitores.

MONIZ, Egas., (1949) *Confidências de um Investigador Científico*, Lisboa, Ática.

MOREIRA, Tiago (1997) *Large gain for small trouble: the construction of cerebral angiography*, Msc. In Science and Technology Studies, The University of Edinburgh.

PEREIRA, A. L., e PITA, J. R., org. (2000) *Egas Moniz em livre exame*, Coimbra, Minerva.

ROQUE, Maria Helena Neves, (2002) *Positivismo e Visibilidade na Obra de Egas Moniz (1874-1955)*, Tese de Mestrado, Universidade Nova de Lisboa, Faculdade de Ciências e Tecnologia, Secção autónoma de Ciências Sociais Aplicadas.

ROQUE, Maria Helena Neves, (2000) «As Viagens científicas de Egas Moniz (1874-1955). Prémio Nobel de Medicina e Fisiologia 1949.» – Comunicação apresentada na 2ª Conferência do STEP realizada em Lisboa na Fundação Calouste Gulbenkian. Disponível também no blog Digitalis, em [http://mhroque.blogspot.com/2003_02_16_mhroque_archive.html]

SALDANHA, Aleu. (1974) «Egas Moniz – o cientista e o homem», in Separata de *O Médico* nº 1212, Vol. LXXIII, pp. 423/425.

Paulo Cunha

Mestrando na Faculdade de Letras da Universidade de Coimbra e Colaborador do Centro de Estudos Interdisciplinares do Século XX da Universidade de Coimbra, Portugal

O CINEMA AO SERVIÇO DA CIÊNCIA

1. Introdução

Esta apresentação pretende revisitar o percurso do cinema científico em Portugal e tentar estabelecer pontos de contacto com todos os elementos contextuais que possam ter influenciado a maneira de ver e entender, através de uma linguagem muito peculiar, a evolução do pensamento científico no nosso país durante o último passado. Apoiado pelo panorama internacional do cinema científico, nomeadamente a partir do pioneiro e dinâmico modelo francês, tentou-se traçar em breves linhas gerais as principais características da produção e divulgação de filmes científicos portugueses. Não se ignorou a importância dos aspectos políticos e institucionais (que condicionaram a produção) e das ideologias e valores sociais (que influenciaram a divulgação) que marcaram o século XX português, nomeadamente a sua influência na produção cultural e na criação cinematográfica em particular.

No contexto internacional, os primeiros passos do cinema científico deram-se simultaneamente em duas direcções: enquanto método de investigação científica e enquanto agente de difusão científica e da acção educativa. Por um lado, a realização de importantes experiências nunca teria sido possível sem o contributo das emergentes novidades tecnológicas como a fotografia e o cinema, que passaram a ser consecutivamente aproveitadas e utilizadas com fins científicos, contribuindo significativamente para a realização de estudos até então impossíveis devido a insuficiências humanas. Por outro lado, os primeiros sinais oficiais do interesse dos pedagogos pelo cinema surgem em França, onde o governo patrocina diversas iniciativas e onde se realizaram um conjunto significativo de congressos nacionais e internacionais

2. O filme científico português

Ao longo dos tempos, o filme científico tem angariado diversas classificações e tipologias que variam conforme os seus autores. Apesar de ser um género específico dentro do cinema, o cinema científico tem sido alvo de várias definições imprecisas e algumas incorrecções na sua avaliação. Aceitam-se – na generalidade, mas com alguns apontamentos – as classificações que Luís de Pina produziu, em vários estudos, para o filme científico português.

O conhecedor crítico definiu por critérios técnicos (desde a metragem à produção), os «Cinemas Especializados», incluindo nessa classificação todo o tipo de prática fílmica considerada marginal ao cinema de fundo ficcionado: o cinema didáctico e cultural, o cinema de animação, o cinema publicitário e turístico, o cinema televisivo, o cinema de amadores e o filme técnico e científico. Por sua vez, o género «filme técnico-científico» engloba o filme agrícola, o filme técnico-industrial, o filme de trabalho, o filme militar e o filme científico.[1]

O filme científico não é uma designação de fácil trato, pois a especificidade que este género alcançou em alguns países da Europa (como a França ou Inglaterra), e que foi decisiva na sua afirmação genérica, raramente foi conseguida em Portugal. Contudo, a designação *filme científico*, no particular contexto português, é usada neste estudo para caracterizar todas as obras que abordem qualquer tipo de fenómeno ou temática científica. Independentemente dos objectivos ou da origem, considerou-se neste estudo como filme científico todo aquele que aborda, de forma directa ou indirecta, as mais variadas temáticas científicas.

2.1. Os períodos de produção

a) Os primeiros filmes (1912-1930)

Segundo os dados mais recentes, o primeiro filme científico português foi rodado em 17 de Abril de 1912, quando o professor Costa Lobo registou cinemato-graficamente o *Eclipse do Sol em Coimbra*, enquanto noutras localidades do país se registava simultaneamente *O Eclipse do Sol em Lisboa*, da produtora Lusa Film, e *O Eclipse de Sol em Ovar*, de autoria desconhecida.

Nesta fase embrionária, o cinema português apenas se limitava a uma função reprodutora, tendo sempre em atenção aquilo que se ia produzindo no estrangeiro, designadamente em França. O teor destes filmes era meramente descritivo, assumindo o carácter de reportagem de actualidade ou de filme turístico, longe das pretensões científicas assumidas internacionalmente e de alguns projectos originais para o cinema científico. Ao contrário do experimentalismo que se ia efectuando em França e nos Estados Unidos na procura de novas soluções técnicas para aplicações do cinema às necessidades específicas das diversas práticas científicas, em Portugal o filme científico conhecia uma expressão insignificante, tanto a nível técnico como estético.

b) Durante o Estado Novo: o controlo estatal (1930-1960)

O cinema foi uma das expressões estéticas utilizadas pelo aparelho propagandístico do Estado Novo. Empenhado numa estratégia de propaganda política e social, o

---

[1] Luís de Pina, «Os Cinemas Especializados». In: *Aventura do Cinema Português*, Lisboa, Editorial Vega, 1977, pp. 138-150; e «Cultura e Informação». In: *Panorama do Cinema Português*, Lisboa, Terra Livre, 1978, pp. 68-74.

aparelho oficial encetou diversas campanhas que visavam mostrar ao cidadão comum os benefícios do estado corporativo, entre os quais o desenvolvimento dos cuidados de saúde e de assistência social eram de uma importância capital.

Entre os principais organismos públicos apoiados por serviços cinematográficos contam-se: Secretariado de Propaganda Nacional/Secretariado Nacional de Informação, Ministério da Agricultura (Campanha do Trigo), Ministério da Saúde (Direcção-Geral de Saúde), Ministério da Educação (Instituto de Meios Audio-Visuais de Ensino, Instituto de Tecnologia Educativa, Campanha Nacional de Educação de Adultos, Fundação Nacional de Alegria no Trabalho), Ministério das Corporações (Junta de Acção Social), Serviços Cartográficos do Exército, entre outros.

É igualmente significativa a produção de legislação atenta ao fenómeno cinemato-gráfico e o desenvolvimento do debate em torno da questão do cinema educativo. O debate acerca das potencialidades educativas do cinema começara cedo mas, contudo, só em 1932 esse debate chegou à praça pública e ao interesse político.

No entanto, apesar da produção ser dominada pelas instituições ou organismos públicos, não se pode ignorar a intervenção de alguns agentes privados que patrocinaram ou protagonizaram a produção de filmes científicos das mais diversas áreas: desde o Grémio Nacional dos Industriais de Especialidades Farmacêuticas à Shell Portuguesa, com filmes destinados sobretudo a fins publicitários; ou então as diversas empresas cinematográficas nacionais e internacionais da época, que apostam decisivamente em filmes com objectivos declaradamente comerciais, apostando na exploração da curiosidade dos espectadores.

Este surto da actividade de mecenato, originário em algumas empresas da área da saúde mais atentas aos fenómenos do *marketing* e da auto-promoção, assumiu diversas formas de intervenção: o financiamento directo (encomendas); a concessão de subsí-dios de apoio à produção; ou as frequentes co-produções com entidades públicas ou empresas audiovisuais. De qualquer modo, estas iniciativas reconheciam uma invulgar capacidade de comunicação ao cinema.

Com maior interesse e relevância, verifica-se a persistência de alguns indivíduos independentes que, apesar das evidentes dificuldades técnicas e financeiras, continuam a produzir interessantes obras de divulgação, como os filmes amadores do engenheiro Carneiro Mendes e do médico António de Menezes.

Neste período, a proliferação de uma produção cultural de inspiração progressista (filiada em movimentos de pendor libertário, anarquista ou comunista) atribui uma grande importância à divulgação científica, incentivando e valorizando a aplicação das diversas expressões artísticas ao serviço cívico e cultural.

c) A nova geração cinéfila (1960-80)

Portugal assiste, em Dezembro de 1957, ao primeiro Festival do Filme Científico, organizado pela Sociedade Portuguesa de Ciências Naturais, que contou com a presença do prestigiado Jean Painlevé. Os filmes exibidos, todos de origem estrangeira, foram fornecidos pela Shell e pelo Instituto Britânico. Apesar de alguns eventos significativos em Portugal, o desenvolvimento do cinema científico continuava a denotar muitas dificuldades a nível da produção.

Nos anos 60, iniciava-se em Portugal um significativo desenvolvimento da produção cinematográfica médica aplicada à investigação. Realizaram-se várias experiências na Faculdade de Medicina de Lisboa, nos Hospitais Clínicos de Lisboa e no Serviço de Cinema da Faculdade de Farmácia do Porto.

Simultaneamente, a recém-criada televisão pública passava a ter uma intervenção significativa no processo de produção e divulgação do panorama audiovisual português. No decorrer dos anos 60, o projecto Televisão Educativa (mais conhecido como «Telescola»), criado no âmbito dos trabalhos do Instituto dos Meios Audio-Visuais de Ensino, foi uma importante experiência de sensibilização que contou com a colaboração de diversos cineastas.

A par destas iniciativas de instituições oficiais, verificam-se importantes acções de mecenato na produção de filmes científicos. O crescimento da produção privada, relacionado com o desenvolvimento da publicidade, permitia prestigiar as instituições promotoras. O mais significativo foi o caso da farmacêutica *Merck Sharp & Dohme* que entre 1972-79 produziu quinze filmes sobre diversos temas relacionados com Medicina e Farmácia.

d) Os últimos anos: os festivais e a televisão (1980-2000)

Na década de 80, a produção dos filmes científicos deu um passo atrás em relação ao surto quantitativo das décadas anteriores. As temáticas actuais reflectem as novas preocupações de um mundo em plena transformação, ajudando a compreender melhor os novos paradigmas e potencialidades da ciência e promovendo a ecologia.

Progressivamente, à medida que se afastou do grande público, a produção do filme científico foi-se confinando a uma espécie de «gueto académico». O que se verifica nos últimos anos é que o filme científico tem sido remetido para os festivais da especialidade (*CineCiência, TeleCiência, FilmÓbidos*), concentrados temporal e geograficamente, ou então para os canais temáticos da televisão por cabo, com acesso restrito a uma minoria da população (*Discovery Channel, Odisseia* e *National Geographic, TV Saúde/ TV Medicina* e *Farmácia TV*).

O cinema científico tornou-se uma actividade esporádica e de difícil acesso ao grande público, factores que determinam negativamente, nestes últimos anos, o lento desenvolvimento deste género cinematográfico em Portugal. Os principais interessados na divulgação e expansão do cinema científico têm insistido frequentemente na urgência de uma intervenção estatal, quer na intensificação de articulação entre os diversos organismos públicos, nomeadamente as várias instituições de ensino e investigação e a televisão pública, quer no fomento de mecanismos de financiamento e divulgação.

3. Conclusões

A principal conclusão é evidente: não se pode considerar que tenha existido uma frequente e intensiva prática cinematográfica dedicada aos filmes científicos. Pelo contrário, pode-se afirmar que a produção de filmes científicos portugueses é pouco significativa no desenvolvimento da nossa cinematografia. O *corpus* que constitui a base deste estudo é composto por filmes resultantes de uma produção visivelmente esporádica e sem grandes consequências, representando apenas pouco mais de 2% da produção fílmica portuguesa. Devido a sérias dificuldades de ordem técnica e operacional, que facilmente se justificam, o filme científico nunca teve grande impacto no mercado cinematográfico nacional. Algumas experiências isoladas não são suficientes para se poder falar de um cinema científico, embora se registe, com alguma frequência, actividades deste género em algumas instituições públicas ou privadas, datadas curiosamente em épocas muito específicas.

Partindo de uma análise quantitativa, pode-se constatar que, quanto à origem da produção, existe um acentuado desequilíbrio entre as obras produzidas por iniciativa pública (34%) e por iniciativa privada (59%). Em relação à finalidade da produção, verifica-se uma clara vantagem dos filmes de divulgação ou informação (38%), seguidos de um equilíbrio entre os filmes de carácter comercial ou publicitário (23%) e os filmes de investigação e divulgação científica (24%). Relevante, mas por defeito, é a escassa produção de filmes educativos (11%), obras destinadas a actividades de ensino, quer seja ensino técnico, superior, básico ou de adultos.

Ao atender-se a uma divisão temática do *corpus*, ressalta desde logo o volume de filmes dedicado à assistência médica e social (40%), graças à prolífera produção oficial característica do período estadonovista. Também é significativo o número de filmes dedicados a assuntos médicos (24%) e a assuntos ambientais e ecológicos (17%).

Inicialmente destinados aos complementos cinematográficos, a divulgação deste género fílmico sofreu transformações determinantes na evolução da produção. A progressiva marginalização na divulgação, remetida para festivais da especialidade e para a televisão de sinal fechado, prejudicou decisivamente o desinvestimento verificado a partir da década de 80. A manifesta falta de garantias de divulgação dos filmes científicos condiciona, desde logo, a própria produção.

Em suma, nesta época de crise das ideologias, em que a ciência constitui um valor de referência na compreensão do mundo, «o filme científico de divulgação pode contribuir para o desenvolvimento de uma cultura científica e esta para a redução de conflitos de interesses que venham a manifestar-se entre o individual e o social, o individual e o político. Estes podem diluir-se com o desenvolvimento de uma cultura científica, uma vez que a compreensão da ciência e da tecnologia é útil para todos os que vivem numa sociedade.»[2]

---

[2] José Ribeiro, «As Imagens da Ciência», 1993, *Recensio, Revista de Recensões de Comunicação e Cultura – Universidade da Beira Interior*, /http://www.recensio.ubi.pt, 24-XI-02.

127

A. M. Amorim da Costa

Dept. de Química – Fac. de Ciências e Tecnologia – Universidade de Coimbra, Portugal

RACIONALIZAÇÃO DA NOMENCLATURA QUÍMICA EM PORTUGAL

1. No reino da química espagírica

A partir da segunda metade do século XVI até ao terceiro quartel do séc. XVIII, a Química foi totalmente enquadrada na arte médica, constituindo o que ficou conhecido por medicina espagírica, iatroquímica ou farmacoquímica. No seu *Tratado de Química*, Christophe Glaser (1628-1672), definia-a como a arte científica cujo objectivo era dissolver os corpos para deles extrair as várias substâncias de que são compostos, e juntá-las de novo de modo a formar compostos mais puros e superiores[1]. Toda ela se funda em Princípios activos e passivos em que se baseiam todas as suas manipulações e artefactos. Nela se considera pelo mercúrio, o evaporável; pelo enxofre, o inflamável; e pelo sal, o solúvel. Por isso ficou conhecida como «a química dos princípios»[2].

O carácter prático desta química aplicada à medicina e à farmácia, traduziu-se, nos dois séculos em que vigorou, num exame de caracterização do *arquê* de todas as coisas. Para J. B. Van-Helmont e seus discípulos, ele seria o «Alkaest», um princípio que tudo dissolvia; para J. Mayow, R. Boyle e outros, ele seria o nitro, um «princípio engendrado pelo próprio sol», no dizer de N. Lefebvre, origem e causa do perpétuo antagonismo ácido-alcali. A sua consideração e apresentação pormenorizada tornou-se o objecto de atractivos manuais, de venda fácil, entre os quais se podem referir o *Tyrocinium Chymicum* (1610) de J. Béguin, o *Traité de la Chimie* (1663) de Christophe Glaser, o *Traité de Chimie* (1664) de Nicasius Lefebvre, a *Physica Subterranea* (1669) de J. J. Becher, o *Tractatus Quinque Medico-Phisici* (1674) de J. Mayow, e o *Cours de Chimie* (1675) de N. Lémery.

O sucesso destes manuais deve-se ao sucesso do ensino e da prática a que se reportavam. De facto, desde os princípios dos anos seiscentos, tratava-se de matéria que era ensinada em todas as Faculdades de Medicina e que nenhum dos praticantes de farmácia dispensava.

---

[1] Christophe Glaser, *Traité de la Chimie*, Paris, L'autheur ed., 1663, p. 3.

[2] M. Daumas, *La Chimie des Principes* in *Histoire Générale des Sciences* (Paris, Ed. René Taton, Presses Universitaires de France), Tom. II, 1972, cp. VI, pp. 354-367.

Não é difícil ler esses manuais. Do ponto de vista explicativo, durante a segunda metade do século XVII e durante quase todo o século XVIII, a atenção dos seus autores virou-se cada vez mais para os problemas relacionados com a natureza da combustão e a natureza das forças actuantes nos compostos químicos: com G. E. Stahl (1660--1734), a explicação da combustão dos corpos acabou por se constituir no centro de toda a doutrina química, até finais do século XVIII, sendo a partir dela que se deu a revolução química de A. L. Lavoisier (1743-1794); por sua vez, com E. F. Geoffroy (1672-1731), a grande explicação das forças actuantes nos compostos químicos foi buscada nas chamadas afinidades químicas.

Do ponto de vista da prática química, nesses manuais é notório um crescente interesse pela descoberta e caracterização de novos elementos e compostos, utilizando métodos quantitativos cada vez mais rigorosos tornados na base essencial e indispensável de toda a investigação a que se procedia e que culminou com um determinante avanço no domínio da química dos gases, nomeadamente na sua diferenciação[3].

Do ponto de vista da terminologia que usam é notória a quase total ausência de qualquer sistematização na designação dos elementos e compostos químicos[4], como é notório o recurso a grande número de vocábulos tirados do elenco das práticas alquímicas que ainda reinavam por toda a parte, embora já sem o esplendor que haviam conhecido nos séculos passados. A apologia de um certo secretismo continua expressa em muitos desses manuais, registando-se, todavia, em alguns deles, já uma rejeição frontal de tal prática.

2. Da *Polyanthea Medicinal* de Curvo de Semmedo à *Historologia Médica* de Rodrigues de Avreu

Esta é a nomenclatura química que encontramos em Portugal ao iniciar-se o século XVIII e que se prolonga até à introdução da química de Lavoisier, quase nos finais da década de oitenta desse século. Primeiro, nas Farmacopeias que no país foram editadas, em vernáculo, «para que em todos os lugares e Villas deste Reyno possa ser percebido» que «não pode haver mayor ignorância que escrever o que eu quero que todos os Portugueses saybaõ, em lingua que nem todos os Portugueses entendem»[5]; depois, em alguns Tratados e Manuais de matéria química que ao longo do século, no país, foram publicados antes da Reforma da Universidade, em 1772.

---

[3] H. M. Leicester, *The Historical Background of Chemistry* (New York, Dover Publ. Inc., 1956), p. 119.

[4] Como exemplo desta falta de sistematização, permitimo-nos referi aqui que um manuscrito do século XVII de António Neri apresenta para o metal mercúrio 20 símbolos e 35 nomes difeerentes; e, num outro livro da mesma época, o chumbo era designado por 14 símbolos e 16 nomes. *Vid.* A. M. Nunes dos Santos in *Nota de Apresentação* da *Edição Fac-similada do original de Méthode de Nomenclature Chimique (1787) de Morveau, Lavoisier, Berthollet e Fourcroy* (Lisboa, Petrogal, AS, 1991).

[5] João Curvo Semmedo, *Polyanthea Medicinal*, 3ª edição, (Lisboa, Off. António Pedrozo Galram, 1716) Prólogo ao Leytor.

Como representativos da situação de facto, tomaremos a *Polyanthea Medicinal* de Curvo de Semmedo e a *Historologia Médica* de Rodrigues de Avreu.

2.1. Nas primeiras décadas do século, é de facto, nas Farmacopeias-dispensatórios que se reflecte a adesão dos cientistas portugueses às mais modernas teorias e práticas químicas cultivadas à época, além fronteiras.. No decurso do século, a sua publicação atingiu um regime editorial que nunca conseguira antes, com a particularidade de serem redigidas em português. Por ordem cronológica das primeiras edições, o elenco deste tipo de literatura científica destinada à aprendizagem da arte de boticário, bem como à execução prática dos medicamentos e estudo, colheita e conservação das matérias primas, compreende a *Polyanthea Medicinal* de João Curvo Semmedo, com uma primeira edição ao fechar do século XVII, em 1697, reeditada, em vida do seu autor, em 1704 e em 1716. Seguiram-se-lhe a *Pharmacopea Lusitana* de D. Caetano de Santo António, editada em 1704 e reeditada em 1711, 1725 e 1754[6]; a *Pharmacopea Ulyssiponense* de Joam Vigier, editada em1716[7]; a *Pharmacopea Tubalense* de Manuel Rodrigues Coelho, editada em 1735[8]; o *Thesouro Apollíneo Galenico, Chimico e Chirurgico* de Joam Vigier, editado em 1745 que não se intitulando farmacopeia o é de facto, pois se trata, como se lê no título extenso, de um «compêndio de remédios para ricos e pobres», contendo a «individuação dos remédios simplices, compostos e químicos[9]; a *Pharmacopea Portuense* de António Rodrigues Portugal, editada em 1766[10]; a *Pharmacopea Mediana* do inglês Ricardo Mead, editada em 1768[11]; a *Pharmacopea Dogmática* de João Jesus Maria editada em 1772; e, já depois da Reforma Pombalina da Universidade de Coimbra, a *Farmacopeia Lisbonense*, publicada em 1785 e reeditada em 1802, a primeira farmacopeia com rótulo de oficial, organizada por Manuel Henriques Paiva[12]. Todas elas são repositório da nomenclatura química anterior à revolução química de Lavoisier, incluindo a *Farmacopea Lisbonense,* que, elaborada e publicada durante os anos em que esta revolução estava em curso, tem por autor um médico que só tardiamente viria a aceitar as doutrinas que dela saíram, como adiante referiremos.

Não há diferenças significativas entre as diferentes farmacopeias enumeradas no que respeita às características da nomenclatura química que usam. Aquilo que as diferencia

---

[6] D. Caetano de Santo António, *Pharmacopea Lusitana, methodo pratico de preparar os medicamentos na forma galenica, com todas as receitas mais usuais* (Coimbra, Off. João Antunes, 1704); *Pharmacopea Lusitana Reformada* (Lisboa, Real Mosteyro de S. Vicente de Fora, 1711).

[7] Joam Vigier, *Pharmacopea Ulyssiponense, Galenica e Chimica que contem os Principios e Termos Gerais de huma e outra Pharmácia* (Lisboa, Pascoal da Sylva, 1716).

[8] Manoel Rodrigues Coelho, *Pharmacopea Tubalense Chemico-Galenica (Lisboa Occi*dental, Off. Antonio de Sousa Sylva, 1735).

[9] Joam Vigier, *Thesouro Apollíneo Galénico, Chimico, Chirurgico* (Lisboa, Off. Miguel Rodrigues, 1745).

[10] António Rodrigues Portugal, *Pharmacopea Portuense* (Porto, Off. de Francisco Mendes Lima, 1766).

[11] Ricardo Mead, *Pharmacopea Mediana,* (Porto, Off. de Francisco Mendes Lima, 1768).

[12] Manoel Joaquim Henriques de Paiva, *Farmacopeia Lisbonense* (Lisboa, Off. de Filipe da Silva e Azevedo, 1785).

é, na generalidade, o número e tipo de medicamentos que apresentam e os métodos práticos que referenciam para os preparar[13].

Por isso, uma análise do teor do dicionário químico-farmacêutico da *Polyanthea Medicinal* de Curvo de Semmedo em que se indicam os significados dos mais comuns nomes com que em diversos idiotismos se pedem os simples medicinais e se referem as operações da Arte química a ter em conta na sua preparação e utilização, dá-nos ideia bastante das características genéricas dessa nomenclatura.

Seguindo e citando abundantemente os mais conhecidos Tratados de Química da época em circulação além fronteiras, nela, a química é apresentada como a arte de abrir ou resolver todos os corpos compostos, purificando-os, para que os remédios que deles se fizerem tenham a maior virtude possível e obrem com a maior eficácia, numa acção toda orientada para o a sua manufactura[14]. Cumprindo este objectivo, à química se confiava a missão de aperfeiçoar ou transmutar os metais menos nobres usados pelos galénicos como remédios e que na natureza se encontram cheios de fezes, em metais mais nobres[15] e a missão de buscar a razão da acção do vinagre como remédio utilíssimo para os que têm modorras, do calor como causa parcial das febres, da causa da acção dos quartanários e da acção dos espíritos fixos e voláteis, do apetite de quem vive no campo, da acção da saliva como primeiro mênstruo fermentativo existente na Natureza, da acção curativa do aço e dos coraes para as Camaras, da preparação do aço sudorífero, da acção do azougue e dos pós de joannes e do mercúrio doce, da fervura da cal virgem em água, da virtude do solimão e do ópio, e também das cousas gordas no estômago.

Defendendo os progressos verificados nos conhecimentos e práticas da química que progressivamente foram abandonando os medicamentos galénicos, nela se faz a apologia da doutrina dos três Princípios de Paracelso o sal, o enxofre e o azougue, sobre os quais se age recorrendo aos diversos graus de Fogo, formado por átomos ácido-nitro-aéreos que andam espalhados pelo ar[16].

O autor reconhece a heterogeneidade do vocabulário usado pelos diversos químicos seus contemporâneos para designarem os melhores e mais eficazes remédios que propõem; e defende a novidade que muitos desses nomes representa em relação aos nomes usados pelos Boticários Galenistas, citando, a título de exemplo, Riverius que preferiu designar por calomelanos o mercúrio doce sublimado, pondo de lado a terminologia de Béguim que o designava Dragão Amansado; ou então, Theophrasto que ao Sal de Caparrosa passou a designar por Gilla; ou Poterius que ao Salitre chamava Sal Ermafrodito e Água seca; ou ainda, Lémery e Van-Helmont que usaram a designação genérica de Archeu para se referirem ao Espírito Vital[17]. Ao reconhecer a heterogeneidade do vocabulário usado pelos químicos seus contemporâneos e para obviar às múltiplas e acrescidas dificuldades inerentes à heterogeneidade duma tal terminologia,

---

[13] Rafael Folch y Andeu, *As Farmacopeias portuguesas* in *Notícias Farmacêuticas*, Coimbra, 10 (3-4), 1943/44, pp. 204-206.

[14] João Curvo Semmedo, *Polyanthea Medicinal, loc. cit.*, Tratado III, cp. I, § 1, p. 693.

[15] *Idem*, Tratado III, cp. I, §§ 3-6, p. 693-694.

[16] *Idem*, Tratado III, cp. I, §§ 10-22, p. 695-697.

[17] *Idem*, Tratado III, cp. III, pp. 733-736.

o autor não se furta ao trabalho de indicar o significado de muitos dos termos que usa e os nomes das diversas operações e utensílios químicos, indicando expressamente para que devem ser usados os diversos remédios cujas virtudes enumera[18].

Ao fazê-lo, o autor justifica e defende as razões dessa heterogeneidade que tem por justíssimas. Citamos: «usam os chymicos destes e de outros nomes semelhantes ou porque são os mais próprios dos seus significados, ou porque não querem que os segredos que lhes custaram incansável estudo, os saibam, às mãos lavadas, os inimigos da chymica, que a abominam em publico e a usam em secreto»; e fazem-no «para se estimarem porque conforme a Platão para que as Artes cresçam e se respeitem devem ocultar-se os segredos delas, ou explicar-se por enigma. E assim o entendeu também Thomas Muffetus o qual diz que nenhuma lei proibe que as cousas grandes se ocultem, ou expliquem debaixo de algum rebuço, para que as não saibam os que as não merecem; imitando nisso os exemplos da natureza, que não cria o ouro à flor da terra, gera o homem na profunda escuridade e clausura do ventre, cria as pérolas e aljofres no profundo dos mares, e ainda lá as encerra e esconde em humas conchas; cobre e esconde o miolo e substância da castanha, não só com huma casca dura, mas o defende com as agudas setas e defensivas armas dos seus espinhos»[19].

2.2. Passando das Farmacopeias para outros Tratados e Manuais que no período pré-revolução científica de Lavoisier, em Portugal do século XVIII, versaram matéria química, merecem referência a *Historologia Médica* de José Rodrigues de Avreu[20], os *Elementos de Chimica e Farmácia* de Manoel Joaquim Henriques de Paiva[21] e as *Instituições ou Elementos de Farmácia* de José Francisco Leal[22]. Publicada entre 1733 e 1752, a obra de J. Rodrigues de Avreu compreende, no dizer do seu autor, «as instituições químicas do sistema do engenhoso e famigerado George Ernesto Stahl, doutrina do presente, nascida na Prússia, mas com tantos créditos já em toda a Europa»[23] A obra de Manoel J. Henriques de Paiva «a primeira Obra de Chimica que – no dizer de seu autor – em nossa lingoagem sáhe à luz»[24], é na sua maior parte uma tradução do Manual de Scopol, um dos Manuais adoptados no ensino da Química na Universidade Reformada pelo Marquês de Pombal antes da adopção do sistema de Lavoisier. Por sua vez, a obra de J. Francisco Leal, publicada já ao tempo em que estava consumada a revolução química de Lavoisier, é uma adaptação do Manual de Baumé. Estas três obras representam bem a química flogística ensinada, defendida e difundida no nosso país, focando as suas mais significativas orientações. A terminologia química que usam

---

[18] *Idem,* Tratado III, cp. III, 734-735; Cp. IV, pp. 736-756.

[19] *Idem,* Trat. III, cp. III, &10, p. 736.

[20] Joseph Rodrigues de Avreu, *Historologia Médica*: Tom. I (Lisboa Occidental, Off. da Musica, 1733); Tom. II, Pt. I (Lisboa Occidental, Off. de António de Sousa da Sylva, 1739); Tom. II, Pt. II (Lisboa, Off. Francisco da Sylva, 1745); Tom. II, Pt. III (Lisboa, Off. Francisco da Silva, 1752).

[21] Manoel Joaquim Henriques de Paiva, *Elementos de Chimica e Farmácia* (Lisboa, Real Academia das Sciencias, 1783).

[22] José Francisco Leal, *Instituições ou Elementos de Farmácia* (Lisboa, Off. de António Gomes, 1792).

[23] Joseph Rodrigues de Avreu, *op. cit.*, Tom. I, Prefácio.

[24] Manoel Joaquim Henriques de Paiva, *op. cit.*, Dedicatória.

é, a par e passo, a terminologia dos originais estrangeiros que importaram para uso no nosso país, a maior parte dos grandes químicos da época, nomeadamente, Venel (1723-1775), Bergman (1735-1784), Louis Lémery (1677-1743), Guyton de Morveau (1737-1816), Pierre-Joseph Macquer, Antoine Baumé (1728-1804), Fourcroy (1755-1809), Priestley (1733-1804). Na primeira metade do século XVIII, com escola feita, talvez só Boerhaave (1668-1738), Professor de Medicina, Botânica e Química em Leiden, se tenha mantido à margem da teoria flogista de Stahl, embora as suas ideias se conformem facilmente com o esquema geral da mesma. A grande batalha de Lavoisier por uma nova química foi travada precisamente contra a teoria do flogisto. E não foi uma batalha fácil. Mesmo alguns dos seus mais chegados colaboradores só acabariam por abandoná-la já muito depois de Lavoisier ter proclamado que havia vencido. Priestley, por exemplo, acabaria por morrer sem nunca dela ter abdicado.

Conceptualmente cativante, a teoria do flogisto não desenvolveu para si qualquer sistema de nomenclatura química peculiar. Generalizaram-se os termos relacionados com a possível natureza e identificação do flogisto, como se generalizou o uso das Tabelas de afinidades, muitas delas com terminologia específica, mas as características gerais da terminologia química que vinha do anterior manteve-se.

2.3. Evitando desnecessárias repetições, aqui referiremos, por isso, apenas a terminologia química da *Historologia Médica* de J. Rodrigues de Avreu[25].

No que respeita à terminologia química que usa, importa folhear os livros dois e três do Tom. I onde J. Rodrigues de Avreu, a propósito do corpo humano, se refere à composição dos corpos; e os oito livros da primeira parte do Tom. II, onde são apresentados os remédios a usar para tentar restabelecer a saúde perdida, nos diferentes e variados tipos de enfermidade.

Conformando-se cegamente com as Instituições químicas de Stahl, o autor descreve o corpo humano como uma pulquérrima fábrica onde a Natureza ou Calido Innato é a Alma Racional[26]. Os elementos desse corpo, como de qualquer corpo em geral, são três: a Água, o Pinguedo (ou Óleo) e a Terra. A Terra é muito ténue e facilmente se resolve em Água, à qual se une. A Alma Racional é o Agente vital que actuando sobre esses Principios lhes dá vida, o agente responsável pela circulação das diversas partes do sangue, a lympha, o soro e demais humores, o Espírito elaborado no coração e convertido no cérebro em «succo nervoso».

Por sua vez, na primeira parte do Tom. II, na descrição dos remédios a aplicar para restituir aos enfermos a saúde perdida, deparamo-nos com a história e qualidade dos vomitórios preparados com vegetais (a água escorcineira, o extracto de Losna, o extracto de Therical, a essência de Eleboro, o cypo, a cebola Albarran, a graciola ou gratia Dei, a sempre noiva vermicular, etc.), lado a lado com os vomitórios de antimónio, mercúrio e vitríolo (o antimónio detonado, o mercúrio precipitado branco, o ouro da vida de Keglero, os cristais da lua, etc.); a história e qualidade dos laxantes (a norça branca, a

---

[25] Joseph Rodrigues de Avreu, *Historologia Médica*: Tom. I (Lisboa Occidental, Off. da Musica, 1733); Tom. II, Pt. I (Lisboa Occidental, Off. de António de Sousa da Sylva, 1739); Tom. II, Pt. II (Lisboa, Off. Francisco da Sylva, 1745); Tom. II, Pt. III (Lisboa, Off. Francisco da Silva, 1752).

[26] *Idem*, Tom. I, Liv. II, Summario, pp. 200-202.

canafístola, os hermodactylos, etc.); a história e qualidade dos alviducos diaforéticos e sudatórios (a angelica, a anthora, a bistorta, o unicórnio fóssil e o verdadeiro, o veado succinado ou sal de Alambre, etc.); a história e qualidade dos diuréticos (toda uma variedade de raízes e também as flores de Bellis e de Plínio, a virgem aurea, etc); e ainda a história e qualidade dos errhinos e esternutatórios e outros expectorantes, bem como dos engrossantes, dos excitantes e dos remédios específicos para alguns tipos particulares de doenças, os simpatéticos, os arqueais ou os mumiais, onde se contam, entre muitos outros, o benjoim, uma goma índica, os rós ou sponsa solis, o millefólio para as hemorróides e cólicas intestinais, etc...[27]

3. A nomenclatura química da escola de Lavoisier

3.1. Nas décadas de setenta e oitenta do século dezoito, Lavoisier reformolou toda a química relativa à combustão dos corpos, baseando-se na acção do oxigénio. Ao fazê-lo refutou arduamente toda a doutrina química baseada na acção do flogisto. A reformulação foi tão vasta que ele próprio a considerou uma verdadeira «revolução química».No processamento desta «revolução, Lavoisier estabeleceu definitivamente a composição do ar atmosférico e a composição da água, pondo em causa a teoria dos quatro elementos, Terra, Ar, Fogo e Água. Em lugar destes, foram tidos como substâncias elementares outras, em número muito maior. Lavoisier viria a elaborar uma Tabela de substâncias simples onde, em vez desses quatro elementos encontramos trinta e três, distribuídas por quatro classes[28].

Na Suécia, Lineu levara a cabo uma sistematização da nomenclatura para a Botânica que fora muito bem aceite pela comunidade científica Pela mesma altura, em França, fazia-se sentir cada vez mais a influência do abade Étienne de Condillac (1715-1780) que no seu *Traité des Systèmes* (1749) e, sobretudo, no seu tratado *La Lógique ou Premiers Dévelopments de l'Art de Penser*, editado em 1781 onde afirmava a necessidade da importância duma linguagem simples e sistemática para o bom desenvolvimento e prática de qualquer ciência. As palavras perpetuam os erros e preconceitos e daí que a linguagem não seja apenas expressão do pensamento, mas também instrumento da sua produção.

Arrastado por esta filosofia de Condillac e desejoso de se ver liberto do emaranhado da terminologia que então reinava no domínio da química, Lavoisier sentiu claramente que não podia ser bem sucedido na implementação da nova ciência química se não conseguisse dotá-la de uma nova nomenclatura, substituindo a simbologia alquímica e o marasmo da terminologia espagírica por uma linguagem racional e sistemática em que houvesse uma relação biunívoca entre os nomes usados e as coisas a que se referiam. Com Guyton de Morveau, Claude L.Berthollet e François de Fourcroy preparou um conjunto de comunicações sobre o assunto que foram apresentadas à Académie Royale

---

[27] *Idem,* Tom. II, Pt. I, Livs. III-IV.

[28] Antoine L. Lavoisier, *Traité Élémentaire de Chimie* (Paris, Chez Cuchet Lib.,1789), p. 140.

des Sciences de Paris, na forma de *Mémoires*, em Abril e Maio de 1787, depois reunidas num só volume, com o título *Méthode de Nomenclature Chimique*[29].

A nova nomenclatura química que propunha baseava-se, essencialmente em dois princípios: o papel fundamental atribuído ao oxigénio na formação de ácidos e sais e a constituição binária dos nomes subjacentes ao carácter dualístico da composição dos sais inorgânicos. Construída sobre uma linguagem clara e simples, rigorosa e precisa – «as denominações devem ser, tanto quanto possível, em conformidade com a natureza das coisas» – a nova nomenclatura sobreviveu, às novas teorias e às novas descobertas e foi-se adaptando bem a umas e a outras. Objecto de variadas revisões e reformas, ela é ainda hoje, a base das denominações usadas pela ciência química. Lavoisier e seus colaboradores não tiveram grandes dificuldades em impor a nova nomenclatura química que propunham, não obstante algumas resistências iniciais.

3.2. Em Portugal, foi na Universidade de Coimbra reformada pelo Marquês de Pombal que as doutrinas de Lavoisier encontraram os primeiros adeptos.

Dos primeiros graduados do novo Curso de Filosofia contratados para a docência do mesmo curso e que deixaram, por seus escritos, testemunho público sobre a química que defenderam e praticaram, destacam-se os nomes de Manoel Joaquim Henriques de Paiva (1752-1829), Thomé Rodrigues Sobral (1759-1829) e Vicente Coelho de Seabra (1764-1804).

Ainda estudante de Medicina na Universidade de Coimbra, Manoel Joaquim Henriques de Paiva iniciou funções de demonstrador de Química e de História Natural, de Maio de 1773 até 1777, data em que deixou a Universidade de Coimbra, e foi viver para Lisboa, onde exerceu como Médico da Corte e sempre manteve intensa actividade no domínio da química. Encarregado da regência da cadeira de Farmácia na Casa Pia de Lisboa; leccionou Química e História Natural no Laboratório de Francisco José Aguiar; e foi Redactor Principal do *Jornal Encyclopédico*. No âmbito da sua vasta actividade como químico, publicou os já mencionados *Elementos de Química e Farmácia* (1783), a *Farmacopeia Lisbonense* (1785), e, usando os elementos extraídos e adaptados por José Francisco Leal.da obra de Baumé, as *Instituições ou Elementos de Farmácia* (1792) e ainda várias *Memórias de História Natural, de Química, Agricultura, Artes e Medicina*, lidas na *Academia Real das Sciencias de Lisboa* (1790). Em todas estas suas obras, M. J. Henriques de Paiva não só não seguiu as novas teorias, como as atacou e criticou severamente, aqui e ali, como o provam algumas notas e recensões críticas que fez no *Jornal Encyclopédico*. A linguagem química que usa é por inteiro a linguagem da química flogística que exemplificámos com o teor da *Historologia Médica* de J. Rodrigues de Avreu. Só tardiamente, M. J. Henriques de Paiva aderiu à química de Lavoisier, quando, já nos inícios do século XIX se deixou conquistar pela obra de Fourcroy que traduziu de francês para português, em repetidas edições[30].

[29] *Méthode de Nomenclature Chimique, proposée par M. M. de Morveau, Lavoisier, Berthollet & de Fourcro. On y a join un nouveau système de caractères chimiques, adaptés à cette nomenclature par M. M. Hassenfratz e Adet* (Paris, Chez Cuchet, Lib., 1787).

[30] Sobre a vida académica de Manoel Joaquim Henriques de Paiva e a sua obra veja-se: O. Carneiro Guiffoni, *Presença de Manoel Joaquim Henriques de Paiva na Medicina Luso-Brasileira do século XVIII* (S.

Em particular, os seus *Elementos de Química e Farmácia* foram objecto de forte crítica por parte de Francisco Raimundo Xavier da Costa (?-1794) que sobre eles escreveu um grosso volume, em que ao longo de dez capítulos e quase quatrocentas páginas escalpela não só os muitos erros que considera neles contidos, como a orientação seguida, as explicações doutrinais apresentadas e a terminologia usada[31].

Bem diferente da posição de Manoel Joaquim Henriques de Paiva é a posição de Thomé Rodrigues Sobral e Vicente Coelho da Silva Seabra Telles, também eles dos primeiros discipulos de Vandelli, formados pela nova Faculdade de Filosofia da Universidade de Coimbra que nela assumiram funções de docência química. Contratados para o exercício destas funções quando terminaram a sua graduação, nelas serviram até à morte, sucedendo na cátedra a Domingos Vandelli, quando este se jubilou, em 1791: o Doutor Thomé Rodrigues Sobral, que fora antes demonstrador de Historia Natural e substituto extraordinário de Física, como lente de Chymica e Metalurgia e Director do Laboratorio Chymico; o ainda bacharel Vicente Coelho da Silva Seabra, como demonstrador da mesma cadeira[32].

O alinhamento de Thomé Rodrigues Sobral ao lado dessas novas teorias ressalta claro do Prefácio que escreveu para o *Tratado das Affinidades Chimicas, artigo que no Diccionário de Chimica, fazendo parte da Encyclopédia por ordem de matérias, deu Mr. Morveau,* que ele próprio traduziu e a Real Imprensa da Universidade publicou em 1793; e foi explícitamente testemunhado por Link com base nos contactos pessoais que com ele manteve ao longo de 1797-1799. Os longos escritos químicos que publicou no *Jornal de Coimbra* ao longo das duas primeiras décadas do século XIX apontam no mesmo sentido, e impuseram-no então como o mais distinto e autorizado químico português da época[33].

A tradução da nomenclatura química por ele elaborada a que se refere Link só viria a ser apreciada pela Congregação da Faculdade de Filosofia a 29 de Julho de 1824, embora Rodrigues Sobral, se refira a ela, em 1816, como estando pronta para ser publicada brevemente. Quanto ao Manual de Química que tinha em preparação sabe-se que o seu texto foi apresentado na Congregação da Faculdade de Filosofia de 31 de Julho de 1794, tendo sido nomeado seu censor Manuel José Barjona, e que foi aprovado até ao parágrafo 243, na Congregação da mesma Faculdade havida a 22 de Abril de 1795. Não se conhecem, todavia, quaisquer exemplares que tenham sido impressos; o próprio Thomé Rodrigues Sobral diz que todas as suas casas de habitação que possuia nos arredores da cidade, na Quinta da Cheira, foram, por retaliação, queimadas pelos invasores franceses, incluindo a sua preciosa biblioteca, não escapando

Paulo, Brasil, 1954); Mário da Costa Roque, *Manuel Joaquim Henriques de Paiva, estudante coimbrão* in *Arquivo de Bibliografia Portuguesa,* vol. 115 (1969), pp. 59-60; A. M. Amorim da Costa, João Rui Pita e J. P. Sousa Dias, *Manoel Joaquim Henriques de Paiva e a difusão das novas doutrinas e práticas de química e farmácia em Portugal,* (Segóvia , Congresso Louis Proust, 1992).

[31] Francisco Raimundo Xavier da Costa, *Apologia Crítico-Chimica e Pharmaceutica ao Primeiro Tomo da Obra intitulada: Elementos de Chimica e Farmárcia que há pouco deu à luz Manoel Joaquim Henriques de Paiva, Medico* (Lisboa, Off. Part. Francisco Luiz Ameno, 1786), Prólogo.

[32] Carta Régia de 24 de Janeiro de 1791.

[33] José Feliciano de Castilho, *Jornal de Coimbra*, 7 (1814), pp. 296-7.

ao incêndio um só volume, incluindo os seus preciosos manuscritos e especialmente o seu compêndio de química[34].

De Vicente Seabra se deve dizer que foi ele quem primeiro usou extensa e sistematicamente a nova nomenclatura de Lavoisier em português, pelo que é justo considerá-lo como o seu verdadeiro introdutor na lingua portuguesa, como o considerou Jacinto da Costa na *Pharmacopea Naval e Castrense*, em 1819[35].

Nomeado Demonstrador de Química e graduado gratuitamente no grau de Doutor da Faculdade de Filosofia, Vicente de Seabra publicou, na Real Impressão da Universidade, em 1787, uma *Dissertação sobre a Fermentação em Geral, e suas Espécies*[36], o primeiro escrito em português em que se defende a decomposição da água «em gaz inflamável, e ar puro, ou oxigénio» de acordo com as teses sustentadas por Lavoisier. Nesse mesmo ano apresentou na Congregação da Faculdade de Filosofia de 21 de Dezembro, para aprovação, o texto de um Manual de química, «offerecido à Sociedade Litterária do Rio de Janeiro para uso do seu Curso de Chimica», com o título *Elementos de Chímica*[37], cujo primeiro volume seria publicado no ano seguinte, e o segundo, em 1790.

Ao abrir da segunda parte do primeiro volume, Seabra refere que para se poder estudar e entender com facilidade a História Natural, «foi preciso que o grande *Linneo* e outros fizessem huma nomenclatura scientifica, e propria desta Sciencia» e que com muita mais razão se tornou necessário fazer o mesmo na química, «Sciencia muito mais extensa, do que aquella, pois trata de examinar todas as combinações possíveis dos corpos huns com os outros»; «se não houver nomes scientíficos, que indiquem por si mesmos os componentes dos corpos, o estudo da chimica será difficíllimo, e a vida do homem muito curta para decorar nomes insignificativos, que longe de ajudarem a nossa fraca memoria a enfraquecem cada vez mais»; « a estes incovenientes ao progresso remediram os célebres *Morveau, Lavoisier, Berthollet, Fourcroy , Hassenfratz e Adet* com sua nova nomenclatura chimica». Porque «a nenhum sensato deixará de agradar semelhante terminologia», a «adoptamos, não levados da novidade, como alguns julgarão, mas persuadidos da sua utilidade real, e a accommodamos do modo possível ao idiotismo da nossa Lingoagem, da Latina, e Francesa, de sorte que se evitasse qualquer confusão, que podesse haver na mesma adopção»[38].

Em 1790, Vicente de Seabra abre o Segundo volume do seu Manual com duas citações e uma Advertência. As citações são do *Methode de Nomenclature Chimique* de Lavoisier e colaboradores e do *Traité des Systèmes* de Condillac, ambas elas para

---

[34] *Vid.*, por exemplo, observações em roda-pé em Thomé Rodrigues Sobral, *Oratio pro Solemni Studiorum annuaque de more instauratione* in *Jornal de Coimbra*, VII (1814), Pt. II, pp. 83-84; *Idem, Sobre os Trabalhos em grande que no Laboratório Chimico da Universidade poderão praticar-se* in *Jornal de Coimbra*, vol. IX (1816), Pt. I, p. 305.

[35] Jacinto da Costa, *Pharmacopea Naval e Castrense*, 2 vols. (Lisboa, Impressão Régia, 1819), p. VI.

[36] Vicente Coelho de Seabra, *Dissertação sobre a Fermentação em Geral, e suas Espécies* (Coimbra, Real Impressão da Universidade, 1787).

[37] Vicente Coelho de Seabra, *Elementos de Chimica* (Coimbra, Real Officina da Universidade: Volume I - 1788; vol. II - 1790).

[38] *Idem*, vol I. Part. II, pp. 55-56.

deixar claro que é impossível isolar a Nomenclatura da Ciência e a Ciência da Nomenclatura. Na Advertência faz profissão de fé no uso da nomenclatura moderna pelas razões que referiu no primeiro volume, remetendo os leitores expressamente para o citado *Methode de Nomenclature Chimique*, o *Traité Élémentaire de Chimie* que Lavoisier piblicara no ano anterior, e para o *Prefácio da Nova Enciclopédia Metódica* em que Bergmann enaltece também a nova Nomenclatura e reprova a antiga, citando Morveau. E conclui esta Advertência dizendo: «com tudo, para evitar confusões, não uzo de palavras, que lhe não ajunte os seus synonymos antigos; nesta classe (a Classe II dos compostos químicos, os Corpos combustíveis, de que trata o volume em apresentação) porém porevitar confusões uso somente dos termos novos, quando estes já estão explicados na primeira Classe (a Classe I dos compostos químicos, os corpos incombustíveis, tratada no primeiro volume); e indo-se ao índice geral ver-se-á onde estão os seus synonimos»[39].

O uso, enaltecimento, defesa e utilização que Vicente de Seabra fez da nova nomenclatura química de Lavoisier culminariam com uma sua publicação, em 1801, com o título *Nomenclatura Chimica Portugueza, Franceza e Latina a que se junta o systema de Characteres Chimicos Adaptados a Esta Nomenclatura por Haffenfratz e Adet*[40]. Trata-se, usando as palavras do autor, duma sinonimia portuguesa, por ordem alfabética, dos compostos químicos conhecidos, acrescida da sinonimia francesa, e latina e, também, da sinonimia antiga. Na introdução, refere tratar-se da linguagem química que «toda a Europa tem já adoptado, uma linguagem analítica, única admissível nas Sciencias, e única apropriada para sua mais fácil intelligencia, e adiantamento». Já por toda a Europa, as Nações iluminadas a tinham adoptado; os Portugueses não deveriam ser excepção, «convencidos, como as outras nações, da sua bondade». Embora, com alguma adversidade e, sobretudo, com alguma irregularidade na etimologia que muitos adoptavam, pois uns seguiam a etimologia e desinência francesas, e outros a etimologia e desinência latinas, e outros, ainda, insdistintamente, uma ou outra, pelo que continuava a verificar-se nos escritos portugueses uma certa irregularidade, que facilmente se tornava fonte de confusão e não servia a uniformidade e exactidão que se pretendia nesta matéria, tornando-se antes lesiva da sua elegância e beleza, podendo torná-la monstruosa, escura e inútil para o seu fim. Não obstante, tornou-se rapidamente adoptada pela maioria dos químicos portugueses. E para obviar às discordâncias reinantes, o próprio Vicente Seabra se deu ao trabalho de apresentar. E, quadro sinóptico de fácil comparação, «a Synonimia Portugueza, e a Synonimia Franceza, e os Diccionarios Portuguez- Francez, Portuguez-Latino e François-Portugais», seguindo geralmente a etimologia latina e a desinência portuguesa «não somente porque o nosso idioma tem mais analogia com ella, como porque a dicção latina he hoje geralmente seguida em todas as obras chimicas e phisicas»[41].

---

[39] *Idem*, vol, II, pgs. iniciais, não numeradas.

[40] Vicente de Seabra, *Nomenclatura Chimica Portugueza, Franceza e Latina a que se junta o systema de Characteres Chimicos Adaptados a Esta Nomenclatura por Haffenfratz e Adet* (Lisboa, Typographia Chalcographica, Typoplástica e Litterária do Arco do Cego, 1801).

[41] *Idem*, Introdução, pp. I-II.

O uso das doutrinas e da nomenclatura de Lavoisier valeu a Vicente de Seabra várias críticas. Assim, no mesmo número em que noticiava a tradução espanhola do *Methode de Nomenclature Chimique*, sem qualquer juizo de valor[42], o *Jornal Encyclopédico*, de Junho de 1788, na secção dedicada a Bibliografia, fazia a recensão da *Dissertação sobre a Fermentação em geral, e suas Espécies*, em termos pouco elogiosos. Referido o conteúdo da *Dissertação* em apreço, refere o autor da recensão: «em toda esta Dissertação não encontramos nada de novo, e ousamos afirmar que he quasi huma mera tradução, ou resumo do que sobre o assumpto diz *Mr Fourcroy*». Mesmo assim, o autor da recensão recomenda a leitura da Obra, pelas coisas interessantes que contém, e sobretudo pelas experiências, que trás acerca do Ether, feitas pelo author com muito cuidado e tino; as quaes fazem esperar que poderá algum dia dar à luz composições mais perfeitas e vir a ser com o tempo, assídua applicação e repetidas experiências, hum excellente químico». Mas critica duramente a terminologia que a Obra utiliza: «assim ele se esmerasse mais na adopção dos termos, e não introduzisse em tão pequena obra tantos vocábulos bárbaros, como por exemplo, *acidez, acidificante, averdongada, alongada, cretosos, estrias, filamentos, glúten, imiscível, lactênscia, lactescente, mucosidade, putrefacção, pútrida, retrogredir, robur, ficidez, tartaroso e outros muitos»*[42].

As críticas havidas não foram suficientes para obstar a que a nova terminologia química de Lavoisier se afirmasse e vingasse muito rapidamente na prática, ensino e estudo da química em Portugal, embora se tenham continuado a registar divergências várias sobre alguns dos termos propostos, ao longo das primeiras décadas do século XIX.

Em 1816, Thomé Rodrigues Sobral num trabalho *«Sobre os Trabalhos em grande que no Laboratório Chimico da Universidade poderão praticar-se»*[43] ao apresentar o Catálogo dum grande número de produtos químicos, nomeados de acordo com a nomenclatura química de Lavoisier e ordenados por ordem alfabética que poderiam servir para a sua necessária programação, em nota de rodapé, a propósito de alguns dos produtos desse Catálogo, deixa-nos advinhar as querelas que continuavam a propósito de certos nomes.

Assim, ao referir-se aos «acetato d'alumina, ou aluminoso», ao acetato d'ammonia, ou acetato ammonial» e ao «acetato de baryta, ou barityco» faz notar que «este modo de exprimir por substantivo ou adjectivo qualquer sal he arbitrário; e he ordinariamente só a eufonia que regula a escolha. Estes três exemplos bastão por todos». E, um pouco mais adiante, ao referir a «ammonia caustica» faz notar: «hoje preferiremos a denominação *ammonia* e *ammoniaes* às de ammoniaca e ammoniacaes que se davam ao alcale volátil e suas combinações[44].

Todavia, o confessado propósito de Sobral e a necessidade que teve de elaborar nessa altura, a sua própria Memória sobre a nomenclatura química a usar, depois da racionalização que dela fizera Lavoisier, essa Memória a que nos referimos já, mostra-nos claramente que havia um esforço enorme entre os mais influentes químicos portugueses de então em impor, aperfeiçoar e utilizar a nova nomenclatura, deixando de vez aquela que haviam usado iatroquímicos e flogistas que na sua falta de sistematização

---

[42] *Jornal Encyclopédico*, Lisboa, Junho 1788, pp. 244-245.

[43] Thomé Rodrigues Sobral, *Sobre os Trabalhos em grande que no Laboratório Chimico da Universidade poderão praticar-se* in *Jornal de Coimbra*, vol. IX (1816), Pt. I, pp. 293-312.

[44] *Idem*, p. 299.

tornava dificílimo o estudo da extensa matéria da ciência química pelo filósofo nela interessado, com «um tempo de vida por demais curto para decorar tantos e tantos nomes insignificativos»

Isabel Malaquias*, Emília Vaz Gomes*, Ermelinda R. Antunes**, Décio Martins**

*Departamento de Física, Universidade de Aveiro, Portugal
**Departamento de Física, Universidade de Coimbra, Portugal

ROTAS DE CONHECIMENTO CIENTÍFICO NO PORTUGAL DE OITOCENTOS
ESCOLAS E INSTITUIÇÕES

Introdução

O presente artigo debruça-se sobre os anos de 1850 a 1870 e, em particular, sobre o desenvolvimento das actividades de ensino e investigação, em Física, na Escola Politécnica de Lisboa e na Universidade de Coimbra, pretendendo evidenciar o papel de viagens científicas efectuadas por alguns dos seus professores e a participação dos respectivos Observatórios Meteorológicos e Magnéticos em redes internacionais de observação.

Escola Politécnica de Lisboa

Durante este período a Escola Politécnica de Lisboa enviou em viagens científicas ao estrangeiro um dos seus professores de Física, Fradesso da Silveira, e também um dos seus maquinistas, José Maurício. Fradesso da Silveira saiu nos anos de 1852 e 1853. Após esta última viagem iniciou-se a construção de um mirante, destinado à execução de observações meteorológicas. O mesmo encontrava-se operacional em 1854 tendo--se iniciado, desde então, as observações, uma vez que a Escola Politécnica já possuía instrumentos de meteorologia no seu Gabinete de Física. Os quadros resumidos das observações tinham começado a ser publicados em 1853.

José Maurício, por seu lado, aproveitando a realização da Exposição Universal de 1855 em Paris, foi incumbido de analisar e comprar diferentes instrumentos de Física para a Escola Politécnica. Os instrumentos que adquiriu, vieram possibilitar as observações meteorológicas, de acordo com padrões estabelecidos internacionalmente e iniciar a aferição de outros exteriores ao Observatório. Alguns dos instrumentos aferidos faziam parte do acervo náutico de embarcações portuguesas deste 1854 e destinavam-se ao serviço meteorológico marítimo.

O estabelecimento de uma rede nacional de postos meteorológicos requeria também cuidados de aferição, regulamentados por instruções elaboradas por Guilherme Pegado em 1856. No ano seguinte Portugal aderiu à *Göttingen Magnetischer Verein*, iniciando uma nova fase de colaboração científica internacional. Desde 1833, Gauss e Weber tinham desenvolvido esforços no sentido da criação de uma rede internacional de observações magnéticas, alargada em 1840 com a colaboração da liga britânica, *Magnetic Crusade* e, em 1843, com a participação da rede de Lamont. A visita deste último a Portugal, no verão de 1857, facilitou a entrada portuguesa neste intercâmbio. No seguimento desta visita, encomendou-se um magnetómetro unifilar de Gauss, a Thomas Jones, com quem se trocaram várias missivas sobre as características do instrumento a adoptar.

Universidade de Coimbra

O substituto de Física da Faculdade de Filosofia, Matias de Carvalho foi comissionado pela Faculdade, em Dezembro de 1857, para aperfeiçoar os seus conhecimentos de Física e Química. Do seu plano de trabalhos constavam quatro partes: *a) Machinas a vapor, Photographia, Electro-magnetismo, Telegraphia electrica, Motores electro-magneticos; b) Métodos de ensino; c) Funcionamento dos gabinetes científicos e das fabricas industriais onde se fizessem aplicações directas de Física e Química e d) Magnetismo terrestre.*

Matias de Carvalho iniciou a sua viagem científica visitando observatórios meteorológicos e magnéticos de Greenwich e Bruxelas, onde procurou inteirar-se das características dos espaços de observação, bem como dos métodos e operação dos instrumentos. Realizou observações magnéticas durante o eclipse solar de 1858, visível em Bruxelas, tendo usado os instrumentos do observatório de Quetelet. Da sua viagem resultaram contactos com diversos cientistas e instituições científicas; compra de aparelhos e trocas institucionais de livros e jornais científicos. Num dos seus relatórios, fez a exortação ao estabelecimento de um observatório meteorológico e magnético na Universidade de Coimbra.

A possibilidade de observação de um eclipse solar em Espanha, no ano de 1860, motivou a participação de uma equipa portuguesa, de que faziam parte elementos da Escola Politécnica de Lisboa e da Universidade de Coimbra[1], tendo-se estabelecido um plano comum para o registo de parâmetros meteorológicos e magnéticos durante a ocorrência do eclipse. Na sequência destas observações, a comissão portuguesa visitou os principais estabelecimentos físico-matemáticos de Espanha, estreitando as colaborações estabelecidas. A comissão portuguesa prosseguiu o plano de visitas a outros observatórios estrangeiros, dividindo-se de acordo com interesses de trabalho mais específicos[2]. Em Paris, puderam usufruir dos contactos estabelecidos anteriormente por Matias de Carvalho.

---

[1] Do Observatório Meteorológico e Magnético da Escola Politécnica de Lisboa, participou o observador João Carlos de Brito Capelo e da Universidade de Coimbra, o professor de Física, Jacinto António de Sousa, e o professor de Matemática e director do Observatório Astronómico, Rodrigo de Sousa Pinto.

[2] Jacinto António de Sousa visitou os Observatórios Meteorológicos e Magnéticos de Espanha, França, Bélgica e Inglaterra, Brito Capelo deslocou-se aos Observatórios Meteorológicos e Magnéticos de Madrid, Paris e Londres e Sousa Pinto, aos Observatórios Astronómicos de Madrid, Paris e Londres.

Repercussões das viagens científicas

Como repercussões destas viagens, adquiriram-se numerosos instrumentos cuja chegada foi ocorrendo em tempos distintos a Lisboa e a Coimbra. Em 1861, Fradesso da Silveira requereu dinheiro para a aquisição dos instrumentos magnéticos registadores e, no ano lectivo de 1861-62, este professor afirmava que os alunos de Física Experimental e Matemática deveriam completar os seus estudos com aulas práticas no observatório.

Na viagem que efectuou em 1862, Brito Capelo deslocou-se aos observatórios de Paris e Londres, com o objectivo de examinar e adquirir novos instrumentos meteorológicos e magnéticos, bem como exercitar-se na prática de observações. Os instrumentos registadores[3], entretanto encomendados, chegaram a Lisboa no início de 1863, começando, os magnéticos, a funcionar em Julho desse ano (declinação e componentes vertical e horizontal da força magnética terrestre). O barógrafo e o psicógrafo começaram a funcionar apenas em 1864. Brito Capelo tornou a deslocar-se a Inglaterra em 1865, desta vez para assistir ao Congresso da British Association for the Advancement of Science (BAAS), que ocorria em Birmingham. Brito Capelo desenvolveu um trabalho conjunto com Balfour Stewart comparando uma curva magnética registada em Kew com uma de Lisboa, trabalho que foi publicado nos *Proceedings da Royal Society*. O desenvolvimento deste trabalho implicou a troca de várias cartas entre ambos. Nesta década o Observatório Meteorológico e Magnético da Escola Politécnica, nesta década, trocou também correspondência com algumas personagens de renome, como Mascart, Buys-Ballot, etc.

Em 1864 iniciou-se a publicação, num volume específico denominado *Annaes*, das observações de Brito Capelo realizadas desde 1856. Foram ainda publicados três artigos seus nos *Proceedings da Royal Society* de Londres (1868, 1869 e 1876).

Em 1873, o Observatório da Escola Politécnica recebeu uma medalha de mérito na Exibição Universal de Viena. Fradesso da Silveira foi comissário nesta exposição e participou no congresso de meteorologia que veio estabelecer normas para as observações nesta área. O Observatório da Escola Politécnica foi ainda galardoado, com uma medalha de primeira classe no congresso internacional das ciências geográficas que decorreu em Paris, em 1875.

Em 1860, Jacinto António de Sousa, da Universidade de Coimbra, deslocou-se propositadamente aos observatórios de Paris, Greenwich e Kew com o objectivo de estudar a arquitectura dos edifícios onde estavam instalados os observatórios, inteirar-se dos novos métodos experimentais e comparar instrumentos, tendo concluído que o observatório de Kew apresentava as melhores condições, destacando-se pela investigação desenvolvida. O mesmo estabeleceu contactos com Balfour Stewart, director do observatório de Kew, e com Edward Sabine, presidente da Royal Society. Por conselho destes, optou por encomendar instrumentos idênticos aos utilizados no observatório de Kew. Foi possível, deste modo, adquirir instrumentos com os últimos aperfeiçoamentos conhecidos.

---

[3] Da encomenda constavam magnetómetros, tipo Kew, um barógrafo e um psicógrafo de registo fotográfico de Ronalds, aperfeiçoados por Salleron.

No ano seguinte, Jacinto António de Sousa deslocou-se novamente a Kew para se inteirar sobre a melhor forma de instalar em Coimbra um observatório e de operar os diferentes instrumentos. Procedeu também à verificação dos que foram encomendados sob supervisão de Balfour Stewart, informando-se também sobre particularidades de outros instrumentos aí existentes.

Estas viagens tiveram uma ampla influência no ensino da Física Experimental na Faculdade de Filosofia. Encontravam-se agora fortes fundamentos para a concretização de um antigo projecto de reorganização do organograma curricular. Assim, em 1861, estabeleceu-se o desdobramento daquela disciplina, passando a ser leccionada em duas cadeiras anuais, o que possibilitou um maior aprofundamento dos temas leccionados, principalmente no âmbito dos «imponderáveis» – i.e., electricidade e magnetismo, luz e calor. Na sequência deste desdobramento, o livro de texto escolhido passou a ser o que Jamin utilizava na École Polytechnique de Paris, de que a 1ª edição data de 1858/9. Esta reorganização do programa foi acompanhada da actualização de metodologias de ensino, com a aquisição dos mais modernos instrumentos científicos, encomendados aos mais reputados fabricantes europeus. Foram também melhorados os espaços destinados ao ensino experimental; assim, por exemplo, em Julho de 1861 procedeu-se à instalação de uma rede eléctrica no Gabinete de Física. Os novos instrumentos de física começaram a chegar em 1863. Jacinto António de Sousa introduziu ainda a realização de trabalhos experimentais em grupo pelos alunos. Assumiu também, neste período, a supervisão da construção do observatório meteorológico e magnético, que ficou completo em 1864, data a partir da qual se iniciaram as observações tanto meteorológicas como magnéticas. Em Agosto de 1864, encomendaram-se instrumentos para o mesmo observatório[4]

No ano seguinte, Santos Viegas, também professor de Física na Universidade de Coimbra, visitou a exposição internacional que decorreu no Porto, com o objectivo de adquirir instrumentos para o Gabinete de Física. Neste certame, também alguns instrumentalistas de renome, como Rumkhorff, apresentaram as últimas novidades de física experimental. Nesta exposição esteve presente Fradesso da Silveira, da Escola Politécnica, que elaborou um relatório relativo a esta visita.

Santos Viegas iniciou, em Dezembro 1866, uma outra viagem científica a diversos países europeus para estudar a organização do ensino das ciências nas universidades e escolas mais conceituadas, analisar as instalações e funcionamento dos gabinetes científicos e fábricas que se dedicassem a aplicações da ciência. Esteve praticamente um ano em Paris, tendo assistido a todos os cursos de Física ali existentes quer a nível superior quer a nível de popularização científica. Pôde assim contactar com novidades metodológicas e experimentais que procurou trazer para Portugal. Simultaneamente travou conhecimento com instrumentalistas parisienses, tendo praticado técnicas e manuseamento de novidades instrumentais sob sua supervisão. Como consequência, ao gabinete de Física de Coimbra, chegou uma grande quantidade de instrumentos, de

---

[4] Em Agosto de 1864, encomendaram-se para Londres os seguintes instrumentos: um baro-psicrógrafo, um anemógrafo de Beckley, um electrógrafo de Thomson e um catetómetro, para o barómetro de Welsh.

entre os quais os de projecção ou adaptados a apresentações para grandes audiências, de que são exemplo alguns galvanómetros. Foi feita uma grande actualização instrumental, principalmente no electromagnetismo, por exemplo com a máquina de Holtz e a bobina de Rumkhorff e na área da acústica, com a compra de uma significativa colecção a Rudolf König. Numa das suas visitas a Paris, Santos Viegas chegou mesmo ser convidado para participar numa reunião científica na própria casa de König, na qual estiveram presentes vários físicos de renome, entre os quais William Thomson (Lord Kelvin).

Até final da década de 1860, o gabinete de Física usufruiu de actualizações, registando-se a remodelação das suas instalações, adequando-as à utilização de gás, electricidade e água canalizada. A evolução do Gabinete sofreu a influência directa do existente na Sorbonne, que Santos Viegas considerava ser o gabinete mais bem equipado de toda a Europa.

Em 1867, iniciaram-se os registos com os magnetógrafos do Observatório de Coimbra e a transmissão de dados, por meio do telégrafo, com o Observatório de Lisboa.

Santos Viegas voltou a deslocar-se ao exterior, procurando obter uma formação em técnicas de espectroscopia que lhe permitisse a realização de observações actualizadas do eclipse solar de 1870, que seria visível no sul de Portugal. Para este efeito, estagiou algum tempo com o conceituado astrónomo Ângelo Secchi, em Itália.

Em conclusão, pode afirmar-se que existiu participação portuguesa nas rotas do conhecimento científico, no período escolhido – 1850 a 1870, permitindo sucessivas aquisições de instrumentos que conduziram à melhoria e actualização do ensino da Física, ao estabelecimento e participação continuada dos observatórios meteorológicos e magnéticos de Lisboa e Coimbra, bem como a iniciação a actividades de investigação científica no âmbito das redes europeias estabelecidas nesta área.

REFERÊNCIAS

Isabel Malaquias, Emília Vaz Gomes, Décio Martins (2005) «The Genesis of geomagnetic observatories in Portugal», *Earth Sciences History* in press.

J. Almeida, Isabel Malaquias, (2004) «Some acoustic instruments as a modern influence in 19th century Portugal», *Abstracts Science in Europe/Europe in Science: 1500-2000*, Gewina-ESHS, Maastricht, The Netherlands, 3.

Emília Vaz Gomes, Isabel Malaquias, (2003) «Contributos oitocentistas na institucionalização da Meteorologia em Portugal», [XIXth century contributes to the institutionalisation of Meteorology in Portugal], *Proceedings of the 3rd Symposium of Meteorology and Geophysics of the APMG and 4th Luso-Spanish Meeting of Meteorology*, 13-18, ISBN: 972-992 76-0-x.

I. Malaquias, E. Vaz Gomes, E. Ramos Antunes, D. Martins, (2003) «O ensino da Física no século XIX e o recurso didáctico a novos instrumentos de comunicação». In (eds.) Quintanilla, Miguel Angel, Encabo, Jesús Vega, *Actas Congreso Internacional La ciencia ante el público - Cultura humanista y desarrollo científico-tecnológico*, Instituto universitario de Estudios de la Ciencia y la Tecnologia, Salamanca, 257-271, ISBN: 84-688-2676-6.

J. Almeida, I. Malaquias (2003) «Communicating concepts through some ancient instruments concerned with acoustics». In (eds.) Quintanilla, Miguel Angel, Encabo, Jesús Vega, *Actas Congreso Internacional La ciencia ante el público - Cultura humanista y desarrollo científico-tecnológico*, Instituto Universitario de Estudios de la Ciencia y la Tecnologia, Salamanca, 17-32, ISBN: 84-688-2676-6.

Yolanda Lazo e Martha Mendoza

Universidad Autónoma Metropolitana, Facultad de Filosofía y Letras, UNAM, México

LA ENSEÑANZA DE LAS MATEMÁTICAS EN LA NUEVA ESPAÑA: COMPARACIÓN ENTRE LA REAL Y PONTIFICIA UNIVERSIDAD Y EL COLEGIO DE MINERÍA

La cátedra de astrología y matemáticas de la Real y Pontificia Universidad de México se privilegió de haber contado con profesores quienes no permanecieron al margen de las diferentes corrientes provenientes de las reformas borbónicas como protagonistas de este cambio mencionaremos a diversos criollos novo hispanos, quienes se desenvolvieron tanto dentro del espacio universitario como en los campos de la astronomía. Lo anterior se exhibe en los libros y manuscritos que llegan a nuestras manos y en el contenido de los exámenes de oposición que sustentaron con el propósito de obtener la titularidad de la cátedra.

El Colegio de Minería abrió sus puertas en el año de 1792, derivación del esfuerzo de uno de los catedráticos de la Real Universidad, la cual llamaríamos hoy una escuela alternativa, con programas y planes de estudio diferentes a los del arraigo oficial y religioso. La Corona apoyo el proyecto, como parte de las innovaciones que les permitían entrar en el mundo de la ilustración defendiendo la supremacía del estado sobre la iglesia, asociado a que los minerales eran elemento clave para la economía del virreinato. Las matemáticas, jugaron un papel central, indispensables para concebir la física y la química, se distinguieron por su ramificación temática, los textos estuvieron a la altura de las universidades europeas. Se contó con laboratorios y modernos instrumentos de medición y de aplicación práctica, consiguiendo ser el primero en América en cuanto a la difusión institucionalizada de la ciencia moderna.

Cinco décadas después de la caída del mas grande imperio de América en 1553 se fundó la Real Universidad. En 1637 a petición de un grupo de alumnos encabezados por Fray Diego Rodríguez lograron la creación de la cátedra de astrología y matemáticas asignatura indispensable para los estudiantes de medicina dado que les proporcionaba las percepciones de la influencia de los astros con las correspondencias de los órganos del cuerpo con los signos del zodiaco. Diego Rodríguez, fue un personaje destacado en el campo de las ciencias exactas, al igual que sucedió con los pensadores del viejo mundo, vivió la coyuntura entre las creencias tradicionales y las de corte moderno de esta manera durante los 31 años que estuvo al frente de la cátedra muy probablemente conoció a de *Revolutionibus Orbium Coelestium* de Nicolas Copernico, ya que los planes de estudio de la cátedra lo incluían, al igual que algunas universidades europeas, específicamente la Universidad de Salamanca en España; sin embargo estos estatutos también aconsejaban leer las ortodoxas concepciones del *Almagesto* de Ptolomeo (siglo II d.c.),

Este personaje calculo las condiciones en que ocurriría un eclipse en 1641 basándose en el *novae motuum ephemerides Brand*, del alemán David Origanus publicadas 1609, obra que se apoyo en otras que usaban las tablas astronómicas de Copernico[1], aunque los movimientos planetarios seguían el modelo de Tycho Brahe, calculo por primera vez, la longitud de la ciudad de México, en 5 horas 45 minutos 50 segundos, o sea 101 grados 27 minutos y 30 segundos al occidente de París. Medición que fue mas precisa que la calculada por el Barón de Humboldt, 165 años después y corregida hasta el siglo XIX. Lego seis obras manuscritas y un impreso, tres de matemáticas, dos de astronomía y una sobre construcción de aparatos científicos.

Carlos de Sigüenza y Góngora (1645-1700), fue una de las figuras científicas sobresalientes del virreinato, profesor durante 22 anos de la cátedra de astrología y matemáticas en la Real y Pontificia Universidad. Su conocido texto *La libra astronómica y filosophica*, (1690) testifica científicamente en la aparición en la bóveda celeste de un brillante cometa ocurrido entre noviembre de 1680 a marzo de 1681, dichos fenómenos ancestralmente había sido interpretados como mensajeros de nefastos maleficios. Sigüenza en su empeño por proporcionar una versión mas racional de los hechos se hace acreedor al merito de haber sido el primero en expresar el acontecimiento como un fenómeno natural.

El Dr. Marco Antonio Moreno Corral, hace un análisis riguroso del texto explica que desde el punto de vista astronómico es el mas completo publicado en tierras mexicanas durante el siglo XVII, que su lenguaje se estima científico y cuenta con valores de modernidad en los saberes de la ciencia moderna.[2]

La finalidad del escrito fue rebatir aseveraciones del jesuita Eusebio Kino, quien publico un libro *Exposición astronómica del Cometa*, argumentando que la aparición del cometa provocaría influencias maléficas sobre los seres humanos presagiando calamidades especialmente para los países europeos del norte, conclusión debida a la inclinación del follaje de su cauda.

Añade Moreno Corral, que Don Carlos describe la trayectoria del cometa en la bóveda celeste, basando sus observaciones con un buen sextante fabricado en Bruselas y un telescopio refractor de precisión que contaba con una retícula filar, dispositivo mecánico que le permitió medir desplazamientos angulares muy pequeños del mismo; el manejo apropiado de estos aparatos y el rigor de sus cálculos permitieron establecer con exactitud su trayectoria, teniendo como características principales que su cola tenia 10 grados de longitud, (veinte veces el diámetro lunar), posteriormente el 30 de diciembre alcanzo su máxima extensión con dimensiones de mas de 65 grados, lo que implicaría que cualquier espectador interesado pudo haber visto que la cauda se extendía por mas de un tercio de la bóveda celeste.

Otros datos significativos que consigna con precisión fueron la velocidad, dirección, tipo de movimiento directo y orbita parabólica; además de descubrir que la

---

[1] Moreno Corral, Marco Arturo, Berron Mena, Tannia, *.Siguenza y Góngora: un científico de transición* Quipu, Revista Latinoamericana de Historia de las ciencias y de la Tecnología, Vol. 13, un. 2, mayo-agosto de 2000, México, D. F., ps 161-173.

[2] Ibidem *op., cit.*

forma de la cauda no fue rectilínea y estuvo constituida por dos colas, esta riqueza de información que Siguenza recopilo, permite hoy en día trazar la trayectoria y dimensiones de este objeto esplendoroso. La observación provoco valiosas discusiones entre personaje de la talla de Halley, Flamsteed y Newton, Ese ultimo en su obra mas importante *Philosopia naturalis principia matemática*, hace cálculos para determinar la trayectoria de cualquier cometa, concluyendo en un principio que el cometa estudiado por Siguenza presentaba dos colas diferentes, posteriormente al calcular sus orbitas matemáticamente, se percato que se trataba de un solo cuerpo, tal como Siguenza lo había señalado; desafortunadamente el novohispano Siguenza no conoció las teoría newtonianas; no obstante, desde el principio de sus observaciones se percato de que se trataba de un solo cometa. Nuestro personaje puso a disposición de los matemáticos europeos sus datos, desgraciadamente no llegaron oportunamente a Newton, de haber acaecido, con certeza este gran científico las habría aprovechado.

El merito que hoy en día consideraríamos como colateral es que nuestro personaje además de haberle rebatido a Kino, catedrático europeo sus versiones de tipo mágico aristotélicas, demostró científicamente el fenómeno cósmico, sin lugar a dudas hizo buen uso del acervo bibliográfico que poseyó presumía de contar con *«la mejor y mayor librería de aquellas ciencias y esta facultad que jamás ha habido en la Nueva España»*, en el apéndice de su libro se citan 221 títulos y/o autores, de los cuales 89 son considerados como científicos. Las herramientas matemáticas fueron los *Elementos* de Euclides aplicando uno de los teoremas para medir las dimensiones de la cauda, refiere el *Curso Matemático* de Juan Caramuel, a quien menciona como amigo, aplica sus logaritmos, usa de Juan de Zaragoza, *La Esfera Celeste*.

José Ignacio Bartolache (1739-1790), es considerado otro personaje excepcional, sus publicaciones bastante acreditadas, el *Mercurio Volante* y el folleto de Las *Lecciones Matemáticas*, único de una serie frustrada que intentó publicar, en él expone con rigor el método matemático, sigue a Descartes, propone la duda y aconseja ante todo la experimentación. En el transcurso de ocho años, fue profesor de la cátedra de matemáticas y astrología en la Real Universidad, sustituto a Velásquez durante ocho períodos distintos, en su ausencia por el viaje a Baja California, lo suplantó durante dos años,

Otra de las figuras ejemplares en la historia de la ciencia en nuestro país fue, sin duda, Velásquez de León, su grado de actualización se comprueba con la participación que tuvo en 1769 con la expedición de científicos europeos con fin de estudiar el conocido viaje al sur de la península de California del tránsito venusino por el disco solar. Dr. Moreno Corral explica al respecto que los tránsitos venusinos y de mercurio no pueden ser predichos ni explicados correctamente sin basarse en la teoría heliocéntrica. En 1691 Edmund Halley señaló en los *Philosophical Transactions* publicados por la Royal Society de Londres que los eventos referidos podrían utilizarse para determinar el valor de la paralaje solar, ángulo bajo el que un observador hipotético posicionado en el centro del sol, podría ver el diámetro terrestre, de tal manera que al conocer este valor, sería trivial calcular la distancia absoluta que separa la tierra del sol.[3]

Es importante mencionar que la observación de dicho tránsito requería el ser partidario del modelo heliocéntrico desarrollado por Nicolás Copérnico, que, a su

---

[3] Ver: Moreno Corral, Marco Arturo, *La Participación mexicana en el estudio de los tránsitos venusinos*, Instituto de Astronomía, UNAM, Campus Ensenada, México.

vez, exigía el soporte teórico aportado por Johannes Kepler. Como se anotó esas concepciones y teorías necesariamente tenían que haber sido ampliamente conocidos por todos los observadores del evento referido, inclusive Velásquez de León.

Velásquez en la ciudad de México, fijó con la participación de los matemáticos Ignacio Bartolache y León y Gama, la latitud de la ciudad de México en 19 grados 25 minutos 58 segundos, de latitud norte y 6h. 46 min. 55 seg. al oeste de Paris; resultando ser la medición más exacta del siglo XVIII, los datos de la longitud fueron 278 grados 15 minutos al Este del meridiano que pasa por la Isla del Fierro. Para ello usó los instrumentos que había heredado de la expedición europea Datos publicados en las *Observaciones para determinar la longitud del valle de México*.

En 1764, el profesor Juan Gregorio Castro y Martínez renunció a la cátedra de astrología y matemáticas para el caso, la selección se llevaba a cabo mediante un examen de oposición, frente a La Real Junta quien era encargada de asignar los votos a los concursantes, los temas eran seleccionados del libro de la *Esfera de Juan de Sacrobosco,* el participante contaba con las siguientes 24 horas para preparar el examen que habría de disertar en una hora medido con una ampolleta o reloj de arena, dos de los coopositores contaban con el derecho de cuestionar los argumentos del expositor. [4]

Durante el siglo XVII bastaba la exposición oral como requisito para elegir al expectante profesor, en el siglo XVIII, se estipuló que cada concursante se obligaba a entregar cinco horas después de la disertación verbal, una pequeña tesis escrita con las conclusiones del tema expuesto al jurado.[5]

Joaquín Velásquez de León bajo los reglamentos expuestos, concurso para la titularidad de la cátedra, el tema seccionado al azar fue el asentado en el capítulo siete, del libro uno de la *Esfera* «terrum esse centrum mundi», o sea «La Tierra como el Centro del Mundo». El texto sostiene que este planeta tiene un figura plana, con dos divisiones, el agua en la parte inferior y el firmamento en la parte superior.

El día 5 de diciembre de 1764, a las ocho de la mañana, Velásquez de León disertó en el Palacio Arzobispal, en presencia del virrey de la Nueva España y de la Real Junta integrada tanto por eclesiásticos de la más alta investidura, como por autoridades superiores de la Universidad Pontificia, quienes aun respetaban el protocolo de estas solemnes ceremonias, mezclando rituales religiosos con administración y selección de profesores.

La traducción de la tesis escrita donde plasmó sus conclusiones es la siguiente:

Aunque moderar a nuestros autores, sobre la inmovilidad de la Tierra y decir es ésta el centro del universo, desde los presagios, casi es evitar a las demás teorías astronómicas y es una teoría incompleta, sin embargo, la siguen los terráqueos, para explicar esta vida, y si nuestro tiempo al estudiar los astros celestes es calculado, y no haciendo decir que es juzgado. Nosotros buscamos, como el sistema del universo, no es tan absoluto al aplicarse por donde se pueda concebir los fenómenos de manera convincente en este escrito creemos con gusto lograr anular hasta aquí y tratar de cambiar ese sistema filosófico por el pitagórico, además de restaurar el de Copérnico. El sistema copernicano si acaso se atreve a admitir una hipótesis, que es observacionable

---

[4] A.G.N., Constituciones Palafoxianas, constitución LXXIX, f. 95 v., Ramo universidad v 91, f. 585 v.

[5] A.G.N., Universidad, v. 91, f. 585v

y puede ayudar a las teorías astronómicas de una manera perfecta y satisfactoriamente explicar el cosmos.[6]

Seguramente la exposición oral ante un jurado calificado fue acorde con la tesis escrita. Ante lo descrito anteriormente, surgen varios cuestionamientos como los siguientes; ¿sería Velásquez de León un excelente orador?, ¿contaría con una gran capacidad de persuasión?, ¿estarían los integrantes del Claustro Universitario convencidos de las nuevas teorías?, ¿los eclesiásticos aceptaban las nuevas concepciones del universo propagadas por Nicolás Copérnico?, ¿por qué las leyes universitarias conservadoras y obsoletas no se modificaron? En Velásquez de León confluyó otro agravante: era un abogado que sostenía y pretendía convencerlos de las concepciones modernas del universo, cuando la ley estipulaba que fuera medico el profesor de la cátedra.

Posiblemente una de las respuestas -aunque parciales-, sea el hecho que de modificarse los reglamentos de la universidad, al aceptar oficialmente los avances propios de las concepciones de la ciencia moderna, implicaba pérdida de poder para los integrantes del Claustro. Velásquez de León tuvo la visión de crear otra escuela, el Colegio de Minería, posiblemente pensando en la institucionalización de la ciencia moderna, con apoyo de la corona fue nombrado director general, pero lamentablemente muere en la Ciudad de México en 1786.

En 1777, los déspotas ilustrados propiciaron una serie de innovaciones ; se creo el Real Colegio Patriótico de Bergara en España, esta mención obedece a que el Colegio de Minería estuvo muy identificado a este instituto, fue copia fiel de su conducción y organización .

Conviene referir como algo de suma importancia que los planes y programas de estudio propuestos por Velásquez de León en 1778 fueron respetados íntegramente por el nuevo director del Real Colegio, Fausto de Elhuyar; no así los elementos de la planta docente, ejemplo de ello es que el matemático León y Gama quien había sido designado por Velásquez de León para impartir las clases de aerometría y pirotecnia, al tomar posesión, sustituyó a los profesores novohispanos por un grupo de peninsulares, de quienes aportaremos detalles de su formación. Fausto de Elhúyar y Zubice, estudió química en París con Rouelle (quien fue profesor de Lavoisier); en compañía de su hermano, se prepararon en metalurgia y métodos de minería en los famosos centros mineros de Europa. Fausto de Elhúyar y Andrés del Río hicieron el aislamiento y descubrimiento del wolframio (tungteno) y del vanadio, nuevos elementos, hechos que les dio un gran prestigio.

El químico Andrés del Río explico la cátedra de mineralogía, estudió cuatro años en París en el College de France, después pasó a Freiberg y a Schemnitz teniendo como condiscípulos a Elhúyar, Humboldt y Linder; su formación la complemento en Inglaterra, Escocia y Francia. En 1797 redactó en español el libro de texto, *Elementos de Orictognosia*, en 1804 tradujo del alemán las *Tablas mineralógicas* de Kasrsten.

En 1793 se nombró a Francisco Bataller, exprofesor del Colegio de San Isidro de Madrid para el curso de física, las matemáticas era indispensable haberlas aprobado. El libro de texto fue el del astrónomo contemporáneo Sigaund de la Fond, en donde se registraban las teorías de newton, sin embargo, no se contaba con libros de física

---

[6] La responsabilidad de la traducción es de quien escribe

aplicada a la minería, Elhúyar acordó con Bataller que lo redactara, se tituló *Principios de Física Matemática y Experimental*, incluyo: propiedades de los cuerpos, mecánica de los sólidos, hidrodinámica y óptica. La clase de química, debería aprenderse después de haber acreditado las matemáticas y la física, el primer curso inició en 1797, teniendo como profesor al director del Seminario, Fausto de Elhuyar.[7]

Desde su apertura la finalidad de la instrucción en el Seminario tuvo una inclinación practica experimental, Se adquirió un gabinete de física bien equipado, con máquinas, hornos e instrumental, además de un laboratorio químico, una colección geológica clasificada según el sistema Werner y otro para minerales, según Humboldt *estos hechos dan idea del ardor con que se ha abrazado el estudio de las ciencias exactas en la capital de la Nueva España, al cual se dedican con mucho empeño.*[8]

El profesor de matemáticas fue el capitán Andrés José Rodríguez, asignado directamente por Real Orden en 1788, se entiende que había estudiado matemáticas en Madrid y conocía bien las minas de Almaden.

Las diferentes ramas de las matemática fue el objetivo de enseñanza primordial en el colegio, El artículo primero de los estatutos estipula sobre su enseñanza el siguiente plan de estudios:

Primer año: Las matemáticas puras, que comprenderán, aritmética, álgebra, geometría, trigonometría.

Segundo año: Geometría apropiada a las operaciones propias usuales de la minería (incluyendo la geometría subterránea), dinámica hidrodinámica.

Tercer año Chimia reducida al reino animal (caracteres exteriores y análisis de los minerales) y la metalurgia o tratado de los diversos métodos y operaciones que se benefician generalmente los minerales.

Cuarto año: Física subterránea o teoría de las montanas con introducción al laboreo de las minas, reconocimiento del terreno, excavación subterránea y extracción de los frutos.

Era obligatorio que los futuros peritos facultativos pasaran dos años en las minas próximas a la capital, para que se ejercitaran.

Desde el año 1797, el cálculo diferencial y el integral quedaron junto con la geometría práctica (medidas de las minas) y la trigonometría esférica formando parte del segundo curso de matemáticas, así lo muestran las disertaciones de los actos públicos. En julio1802 se propone al Tribunal incorporarlo institucionalmente.

La bibliografía utilizada en la cátedra de matemáticas fue abundante existen diversos evidencias de su riqueza. En 1799, el profesor y bibliotecario Mariano Fernández de Castro, catalogó los libros de la biblioteca, aunque el inventario fue parcial, por esos rastros sabemos que existieron más de cien títulos diferentes que tratan temas de matemáticas.[9]

El director del Colegio considero que el texto más apropiado para la cátedra eran los *Elementos de Matemáticas* de Benito Bails (1730-1797), editados en España, el permiso

---

[7] AHPM ML91B, 1806, f. 193-4 Ver Aceves, Mendoza op. cit. p. 26

[8] AHPM , doc. 1791-III-50-d29, f 38

[9] AHPM caja 100, doc. 23 (1799) *catálogo de los libros existentes en la biblioteca*, 2 de abril de 1799, elaborado por Mariano Fernández

para reimprimirlo fue otorgado después de algunas transacciones encubiertas. Entre tanto se adopto como primer texto *Los elementos de aritmética, álgebra y geometría* de Juan Justo García (1730-1797), complementado con *Los Elementos de matemáticas* de Lemeaur las *Tablas logarítmicas* de Gardiner y los indispensables E*lementos de Euclides.*[10]

El texto es considerado como el trabajo matemático enciclopédico en castellano más importante del siglo XVIII, expone en forma didáctica la teoría con sus últimos adelantos en la física y la astronomía. Introduce por vez primera el calculo infinitesimal y la geometría analítica. Entre los autores que lo fundamentan se encuentran Bernoulli, Cramer, Euclides, Newton, Euler y Lagrange. Los tres primeros tomos estuvieron impresos 1772, la colección de diez salió al publico en 1779, esta ultima trata los elementos de aritmética, geometría y trigonometría, álgebra, las cónicas, cálculo infinitesimal y ecuaciones diferenciales; dinámica, hidrodinámica, óptica, elementos de astronomía física, arquitectura civil e hidráulica y tablas de logaritmos. En el primer tomo dedicado a la astronomía, se habla del sistema del mundo y con precauciones se expone a Copérnico. En España sirvió de texto en numerosos centros todos los matemáticos que se formaron en el siglo XVIII lo estudiaron, fue el libro por excelencia del Seminario de Bergara, El Real Seminario de los Nobles, la Escuela de Almadén, la Universidad de Salamanca y en la Academia de San Carlos en la Nueva España. Dada su importancia tuvo una vigencia entre treinta y cuarenta años, fue reeditados en varias ocasiones hasta principios del siglo XIX. En el Colegio de Minería se utilizo hasta 1819. Parece ser que Bails parafrasea en su obra *Cours de mathematique* a Etienne Bezout (1730-1783), texto que era el equivalente en las universidades francesas.[11]

El análisis expuesto obtenido en fuentes muy diversas tales como manuscritos, tesis, publicaciones periódicas, libros y archivos, permite comentar que la Real y Pontificia Universidad permaneció cerrada a la aceptación de las nuevas teorías. No obstante, como se ha mostrado desde el siglo XVII existieron en la Nueva España profesores de la cátedra de astronomía y matemáticas que mostraron en sus escritos los conocimientos revolucionarios de vanguardia. Posiblemente las autoridades del claustro universitario al poner fin a las concepciones aristotélicas y tolemáticas temían perder su dominio.

El Real Seminario de Minería se convirtió en el instituto de transmisión más importante de la red científica novohispana. El gran merito fue ser pionero en América en la difusión institucionalizada de la ciencia moderna, privilegio que mantuvo por mas de cincuenta anos.

Consiguiendo ser el primero en América en cuanto a la. Liderazgo que habría de mantener en los primeros cincuenta años de vida independiente de la nación mexicana, peculiaridades que permitieron que los gremios inclusive los de la salud asistieran a sus cátedras.

[10] Joaquín, Izquierdo, *La primera casa de las ciencias en México,* México, 1958, editorial Ciencia, p. 50.

[11] G. Boulingand. A une etape decisive l'álgebra . L'ouvre scientifique d'Etienne Bezout. RGS,55 (1948), 121-123

João Batista Alves dos Reis

Centro Universitário de Caratinga – UNEC – Caratinga – Minas Gerais, Brasil

ROTAS E TRILHAS DOS LABORATÓRIOS
AO CONCEITO DE DIAMAGNETISMO NO SÉCULO XIX

Introdução

«As anomalias de polaridade» em cristais de bismuto foram observadas por Anthony Brugmans, nos idos de 1778, tornam-se por vários anos do século XIX na *Royal Institution*, o foco principal de estudos e experimentos sobre polaridade paramagnética e diamagnética.[1]

Para Michael Faraday (1791-1867), estudioso britânico, essas anomalias, eram deflexões reversas de polaridade geradas por disposição anômala nas linhas de força magnéticas. Processo semelhante à repulsão ocorrida entre pólos iguais de magnetos comuns. Denominou esse comportamento, a princípio de *diamagnetismo*, pois apesar das linhas de força fluírem sobre esses corpos, essa ação, não definia o estado magnético usual do ferro ou da pedra-ímã (loadstone).

O estudioso britânico, em 2 de Fevereiro de 1846, adicionou na série XXI de 22 de Dezembro de 1845 do *Experimental Researches in Electricity* (ERE), que as observações da ação de magnetos sobre metais e seus compostos haviam sido relatadas, desde 1778, por Anthony Brugmans – *Antonii Brugmans Magnetismus seu de affinitatibus magneticis observationes magneticae*. Lugd. Batav. 1778, parágrafo 41.

Segue na mesma nota referências de publicações: no *Bulletin Universel* de 1827 e de 1828, citando os ensaios de M. de le Baillif «*Repulsion of a Magnet by Bismuth and Antimony*» [1827], de Saigey «*Magnetism of certain natural combinations of Iron and on the mutual repulsions of Bodies in general*», e ainda os trabalhos teóricos de Seebeck «Magnetic Polarity of different Metals, Alloys and Oxides»

---

[1] Entre 1845 a 1850, Michael Faraday concluía um conceito de extraordinária relevância como ferramenta teórica sobre a estrutura da matéria nas interfaces conceituais entre física e química. Normalmente, uma larga classe de substâncias avaliadas experimentalmente com uma taxa muito pequena de susceptibilidade magnética, foi denominada de substância diamagnética. Em cada um desses materiais, a direcção da magnetização era oposta à direcção do campo induzido. As substâncias paramagnéticas caracterizam-se por seus domínios magnéticos serem atraídos do mesmo modo que os ferromagnéticos, mas com intensidade mais fraca.

Ainda conforme Michael Faraday, o efeito das «anomalias de polaridade» em gases e chamas de gases, foi observado pela primeira vez por P. Bancalari e, retratado num artigo publicado pelo professor Zantedeschi, em 1847, na Itália. A pedido de Faraday em carta enviada ao Esquire Richard Taylor, então editor, foi publicado também na Inglaterra no *Philosophical Magazine*.

Distintos conceitos, *a priori*, seriam discutidos por vários contemporâneos de Faraday nesse assunto, bem como intensos debates surgiriam das pressuposições aqui citadas pelo estudioso britânico em relação à divisão do sistema magnético em substâncias para e diamagnéticas.

Para o estudioso britânico, estava sendo definida uma «nova condição magnética», ou melhor, uma «nova força magnética» ou ainda uma «ação da matéria diamagnética». Todavia, foi a partir dos experimentos sobre a polarização da luz envolvendo, principalmente, cristais diamagnéticos e gases diamagnéticos, que Michael Faraday estruturou afinal a sua teoria sobre a matéria diamagnética conjugando-a à indução eletromagnética.

Portanto, a busca de um modelo de unificação das forças da natureza, parece ter norteado os estudos de Faraday sobre o diamagnetismo, como uma unidade padrão de convertibilidade da matéria magnética.

As estruturas teórico-experimentais analisadas e relatadas no ERE e no Diário de Laboratório de Faraday, sugerem, que a teoria fundamental do magnetismo estava fundamentada em quatro pilares cujos argumentos básicos eram; a condição da condução nas linhas de força um conceito relacionado às idéias de campo, a convertibilidade pela indução o magnetismo converte-se em eletricidade, a convertibilidade da matéria magnética relacionada às altas temperaturas, teoricamente todos os materiais nessas condições convertem-se em «um estado diamagnético».

Os experimentos com cristais diamagnéticos: uma definição da rota conceptual do diamagnetiemo

Michael Faraday descreveu, após vários experimentos com diferentes substâncias paramagnéticas e diamagnéticas, que o torque ou momento da força magnética agia sobre essas substâncias através de dois estágios de equilíbrio. Esses, dependiam dos arranjos da estrutura química em questão, ou seja, a rotação em alguns desses corpos era diferente entre os intervalos de instabilidade - no inicio do experimento - e de estabilidade no decorrer do experimento.

O efeito da torção do momento se dava a partir de uma força que causava várias rotações, um efeito interessante, pois ocorria diferentemente para cada corpo em razão da estrutura molecular. Essas especificidades, dos efeitos de torção, foram observadas no antimônio, no estanho, no bismuto e, em várias espécies de metais e vidros metálicos. O efeito observado nessas substâncias, foi executado tendo em vista o uso de uma mesma intensidade padrão de força magnética ordinária para cada experimento.

Citando o eminente pesquisador da *Royal Institution*:

[...] Estimulado por tais sentimentos, estive engajado com Plücker, Weber, Reich e outros, no empenho de compreender, com algum grau de precisão, o modo da ação de um diamagnético bem como dos corpos «magnetocristálicos» ; [...] e no empenho para confirmar a idéia de polaridade do bismuto e dos corpos diamagnéticos, a [direção] reversa [tomada] por eles em [relação] aos magnetos, [...] foi um dos primeiros resultados dessa convicção e desejo. [...].[2]

Em novembro de 1847, Plücker ainda informaria a Faraday, que havia descoberto que os pólos magnéticos eram centros de uma nova força interagindo com os eixos ópticos dos cristais e que essa nova força diminuía mais rapidamente com a distância do que pela intensidade menor das forças tanto magnéticas quanto diamagnéticas.

Plücker tentava demonstrar que um corpo poderia comportar-se ao mesmo tempo como magnético ou diamagnético, dependendo apenas da distância em relação ao magneto. No entanto, para Faraday o comportamento dos diamagnéticos era extremamente discreto e «mascarado» por resíduos magnéticos das linhas de força, exibindo ações e efeitos indesejáveis. Argumentava que tais aspectos eram de ordem estrutural que:

[...] um corpo magnético tende dos lugares de ação magnética mais fraca para os de forte ação e um corpo diamagnético sob as mesmas condições dos lugares de ação magnética forte para lugares de fraca ação. [...].[3]

A luz polarizada comportava-se quanto à condutividade de forma muito parecida com a observada nos corpos diamagnéticos, ou seja, concentrava-se também numa posição de menor energia no campo magnético. Tanto a luz como o efeito diamagnético seriam «poderes», todavia sutis peculiaridades os diferenciavam.

A rotação do raio de luz mudaria somente se a polaridade do eletromagneto fosse mudada e, nesse caso, o poder da rotação da luz polarizada seria diretamente proporcional à intensidade da força magnética.

Faraday argumentava que não era a polaridade dos magnetos nem a ação dos dielétricos, e sim as linhas de força e as diversas peculiaridades do raio de luz, que definiam os principais aspectos desse efeito.

[...] Minha visão de polaridade está fundamentada na característica tomada por ela mesma em direção às forças, [...] quando um condutor elétrico se move em uma mesma direção perto ou entre corpos age magneticamente sobre si mesmo ou entre eles, há uma corrente constante produzida, a polaridade magnética é a mesma; se o movimento ou a corrente forem invertidas, a polaridade magnética é indicada. A indicação é na verdade ou para o exterior ou para o interior dos corpos magnéticos sempre que a corrente é produzida, e depende do desconhecido mas essencial caráter dual ou antitético natural das forças a qual chamamos magnetismo.[...].[4]

---

[2] Michael Fraday, *Experimental Researches in Electricity*, p. 523, vide também, página 538, parágrafo 2310.

[3] *Ibid.*, p. 594, parágrafo 2789.

[4] *Ibid.*, p. 740-741, parágrafos 3307, 3308 e 3309.

Tais aspectos complementavam as afirmações anteriores de Faraday sobre a questão dos corpos magnéticos, quando submetidos a grandes mudanças de temperatura, reterem sua porção magnética numa espécie de «estado diamagnético»:

> [...] Os metais que são magnéticos retêm uma porção de seu poder após grandes mudanças de temperatura, sendo afetados no que poderíamos chamar de «seu estado diamagnético»; mas os outros metais, tais como bismuto, estanho, &c., não apresentam sequer traços desse poder, no entanto não estavam na condição de aquecimento que o ferro, níquel ou cobalto [...] durante a mesma situação eles são atraídos axialmente e noutras repelidos equatorialmente. [...].[5]

Assim, para o eminente pesquisador britânico, as forças elétrica e magnética não só exerceriam forças de polarização, como também de despolarização da luz. Indubitavelmente, esses aspectos, continham uma influência especial que deveria ocorrer também sobre as demais formas de forças, tais como: nos agentes radiantes, o calor, e a força química.[6]

Conclusão

Ainda, no século XIX, deve-se salientar os trabalhos de Emil Lenz, Williams Thomson, Wilhelm Weber, Julius Plücker, Henry Becquerel e de John Tyndall. Entretanto, foram a partir das mensurações quantitativas de susceptibilidade magnética nos cristais paramagnéticos. Assim, o efeito diamagnético retorna ao cenário de novos estudos.

A idéia do diamagnetismo, no século XX, foi desenvolvida através dos trabalhos de Paul Langevin, principalmente, os oriundos do conceito de proporcionalidade da ação diamagnética nos campos moleculares serem intrínsecos à magnetização, confirmada por Pierre Weiss (1907).

Em 1920, Wolfgang Pauli obtinha através da fórmula de Langevin um valor negativo para a susceptibilidade magnética, estudando o diamagnetismo das substâncias ionizadas.

O «efeito Zeeman normal» de Pieter Zeeman observado experimentalmente por John Hasbrouch van Vleck, em relação à susceptibilidade magnética molecular, era definido pelo gradiente menor ou maior do estado de energia, concernente, ao momento magnético orbital obtido nos estados fundamental e excitado.

Confirmava-se, então, a influência da condição molecular e convertibilidade do momento magnético, do grau de susceptibilidade magnética para conceituar os corpos diamagnéticos, conforme Faraday já havia predito em suas obras publicadas no século XIX.

---

[5] *Ibid.*, p. 528 parágrafo 2348.
[6] *Ibid.*, p. 514

Em 1920, através das medidas residuais das substâncias diamagnéticas ionizadas, Wolgang Pauli determinou uma unidade fundamental do momento magnético de um elétron.

Em 1933, Walther Meissner e R. Oschenfeld observam que supercondutores expulsavam todo o fluxo magnético do seu interior, ou seja, os supercondutores se comportavam como um material perfeitamente diamagnético. Divulga-se que os corpos diamagnéticos tinham características semelhantes ao comportamento dos materiais supercondutores.

Durante a segunda metade do século xx, as pesquisas magnéticas, paramagnéticas e diamagnéticas, expandir-se-iam à modelagem ao uso de sensores de dipolos de correntes equivalentes para a despolarização dos órgãos biológicos monitorados, gerando campos magnéticos.

O uso de medidores de susceptibilidade magnética para quantificar substâncias ferromagnéticas ou diamagnéticas, por exemplo, a quantidade de átomos de ferro contido no sangue, essa medida, proporciona investigar os campos magnéticos gerados pelo próprio organismo ou os estímulos de ações externas.

Assim como, a captação e a medição de campos magnéticos e ruídos nas faixas de amplitudes e freqüências baixas. Configuram-se imagens bem nítidas das características anatômicas de órgãos biológicos principalmente as particularidades essenciais à preservação da vida.

Órgãos tais como, o coração (adulto e fetal), por exemplo, pela despolarização do átrio a partir do nódulo sino-atrial, bem como o trato gastrointestinal, o cérebro (adulto e fetal), o fígado, e o pulmão. Atualmente, existem mais de 50 grupos de pesquisa em biomagnetismo, sendo quatro deles no Brasil.

REFERÊNCIAS BIBLIOGRÁFICAS

BERKSON, W. *Las teorías de los campos de fuerzas desde Faraday hasta Einstein*. Madrid, Alianza Universidad, 1981.

CANTOR, Geoffrey. «How Michael Faraday Brought Law and Order to the West End of 7 London». *Physis* xxix: 187-203, 1992.

CAROE, Gwendy. *The Royal Institution : An Informal History*. London, John Murray Publishers, 1985.

DORAN, Barbara Gusti. «Field Theory in 19th Century Britain» : in *Historical Studies in the Physical Sciences*. New Jersey, Princeton University, 1975.

FARADAY, Michael. *Experimental Researches in Electricity*. Chicago/London, (Great Books of Western World). Vol. 42, Enciclopædia Britannica, 1994.

—. *The Forces of Matter*. Buffalo. (Great Minds Series), Prometheus Books, 1993.

FISHER, H. J. «Faraday Two Voices». *Physis* xxix : 166-186, 1992.

GOODING, David. «Mathematics and Method in Faraday's Experiments. *Physis* xxix : 121-147, 1992.

—.«Empiricism in Practice : Teleology, Economy, and Observation in Faraday's Physics». *ISIS* : 46-67, 1982.

HARE, E. H. «Michael Faraday's Loss of Memory». *Proc. Soc. Med.* 67: 617-618, 1974.

HOFFMANN, Banesh. *Relativity and its Roots*. Mineola/New York, Dover, 1999.

KNIGHT, David M. *The Age of Science : The Scientific World View in Nineteeth Century*. Oxford/New York, Basil Blackwell, 1986.

NERSESSIAN, Nancy J. *Faraday to Einstein : Constructing Meaning in Scientific Theories*. London, Kluwer Academic Publishers, 1984.

OLDROYD, David Roger. *The Arch of Knowledge : An Introductory Study of the History of the Philosophy and Methodology of Science*. New York/London, Methuen, 1986.

TWENEY, Ryan D. «Mathematical Thinking about Experimental Matters: Faraday as a Mathematical Philosopher». *In : Rediscovering Skill in Science, Tecnology and Medicine,* Science Studies, 1990.

—. «Stopping Time : Faraday and the Scientific Creation of Perceptual Order», *PHYSIS:* 149-164, 1992.

WILLIAM, L. Pearce. «Faraday, Michael». *In :* Charles Coulston Gillispie (org). *Dictionary of Scientific Biography*. Vol 4. New York, Charles Scribner's, 1980, pp. 527-539.

Sandra Martinez Solis* ; Patricia Aceves Pastrana** e Alba Morales Cosme**

* *Universidad Nacional Autónoma de México*
** *Universidad Autónoma Metropolitana - Xochimilco, México*

LA TRANSFORMACIÓN DE UNA PROFESIÓN
LOS FARMACÉUTICOS MEXICANOS DE FINALES DEL SIGLO XIX

En el último tercio del siglo XIX, los profesionales de la farmacia buscaron foros para discutir las insuficiencias de su formación que les impedían desarrollarse profesionalmente. A la vez, también destacaron la utilidad de su disciplina en el área de las ciencias químicas y biológicas, cuyas aplicaciones se extendían o podían hacerlo a los ámbitos educativo, industrial y comercial.

A partir de 1893, los farmacéuticos, iniciaron una revisión de los contenidos curriculares y del ejercicio práctico de su profesión, hasta entonces ligada a la Escuela de Medicina. El bajo nivel académico de los planes de estudio, la falta de una legislación clara y concisa, la carencia de espacios para desarrollarse y el encontrarse bajo la tutela de los médicos, eran factores que frenaban el desarrollo de su actividad, y su acceso a los nuevos campos emergentes relacionados con la química y la bacteriología; limitando sus posibilidades laborales al simple despacho de recetas en una botica.

Para hacer frente a esta situación, los farmacéuticos pugnaron constantemente por separarse de la Escuela de Medicina. Sin embargo, la buscada separación comenzaría a tomar forma hasta 1913, año en que surgieron los primeros proyectos formales para separar la carrera de Farmacia de la Escuela de Medicina y fundar una Escuela especial de Farmacia.

En este trabajo se analizan los primeros proyectos para separar la carrera de Farmacia de la Escuela de Medicina, así como las ideas que impulsaron a los farmacéuticos a diversificar su quehacer hacia una nueva faceta en la que también se desarrollarían como químicos[1].

La carrera de farmacia se transforma

La enseñanza institucional de la farmacia se inició en 1833 con la apertura de la primera cátedra de farmacia en el recién creado Establecimiento de Ciencias Médicas[2].

---

[1] Este trabajo forma parte de la tesis de Licenciatura en Historia de Sandra Martínez Solis, asesorada por Patricia Aceves Pastrana. Ver: *Desarrollo y transformación de la Farmacia en México (1890-1920): las primeras mujeres farmacéuticas, Facultad de Filosofía y Letras*, Universidad Nacional Autónoma de México, 2003,182 pp.

[2] Pasado algún tiempo el Establecimiento cambió su nombre a Escuela Nacional de Medicina.

Esta iniciativa fue el resultado de las reformas a la educación decretadas por el vicepresidente de México Valentín Gómez Farías, las cuales también incluyeron el cierre de la Real y Pontificia Universidad[3].

Durante el siglo XIX, la carrera de farmacia estuvo conformada únicamente por tres materias: farmacia teórico-práctica, historia natural de las drogas simples, y el primer y segundo cursos de análisis químico. Para 1893, los farmacéuticos interesados en la modernización de su profesión, lograron la creación de una clase de farmacia práctica impartida en el laboratorio del Almacén Central de la Beneficencia Pública subordinado al Consejo Superior de Salubridad; sin embargo, sus esfuerzos resultaron insuficientes y para 1895, las clases en este laboratorio habían sido abandonadas.

Los farmacéuticos continuaron la lucha por modernizar sus planes de estudio, y a nombre de la Sociedad Farmacéutica Mexicana, le solicitaron al Secretario de Instrucción Pública la ampliación de su plan de estudios. Con este propósito pidieron se incluyeran un curso de bacteriología durante el primer año de la carrera, una cátedra de química médica hasta entonces restringida a los médicos, y el establecimiento de una clase práctica oficial, una especie de clínica, que se cursaría en dos años.

En el nuevo Plan de Enseñanza de la Medicina dado a conocer en 1902, le fue negado a la carrera de Farmacia el aumento de los cursos propuestos por la Sociedad Farmacéutica, únicamente se aceptó la inclusión del estudio de la bacteriología, aunque comprendida en el segundo curso de análisis químico[4]. Al ver frustradas sus aspiraciones profesionales, los farmacéuticos se dieron a la tarea de materializar un proyecto que los separara de la Escuela de Medicina, con el fin de tener mayores oportunidades para desarrollarse, conseguir mejores fuentes de empleo, y emanciparse de los médicos. Con esta mira en mente continuaron en su empeño de ampliar sus planes de estudio buscando diversificar su campo de trabajo.

En 1908, los farmacéuticos estrenaron un plan de estudios que además de incluir las materias citadas anteriormente, añadía las cátedras de legislación farmacéutica y bacteriología. A partir de ese año, las actualizaciones en los planes de estudio se hicieron más frecuentes, casi en períodos de dos años en promedio. Para 1916 contaban ya con un plan que privilegiaba los conocimientos de química sobre los referidos a la preparación de medicamentos. Este plan contaba con las materias de farmacia química mineral, historia natural de las drogas simples y nociones de micrografía y microfotografía, análisis químico general cuantitativo y cualitativo, química farmacéutica orgánica, química legal y legislación farmacéutica, bacteriología teórico-práctica, farmacia galénica con nociones de economía y contabilidad farmacéuticas; así como análisis de alimentos y bebidas e investigaciones bioquímicas.

---

[3] Aceves, Patricia. «Hacia una farmacia nacional: la primera farmacopea del México Independiente», en *Farmacia, Historia Natural y Química Intercontinentales, Estudios de Historia Social de las Ciencias Químicas y Biológicas*, N. 3, México, (Aceves P. ed.) UAM-Xochimilco, 1995, p. 161-178.

[4] Hinke, Nina. «Entre arte y ciencia. La farmacia en México a finales del siglo XIX», en *Relaciones Estidos de Historia y Sociedad*. México, El Colegio de México, otoño 2001, vol. 22, pp. 61-62

Los planes de separación

Las aspiraciones de los farmacéuticos por conseguir una escuela propia se habían intensificado con el trascurso del tiempo, ya desde 1894, durante el Segundo Congreso Médico Mexicano habían presentado formalmente la propuesta de crear una escuela de farmacia independiente de la de medicina, argumentando que la separación ayudaría a optimizar su ejercicio profesional[5]. Sin embargo, esta petición comenzó a tomar forma hasta diciembre de 1913, cuando el director de la Escuela de Medicina ordenó la creación de una comisión integrada por Ricardo Caturegli, Víctor Lucio y Juan B. Calderón[6], encargados de analizar la viabilidad del proyecto de separación[7].

Bajo el argumento de que su proyecto buscaba activar el proceso de industrialización en México, los demandantes incluían como una de sus propuestas la creación de la Escuela de Química y Farmacia. Los beneficios que acarrearía a la nación una escuela de este tipo eran numerosos para los diversos sectores relacionados con la química. Tal es el caso de la agricultura; la minería, particularmente en el ramo de la extracción del petróleo; la industria, donde se buscaba que los químicos egresados de la Escuela reemplazaran a los extranjeros y le dieran un fuerte impulso; y la conservación de la salud, sobre todo en las ramas de higiene pública, análisis toxicológicos y de autenticidad de sustancias para evitar las falsificaciones. Además la Escuela tendría como meta, poner a México a la altura de los países más desarrollados en el aspecto industrial[8].

Con el propósito de darle seguimiento a la propuesta en 1914 se formó una comisión y para profundizar en los planteamientos de la misma, se integró otra más en 1916, compuesta por Ricardo Caturegli, Adolfo P. Castañares y Miguel Cordero[9]. Entre los

---

[5] *Memorias del Segundo Congreso Médico Mexicano. Celebrado en San Luis Potosí del 5 al 8 de noviembre de 1894.* 2v. México [s.p.i.] 1895. p. 389.

[6] Ricardo Caturegli, nació en Hermosillo, Sonora y obtuvo el título de farmacéutico por la Escuela Nacional de Medicina en 1901, institución en la que impartió la cátedra de análisis de alimentos y bebidas e investigaciones bioquímicas. Al pasar la carrera de farmacia a la Facultad de Química, ingresó como profesor y en 1924 fue nombrado director de la escuela. Por su parte, Víctor Lucio fue discípulo y ayudante de Leopoldo Río de la Loza, obtuvo el título de médico y tuvo a su cargo la cátedra de análisis químico general cualitativo y cuantitativo, impartida en la Escuela de Medicina para los estudiantes de farmacia. Juan B. Calderón impartía la cátedra de legislación farmacéutica en la misma institución.

[7] Los farmacéuticos integrantes de la comisión intentaron que se les otorgaran las instalaciones del Instituto Médico Nacional; sin embargo, en los proyectos posteriores no se volvió a tratar el asunto. Cabe aclarar que posiblemente esta comisión fue nombrada como consecuencia de la propuesta de Juan Salvador Agraz para fundar una Escuela de Química que data de enero del mismo año, aunque en un documento posterior asegura nunca haber tenido la intención de incluir a la farmacia dentro de las carreras que se impartirían en la Escuela. *Semblanza del señor ingeniero don Juan Salvador Agraz.* México, edición particular, 1981. 116, pp. Ils.

[8] AHFM-UNAM.*Escuela de Medicina y Alumnos, leg. 166, exp. 3. Proyecto para la fundación de la Escuela Especial de Química y Farmacia.* México, 9 de diciembre de 1913, f.11.

[9] Adolfo P. Castañares nació en 1880 en Villahermosa, Tabasco. Cursó los estudios de farmacéutico en la Escuela Nacional de Medicina. En 1904, obtuvo una beca de la Secretaría de Instrucción Pública y Bellas Artes para perfeccionar sus estudios en Berlín, Alemania. Durante su estancia en esa ciudad, el gobierno de México lo comisionó para representar al país en el Congreso de Química Aplicada celebrado en Roma, en el que tuvo una destacada participación; poco antes de su regreso a la nación, la Secretaría de Instrucción Pública y Bellas Artes le encargó realizar algunas visitas de inspección y estudio a los labora-

aspectos más importantes del plan de 1916, estaban los proyectos para crear una farmacia especialmente dedicada a la práctica de los alumnos y la producción de medicamentos a gran escala; incluso se proponía la fundación de laboratorios especiales para el desarrollo de las ramas químicas susceptibles de ser explotadas industrialmente[10]. Dichos laboratorios aliviarían la dependencia del país con los centros productores extranjeros y estimularían la competencia en calidad y cantidad con miras a la exportación[11]. Además, tendrían la función social de ofrecer medicamentos de buena calidad a bajos precios para beneficiar a los sectores más necesitados de la población. Por esta razón y para no constituir una competencia desigual, que entorpeciera el crecimiento de la industria privada, se reservarían sus productos únicamente a los establecimientos ligados a la Beneficencia Pública y al Ejército[12].

La oportunidad esperada por los farmacéuticos llegó hasta enero de 1919, cuando Adolfo P. Castañares en acuerdo con el Rector de la Universidad, José Natividad Macías[13], presentó el plan que fusionaría la carrera de Farmacia con la Facultad de Ciencias Químicas[14]. En su proyecto, Castañares además de exponer los beneficios económicos de la unificación, argumentaba que la farmacia ya no se encontraba en un estado de subordinación a la medicina, y para evitar el atraso provocado por la tutela de los médicos sobre ella debía orientarse hacia campos relacionados con la química moderna[15]. En opinión de Castañares, la farmacia contaba con la química como su base más sólida, por lo que el farmacéutico tenía la «imperiosa necesidad de adquirir muy sólidos, amplios y profundos conocimientos en química general y análisis químico, tal y como debe poseerlos el químico industrial»[16].

En esta línea de acción, los farmacéuticos diversificaron cada vez más sus estudios, introduciendo conocimientos modernos sobre la producción industrial de fármacos

---

torios químicos existentes en las universidades de Viena, París, Londres y Roma. Una vez en México, se desempeñó como profesor de química orgánica aplicada a la farmacia en la Escuela Nacional de Medicina; así mismo, fue el primer químico mexicano en preparar aire líquido en el país. En 1916 representó a la nación en el Congreso Internacional de Química Aplicada, celebrado en Washington, donde nuevamente destacó su participación. Murió el 15 de agosto de 1919, cuando contaba con 39 años a causa de una enfermedad crónica. Horacio García Fernández. *Historia de una Facultad, Química*, México, Facultad de Química. UNAM, 1985. pp. 27-28.

[10] AHFM-UNAM. *Escuela de Medicina y Alumnos*, leg. 228, exp. 7. *Proyecto de Plan de Estudios de la Facultad Independiente de Farmacia*. México, 15 de agosto de 1916, f. 3.

[11] *Ibidem*

[12] La oficina farmacéutica, cumpliría con una labor muy parecida a la planeada para el Laboratorio Central en la época de su creación.

[13] AHFM-UNAM. *Escuela de Medicina y Alumnos*, leg. 228, exp. 7. *Proyecto de Plan de Estudios de la Facultad Independiente de Farmacia*. México, 15 de agosto de 1916, f. 3.

[14] La antecesora de esta última fue la Escuela Nacional de Industrias Químicas creada en 1916 a iniciativa del ingeniero químico Juan Salvador Agraz.

[15] Bezanilla Testa, Triunfo. «Un hecho histórico sobre la Facultad de Farmacia. Evolución de la Escuela de Ciencias Químicas», en *Química y farmacia*. T. 13, núm. 25. Agosto de 1949, págs. 23-24.

[16] CESU. Fondo: *Ciencias Químicas*. Sección: *Dirección*. Serie: *Decretos, acuerdos, comunicados, etc.*, caja 1, exp. 3 [Comunicado de Adolfo P. Castañares a Juan N. Macías, respondiendo a las objeciones de Juan Salvador Agraz, sobre la conveniencia de que la carrera de farmacia pase a la Facultad de Ciencias Químicas] México, 24 de enero de 1919, fs. 11-12.

y medicamentos; así como las habilidades necesarias para realizar análisis químicos y biológicos. Pensaban que esta nueva orientación hacia la química y sus aplicaciones les daba la posibilidad de ser algo más que el mero auxiliar del médico. Adicionalmente buscaron establecer una cátedra para los «prácticos» de ambos sexos, para convertirlos en eficaces auxiliares de los farmacéuticos, tal y como ellos lo habían sido de los médicos[17].

Fue así como los farmacéuticos, ya instalados en 1919 dentro de la Facultad de Química y Farmacia, estuvieron en posibilidad de lograr sus aspiraciones de ponerse a la cabeza de los nacientes estudios y aplicaciones de la química en el país.

---

[17] AHFM-UNAM. *Escuela de Medicina y Alumnos*, leg. 166, exp. 3. *Proyecto para la fundación de la escuela Especial de Química y Farmacia*. México, agosto 15 de 1916:, f. 13.

João Rui Pita* e Ana Leonor Pereira**

*Faculdade de Farmácia e CEIS20, Universidade de Coimbra, Portugal
** Faculdade de Letras e CEIS20, Universidade de Coimbra, Portugal

SABERES E MICROPODERES ÀS PORTAS DO SÉC. XX
NA ROTA DA IDENTIDADE FARMACÊUTICA: O CASO COIMBRÃO [1]

Introdução

A reforma de ensino farmacêutico de 1902 é uma das reformas mais marcantes da história do ensino farmacêutico em Portugal. Esta reforma pretendia dar uma nova organização ao ensino farmacêutico que desde 1836 se mantinha, em linhas gerais, nos mesmos moldes. São várias e diversificadas as questões atinentes a esta nova reforma [2]: seria a reforma de 1902 a reforma tão desejada pela comunidade farmacêutica? Poder-se-á sustentar que os farmacêuticos portugueses aspiravam a uma reforma do ensino da farmácia? Em que medida a reforma de 1902 contribuiu para a afirmação científica e profissional dos farmacêuticos portugueses? Esta reforma espelhava os progressos em curso no estrangeiro? Seria uma reforma de estudos adequada ao exercício profissional farmacêutico? O reforço da formação científica do farmacêutico português traduziu-se na elevação do seu prestígio profissional? Qual a frequência escolar com a reforma de 1902? Que efeitos de longa duração produziu a reforma de 1902 na farmácia portuguesa? Responder a estas questões significa dar mais um passo no aprofundamento da história do ensino farmacêutico em Portugal e da história da identidade do farmacêutico português e, como tal, significa avançar na objectivação da rede farmacêutica de saberes e poderes na aurora do século XX.

---

[1] Versão actualizada do texto que serviu de base à comunicação. Inclui alguns dados novos, inserindo-se no projecto de investigação *História da farmácia em Portugal (1900-1950) - I / HISTOFAR*, desenvolvido no Grupo de História e Sociologia da Ciência do CEIS20, financiado pela Fundação para a Ciência e a Tecnologia.

[2] Alguns dos primeiros resultados da investigação sobre a reforma de 1902 foram apresentados no *1º Congresso da Sociedade Portuguesa de Ciências Farmacêuticas*, realizado na Faculdade de Farmácia da Universidade de Lisboa nos dias 14 a 16 de Abril de 2003. Veja-se resumo em João Rui Pita; Ana Leonor Pereira, «No centenário da reforma do ensino farmacêutico de 1902: jogo de saberes e afirmação de poderes. Estudo de caso da Escola de Farmácia da Universidade de Coimbra». In: *Revista Portuguesa de Farmácia*. 52 (1) 2003 suplemento, p. 30.

A reforma do ensino farmacêutico de 1902

O ensino farmacêutico foi sujeito a uma das reformas mais relevantes da sua história justamente em 1902. Esta reforma foi estabelecida pela Carta de Lei de 19 de Julho de 1902[3] e Regulamento conferido a 27 de Novembro de 1902[4]. Este regime de estudos vigorou até à incontornável data de 1911, ano em que a República deu uma nova organização e nova regulamentação ao plano de estudos e às Escolas de Farmácia[5].

Em 1902, pela primeira vez o ensino farmacêutico foi considerado ensino superior, e pela primeira vez o curso ficou estruturado em dois anos, sendo leccionadas quatro disciplinas (duas disciplinas por ano), aproximando-se, assim, o plano de estudos de Farmácia de outros cursos da Universidade. Contudo, deve assinalar-se que esta reforma não foi somente uma reforma do plano de estudos. Foi, também, uma reforma do ensino e uma reforma das Escolas de Farmácia pois a Carta de Lei de 19 de Julho de 1902 contemplou as Escolas de Farmácia de Lisboa, do Porto e de Coimbra.

Apesar do ensino farmacêutico continuar dependente da Faculdade de Medicina de Coimbra e das Escolas Médico-Cirúrgicas de Lisboa e do Porto, deve sublinhar-se que esta reforma de plano de estudos colocou termo à dupla via de acesso à profissão, estabelecida pela reforma do ensino farmacêutico de Passos Manuel, em 1836. Recorde-se que no plano de estudos de Passos Manuel, todos os que quisessem ser farmacêuticos podiam seguir uma de duas vias: a) matricularem-se numa das três Escolas de Farmácia, praticarem a arte farmacêutica numa farmácia estabelecida, sob orientação do farmacêutico proprietário da farmácia, e no final realizar o exame na Escola de Farmácia; b) matricularem-se numa das Escolas de Farmácia e seguirem o plano de estudos estabelecido. Os primeiros eram farmacêuticos de 2ª classe e os últimos, os que frequentavam o ensino regular, eram designados por farmacêuticos de 1ª classe. Contudo, ambas as habilitações possibilitavam exactamente o mesmo exercício profissional[6]. Já no século xx, sessenta e seis anos depois da reforma de Passos Manuel, a reforma de 1902 veio uniformizar o ensino da farmácia. Isto é: todos os que quisessem ser farmacêuticos tinham que frequentar o regime de estudos das Escolas de Farmácia. A mesma reforma de estudos introduzia novidades no plano das habilitações de ingresso relativamente à reforma de 1836 embora não estabelecesse uma via única de ingresso. Eram várias as possibilidades de aceder às Escolas de Farmácia: desde a prática profissional até ao curso complementar dos liceus, passando por habilitações intermédias, por exemplo, o curso geral dos liceus e três anos de prática farmacêutica.

---

[3] Cf. a Carta de Lei na colectânea de legislação farmacêutica M. D. Tello da Fonseca, *História da farmácia portuguesa através da sua legislação*, Porto, Emp. Industrial Gráfica do Porto, 1936, pp. 191-197.

[4] Cf. o Regulamento em Idem, *Ibidem*, pp. 198-243.

[5] A articulação do ensino farmacêutico com outras vertentes da problemática farmacêutica pode ser apreciada em João Rui Pita, «Sanitary normalization in Portugal: pharmacies, pharmacopoeias, medicines and pharmaceutical practices (19th-20th Centuries)». In: L. Abreu (Ed.) – *European Health and Social Welfare Policies*, Brno, Compostela Group of Universities/PhoenixTN, European Thematic Network on Health and Social Welfare Policies/Brno University of Technology-Vutium Press, 2004, pp. 434-453.

[6] Cf. João Rui Pita, «A farmácia em Portugal: de 1836 a 1921. Introdução à sua história. Parte I. Ensino farmacêutico e saúde pública – formação e actividade dos farmacêuticos portugueses», *Revista Portuguesa de Farmácia*, 49 (1) Jan.-Mar., 1999, pp. 11-20.

Com a reforma de 1902, a formação de farmacêuticos passou a estar norteada por novos valores: aproximação da sua organização a outros cursos superiores, em particular ao curso de medicina; valorização institucional do curso; investimento na qualificação do pessoal docente (lentes catedráticos e lentes substitutos), preparadores e administrativos; organização dos órgãos da Escola (Direcção e Conselho Escolar); novos métodos de ensino com aulas teóricas, demonstração experimental e trabalhos práticos; avaliação escrita e avaliação oral; exames por cadeiras e exame geral. A reforma de 1902 estabelecia ainda uma forma de concurso para professores e para preparadores das Escolas de Farmácia; os critérios a que deviam obedecer as instalações; a organização da biblioteca; o imposto sobre as especialidades farmacêuticas. Este imposto consistia na aplicação de uma taxa às especialidades farmacêuticas (nacionais e estrangeiras) e a águas minero-medicinais. As verbas obtidas destinavam-se ao financiamento do ensino farmacêutico, o que causou uma enorme polémica entre a classe profissional farmacêutica.

A comunidade farmacêutica assumiu a reforma de 1902 como a reforma possível e não como a reforma ideal. De certo modo, para a comunidade farmacêutica a reforma de 1902 foi entendida como um primeiro passo para elevar o curso de farmácia e colocá-lo ao nível de outros cursos superiores. Para os governantes, a reforma do ensino farmacêutico de 1902 representava uma elevação significativa na qualidade da formação dos farmacêuticos portugueses.

A constituição do curso

O curso farmacêutico estabelecido pela reforma de 1902 ficou estruturado do seguinte modo: 1º ano: 1ª cadeira: *História Natural das Drogas. Posologia. Prática no Laboratório*; 2ª cadeira: *Farmácia Química, Análises Microscópicas e Químicas Aplicadas à Medicina e à Farmácia. Prática no Laboratório*. 2º ano: 3ª cadeira: *Farmacotecnia, Esterilizações e Prática no Laboratório Farmacêutico*; 4ª cadeira: *Análises Toxicológicas, Química Legal, Alterações e Falsificações de Medicamentos e Alimentos. Prática no Laboratório Químico*. A reforma de 1902 previa ainda a existência de um «Curso Auxiliar de Deontologia e Legislação Farmacêutica», de cariz facultativo e a ser leccionado pelo professor substituto.

A análise das disciplinas torna manifesto o valor dado à dimensão analítica aplicada à saúde pública. Recorde-se que a falsificação dos alimentos, dos medicamentos, o problema dos envenenamentos, as análises de produtos tóxicos, as análises e qualidade das águas constituíam preocupações fortes a nível da saúde pública. Ao fornecer aos farmacêuticos um conjunto de saberes científicos para trabalhar nesses domínios o Estado atribuía àquele grupo profissional competências que se reflectiam nas suas práticas a nível da saúde pública. Por outro lado, reforçava-se a dimensão farmacêutica relacionada com o medicamento, desde o estudo das drogas até ao domínio da técnica farmacêutica. Assinale-se, também, o ensino das esterilizações, uma matéria declaradamente relacionada com a problemática microbiológica, embora o ensino da bacteriologia não constasse como disciplina ou matéria autónoma. Recorde-se, também, que, no início do século xx, a indústria farmacêutica despontava em Portugal, arrastando consigo polémicas muito interessantes, sendo de sublinhar, segundo várias vozes, a defesa do valor dos produtos de origem biológica na produção industrial de medicamentos. O «Curso Auxiliar de Deontologia e Legislação Farmacêutica» impunha-se em virtude das exigências legislativas e normalizadoras que se faziam sentir no exercício da profissão farmacêutica, mas também como ferramenta deontológica e jurídica para o farmacêutico português exercer mais correctamente a sua profissão num período em que a farmácia portuguesa conhecia problemas como os seguintes: exercício ilegal da profissão, limitação do número de farmácias, falsificação de medicamentos e alimentos, importação de medicamentos estrangeiros, industrialização do medicamento, redacção de uma nova farmacopeia oficial actualizada, etc. Estes problemas eram expostos em periódicos como o *Jornal da Sociedade Pharmaceutica Lusitana*, a *Gazeta de Pharmacia*, o *Boletim Pharmaceutico*, etc., revistas que têm sido objecto da nossa investigação.

O corpo docente: dos saberes aos poderes

O corpo docente da Escola de Farmácia durante a reforma de ensino de 1902 foi o seguinte[7]:

1903/04:
1ª cadeira: Lugar vago. Regente: Lúcio Martins da Rocha, Professor catedrático da Faculdade de Medicina da Universidade de Coimbra, cátedra de Matéria Médica e Farmácia
2ª cadeira: Lugar vago. Regente: Francisco José de Sousa Gomes, Professor Catedrático da Faculdade de Filosofia, cátedra de Química Inorgânica
3ª cadeira: Vicente José de Seiça
4ª cadeira: Joaquim dos Santos e Silva
Professor Substituto: Vago

1904/05 a 1906/07:
1ª cadeira: Manuel José Fernandes Costa
2ª cadeira: José Cypriano Rodrigues Diniz
3ª cadeira: Vicente José de Seiça
4ª cadeira: Joaquim dos Santos e Silva
Professor Substituto: Victor Henriques Aires Mora

1907/08 a 1910/11:
1ª cadeira: Manuel José Fernandes Costa
2ª cadeira: José Cypriano Rodrigues Diniz
3ª cadeira: Vicente José de Seiça
4ª cadeira: Francisco José de Sousa Gomes
Professor Substituto: Victor Henriques Aires Mora

---

[7] Veja-se esta informação em *Annuario da Universidade de Coimbra. Anno lectivo de 1902-1903*, Coimbra, Imprensa da Universidade, 1902 e nos anos seguintes até *Annuario da Universidade de Coimbra. Anno lectivo de 1910-1911*, Coimbra, Imprensa da Universidade, 1911.

A formação base dos professores era basicamente a farmácia e a medicina. Alguns tinham sobretudo preocupações docentes, não sendo significativas as suas actividades científicas; outros, em paralelo com as funções docentes, desenvolviam actividade científica e de redacção de textos científicos; outros, ainda, desempenhavam funções institucionais. Entre aqueles que fizeram obra científica sobressai Joaquim dos Santos e Silva, farmacêutico que se notabilizou no domínio das análises aplicadas à saúde pública, em particular as análises de águas e alimentos, tendo publicado o primeiro tratado de química analítica em Portugal. O seu valor como químico analista pode ser apreciado nas suas variadas publicações. Santos e Silva teve oportunidade de realizar um estágio na Alemanha junto de Tollens e Kekulé e naturalmente o muito que aprendeu reflectiu-se na sua dinâmica científica e editorial.

Os manuais de ensino: a reprodução do saber científico

A Escola de Farmácia, à semelhança do que acontecia com outras Faculdades da Universidade de Coimbra, recomendava aos alunos um conjunto de obras a seguir na leccionação das disciplinas[8]. A literatura científica sugerida era, na sua maioria, de origem estrangeira.

Apenas encontrámos três obras portuguesas: a *Pharmacopêa Portugueza*, isto é, a terceira farmacopeia oficial portuguesa (1876), a obra de Júlio Sacadura Botte, médico professor da Faculdade de Medicina, *Pharmacia. Elementos de Pharmacotechnia* e de Joaquim dos Santos e Silva, *Elementos de analyse chimica qualitativa*. Todas as outras obras recomendadas eram estrangeiras e todas editadas em língua francesa. Os manuais estrangeiros eram os seguintes: E. Collin, *Précis de matière médicale*; Crollas; Moreau, *Pharmacie Chimique*; L. Prunier, *Médicaments chimiques*; Edmond Dupuy, *Cours de Pharmacie* (2ª ed.); J. Tarbouriech, *Technique des analyses chimiques*; Fonzes-Diacon, *Précis de toxicologie*.

A indicação de obras estrangeiras como base de estudo revela uma certa insuficiência na produção científica portuguesa sendo, no entanto, uma prática universitária corrente. Para os cerca de 100 alunos que frequentaram a reforma de 1902, o estudo por manuais actualizados, embora em língua francesa, era uma condição básica para a sua qualificação.

Conclusão

Na dinâmica novecentista do jogo de saberes e micro-poderes, a reforma de 1902 da farmácia foi marcante. Embora não fosse considerada pelas classes dirigentes farmacêuticas como a reforma ideal, a nova organização do ensino farmacêutico fortaleceu a autoridade científica e o poder social dos farmacêuticos portugueses.

---

[8] Esta informação encontrava-se dispersa nos *Anuários da Universidade de Coimbra* (veja-se nota anterior).

Com efeito, a reforma de 1902 introduziu um conjunto de saberes científicos e técnicos que possibilitavam uma melhor actuação a nível sanitário público. Novos saberes e micro-poderes deram uma configuração diferente a várias questões[9], como, por exemplo, o alargamento do campo de actuação dos farmacêuticos, a denúncia do exercício ilegal da profissão e a questão da exigência do rigor científico na preparação dos medicamentos.

[9] Veja-se a síntese da problemática farmacêutica na primeira metade do século xx em João Rui Pita «Farmácia, farmacêuticos e sociedade. Da crise da farmácia à revalorização do papel do farmacêutico», *Mundo Farmacêutico*, 2 (7) 2003, pp. 42-44.

Lúcia Santos

Farmacêutica; Mestre em Saúde Pública - Faculdade de Medicina da Universidade de Coimbra, Portugal

Rotas dos farmacêuticos
na Região Centro de Portugal (1991-2001)

A presente comunicação tem por base um estudo que desenvolvemos com o objectivo de caracterizar, demograficamente, a população de farmacêuticos da zona centro de Portugal nos anos de 1991 e de 2001, e de analisar a evolução registada ao longo desta década.

Os farmacêuticos constituem uma classe de profissionais de saúde, cujo desempenho profissional se situa não só ao nível da farmácia comunitária, provavelmente a sua faceta mais conhecida, como também em áreas como sejam as análises clínicas, a indústria farmacêutica, o ensino e a investigação, a farmácia hospitalar, as análises de águas, alimentos, toxicológicas, entre muitas outras.

De acordo com o Estatuto da Ordem dos Farmacêuticos, o uso do título de farmacêutico e o exercício da profissão farmacêutica, ou a prática de actos próprios desta profissão, dependem de inscrição na Ordem dos Farmacêuticos. Nesta Ordem podem inscrever-se os licenciados em farmácia ou em ciências farmacêuticas, por um estabelecimento de ensino superior universitário. Assim, para a concretização do presente estudo solicitámos à Ordem dos Farmacêuticos a disponibilização dos dados relativos aos seus membros, concretamente dos que exercem a sua actividade profissional na zona centro do país.

Pretendemos, deste modo, perceber quem é, onde está e o que faz esta classe profissional, nos distritos de Aveiro, Castelo Branco, Coimbra, Guarda, Leiria e Viseu, traçando as rotas da sua evolução ao longo da década estudada.

Os anos de 1991 e de 2001 foram seleccionados por neles terem sido efectuados censos populacionais em Portugal, o que nos permitiu trabalhar com dados actualizados relativos à população residente.

Quantos são e quem são?

No ano de 2001, a população em estudo era formada por 1251 indivíduos, dos quais 1003 (80,2%) eram do sexo feminino. Apresentava uma média de idades de 43 anos, sendo que a faixa etária com maior número de indivíduos era, tanto nos homens como nas mulheres, a dos 25-29 anos. Numa análise distrito a distrito, verificamos que o «distrito mais jovem» é o de Coimbra, com uma média etária de 42 anos, muito embora o distrito de Castelo Branco, que apresenta a média de idades mais elevada, apresente o valor de 45 anos.

E o que fazem estes profissionais?

Com uma formação universitária que os habilita ao exercício em diversas áreas profissionais verificamos, contudo, que se regista um predomínio claro da área da farmácia de oficina / comunitária, que representa 68,3% da população (tabela 1).

Tabela 1 - Distribuição da população em estudo de acordo com a área de exercício profissional.

Áreas Profissionais	%	N.º de Farm.
Análises Clínicas e outras (toxicológicas, hidrológicas e bromatológicas)	7,20%	90
Análises Clínicas em Estabelecimento Hospitalar	5,00%	62
Distribuição Grossista de Medicamentos	1,80%	22
Ensino Básico e Secundário	1,00%	13
Ensino Universitário e Superior Politécnico	3,10%	39
Farmácia Hospitalar	7,40%	93
Farmácia de Oficina	68,30%	855
Indústria Farmacêutica	2,90%	36
Investigação	2,10%	26
Outras	1,20%	15
	100,00%	1251

Onde estão?

Relativamente ao número absoluto de farmacêuticos por distrito, verificamos que a maioria se concentra no distrito de Coimbra – 481 indivíduos, de Leiria – 234 indivíduos e de Aveiro – 184 indivíduos.

Numa análise tendo por base a população residente, verificamos que o distrito de Coimbra é aquele onde se verifica o maior número de farmacêuticos por 100.000 habitantes – 156,1 – bem como a menor relação habitantes por farmacêutico, com uma cifra de 917.

O percurso de uma década: 1991-2001

Comparando os dados apresentados com o estudo efectuado para o ano de 1991, verificamos, desde logo, um crescimento de 37,3% na população de farmacêuticos, que passou de 911 indivíduos, em 1991, para os 1251 indivíduos, em 2001. Acentuou-se, por outro lado, a proporção de mulheres, cujo universo passou de 76,95% em 1991, para 80,2% em 2001.

A análise das alterações produzidas na pirâmide etária da população em estudo, permite-nos concluir que houve um acentuado rejuvenescimento da mesma. De facto, a média de idades da população, passou de 45,2 anos em 1991, para os 43 anos em 2001.

Na análise distrito a distrito, verificamos que, à excepção do distrito de Leiria, que manteve a média de idades nos 43 anos, em todos os restantes se verificou um abaixamento significativo da média etária destes profissionais de saúde. O distrito «mais jovem» era ainda, em 1991, o de Coimbra, que apresentava uma média etária de 44 anos.

Em relação à distribuição geográfica dos farmacêuticos pelos 6 distritos considerados, verificamos que, em termos absolutos, houve um aumento do número de indivíduos em todos eles no período 1991-2001. Curiosamente, constatamos que, em termos de distribuição percentual, o valor se mantém constante em praticamente todos eles – Viseu, 12%; Aveiro, 15%; Coimbra, 38%; Leiria, 19%. A única alteração prende-se com a «transferência» de 1% da população de Castelo Branco para a Guarda que, em 2001, igualam o valor de 8%.

No que respeita à área de exercício profissional, verificamos que a farmácia de oficina / comunitária acentuou a sua representatividade, passando a englobar 68,3% dos farmacêuticos em 2001.

A área das análises clínicas, e outras, manteve a sua posição de segunda área mais representativa do exercício profissional farmacêutico. Apesar do ligeiro incremento do número absoluto de farmacêuticos – que passou de 86 para 90 – verificamos um ligeiro decréscimo em termos percentuais - 9,4% em 1991 contra 7,19% em 2001.

Nas restantes áreas – distribuição de medicamentos, farmácia hospitalar, indústria farmacêutica e investigação – registaram-se ligeiras subidas, quer nos valores percentuais, quer em termos absolutos.

Passando à análise da evolução registada no número de farmacêuticos, tendo por base os dados relativos à população residente, refira-se que em todos os distritos se verificaram aumentos – em alguns casos bastante expressivos – no número de farmacêuticos por 100.000 habitantes, bem como a redução do n.º de habitantes por farmacêutico.

Assim, no distrito de Aveiro verificou-se um aumento de 5 farmacêuticos por cada 100.000 habitantes, e uma redução de 933 habitantes por farmacêutico.

No distrito de Castelo Branco observou-se um aumento considerável nestes indicadores, passando de 35,8 farmacêuticos por 100.000 habitantes em 1991, para 53,3 em 2001. O aumento ocorreu em todos os concelhos do distrito, com particular relevância nos concelhos de Belmonte, com um aumento de cerca de 95 %, e da Sertã, onde se verificou um acréscimo de cerca de 118% no número de farmacêuticos por 100.000 habitantes.

A variação mais significativa observou-se no distrito de Coimbra, onde se registou um aumento de 75,5 no número de farmacêuticos por cada 100.000 habitantes, e um decréscimo de 323 habitantes por farmacêutico.

À excepção do concelho de Vila Nova de Poiares, onde se verificou um ligeiro decréscimo do número de farmacêuticos por 100.000 habitantes, nos restantes concelhos este indicador melhorou substancialmente, e com variações excepcionais particularmente nos casos de Condeixa (aumento de 31,8 farmacêuticos por 100.000 habitantes), Tábua (aumento de 32,6 farmacêuticos por 100.000 habitantes), Soure (aumento de 34,9 farmacêuticos por 100.000 habitantes), Coimbra (aumento de 46,6 farmacêuticos por 100.000 habitantes) e, finalmente, Góis, com uma subida de 63,7 farmacêuticos por cada 100.000 habitantes.

O distrito da Guarda registou um aumento de 10,1 no número de farmacêuticos por 100.000 habitantes, e um decréscimo de 557 no número de habitantes por farmacêutico.

Exceptuando os concelhos de Almeida e Celorico da Beira, com decréscimos de 6,2 e 11,3 respectivamente, no número de farmacêuticos por 100.000 habitantes, nos restantes concelhos registaram-se melhorias neste indicador.

Realçamos, pela sua magnitude, as variações observadas nos concelhos de Figueira de Castelo Rodrigo e Manteigas, onde os aumentos no número de farmacêuticos por 100.000 habitantes foram de 43,6 e 54,4, respectivamente.

No distrito de Leiria, as alterações produzidas nestes indicadores, no período 1991-2001, traduziram-se num aumento de 9,4 farmacêuticos por 100.000 habitantes, e num decréscimo de 445 habitantes por cada farmacêutico.

Na análise concelho a concelho, verifica-se um decréscimo, apesar de ligeiro, no número de farmacêuticos por 100.000 habitantes, nos casos da Batalha – 45 para 40, Figueiró dos Vinhos – 62,4 para 54,4, e Nazaré – de 58,8 para 46,5. Nos restantes concelhos, estes indicadores evoluíram positivamente, embora sem variações muito significativas.

Por fim, no distrito de Viseu os dados revelam um aumento de 13,1 farmacêuticos por cada 100.000 habitantes, e um decréscimo de 1279 habitantes por farmacêutico.

Exceptuando os ligeiros decréscimos do número de farmacêuticos por 100.000 habitantes verificados nos concelhos de Carregal do Sal, Mangualde e Santa Comba Dão, nos restantes registou-se uma melhoria neste indicador, com particular realce para os concelhos de Vouzela, que na década em análise «ganhou» mais 25,6 farmacêuticos por 100.000 habitantes, e de Tondela, em que a variação registada neste indicador foi de 33,3.

Do presente estudo podemos concluir que a classe farmacêutica da zona centro é jovem, essencialmente feminina, e exerce a sua actividade profissional na área da farmácia de oficina. Todas estas características se acentuaram ao longo da década 1991-2001.

Os indicadores de cobertura farmacêutica – o número de farmacêuticos por cada 100.000 habitantes e o número de habitantes por farmacêutico – melhoraram significativamente em todos os distritos considerados, no mesmo período de tempo.

Ao contrário do que foram as nossas expectativas iniciais, estes indicadores deixaram, em 2001, de revelar assimetrias muito pronunciadas entre o litoral e o interior. O distrito de Coimbra, e em particular o concelho de Coimbra, apresentam naturalmente valores para estes indicadores que ultrapassam largamente os valores médios dos restantes distritos. Contudo, a cisão litoral / interior não se revela de forma muito exuberante, como acontece, aliás, e cada vez mais acentuadamente, com outros profissionais de saúde.

PARTE V

•

Dores, Maleitas, Moléstias e Medicinas

Ivoni de Freitas Reis

Centro Universitário de Caratinga – UNEC; Fundação Educacional de Caratinga – FUNEC, Brasil

O advento de «novas» doenças e «novos» medicamentos
e a Iatroquímica do século xvi

Desde os primórdios da humanidade, essa é assolada, periodicamente, por doenças desconhecidas que se somam às já existentes, muitas vezes, de difícil tratamento.

Os médicos são desafiados a buscar ajuda para enfrentar tais situações nos conhecimentos sobre a matéria, presentes em sua época. Filosofias e crenças religiosas se unem aos saberes institucionalizados nessa incessante busca.

Com as descobertas de «novos mundos», doenças e medicamentos até então desconhecidos invadiram a Europa. Naquele momento, o natural anseio por novas pesquisas e novas formas de curar tornou-se uma necessidade imperiosa. Muitas foram as epidemias que resistiram aos métodos usados pela medicina humoralista[1], que continuava hegemônica nos meios acadêmicos europeus. A busca por saberes ora muito antigos, ora completamente inéditos conduz a esperança destes estudiosos aos elixires de Razes e as quintessências de Arnaldo de Vilanova, assim, novos preparados químicos e antigos elixires eram presença constante nos receituários medicinais durante todo o Século xvi.

Entretanto, não eram apenas as duas formas de medicina[2] que se debatiam nos séculos xvi e xvii, na visão de muitos historiadores da ciência, a «revolução científica» iniciada neste século se debatia entre três diferentes formas de ver o mundo, a aristotélica, a mágica (que envolvia a alquimia e a iatroquímica) e a mecanicista[3].

A farmácia tradicional baseava-se na composição de ingredientes, enquanto a farmácia paracelsiana estava centrada na idéia de separação desses, daí a importância de isolar do medicamento a sua virtude, ou o seu *arcanum*; um agente que traria em si uma ação específica, para uma ou várias doenças; isto é, a farmácia paracelsiana

---

[1] A teoria humoral da enfermidade [Hipócrates], desde o século ii de nossa era, havia sido ligada as antigas teorias dos quatro elementos, por Galeno de Pérgamo, gerando uma teoria médica que imperou por quatorze séculos. Essa era a medicina institucionalizada na época dos «grandes descobrimentos» e, nesse momento ela estava sendo fortemente combatida pelos iatroquímicos, quimiatras, ou médicos químicos, que tinham em Paracelso seu mais ardoroso defensor.

[2] A medicina humoralista e a medicina química.

[3] John Hudson. *The History of Chemistry*. p. 35.

tendia mais para os processos químicos do que o empiricismo tradicional; esse ligado ao sistema de qualidades, graus e humores.

Essa separação se daria através da *destilação*[4], da extração da «virtude específica» permitindo, uma potencialização e um direcionamento da ação do medicamento. R. Bostocke[5] argumentava que, se o estômago da pessoa já estava enfraquecido pela doença, tornava-se imprescindível que o médico retirasse da matéria prima do medicamento, todas as impurezas, deixando apenas a quintessência, o *arcanum* do medicamento, antes de ministrá-lo ao paciente. Portanto, o médico deveria agir como o *Archeus* interno, o «alquimista» situado nos órgãos internos do homem[6].

Este traço característico dos seguidores de Paracelso, era proveniente não apenas da visão iatroquímica ou farmacológica, mas, na maioria das vezes, do fato de que, os paracelsistas abraçaram a antiga visão da purificação como um ato religioso. Purificar o medicamento seria aprimorá-lo, melhorá-lo, extrair sua quintessência, retirar dele o que ele possuiria de mais puro e eficaz para agir sobre o corpo dos homens, passá-lo pelo processo de martírio e purificação pela ação do fogo, segundo os preceitos da arte da alquimia. Ao dedicar-se a purificar o medicamento, o médico químico estaria também purificando-se, limpando sua própria alma, «no labor pio e santo»[7].

Com a certeza de que todas as substâncias trazem em si o *occultum* e o *manifestum* e que essas características são quase sempre opostas, o iatroquímico nunca poderia se orientar pelas propriedades aparentes da matéria prima, mas rebuscar e conhecer primeiro suas características internas.

A relação saúde/doença dependia de um sutil equilíbrio, não de seus humores, mas dos três princípios que formavam todas as substâncias: o Sal, o Enxofre e o Mercúrio. Diferentemente da doutrina humoralista, que pregava que quando houvesse um excesso de um dos humores esse deveria ser combatido com seu contrário, a iatroquímica buscava reequilibrar o organismo através da própria substância em desequilíbrio.

As substâncias eram sempre vistas como uma combinação natural, uma composição de duas ou mais substâncias que, em se mantendo harmonicamente envolvidos, não se notaria, as diferentes propriedades organolépticas ou químicas. Seria o desequilíbrio e a corrupção, que fariam destacar e prevalecer uma das substâncias que estivesse contida na outra. Assim como o vinho contém o vinagre e quando essas substâncias se mantêm em perfeita harmonia o vinagre não pode ser notado, nem pela ação, nem pelo paladar; ou ainda, como o «tártaro» que está contido no vinagre, só se manifesta quando o equilíbrio se rompe, um corpo saudável traz em si, o perfeito equilíbrio entre a saúde e a doença[8].

---

[4] Para os iatroquímicos, destilação seria bem mais que o processo químico hoje denominado como tal, na verdade, sob esse nome estavam muitos dos processos químicos de extração: maceração, cristalização, recristalização, extração por solventes, entre outros.

[5] Segundo A. G. Debus, R. Bostocke foi o primeiro divulgador da filosofia paracelsiana na Inglaterra.

[6] R. Bostocke. *the Difference Betwene the Aucient Phisicke... and the LatterPhisicke*. Sig. D.ii. (av).

[7] A relação entre a impurezas e a queda de Adão e o conseqüente caráter religioso da purificação é realmente muito anterior a Paracelso e seus seguidores, podendo ser conferido no trabalho de W. Pagel. *Paracelsus: an Introduction to Philosophical Medicine in the Era of the Renaissance*, quando trata do médico valenciano Arnald de Villanova (1235-1311). R. Bostocke. *The Difference... op. cit.*, sig. B.iiif. (v) – B.f. (ar).

[8] R. Bostocke. *The Difference... op. cit.* sig. C.iiii.(v) – C.f. (ar).

Um bom regime alimentar e uma vida saudável poderia prolongar por muito tempo este equilíbrio.

Para conhecer e respeitar a harmonia e o equilíbrio no *Mycrocosmus*, que é o homem, o médico necessitaria do *Lumen Naturœ*, que é o conhecimento das coisas do grande mundo ou *Macrocosmus*[9].

Joseph Du Chesne, o Quercetanus, em seu *The Practise of Chymicall and Hermeticall Physicke,* publicado em Londres, em 1605 pela Walter J. Johnson, Inc., não perde oportunidade de mostrar-se «um galenista convicto». Entretanto, diz que a Ciência, Natureza e Arte, que os médicos químicos aprenderam dos antigos, derivava dos hebreus, caldeus, egípcios, persas, gregos, latinos e árabes e era muito mais do que uma vã especulação; nem tampouco estava baseada em simples extrações de óleos e águas, por destilações comuns, «como os empíricos imaginam», mas, produzia os mais preciosos elixires e quintessências, «muito elaborados, circulados e trabalhados por consecutivas digestões e fermentações; por meio dos quais todas as impurezas e corrupções são retiradas, de tal forma que, o amargo se torna doce, e eles podem também mostrar que até o pão e o vinho, nossos principais nutrientes, podem ser perniciosos para nós».[10] A imensa preocupação com a purificação e dosagem é uma das características da medicina química.

Se o método de cura dos galenistas baseava-se nos princípios opostos[11] à doença, os remédios quimicamente preparados observavam rigorosamente a teoria dos *simili*[12]. A preocupação com a purificação e dosagem, era presença constante nas obras dos paracelsistas.

A *anima* (que é o meio entre o *corpus* e o *spiritum*) daria unidade e movimento aos corpos. O médico deveria trabalhar para fortificar a *anima*, para que ela pudesse reagir às mágoas e as paixões dos corpos, ela só seria nutrida pelo fluido que foi tornado etéreo pelo fogo e assim fortalecida ela poderia «executar o seu ofício, deveres e ações, na paz e na unidade, como Deus o quer e não pela discórdia e contrariedade como fazem os pagãos».[13]

Segundo Bostocke, a humanidade sempre soube do perigo apresentado por alguns alimentos e solos que possuíam um grau de impurezas tão elevado, que se tornavam altamente nocivos ao homem. Devido a esse conhecimento, «nossos antepassados pesquisavam diligentemente antes de colocarem a fundação de suas casas, vilas ou cidades, pois algumas terras são infectadas e os solos contaminados, causando doenças e mutações no gado, plantas e animais domésticos».[14]

---

[9] *bid.*, sig. C.iiii. (v) – C.f. (ar).

[10] Joseph Du Chesne. *The Practise of Chemicall... op. cit.,* p. 7 (?)

[11] Se o paciente manifestasse sintomas que levassem o médico a concluir que este possuía excesso de algum dos humores: quente, frio, seco ou úmido, ele seria tratado com o humor oposto.

[12] A tradição popular germânica – como tantas outras – sugeria que a cura deveria ser buscada por meio de princípios semelhantes. Paracelso abraça essa teoria, que passa a ser mais um traço característico em seus seguidores.

[13] R. Bostocke. *op. cit.,* sig. C.iii. (av), C.iii. (ar)

[14] *Ibid.* sig. B.f. (av).

Os médicos químicos desejavam aprender com o povo e a natureza, assim, eles acreditavam que o médico deveria viajar, buscar entender as doenças e os medicamentos utilizados em outros países e regiões

Durante muito tempo, Paracelso foi considerado um típico representante da tradição «mágica» e, algumas vezes, colocado em oposição radical aos «verdadeiros homens de ciência». Mas autores, como Walter Pagel e Charles Webster, provaram que isso seria um «absurdo histórico». Segundo Webster, a «Magia Natural», sob muitos aspectos, era valorizadora do trabalho em laboratório e portadora de uma filosofia «animista» encontrada de modo muito semelhante em Kepler, Gilbert e Harvey[15].

O conceito de doença em Paracelso envolve tanto o corpo quanto à alma, de tal sorte que, Carl Gustav Jung, em seu livro, *Psicologia e Alquimia*, vai buscar na alquimia e suas seqüências de transmutação[16] o «processo de individuação do ser».

Walter Pagel em seu livro *Paracelsus: an introdution to Phisical medicine in the era of Renaissance*, diz que Paracelso deixou em medicina observações contundentes de doenças e condições patológicas, como os trabalhos sobre as doenças dos mineiros, a primeira tentativa de trabalho em «medicina ocupacional». Estudou a água potável e mineral, o tratamento do bócio e do cretinismo, bem como recomendou o uso do mercúrio como diurético e demonstrou a presença de albumina na urina. Tentou também insistentemente implantar um novo sistema de patologia, como o do tártaro[17], e atribuiu grande importância ao agente patológico externo.

A doença no corpo humano é comparada à doença dos metais, tanto na «deterioração» do ouro na mina, quanto no caso do problema circulatório que podia levar à gangrena, a solução proposta é a de buscar o equilíbrio dos três princípios, pois o excesso de um deles é que deveria estar causando o impedimento da circulação do *bálsamo humanum*. Seria a múmia[18] ou o bálsamo capazes de renovar e permitir a cura, não o corte ou tratamentos traumáticos[19]. Pelo mesmo motivo, a sangria é reprovada

---

[15] C. Webster. *De Paracelso a Newton: La Magia en la Creación de la Ciencia Moderna*, pp. 20-29.

[16] Refere-se aos processos de transmutação alquímica: Nigredo, Albedo, Citrinas e Rubedo. C. G. Jung. *Psicologia e Alquimia*, pp. 240-244.

[17] Segundo Paracelso, o tártaro é o excremento das bebidas e comidas. Provocado pelo «espírito do homem», só é produzido pelo «espírito do sal» – o único dos três princípios a possuir a *materia lápidia*, a matéria da pedra – sobre o qual o calor humano atua como o calor do sol, secando todas as mucilagens e viscosidades, coagulando-o (solidificando-o).

Tal coagulação do sal, o tártaro, pode alojar-se em várias partes do corpo, como o estômago, o intestino, o diafragma, o fígado, rins ou boca. [Interessante notar aqui a descrição feita por Paracelso dos males que o tártaro poderia provocar ao se alojar na boca, por exemplo, se aderido aos dentes]. Provocaria «a putrefação da gengiva, as cáries, as dores de dente e outras semelhantes, devido a acrimonia (a natureza acre) do tártaro». W. Pagel. *Paracelsus ... op. cit.*, pp. 153-165.

[18] Segundo W. Pagel a Múmia ou o Bálsamo, poderia ser o *Sal*, não a substância química , mas no sentido do poder natural de cura do tecido impedindo a putrefação desse. W. Pagel. *Paracelsus... op. cit.*, p. 101.

[19] O médico químico era contra a cirurgia por cortes. R. Bostocke utiliza o termo cirurgia para designar balsamização e tratamentos medicamentosos aliados a dietas alimentares e exercícios específicos, não aprovando também, está claro, a cirurgia dos «barbeiros cirurgiões» que considerava agressiva e desarmonizadora do organismo do homem

na maioria dos casos, pois fazia com que o paciente perdesse o bálsamo natural, nesse caso o que deveria ser utilizado para renovação do sangue seria as «*potiones vulnerariæ e consolidantia*»[20].

Anterior ao livro de R. Bostocke, havia na Inglaterra alguns trabalhos traduzidos por John Hester e G. Baker. John Hester, como Baker, também era amigo íntimo de Thomas Hill, que lhe legou seu segundo livro, o qual era uma tradução para o inglês de *Joyfull Jewell,* do médico italiano Leonardo Fioravanti[21].

Hester era um homem prático, negociante, muito entendido em «minerais, ervas e flores» e ativo destilador em Londres, por volta de 1570. Depois de *Joyfull Jewell,* em 1579, Hester não pára mais de traduzir. Traduz todos os trabalhos de Fioravanti, Duchesne, Hermann e vários trabalhos espúrios de Paracelso. Desinteressado pelos aspectos mais profundos do paracelsismo, prefere os trabalhos contendo pouca teoria e grande receituário.

Embora tenha feito traduções de inegável importância para a introdução dos medicamentos quimicamente preparados na Inglaterra, seu trabalho não teve a mesma importância na divulgação do pensamento paracelsiano. Entretanto, segundo estudos feitos por A. Debus, nenhum outro boticário ou destilador foi tão franco em seus elogios à química quanto Hester.

Até os primeiros quarenta anos do século XVII, além do livro de R. Bostocke, esses eram os únicos trabalhos, em inglês, existentes sobre o paracelcismo, até que surge J. B. van Helmont, que trouxe novo interesse aos escritos paracelsistas.

Desde as pesquisas de W. Pagel e A. Debus, o mapa do paracelsismo tem sido vasculhado em detalhes. Encontros, teses e publicações vêm indicando uma fina trama de capilares que une a iatroquímica dos paracelsistas a concepções antigas e medievais e se estende até os limites da medicina moderna no século XIX[22].

Todavia, através de estudos como o de Debus hoje sabemos que não se pode setorializar essa iatroquímica composta, a um só tempo, por conhecimentos médico- -químicos e teológicos. Sua força, aliás, seria justamente essa composição que, embora de difícil análise para um estudioso contemporâneo, deu-lhe um lugar privilegiado na gestação da ciência moderna.

O *The Difference Betwene the Auncient Phisicke... and the Latter Phisicke,* o denso texto escrito por R. Bostocke no século XVI, coloca esse autor num dos nós principais da fina trama histórica que ajudou a estabelecer a iatroquímica paracelsiana num dos locais onde a ciência moderna ganharia corpo: a Inglaterra.

---

[20] R. Bostocke. *The Difference... op. cit.,* sig. C.iij. (r).

[21] A. Debus. *The English ... op. cit.,* p. 65.

[22] Vide por exemplo, a coletânea de trabalhos publicados em *Reading the book of nature: the other side of the scientific revolution*; A. Debus & M. Walton (org.). Em outubro de 1999, em St. Louis, toda a sessão de História da Ciência foi dedicada ao tema; no Brasil, por exemplo, além dos trabalhos em torno ao tema feitos por estudiosos do CESIMA existem aqueles específicos feitos por Paulo Porto, que são: Van Helmont... *op. cit.* e «O contexto Médico...*op. cit.*; Renan Ruiz. «A montagem da teoria...*op. cit.* e a dissertação de mestrado de nossa autoria «Recontando a História da Iatroquímica...» *op. cit.*

BIBLIOGRAFIA

ALFONSO-GOLDFARB, Ana Maria. «Atanores, Cimitarras, Minaretes: cultura árabe como tecido do saber sob o céu 'medieval'». *Revista da SBHC,* vol. 5, 1994.

—. *Da Alquimia à Química.* São Paulo, Nova Stella editorial – Editora da Universidade de São Paulo, 1987.

BELTRAN, Maria Helena Roxo. *Imagens de Magia e de Ciência: entre o simbolismo e os diagramas da razão.* São Paulo, Educ/Fapesp 2000.

BOSTOCKE, Robert Esquire. *The Difference Betwene the Auncient Phisicke, First Taught by the God by Forefathers, Consisting in Unitie Peace and Concord: And the Latter Phisicke Proceding from Idolaters, Ethinickes, and Heathen: as Galen, and Such Others Consisting in Dualite, Discorde, and Contrariate.* Imprinted at London for Robert Walley, 1585.

DEBUS, Allen G. «Alchemy and Iatrochemistry: Persistent Traditions in the 17th and 18th Centuries». *Revista Química Nova* 15 (3): 1992.

—. *The English Paracelsians.* New York, Franklin Watts, Inc., 1996.

HUDSON, John. *The History of Chemistry.* Hong Kong, ed. Macmillan,1994.

PAGEL, Walter. *Paracelsus: An Introducion to Phisical Medicine in the Era of the Renaissance.* New York, Karger, 1982.

—. *The Smiling Spleen: Paracelsianism in Storn and Strees.* New York, Karger, 1984.

PARACELSO. *Man and Works, Seletecd Writings.* Princeton University Press, 1979, pp.101-140.

—. *Textos Esenciales.* Trad. espanhola de Carlos Fortea. Edicíon a cargo de Jolanda Jacobi. Madrid, Siruela,1995.

—. *Volumen Medicinae Paramirum.* Trad. inglesa de Kurt F. Leidecker. Baltimore, The Johns Hopkins Press, 1949.

PORTO, Paulo Alves. «O Contexto Médico na Montagem das Teorias Sobre a Matéria de J. B. van Helmont. *Tese de Doutorado. PUC-S.P.* São Paulo, 1998.

REIS, Ivoni de Freitas. «Recontando a História da Iatroquímica: R. Bostocke e o The Difference Betwene the Auncient Phisicke... and the Latter Phisicke». *Dissertação de Mestrado.* PUC-SP. São Paulo, 2000.

RATTANSI, P. M. «Paracelsus and the Puritan Revolution» in *Ambix,* Vol. II (1): 24-32, 1963.

WEBSTER, Charles. «Paracelsus: Medicine as Popular Protest». In *Medicine and the Reformation.* Edited by Ole Peter Grell and Andrew Cunningham. London. Routled, pp. 57-77,1993.

YATES, Frances A. *Ensayos Reunidos, III. Ideas e Ideales del Renascimiento em el Norte de Europa.* Trad. espanhola de Tomás Segovia, México, Fondo de Cultura Económica, 1993.

Maria Marta Lobo de Araújo

Departamento de História, Universidade do Minho, Braga, Portugal

Doentes, doenças e serviços de saúde na misericórdia de
Ponte de Lima no século XVIII: «hospital da casa»

Integrado na Misericórdia em 1551, a pedido dos confrades ao monarca, o «Hospital da Casa», anteriormente denominado «Hospital da Praça», por estar situado na principal praça de Ponte de Lima, adquiriu esta nova designação a partir do momento em que transitou da administração da Câmara para a Misericórdia.

O «Hospital da Casa» era o principal unidade de tratamento da Misericórdia de Ponte de Lima e estava integrado no complexo da Santa Casa.

Contudo, a confraria não assistia os doentes apenas neste instituto, auxiliava também os que não desejavam ou não podiam ser internados, mandando uma esmola ou uma galinha ou o médico e o cirurgião e as mezinhas aos que se curavam em suas casas.

Como se tratava de uma unidade de reduzidas dimensões, os confrades de Ponte de Lima debateram na segunda década do século XVII, as alterações necessárias e oscilaram entre melhorar o hospital existente, ou remodelar o hospital de peregrinos[1]. Mais tarde, já em 1648 e considerando a pequenez do «Hospital da Casa», a Misericórdia decidiu aumentá-lo, necessitando, para o feito de comprar umas casas contíguas, porque não dispunha de espaço[2]. Mesmo assim, a enfermaria permaneceu pequena, com seis camas apenas. Na única enfermaria existente, internavam-se homens e mulheres.

Este não era único hospital em Portugal com estas dimensões. Havia um leque de institutos hospitalares de pequena e média dimensão que registavam um número limitado de leitos. O Hospital da Santa Casa da Misericórdia de Aveiro tinha «dez ou doze camas»[3].

Em Ponte de Lima, depois das obras, o hospital passou a contar com mais um espaço onde se podia montar mais duas camas em caso de necessidade. Porém, a exiguidade

---

[1] Em 1603, a Misericórdia incorporou o hospital de peregrinos, denominado «Hospital de Fora», por se situar extra-muros. Apesar da decisão tomada, as obras não se efectuaram neste hospital.

[2] Veja-se Reis, António Matos - *A Santa Casa da Misericórdia de Ponte de Lima no passado e no presente*. Barcelos: Santa Casa da Misericórdia de Ponte de Lima, 1997. p. 54.

[3] Para este hospital consulte-se Barreira, Manuel - *Santa Casa da Misericórdia de Aveiro. Poder, Pobreza e Solidariedade*. Aveiro: Santa Casa da Misericórdia de Aveiro, 1998. p. 134.

do hospital e a precaridade do seu equipamento materializa a pouca importância dada aos cuidados do corpo.

Com o aumento da procura, em finais do século XVII, a Santa Casa procedeu novamente a obras de ampliação da enfermaria e recrutou mais uma criada para apoiar os hospitaleiros. Estas obras foram possíveis, porque a Casa passava por um bom momento financeiro. A chegada de legados engrandeciam a instituição e possibilitaram um ciclo de obras que beneficiaram também o hospital.

No século XVIII, o hospital sofreu apenas obras de restauro não se registando nenhum aumento significativo e apesar das fontes serem pouco claras sobre a possibilidade do aumento de mais uma enfermaria, os escrivães invocavam sempre *a enfermaria*, não sendo possível afirmar com segurança se tinha ou não sido criado mais um local para internamento de doentes. É, contudo, seguro que não dispunha de um espaço para convalescentes, nem para pessoas religiosas, nem para pessoas de «qualidade superior», como se verificava em alguns hospitais de maiores dimensões, como era o de Vila Viçosa.

Para se ter acesso ao hospital era necessário fazer uma petição ao provedor e esperar pela decisão. O doente podia chegar ao hospital pelo seu pé ou mandado buscar pela irmandade e trazido numa cadeirinha suportada pelos irmãos. Podia ainda vir de carro de bois ou de barca. Antes do internamento era confessado e depois de internado usava roupa e calçado da Santa Casa. A sua roupa era lavada e guardada pela hospitaleira e entregue à saída. Significa que o hospital facilitava transporte, roupa, calçado e disponibilizava serviços de saúde e assistência espiritual.

O internamento pressupunha acompanhamento médico e assistência espiritual. Era o capelão da Casa que confessava, sacramentava e ajudava a bem morrer os doentes e celebrava na enfermaria. Quando algum doente morria no hospital, era sepultado pela Santa Casa e mandada celebrar uma missa pelas alma de cada defunto.

O «Hospital da Casa» não recebia doentes com doenças contagiosas. Era uma proibição estatutária que os irmãos levavam a sério[4]. Os portadores destes males eram tratados em casa, como acontecia com os tinhosos e os sifilíticos. No caso dos últimos podiam ainda ser encaminhados para o hospital de São Marcos, de Braga, onde se procedia a uma cura especial para estes doentes. Nestes casos, a Santa Casa de Ponte de Lima pagava uma besta para transportar o enfermo a Braga ou dava uma esmola para o ajudar no tratamento.

Os internados no «Hospital da Casa» eram maioritariamente mulheres do concelho, onde se inscreviam igualmente alguns estrangeiros, que estavam de passagem ou que viviam no Município limiano. Eram sobretudo galegos, ou peregrinos que vinham ou iam para Santiago de Compostela. As mulheres representavam 62,8% dos internados, enquanto os homens apenas 37,2%. Os pobres eram tratados gratuitamente, mas os escravos e os criados eram obrigados a pagar a cura.

Permaneciam no hospital o tempo considerado necessário ao seu restabelecimento, sendo o tempo médio de internamento de 17,4 dias.

---

[4] Arquivo da Santa Casa da Misericórdia de Ponte de Lima (doravante ASCMPL), *Compromisso de 1619. Capítulos Reformados de 1631*, p. 47.

Só em alguns casos foi referida a doença de que padeciam. Os doentes eram internados na mesma enfermaria, quer fossem de «Medicina» ou de «Cirurgia». Os casos mencionados referem-se a quedas, a actos violentos de que resultaram feridos ou, então, a situações de febres que contagiavam vários membros da mesma família.

A procura do hospital avolumou-se em períodos de crise, assistindo-se nessa altura à entrada simultânea de vários familiares. Pais e filhos eram internados no mesmo dia e à mesma hora. O ingresso no hospital carecia de autorização do provedor, mas com o alastramento da doença, a norma era ultrapassada e várias vezes na segunda metade do século XVIII foram feitos internamentos de noite, provando a urgência da situação[5].

A utilização deste hospital foi muito intensa. Estava praticamente sempre superlotado, sendo necessário remodelar com frequência a roupa pelo desgaste a que estava sujeita. Mas a pressão do número de doentes era igualmente sentida na compra de louça e de lenha para a cozinha e para aquecer a enfermaria durante o Inverno. Os escrivães denunciavam-na também quando referiam com espanto as raríssimas vezes em que o hospital esteve desocupado. Como a procura foi muito grande ao longo de todo o século XVIII, a Santa Casa estabeleceu critérios com base em elementos geográficos, passou a dar mais esmolas para tratamento domiciliário e abreviou os internamentos. A exiguidade do espaço e a grande procura hospitalar faziam também com que se deitasse mais do que um doente por cama[6].

Como se acreditava que os cuidados de limpeza contribuíam para a saúde dos enfermos, os confrades eram muito exigentes com os servidores do hospital neste aspecto. Recomendava-se à lavadeira cuidado com a lavagem da roupa, à hospitaleira limpeza na confecção dos alimentos e cuidado na feitura das camas. Devia fazê-las três vezes por semana, como mandavam os estatutos. Mandava-se-lhe também que queimasse a roupa dos doentes de tuberculose. A enfermaria era arejada e perfumada através de alecrim e de alfazema, produtos comprados com regularidade pela Santa Casa. A enfermaria era ainda aspergida com vinagre para a desinfectar. Compravam-se urinóis e vomitórios e no século XVIII, atendendo às preocupações que a literatura da época ecoava[7], aumentaram-se os gastos com a lenha para os fogareiros e recomendava-se mais atenção às questões da higiene.

Os doentes eram assistidos por uma casal de hospitaleiros que vivia no hospital, por duas criadas, por um médico e um cirurgião. Estes servidores eram coordenados por dois irmãos enfermeiros que estavam encarregues de superintender a limpeza das enfermarias, a confecção das refeições, os cuidados dos profissionais de saúde e providenciar os remédios.

---

[5] Sobre esta situação leia-se ARAÚJO, Maria Marta Lobo de - *Dar aos pobres e emprestar a Deus: as Misericórdias de Vila Viçosa e Ponte de Lima (séculos XVI-XVIII)*. Barcelos: Santa Casa da Misericórdia de Vila Viçosa; Santa Casa da Misericórdia de Ponte de Lima, 2000. p. 648.

[6] Em Setúbal esta era uma realidade frequente. Leia-se ABREU, Laurinda Faria dos Santos - *A Santa Casa da Misericórdia de Setúbal de 1500 a 1755: aspectos de sociabilidade e poder*. Setúbal: Santa Casa da Misericórdia de Setúbal, 1990. p. 97.

[7] Confira-se LEMOS, Maximiliano de - *História da medicina em Portugal: doutrinas e instituições.*, vol. 2. Lisboa: Biblioteca da ordem dos Médicos; Publicações Dom Quixote, 1991. pp. 143-149.

A Santa Casa tinha um médico e um cirurgião fixos, mas quando aumentava o serviço contratava mais um cirurgião e em finais do século XVIII integrou um moço que os auxiliava. Ou seja, preocupava-se em oferecer melhores serviços, mas o facto de ajudar uma grande massa de doentes ao domicílio prova que os cuidados de saúde que disponibilizava não eram suficientes[8].

A alimentação dos enfermos foi uma preocupação da Santa Casa. O compromisso estipulava que o hospitaleiro provesse os doentes de tudo o que necessitassem e «se lhes não traga coisas que prejudiquem a sua saúde»[9]. A alimentação dos enfermos era constituída por uma caldo à base de carne de coelho, galinha e frango. Incluía ainda pão e vinho. Não integrava carne de vaca nem fruta, como acontecia noutros hospitais do país. Como o número de galinhas consumido era muito elevado, a confraria mantinha uma capoeira. As restantes carnes eram compradas nos açougues da vila. As refeições eram preparadas pelos hospitaleiros na cozinha do hospital, com água que iam buscar ao fontanário público.

Apesar das preocupações com os doentes, a enfermaria estava mal apetrechada, o mobiliário era exíguo e os gastos com o corpo eram muito inferiores ao feitos com a alma. Este panorama mantêm-se até ao século XVIII, altura em que o corpo ganha espaço à alma e crescem as atenções com os doentes, com os prestadores de cuidados de saúde e com os hospitais.

A enfermaria era um local multiusos, que servia para armazenagem de vários utensílios. Nela se guardavam apetrechos da cozinha, dos enterros, móveis, roupas e outros bens necessários à assistência aos doentes. Para além das roupas, encontravam-se bacias, um balde, tigelas, assim como, castiçais, mesas, uma enxada e um machado. Mais parecia um local de arrumos que um sítio de repouso e tratamento de doentes.

À saída do hospital, o doente, caso ainda não estivesse totalmente restabelecido, podia receber uma ajuda pecuniária e com frequência era paga uma besta para o transportar até à Misericórdia mais próxima e passada uma carta de guia, que atestava a sua pobreza e lhe abria as portas da caridade noutra instituição de assistência. E assim ia até chegar a sua casa. Os outros eram visitados pelos irmãos (até três vezes) para se inteirarem da sua convalescença, sendo-lhes entregue uma esmola para se poderem continuar a tratar.

---

[8] Situação semelhante era vivida em Vila Franca do Campo, Açores. Leia-se MEDEIROS, João Luís Andrade de - *A Santa Casa da Misericórdia de Vila Franca do Campo. Funcionamento e Património (das origens a meados do século XVIII)*, Ponta Delgada: Universidade dos Açores, 2003. p. 150, dis. de mestrado policopiada.

[9] ASCMPL, *Compromisso de 1619. Capítulos Reformados de 1631*, p. 46.

Maria Helena Neves Roque

*Centro de Investigação em História e Filosofia da Ciência
da Faculdade de Ciências e Tecnologia da Universidade Nova de Lisboa, Portugal*

REPRESENTAÇÕES DA PATOLOGIA FEMININA NA
PSIQUIATRIA PORTUGUESA (1950-1960)

Introdução

A presente comunicação tem por finalidade analisar trabalhos de psiquiatras portugueses da década de 50, que incidem sobre o comportamento feminino, evidenciando as imagens e concepções da psicopatologia da mulher implícitas nos referidos textos. A análise dos artigos é estruturada em torno da articulação entre Género e Patologia, bem assim como das correlações entre Ginecologia e Psiquiatria.

Breve panorama da psiquiatria na década de 50

Os anos 50 do século xx foram decisivos na história da psiquiatria devido ao surgimento de novos medicamentos, que provocaram uma profunda alteração na assistência psiquiátrica. Iniciava-se, segundo alguns autores, uma nova era revolucionária na psiquiatria. Com o aparecimento e desenvolvimento dos neurolépticos alguns dos problemas com que se defrontavam os psiquiatras foram atenuados. Robert Cancro afirma, neste sentido, que teriam ocorrido duas grandes revoluções psiquiátricas no século xx, a psicanalítica e a psicofarmacológica[1].

---

[1] «The second revolution was the psychopharmacologic. Like all revolutions, it tried to eradicate what went before it rather than to integrate and build on the past. This attitude created a lost opportunity to bring together the mentalist approach of the psychoanalyst with the biologic approach of the psychopharmacologist.» Robert Cancro, «The Introduction of Neuroleptics: A Psychiatric Revolution,» Psychiatry Serv 51,333-335, 2000, American Psychiatric Association, http://ps.psychiatryonline.org/cgi/content/full/51/3/333:.
Ver também, Addison M. Duval, M. D., Washington, D. C. and Douglas Goldman, M. D., Ohio, «The New Drugs (Chlorpromazine & Reserpine): Administrative Aspects,» Psychiatr Serv 51, 327-331, March 2000, http://ps.psychiatryonline.org/cgi/content/full/51/3/327.
John A. Talbott, M. D., Editor, «1950: The Beginning of a New Era in Mental Health,» Psychiatr Serv 51,7, January 2000, http://ps.psychiatryonline.org/cgi/content/full/51/1/7. Jeffrey L. Geller, M. D., M. P. H., «The Last Half-Century of Psychiatric Services as Reflected in Psychiatric Services,» Psychiatr Serv 51, 41-67, January 2000, http://ps.psychiatryonline.org/cgi/content/full/51/1/41.

Por outro lado, a década de 50 foi designada pela época da feminilidade. No pós--guerra, sobretudo nos EUA, muitas mulheres deixaram os empregos e regressaram ao lar, casavam cedo e tinham filhos. A mulher dos anos 50, além de bela e bem cuidada, deveria ser boa dona de casa, esposa e mãe. A literatura da época, quer a científica, quer a de outro tipo enfatizava a ideia de que o trabalho tornaria a mulher masculina e, consequentemente, insegura quanto à sua identidade, para além de prejudicar o seu papel de esposa e de mãe. A ausência da mãe desencadearia graves perturbações nos filhos. Assim, a construção da sua identidade sexual enquanto mulher e as funções como mãe constituíam as coordenadas do comportamento feminino e delas dependeria o seu equilíbrio psíquico.

As relações entre ginecologia, obstetrícia e psiquiatria, problemas como a frigidez, a esterilidade, as perturbações psicológicas decorrentes da gravidez, do puerpério e da lactação estavam na ordem do dia, bem assim como os métodos psicoterapêuticos de acompanhamento do parto.

Em França, o debate sobre a sexualidade da mulher voltou a entrar em cena, no cerne do movimento psicanalítico inaugurado por Jacques Lacan e Françoise Dolto, no final da década, culminando com o Congresso de Amesterdão em Setembro de 1960. Debate que fez ressurgir a polémica das décadas 20 e 30 do século XX, em torno das concepções freudianas sobre a sexualidade feminina, o «Continente Negro», segundo a metáfora de Freud.[2]

Em Portugal, na década de 50 também se verificou um surto de estudos sobre as relações entre ginecologia, obstetrícia e psiquiatria, sobre a puberdade, a frigidez, a esterilidade, as perturbações psicológicas decorrentes da gravidez, do puerpério e da lactação, bem assim como acerca dos métodos psicoterapêuticos de acompanhamento do parto.

Segundo Barahona Fernandes, nos anos 50-60 do século XX, e, de acordo com, ocorreu uma expansão científica da psiquiatria portuguesa, nomeadamente com a participação de vários psiquiatras portugueses (Luís Navarro Soeiro, Diogo Furtado, Barahona Fernandes, Pedro Polónio, Seabra-Dinis, Fragoso Mendes e João dos Santos entre outros) no I Congresso Mundial de Psiquiatria, realizado em Paris de 18 a 27 de Setembro de 1950.

À revitalização da psicanálise na Europa a partir do seu sucesso nos Estados Unidos seguiu-se a sua implementação em Portugal. Tal como afirmam Barahona Fernandes e Pedro Luzes até à década de 50 não havia psicanálise no nosso país, mas textos psicanalíticos: «Freud era apenas cultivado literariamente.»[3]

---

[2] Muriel Djjéribi-Valentin, «Préface», In: Françoise Dolto, *Sexualité Féminine*, Paris, Gallimard, 1996, pp. 9-41.

[3] Barahona Fernandes, "História e Desenvolvimento no Século XX da Psiquiatria e Psicologia Médica em Portugal," in *História e Desenvolvimento da Ciência em Portugal no Século XX*, (Lisboa, Publicações do II Centenário da Academia de Ciências de Lisboa, 1992), p.363. Pedro Luzes, *Cem Anos de Psicanálise*, Lisboa, Edições ISPA, p. 10.

Género e patologia

Passaremos à análise de uma amostra de artigos representativos da teoria e da clínica psiquiátricas em Portugal na década em estudo, procedendo a um levantamento das imagens do comportamento feminino, bem assim como das relações estabelecidas entre género e psicopatologia neles implícitas.[4]

Segundo Barahona Fernandes, a mulher teria menor motivação para os valores objectivos, principalmente na idade madura. Durante grande parte da sua vida as tendências pessoais, subjectivas ocupariam a primazia sobre todas as outras em oposição ao que sucederia com os indivíduos do sexo masculino.[5]

No que diz respeito à maior tendência para sofrer comportamentos do tipo obsessivo compulsivo, Luís Navarro Soeiro afirmou, no artigo «A Psiconevrose Obsessiva,»[6] que observou uma maior incidência de casos na mulher, referindo que estatisticamente se verificaria uma predilecção pelo sexo feminino.[7]

No artigo em análise, descreveu vários casos clínicos referentes a mulheres e apenas um representativo do sexo masculino. Comentou, a propósito do comportamento sexual das doentes obsessivas: «As mulheres são geralmente frias e devido a bizarrias nas suas relações simpáticas com o mundo que as cerca, sujeitas a todos os caprichos ou abstenções.»[8] Por seu turno, os homens procurariam extravagâncias ou fantasias sexuais, feiticistas e sádicas. Ilustrou a componente masoquista do comportamento feminino com a análise do caso de uma paciente.

Por seu turno, Fragoso Mendes, em «Reacções Neuróticas,»[9] também referiu que as reacções neuróticas de tipo obsessivo se manifestariam mais frequentemente nas mulheres, por vezes logo na infância, puberdade ou adolescência de uma forma episódica ou constante (constituição psicasténica) em personalidades inseguras, anancásticas, meticulosas e escrupulosas com predisposição hereditária dominante.[10]

No que concerne à articulação entre a feminilidade e a maior ocorrência de comportamentos depressivos, há uma série de estudos que estabelecem uma relação quase de causa e efeito entre as características específicas da mulher e a génese das depressões.

Diogo Furtado, no texto «Sistemática das Depressões e sua Terapêutica,»[11] aludiu à relação entre menopausa e depressão quando trata da depressão transacional. A depressão involutiva seria uma afecção acentuadamente mais frequente, sobretudo,

---

[4] No artigo «Psicologia dos Estados Passionais», *A Medicina Contemporânea*, 6, (Junho de 1949), pp. 211-236, Navarro Soeiro delineou algumas das coordenadas que iriam orientar o pensamento psiquiátrico sobre o comportamento feminino, na década seguinte.

[5] Barahona Fernandes, «Perspectivas da Evolução da Personalidade», *Jornal do Médico*, 849, (1959), p. 13.

[6] Luís Navarro Soeiro, «A Psiconevrose Obsessiva», *Anais Portugueses de Psiquiatria*, 4, (1952), pp. 141-172.

[7] Navarro Soeiro, *op. cit.* (6), p.1 56.

[8] Navarro Soeiro, *op. cit.* (6), p. 154

[9] João Fragoso Mendes, «Reacções Neuróticas», *Jornal do Médico*, 697, (1956), pp. 229-243.

[10] Fragoso Mendes, *op.cit.* (9), p. 240.

[11] Diogo Furtado, «Sistemática das Depressões e sua Terapêutica», *Jornal do Médico*, 899, (1960), 845--863.

na mulher após o climatério, e, segundo este clínico, apresentaria relações muito próximas com as psicoses do ciclo esquizofrénico. A prática clínica teria evidenciado a frequência com que se encontram manifestações do tipo paranóide, ideias delirantes, persecutórias, fenómenos alucinatórios e sentimentos de estranheza, entre outros. Perspectiva similar é apresentada por Luís Navarro Soeiro em «Hereditariedade das Psicoses Endógenas»[12]:

> A predominância da psicose maníaco depressiva ou ciclotímica no sexo feminino é possivelmente devida a uma maior penetrância genética na mulher, sendo esta como é mais sujeita a variações periódicas do humor, com outros ritmos biológicos e metabólicos e, por isso também mais sensível às influências psíquicas exógenas.

Neste sentido Martins Nunes num artigo intitulado «Sobre as Psicoses entre os Nativos de Moçambique»[13] afirmou que se observariam diferenças entre os sexos, sendo as psicoses involucionais, as infecções vasculares cerebrais assim como as psicoses maníaco-depressivas muito mais frequentes no sexo feminino, mas sublinhou que se limitara a constatar um facto sem sugerir hipóteses.[14] Por seu turno, Victor Fontes escreveu no seu artigo «Alguns Aspectos das Neuroses na Adolescência»[15] que a anorexia mental seria mais frequente nas raparigas bem assim como as neuroses. O sistema motor feminino seria mais afectado, sobretudo os membros inferiores mais atingidos com fictícia coordenação motora, dificultando ou mesmo impossibilitando a marcha. A homossexualidade na adolescência seria, em seu entender, igualmente mais frequente entre as raparigas do que entre os rapazes.

A este respeito, João dos Santos afirmou precisamente o contrário no texto «Neuroses da Infância.»[16] Aí declarou que a sexualidade física na adolescente era menos bem aceite do que no rapaz e, por consequência, o desvio do desejo sexual sublimar-se-ia mais nas raparigas. Seria muito menos frequente a adolescente cair na prática sexual, tanto no sentido auto, como homossexual. O vício sexual na rapariga resultaria sobretudo do seu eventual abandono moral ou da sede de luxo e do prazer decorrentes da vida mundana. Continuou dizendo que tinha a impressão de que se a adolescente não recebesse em troca das práticas sexuais viciosas compensações materiais resistiria mais à neurose sexual do que o adolescente.

No texto «Psicanálise e Tratamento das Depressões,»[17] Francisco Alvim defendeu que a rapariga adolescente passaria por uma série de problemas como a fobia das regras, a anorexia mental, que gradualmente redundaria em frigidez, esterilidade,

---

[12] Luís Navarro Soeiro, «Hereditariedade das Psicoses Endógenas», Separata do *Boletim Clínico dos Hospitais Civis de Lisboa*, 1 e 2, (1956), p. 148

[13] Martins Nunes, «Sobre as Psicoses entre os Nativos de Moçambique», *Anais Portugueses de Psiquiatria*, 12, (1960), 3-36.

[14] Martins Nunes, *op.cit.* (13), pp. 13, 14, 15 e 25.

[15] Victor Fontes, «Alguns Aspectos das Neuroses na Adolescência», *Anais Portugueses de Psiquiatria*, 4, (1952), pp. 112-128.

[16] João dos Santos, «Neuroses da Infância», Anais *portugueses de Psiquiatria*, 4, (1952), pp. 95-111.

[17] Francisco Manuel Barreto Alvim, «Psicanálise e Tratamento das Depressões», Separata do *Jornal do Médico*, 42, (1960), pp. 600-601.

reacções infantis ao meio e na menopausa depressões das mais graves o mesmo é dizer melancolia involutiva.[18]

No «Curso de Psicologia Médica,»[19] Barahona Fernandes explicou que a exaltação de uma mulher com os seus familiares durante a distimia pré-menstrual denunciaria um fundo de labilidade biológica e alteração do tónus vital, e que situação idêntica se verificaria nos estados de exaltação da menopausa, da involução senil, dependentes, sobretudo, do fundo orgânico alterado. Todavia, relevou que a psicogénese seria sempre condicionada por outros factores, personalidade/organicidade/sociedade.[20]

As cefaleias de etiologia psicológica também seriam mais frequentes nas mulheres do que nos homens. Neste sentido, Diogo Furtado, «Cefaleias Psicogénias»[21] declarou: «Em primeiro lugar a cefaleia psicogénia é particularmente mais frequente nas mulheres, muito mais que nos homens. Aproximadamente 65% dos casos da estatística americana eram mulheres.»[22] Pedro Luzes no artigo «Enxaquecas,»[23] incluído na mesma separata, afirmou também: «As relações entre os factores endócrinos e as enxaquecas são demonstradas por várias observações clínicas. Assim as crises atingem sobretudo as mulheres. Começam muitas vezes na puberdade e são frequentemente síncronas com a menstruação, cessam em geral durante a gravidez ou menopausa».

Quanto às teorias que explicariam estes factos de observação, Pedro Luz afirmou que seriam várias. Alguns autores apontariam em primeiro lugar para a disfunção dos ovários, considerando a enxaqueca como efeito de uma hipo ou hipersecção ovárica. Outros sustentariam que a função ovárica seria secundária na génese da enxaqueca, a causa principal localizar-se-ia na hipófise.[24]

Para concluirmos, citamos João Fragoso Mendes que na sua tese de doutoramento *Psicoses Sintomáticas. Estudo Clínico e Análise Estrutural de 509 Casos,*[25] afirmou o seguinte sobre a predisposição das mulheres para serem afectadas pelas psicoses sintomáticas, sobretudo as de natureza confusional:[26]

---

[18] Francisco Alvim, *op. cit.* (17) p. 600.

[19] Barahona Fernandes, «Curso de Psicologia Médica. Introdução, Problemas Gerais das Neuroses, Análise Convergente», *Anais Portugueses de Psiquiatria*, 4, (1952), pp. 14-38.

[20] Barahona Fernandes, *op. cit.* (19), p. 31. Neste artigo procedeu à análise de diferentes casos clínicos de mulheres, entre os quais destacou o de uma mulher, filha de pai leviano e mãe severa, que teria descoberto o amor aos 40 anos. Por não conseguir assumir tal sentimento sofria e sentia por isso profunda angústia

[21] Diogo Furtado, «Cefaleias Psicogénias», Separata de *O Médico*, 88, (1955), pp. 47-53.

[22] Diogo Furtado, *op. cit.* (21), p. 48.

[23] Pedro Luzes, «Enxaquecas», Separata de *O Médico*, 88, (1955), pp. 35-43.

[24] Pedro Luzes, *op. cit.* (23), p. 39.

[25] João Fragoso Mendes, *Psicoses Sintomáticas. Estudo Clínico e Análise Estrutural de 509 Casos*, (Lisboa, Edição do Autor, 1959).

[26] João Fragoso Mendes, *op. cit.* (25), pp.82 e 88. Destacamos também dois artigos que focam outra dimensão da etiologia das disfunções femininas, atribuindo as causas das neuroses a uma reacção defensiva da mulher às ameaças do meio à sua integridade física e psíquica. Um é de Diogo Furtado, «Um Estranho Caso de Histeria» Furtado, Diogo Guilherme da Silva Alves, «Um Estranho Caso de Histeria», *Jornal do Médico*, 639, (1955), 993-995, e o outro é da autoria de Amílcar Moura «Terapêutica Psicossomática Convergente.» Separata do *Jornal Médico*, 27, (1955), pp. 1-18.

Nesta predisposição para as psicoses sintomáticas – não só a idade mas também o sexo desempenha um papel a considerar, mostrando as mulheres mais susceptibilidade do que os homens. Atribui-se esta tendência a vários factores, como a menstruação, climatério, gravidez, puerpério e lactação. Estas fases de comprovada labilidade psíquica parecem facilitar a eclosão de psicoses sintomáticas, mais fácil ainda quando surgem factores exógenos suficientemente intensos que mobilizem uma tendência latente. (…) Aceitamos que as psicoses sintomáticas em geral, e muito particularmente os síndromas confusionais, são mais frequentes nas mulheres.

Como veremos, seguidamente, as relações entre género e patologia tornam-se mais explícitas nos textos que focam as ligações entre disfunções ginecológicas e psicopatologia.

Ginecologia e Psiquiatria

A propósito das ligações intrínsecas entre Ginecologia e Psiquiatria, no seu artigo «Reacções Neuróticas em Ginecologia»,[27] Barahona Fernandes começa por referir que desde a Antiguidade existia especial interesse pela interacção entre o psiquismo e as doenças do aparelho genital feminino. Em seu entender, não seria necessária grande «penetração psicológica para compreender as repercussões» das fases cruciais da vida da mulher, puberdade, menstruação, actividade sexual, gravidez, parto, lactação menopausa na formação da sua personalidade. Afirmou que as doenças ginecológicas, na medida em que interferem nestas funções, e alteram ou impedem o desempenho do papel feminino na vida conjugal, na família e na sociedade se reflectirão, mais fortemente, no comportamento da mulher. Igualmente evidentes seriam as consequências de muitos conflitos e episódios emocionais nas funções sexuais da mulher. Barahona Fernandes delineou um quadro dos «tipos sindromáticos mais comuns de reacção de reacção neurótica» na área da ginecologia. Segundo o referido clínico, a experiência tradicional, a intuição, a sensatez e o saber dos ginecologistas careceriam de ser completados pelo estudo das complexas relações psicossomáticas.[28]

Em consonância com Barahona Fernandes, Luís Navarro Soeiro afirmou em «Factores Psicológicos e Esterilidade»[29] que desde o século anterior o ginecologista, dada a natureza da sua especialidade e devido a certos exageros cirúrgicos, teria sido alvo da crítica dos psiquiatras, até porque «à consulta do ginecologista acorreriam talvez tantas neuróticas e psicopatas como à do psiquiatra…» e este poderia «correr o

---

[27] Barahona Fernandes, «Reacções Neuróticas em Ginecologia» Separata do *Jornal do Médico*, 539, (1953), pp. 3-29.

[28] Barahona Fernandes, *op. cit.* (27), p. 5.

[29] Luís Navarro Soeiro, «Factores Psicológicos e Esterilidade», *Anais Portugueses de Psiquiatria*, 9, (1957), pp. 90-100.

risco de ficar inexoravelmente detido na barreira dos orgãos genitais.»[30] A gravidez, o puerpério[31] e até os períodos menstruais gerariam muitos quadros de perturbações psíquicas, particularmente graves.[32]

De acordo com Navarro Soeiro, notar-se-ia em toda a neurótica uma perturbação da sensibilidade enteroceptiva, da cinestesia visceral, nomeadamente da sensibilidade pélvico genital e a doente, «escolheria, por assim dizer, o órgão sobre o qual descarregaria a emoção do conflito, (histeria da conversão segundo a terminologia de Freud).[33] Aqui se poderia encontrar a etiologia de muitos dos casos de amenorreia, vaginismo, frigidez, esterilidade, entre outros. Navarro Soeiro mostra-se convicto que muitas das doentes que consultariam o ginecologista padeceriam de neurose, neurose essa que exprimiria um conflito de uma personalidade predisposta para um certo tipo de reacção anormal no meio familiar e onde estaria inserida. Diz-se convicto que a grande maioria das frígidas são neuróticas e que a frigidez tem repercussões negativas na fecundidade.[34] Barahona Fernandes sublinhou também que a grande histeria teria sido substituída, na altura, pelas afecções psicossomáticas, caso das amenorreias das trabalhadoras ou das mobilizadas.[35]

Eduardo Cortesão em «Psicodinamia e Tratamento da Frigidez na Situação Grupo-analítica»[36] procedeu a uma abordagem psicanalítica das causas da frigidez, preconizando que o principal conflito na frigidez psicogénea consistiria na repressão da atracção sexual infantil para com o pai e rivalidade e culpa em relação à mãe. Em seu entender, na situação terapêutica de grupo o terapeuta assumiria um papel de figura materna e o grupo, no seu todo, o papel de uma figura materna.[37]

A propósito, Barahona Fernandes alertou para a predisposição frequente de proceder-se a interpretações psicanalíticas das reacções neuróticas e das ginecopatias. Chamou também a atenção para o cuidado que se deveria ter na avaliação etiológica das doenças e para a necessidade de abandonar posições unilaterais. Deveria assim ter-se em conta uma pluralidade de factores na formação das patologias. Será no equilíbrio entre tendências e na compreensiva colaboração entre o ginecologista e o psicoterapeuta que estaria a solução para a compreensão e tratamento das doentes.[38]

---

[30] Navarro Soeiro, *op. cit.* (29), p. 90.

[31] Ver Pedro Polónio; Motta Figueiredo, «As Psicoses da Gravidez, Puerpério e Lactação», *Anais Portugueses de Psiquiatria*, pp. 112, 4, (1954).

[32] Navarro Soeiro, *op. cit.* (29), p. 93.

[33] *Ibid*

[34] Navarro Soeiro, *op.cit.* (29), pp. 93-94. No mesmo texto, Navarro Soeiro interrogou-se sobre o que representaria de sofrimentos inúteis para uma sensibilidade insegura, expressões ou diagnósticos como útero caído e metrite, na medida em que muitas vezes a metrite não seria necessariamente inflamatória, mas poderia resultar de uma hiperemia repetida por excitação vasomotora que acompanharia a insatisfação da libido, caso a excitação erótica não fosse seguida de orgasmo.

[35] Barahona Fernandes, *op. cit.* (27), pp. 12-13.

[36] Eduardo Cortesão, «Psicodinamia e Tratamento da Frigidez na Situação Grupo-analítica», *Jornal do Médico*, 468, (1960), pp. 202-203.

[37] Eduardo Cortesão, *op.cit.* (36), pp. 202-203.

[38] Barahona Fernandes, *op. cit.* (27), pp. 16-25.

Quer Barahona Fernandes, quer Navarro Soeiro preconizaram a necessidade de colaboração e mútuo esclarecimento entre os ginecologistas e os psicoterapeutas.[39] Na prática, seriam possíveis os dois erros: interpretarem-se os dados psicológicos como consequência de uma doença local e, prolongar, sem êxito, os tratamentos tópicos, ou considerarem-se os sintomas neuróticos como psicogéneos e diagnosticar uma doença nervosa desencadeada por disfunções emocionais, omitindo a dimensão fisiológica.[40]

Conclusões

Em suma, o sexo feminino é retratado, na generalidade dos artigos de psiquiatria publicados por especialistas portugueses nas décadas de 50 e 60, como sendo mais predisposto do que o masculino, a sofrer perturbações do foro psicológico devido ao carácter mais emotivo da sua vida interior, à especificidade dos seus ciclos biológicos, sexualidade e funções reprodutivas. A menarca, a menstruação, o puerpério, o aleitamento e a menopausa constituiriam momentos propícios ao aparecimento de perturbações comportamentais. As mulheres estariam assim condicionadas pelas suas características biológicas. Adoptariam comportamentos tendencialmente mais masoquistas do que os homens, seriam mais atreitas às cefaleias de etiologia psíquica, à depressão, ao ciúme, ao ressentimento e aos comportamentos obsessivo compulsivos. Evidenciariam ainda maior susceptibilidade às psicoses sintomáticas, nomeadamente os sintomas confusionais ocorreriam sobretudo no sexo feminino. Um outra conclusão a retirar é que, dada a estreita correlação entre as funções sexuais femininas e o comportamento da mulher, tornar-se-ia indispensável a colaboração entre ginecologistas e psiquiatras, até porque os ginecologistas sempre teriam adoptado atitudes em que a consideração de factores psicossomáticas estiveram presentes, sem que disso se apercebessem.

---

[39] Barahona Fernandes, *op. cit.* (27), pp. 16-25 e Navarro Soeiro, *op. cit.* (29), pp. 93-94.

[40] Barahona Fernandes, *op. cit.* (27), pp. 18.

André Gonçalo Dias Pereira[1]

Faculdade de Direito; Centro de Direito Biomédico, Universidade de Coimbra, Portugal

Eugenismo? Da 'doença incurável que importe aberração sexual' ao 'diagnóstico genético pré-implantatório'

Sinopse

Eugenismo ecoa aos ouvidos de muitos como um conceito da primeira metade do século passado. Com raízes na cultura grega, cientificado pelo positivismo naturalista de oitocentos, ardeu na «fogueira da História» com os horrores dos Nazis na Alemanha e com a perfídia médica de sociedades tecnocráticas do pós-guerra nos países do norte da Europa e da América.

Durante décadas o legislador procurou influenciar a descendência e a procriação através da legislação matrimonial; daí resultou a construção e a evolução da doutrina dos impedimentos matrimoniais, onde a influência da medicina pré-antibiótica se fez fortemente sentir. Hoje, porém, verifica-se uma dissociação entre o casamento e a descendência e mesmo entre o sexo e a procriação. Estas facetas da existência humana encontram-se compartimentadas numa amálgama pluriforme de vivências sociais.

Por outro lado, as ciências da saúde não só nos trouxeram os antibióticos, como ainda nos prendaram com as técnicas de controlo da natalidade e com as de procriação medicamente assistida, o que permitiu deslocar o centro de gravidade do «governo da descendência» dos homens das leis, para a livre e responsável autoregulação dos projectos parentais dos indivíduos e dos casais e para os senhores da medicina.

Há cem anos negava-se a alguns o direito a casar, tendo como objectivo último impedi-los de se reproduzir, porque a medicina não solucionava os seus problemas de saúde, hoje discute-se se deverá impedir outros de procriar, embora a medicina lhes ofereça meios técnicos para tanto (fertilização *in vitro*, mãe hospedeira, clonagem (?)).

As leis do casamento de novecentos eram rígidas e de forte disciplina social, em grande parte por influência da comunidade médica; hoje, as legislações parecem ir

---

[1] Assistente da Faculdade de Direito da Universidade de Coimbra; Pós-graduado em Direito Civil e em Direito da Medicina; Mestre e Doutorando em Ciências Jurídico-civilísticas pela Universidade de Coimbra. Membro do Conselho Nacional de Medicina Legal. Vice-presidente da Comissão de Ética da AIBILI (Coimbra). Secretário científico do Centro de Direito Biomédico. Professor convidado do *Summer Course on European Private Law* da Universidade de Salzburg.

reduzindo os impedimentos matrimoniais, ganhando o charme de mais liberais ou tolerantes, mas tal quiçá só vai sendo possível graças aos testes pré-natais e aos exames pré-implantatórios.

A) A evolução histórica dos impedimentos matrimoniais ao longo do século XX, em Portugal

Os cientistas, primeiro, e os juristas, depois, encontraram no casamento um o momento óptimo para a realização de objectivos de saúde pública ou do *higienismo*, bem como para o «melhoramento da raça» ou do *eugenismo*. Em Portugal, esse movimento nunca foi tão radical quanto nos Estados Unidos ou na Europa protestante e apagou-se claramente, tal como nos restantes países, a partir dos anos 60. Todavia, a regulamentação da União de Facto também mereceu da parte do legislador algum cuidado no que respeita à problemática eugénica.

1. Código de Seabra

Tendo a problemática eugenista surgido no último quartel do século XIX, após a revolução darwiniana e as obras de Haeckel, Galton e outros, não admira que o Código de 1867 apenas contemple impedimentos matrimoniais ligados à proibição do incesto e da consanguinidade, à limitação da idade e à proibição da bigamia.[2]

2. Os Alvores da Primeira República e a Eugenia em Portugal

O problema do casamento e da reprodução dos indivíduos portadores de má hereditariedade ou de algum estado patológico adquirido, transmissível à descendência e, eventualmente ao cônjuge saudável constituiu o objecto privilegiado do pensamento eugénico português, tendo vários autores manifestado a favor da introdução de impedimentos matrimoniais de base eugénica.[3]

Se os cientistas e médicos portugueses estavam receptivos às práticas eugénicas moderadas, já os políticos e juristas mantinham uma atitude de grande prudência. Como afirma Ana Leonor Pereira: «O fracasso da proposta de lei, da autoria de Reboredo Sampaio e Melo, apresentada à Câmara os Deputados, em inícios de 1910, sobre a «proibição do casamento aos degenerados», em concreto, «aos sifilíticos, aos alcoólicos crónicos, aos tuberculosos e aos afectados de quaisquer doenças mentais e

---

[2] Artigo 1073º: «Não podem contrair casamento: 1º Os parentes por consanguinidade ou afinidade em linha recta; 2º Os parentes em segundo grau na linha colateral; 3º Os parentes em terceiro grau da linha colateral, salvo se obtiverem dispensa; 4º Os menores de 14 anos, sendo do sexo masculino, e de 12 anos sendo do feminino; 5º Os ligados por casamento não dissolvido.»

[3] *Vide* Ana Leonor Pereira, «Eugenia em Portugal», *Revista de História das Ideias*, Vol. 20, Coimbra, 1999, p. 540 ss..

nervosas graves»[4] é uma boa prova das resistências mentais ao cientismo eugenista e, simultaneamente, da persistência de valores humanistas de fundo cristão, assumidos ou recalcados, nas frentes ideo-políticas da época.»[5]

As leis da família da Primeira República são o testemunho de um equilíbrio entre o humanismo católico, tradicional na Europa do Sul,[6] e as influências eugénicas que estão bem presentes na elite médica portuguesa da época. Assim, a *Lei da Família* de 1910 (Decreto de 25 de Dezembro de 1910) prevê no seu artigo 4º que: «*Não podem contrair casamento: 4) os interditos por demência, verificada por sentença passada em julgado, notória, e bem assim os divorciados por motivo de doença contagiosa reconhecida como incurável, ou doença incurável, ou doença incurável que importe aberração sexual.*»

Por outro lado, a *Lei do Divórcio* de 1910 (Decreto de 3 de Dezembro de 1910) estabelece, no se artigo 4º, que: «São taxativamente causas legítimas de divórcio litigioso: *7º – A loucura incurável quando decorridos, pelo menos, três anos sobre a sua verificação por sentença passada em julgado... 10º – A doença contagiosa reconhecida como incurável, ou uma doença incurável que importe aberração sexual.*»

A doença incurável que importe aberração sexual foi assim erigida em justa causa de divórcio, numa manifestação clara do eugenismo ou talvez melhor do *higienismo* do legislador. A República introduziu o divórcio e, concretamente, o divórcio por motivos de saúde de um dos cônjuges. Porém, a sua expressão prática era, em termos percentuais, reduzida, ficando-se pelos 1,3% os divórcios devidos a «loucura incurável», a «doença contagiosa reconhecida como incurável, ou uma doença incurável que importe aberração sexual» e ainda «o vício inveterado do jogo de fortuna ou azar».[7]

---

[4] «Prohibição do casamento aos degenerados», *Gazeta dos Hospitais do Porto*, Porto, 4 (7), 1 Abr. 1910. apud Ana Leonor Pereira, *ob. cit.*, p. 567.

[5] Ana Leonor Pereira, *ob. cit.*, p. 568.

[6] Em 1912, realizou-se em Londres a primeira conferência mundial sobre eugenia, onde participaram W. Churchill, G.B. Shaw, Alfred Ploetz, Presidente da Sociedade Alemã de Higiene Racial e Leonardo Darwin, filho de Charles, sucessor de Galton na presidência da «Eugenics Education Society», a primeira associação eugénica, criada em 1907, na Inglaterra. Um grupo da «ala nórdica» defendeu então medidas eugénicas «negativas» de impedimento da transmissão de defeitos hereditários, nas quais se incluíam a proibição do casamento, a esterilização e a segregação dos «anormais» *enquanto os delegados dos países latinos católicos insistiram em medidas «positivas» de reforço da assistência social, de protecção materno-infantil e de apoio às famílias numerosas* (Sophia Quine, *Population Politics in twentieth century Europe*, 1996, *apud* Irene Pimentel, «O Aperfeiçoamento da Raça», *História*, Ano xx, nº 3, Junho 1998, p. 19).

[7] Segundo Rui Cascão («Família e Divórcio na primeira república», *A mulher na sociedade portuguesa – visão histórica e perspectivas actuais*, Faculdade de Letras, 1986), as principais causas invocadas para a dissolução do casamento por divórcio nos inícios da Primeira República, num concelho do centro de Portugal, são as seguintes: sevícias e injúrias graves – 27,7%, separação de facto, livremente consentida, por mais de dez anos consecutivos – 17, 8%; figuram depois *ex aequo* o adultério feminino e o abandono completo do domicílio conjugal por mais de três anos, com a percentagem de 17,1% cada; o adultério masculino – 14,8%. As restantes causas têm um peso estatístico muito reduzido (5, 5%, dos quais 4, 2% dizem respeito à ausência por tempo não inferior a quatro anos).

3. A República e Estado Novo

Durante o período republicano, o médico Júlio Dantas foi um dos mais acérrimos defensores da eugenia. Ele propunha a introdução do exame pré-nupcial, a proibição do casamento entre doentes de corpo e de espírito, e o isolamento dos indivíduos perigosos para a «raça» (*Espadas e Rosas*, Lisboa, 1919).[8]

O debate eugénico só subiria, porém, de tom em Portugal – e sempre em meios restritos – depois do golpe militar de 1926. Para não fabricar «num triste fim da raça, uma geração miserável e incapaz, de ineptos, de malvados, de covardes», António Augusto Mendes Correia propôs a segregação dos criminosos reincidentes, a esterilização nos casos de grandes taras, a regulamentação da imigração e o impedimento do casamento aos «mendigos profissionais» que iriam pesar económica e «lugubremente sobre a vitalidade e a saúde germinal da raça».[9]

Durante a década de trinta a ideologia eugenista fortaleceu-se; todavia ela nunca se conseguiu impor à aliança política entre o Estado Novo e a Igreja.[10]

A legislação republicana do casamento e do divórcio, no que diz respeito aos problemas que estamos a analisar, vigorou entre nós até à promulgação do Código Civil de 1966. A doutrina jurídica da época não se manifestava contrária à intencionalidade positivada nestas normas. Em 1942, Pires de Lima[11] ensinava, relativamente ao impedimento dirimente absoluto *Demência*: «Estão, assim, impedidos, não só os que sofrem daquela especial anomalia mental a que a ciência médica chama demência, mas todos os que sofrem de qualquer doença mental, que os iniba de reger suas pessoas e seus bens. A lei estabeleceu este impedimento dirimente absoluto por duas ordens de razões: 1ª - Por uma razão de *ordem jurídica*. O casamento celebrado por um demente é normalmente um casamento em que falta o consentimento, e, por isso, absolutamente nulo. 2ª - Por uma razão de *ordem eugénica. É necessário evitar que cresça o número de tarados e dementes, e está hoje provado que as doenças mentais se transmitem hereditariamente*. É sobretudo por estas razões que o impedimento existe, como mostra a circunstância de estar incluído no nº 4, ao lado do impedimento do divórcio por motivo de doenças contagiosas e incuráveis.»[12]

---

[8] Irene Pimentel, *ob. Cit.*, p. 21.

[9] Irene Pimentel, *ob. Cit.*, p. 22. A autora refere as impressivas posições de outros pensadores da época.

[10] Nos anos 30, tempos em que a questão eugénica estava ao rubro, Riba Leça publica na revista católica *Brotéria* vários artigos sobre a posição da Igreja sobre o assunto. A «eugenia como ciência teórica e prática, promotora do melhoramento da espécie», devia ser combatida quando utilizasse meios eivados de materialismo positivista e de iluminismo de «repugnante imoralidade», como acontecia nos EUA, onde «as noções cristãs de compaixão e caridade» se tinham tornado «conceitos caducos». Este autor recusa quaisquer impedimentos ao casamento, já que não cabia ao Estado «traçar de maneira absoluta e definitiva os limites do exercício do direito ao matrimónio», *apud* Irene Pimentel, «O Aperfeiçoamento da Raça».

[11] Pires de Lima, *Direitos de Família, vol. I Constituição do Estado de Casado*, 1942 (texto de Guilherme Braga da Cruz), p. 106. Salientemos também as Lições de Paulo Cunha, *Direito da Família*, Tomo I, Lisboa, 1941 (coligidas pelos alunos Raúl Ventura, Raúl Marques e Júlio Salcedas), p. 270 e ss. Não encontramos diferenças significativas no ensino destes dois Autores.

[12] Sobre este impedimento escreveu Pereira Coelho (*Curso de Direito da Família*, Atlântida Editora, 1965, p. 132): «A razão da lei não está aqui, ao que nos parece, na protecção do interesse particular do

No que respeita ao *Divórcio por doença,* afirmava o Professor de Coimbra: «Pode perguntar-se: por que razão o divórcio com fundamento em doenças incuráveis (contagiosas ou sexuais) é um impedimento, e não o é a simples existência dessas doenças? Pareceria lógico que a lei, assim como proíbe o casamento de um doente, divorciado por esse motivo, proibisse o casamento de um solteiro que padeça das mesmas enfermidades. No entanto é fácil de ver porque adoptou a lei tal solução. É que *repugna aos nossos sentimentos morais, que se faça,* embora ele tenha tradições no direito romano e canónico, *o exame corpóreo,* antes de cada casamento, para ver se existem ou não as doenças a que se refere o nº 4 do artigo 4º. No caso de ter havido divórcio com fundamento nessas doenças, já é lógico que exista o impedimento, pois na acção de divórcio teve de fazer-se a prova delas.»[13] Os Autores manifestavam, pois, repugnância pelos exames pré-nupciais: esta forma de prevenção da doença não foi, pois, nunca plasmada na lei portuguesa.[14]

Durante a preparação do novo Código Civil foram apresentados dois anteprojectos relativos ao direito matrimonial. Em ambos nota-se um afastamento da ideologia eugénica e uma tendencial aproximação do regime do casamento canónico. Com efeito, o eugenismo negativo, embora não totalmente desprezado[15] não foi proposto pelo Professor de Coimbra.[16]

---

próprio demente; os interesses que se querem proteger, com o impedimento da demência, são interesses públicos, interesses de ordem eugénica e social. Pretende-se evitar que as taras dos dementes se transmitam para os filhos, e defender, assim e já sob este aspecto, a própria sociedade (razão de ordem eugénica); por outro lado (razão de ordem social), quer a lei evitar que se constituam famílias que não sejam, no corpo social, células sãs e úteis – e decerto não o serão as famílias constituídas sobre a base de casamentos em que seja demente algum dos cônjuges.»

[13] Pires de Lima, *Direitos de Família, vol. I Constituição do Estado de Casado,* 1942 (texto de Guilherme Braga da Cruz), p. 110.

[14] Em França é obrigatória desde 1942 (Lei de 16-12-1942; Dec. De 2-11-45 e art. 63 *Code Civil*) a realização de um teste médico pré-nupcial, não para impedir a realização do casamento a quem careça de aptidão física para a *copula carnalis,* porquanto o resultado do exame é secreto, só ao próprio sendo revelado; a sua não realização não constitui, porém, impedimento. Cfr. Antunes Varela, *Direito da Família,* 1999, p. 225, nota 1.

[15] A sua simpatia pelo eugenismo revela-se em trechos como este: «(...) O que é certo é que o legislador não pode deixar de ouvir com mais alguma atenção o ensinamentos da medicina, e procurar afastar, na medida do possível, essas taras perniciosas que a hereditariedade vai implacavelmente propagando aos indivíduos, e que podem ter funestas consequências para o prestígio da própria raça. Levantou-se o mundo indignado quando na Alemanha se decretou a esterilidade obrigatória de certos tarados; apelou-se para a imoralidade para o despotismo dessa medida ofensiva da dignidade humana, e parece não se ter visto que sem essa, ou sem medidas que conduzam aos mesmos resultados, se criará fatalmente uma raça de raquíticos, de tuberculosos e de loucos, que não podem constituir a classe dirigente de amanhã. Já não podem os Estados pensar em deixar a resolução de tão magno problema à simples selecção natural, hoje em dia de tão reduzidos efeitos no problema da procriação.» – Pires de Lima, *Direitos de Família,* vol. I, p. 110.

[16] Pires de Lima, *Constituição do Estado de Casado, Ante-projecto de um dos livros do futuro Código Civil,* 1945. «Artigo 9.º (Casos de incapacidade absoluta) 1º Não podem contrair casamento: a) os menores de dezasseis anos, sendo do sexo masculino, e de catorze, sendo do feminino; b) *os interditos por demência, total ou parcialmente, ou os notoriamente dementes, mesmo durante um intervalo lúcido;* c) *Os que sofram de doença incurável que se transita por contágio ou herança, ou que importe aberração sexual, se com esse fundamento foi anulado por erro ou dissolvido o seu casamento anterior;* d) Os ligados por outro casamento ainda não dissolvido.» Em anotações, escreve o civilista: «Desde que o fundamento deste impedimento (al.

Em 1957, Gomes da Silva publica *O Direito da Família no Futuro Código Civil.* Estamos perante um texto extraordinariamente interessante e revelador da formação e ideologia do autor[17]. No que respeita especificamente à problemática da capacidade para o casamento, Gomes da Silva teve como «uma das [suas] preocupações principais a de *expurgar* o Código de tudo quanto nos pareceu injustificável»[18] Com efeito, este anteprojecto leva a cabo uma forte aproximação ao direito canónico.[1920]

Neste anteprojecto já só encontramos como impedimento de razão eugénica a *demência.* A «doença incurável» desaparece, ficando em seu lugar um artigo meramente moralista e indefinido: «*a prática inveterada de qualquer aberração sexual*»!

6. O Código Civil de 1966

O Código Civil acabou por se afastar em parte dos anteprojectos referidos, adoptando uma concepção minimalista dos impedimentos dirimentes absolutos[21]. Assim,

---

b)) é, ou deve ser, estruturalmente de ordem eugénica, consideramos irrelevante a lucidez momentânea, ou a simples interdição parcial, em harmonia com as correntes doutrinais dominantes. Ampliamos também o impedimento da alínea c). (...) parece lógico que o impedimento se alargue a casos semelhantes, como ao da prova se encontrar feita numa acção de anulação feita com base no erro. Temos no nosso direito soluções mais radicais em relação aos militares (Vide decretos nº 20:121, de 28 de julho de 1931, e nº 31:107, de 18 de Janeiro de 1941, artigo 3º, nº 4) mas *não nos parece conveniente generalizar esses preceitos excepcionais, por temermos criar obstáculos à livre entrada dos indivíduos em sanatórios de tuberculosos com receio do futuro impedimento.»*

[17] Vejamos alguns trechos significativos de Gomes da Silva: «.... pela abominável a Lei do Divórcio, constituiu gravíssima injúria e violência contra a consciência nacional e causou s maiores estragos.... Volvidos muitos anos, ainda esta ferida não estava curada, e foi por isso recebida com verdadeiro júbilo a Concordata que, limitadamente embora, veio dar satisfação à consciência católica...»

[18] Gomes da Silva, «O Direito da Família no Futuro Código Civil», *Boletim do Ministério da Justiça*, nº 65, Abril, 1957, pp. 35.

[19] Gomes da Silva, *ob. Cit.*, p. 34. «Conquanto ele [o casamento civil] não passe, relativamente aos baptizados na Igreja Católica, de mera contrafacção de casamento, procurámos estruturá-lo em bases sólidas, pois, enquanto consagrada na lei, esta modalidade de casamento exerce influência nos costumes e na mentalidade em geral, e deve por isso respeitar, quanto possível, a essência do matrimónio e as ideias e aspirações naturais, que se encontram na base deste instituto.»

Nestes termos, o seu anteprojecto apresenta os seguintes impedimentos dirimentes absolutos: «Artigo 31º (Impedimentos dirimentes absolutos) 1º - A idade inferior a 14 ou a 16 anos, respectivamente para os indivíduos do sexo feminino e para os do sexo masculino; 2º - A *demência notória*, mesmo durante intervalos lúcidos, e a interdição total ou parcial por demência; 3º - A prática inveterada de qualquer aberração sexual; 4º - A impotência funcional e incurável, absoluta ou relativa ao outro nubente; (...)»

[20] Código de Direito canónico, can. 1084 § «1. *A impotência antecedente e perpétua de realizar o acto conjugal, por parte quer do marido quer da mulher, tanto absoluta como relativa, dirime o matrimónio, pela própria natureza deste. (...)»*

[21] Portugal acompanhou nos anos 60 uma tendência que também se registou noutros países no sentido da eliminação dos impedimentos de ordem eugénica. Cfr. Mary Ann Glendon, *The Transformation of Family Law*, Chicago/London, The University of Chicago Press, 1996, p. 36, aponta casos impedimentos matrimoniais que surgiram no início do século. Nos Estados Unidos muitos Estados adoptaram legislação que visava a proibição de casamentos de pessoas com epilepsia, tuberculose, alcoolismo ou doenças venéreas. «Today most of these health-related statutes have disappeared, or their prohibitions have been replaced by

segundo o artigo 1601º (Impedimentos dirimentes absolutos) São impedimentos dirimentes, obstando ao casamento da pessoa a quem respeitam com qualquer outra: a) A idade inferior a dezasseis ou a catorze anos, conforme se trate de indivíduo do sexo masculino ou do sexo feminino; b) *A demência notória*, mesmo durante os intervalos lúcidos, e a interdição ou inabilitação por anomalia psíquica; c) O casamento anterior não dissolvido, católico ou civil, ainda que o respectivo assento não tenha sido lavrado no registo do estado civil.» Em matéria de separação de pessoas e bens e de divórcio prescrevia o artigo 1778º, entre outros fundamentos, «al. b) Práticas anticoncepcionais ou de aberração sexual exercidas contra a vontade do requerente.»

Comparando este regime com o da Lei da Família de 1910 encontramos duas grandes diferenças: por um lado, os portadores de doenças contagiosas não estão por qualquer modo impedidos de casar; por outro lado, os surdos-mudos e os pródigos passam também a gozar do direito fundamental de celebrar casamento.[22]

Note-se que quanto ao ponto em análise o nosso direito civil se mantém estável desde 1966.[23] Relativamente ao divórcio a lei de 1966 abandonou qualquer postura de natureza eugénica ou higiénica.

7. Doutrina posterior a 1966

Desde a promulgação do Código Civil de 1966 que «a demência notória, mesmo durante os intervalos lúcidos, e a interdição ou inabilitação por anomalia psíquica» constitui um impedimento dirimente absoluto.

Pereira Coelho considera que a lei equipara a anomalia psíquica judicialmente verificada e a demência de facto: «O conceito jurídico de demência não coincide com o psiquiátrico: demência, para o direito civil, é simplesmente o mesmo que anomalia mental ou psíquica.» E acrescenta: «a razão que está na base da anomalia psíquica como impedimento dirimente absoluto, não é tanto uma razão de ordem jurídica como de ordem eugénica e social.»[24] Em edição mais recente, afirma: «os interesses que se querem proteger com o impedimento de demência são interesses públicos, de ordem eugénica e social. Pretende-se evitar que as taras do demente se transmitam para os filhos e defender sob este aspecto a própria sociedade (*razão de ordem eugénica*); por outro lado (*razão de ordem social*), quer a lei evitar que se constituam famílias que

---

the simple requirement of a premarital examination for venereal disease. The eugenic marriage legislation of National Socialist Germany, which tried to weed out those deemed racially, physically, or mentally unfit for marriage, has vanished without trace.»

[22] Do disposto na al. b), a contrario, resulta que os interditos por surdez – surdez ou cegueira podem casar e sem necessitarem de autorização ao tutor (Castro Mendes, *Teoria Geral*, 1978, 1º, p. 337, *apud* Abílio Neto, *Código Civil Anotado*, p. 1075.

[23] A reforma de 1977 apenas alterou a al. a) do artigo 1601º, prescrevendo a idade mínima de dezasseis anos para ambos os sexos para a celebração do casamento.

[24] Francisco Manuel Pereira Coelho, *Curso de Direito da Família I – Direito Matrimonial*, Tomo 1º, 2ª edição, U, 1970, p 245.

não sejam, no corpo social, células sãs e úteis, como não o seriam, decerto, as famílias em que algum dos cônjuges fosse portador de anomalia psíquica.»[25]

Por seu turno, o *direito canónico*[26] não conhece o impedimento de demência[27] e integra o caso dos intervalos lúcidos na teoria da vontade, considerando válido, em conformidade, o casamento celebrado nesses intervalos desde que o facto se prove. O direito canónico não é sensível às aludidas razões de ordem eugénica e social, privilegiando neste aspecto o valor da liberdade matrimonial se o nubente tinha o livre exercício da vontade no momento da prática do acto.

8. O Divórcio

Desde 1977, «*a alteração das faculdades mentais do outro cônjuge, quando dure há mais de seis anos e, pela sua gravidade, comprometa a possibilidade da vida em comum*» é fundamento de divórcio litigioso. Como contraponto, a lei estabelecia a chamada «cláusula de sacrifício»: o pedido formulado com base na alínea c) do artigo 181º devia ser indeferido quando fosse de presumir que o divórcio agravasse consideravelmente o estado mental do réu. Todavia, com a Revisão de 1998 diminuiu-se o prazo de seis para três anos e eliminou-se a cláusula de sacrifício.

Trata-se de uma «opção melindrosa para qualquer legislador do direito da família. Os cônjuges devem-se socorro e auxílio mútuos e unem as suas vidas «para a felicidade e para a provação». A verdade, porém, é que a alteração das faculdades mentais destrói à partida, ao contrário do que acontece quando se trata de outras doenças, aquela plena comunhão de vida que é a essência do casamento (art. 1577º) – uma comunhão de vida não apenas física, mas também psicológica, intelectual e afectiva.»[28] «Não parece que o direito deva impor-lhe sacrifício tão pesado; se ele quiser, assumi-lo-á. De resto, «loucura incurável», nos termos do nº 7 do art. 4º da Lei do Divórcio de 1910, já foi causa do divórcio entre nós e foram em pequeno número as acções propostas com este fundamento durante os 56 anos em que a norma esteve em vigor.»

O legislador da Reforma de 1977 readmitiu assim esta causa de divórcio, mas rodeou-a de cautelas e garantias particulares: o divórcio não será decretado quando seja

---

[25] Francisco Manuel Pereira Coelho, *Curso de Direito da Família*, Coimbra, 1986, 261.

A doutrina moderna concorda com a fundamentação proposta. Cfr., *v.g.*, Antunes Varela, *Direito da Família*, p. 227-228 e João de Castro Mendes e Miguel Teixeira de Sousa, *Direito da Família*, p. 63.

[26] Para o estudo do casamento católico, vide, Juan-José García Faílde, «Nuevo Código Canónico de Derecho Matrimonial Sustantivo», *Revista Jurídica de Catalunya*, Barcelona 1984, Año LXXXIII, Num. 1, pp. 35-101; Federico Aznar Gil, *El Nuevo Derecho Matrimonial Canonico*, Salamanca, 1983 e Pedro Lombardia e Juan Ignacio Arrieta, *Código de Direito Canónico Anotado*, tradução portuguesa de José Marques, Braga, 198

[27] Segundo o Código Canónico de 1983, «o pacto matrimonial, pelo qual o homem e a mulher constituem entre si a comunhão íntima para toda a vida, ordenada por sua índole natural ao bem dos cônjuges e à procriação e educação da prole, entre os baptizados foi elevado por Cristo Nosso Senhor à dignidade do sacramento» Os impedimentos dirimentes estão regulados nos Canônes 1083 a 1094: 1083 (idade); 1084 (impotência); 1085 (vínculo ou ligame); 1086 (disparidade de cultos); 1087 (ordem sagrada); 1088 (votos); 1089 (rapto); 1090 (crime); 1091-1094 (parentesco).

[28] Pereira Coelho, *Divórcio e Separação Judicial de Bens na Reforma do Código Civil*, p. 40.

de presumir que agrave consideravelmente o estado mental do réu (art. 1784º). «Por outro lado, o cônjuge autor, se não é considerado culpado do divórcio, é responsável pela dissolução do casamento de que tomou a iniciativa, ficando obrigado, nomeadamente, a prestar alimentos ao outro cônjuge (art. 2016º, nº1, al. b)) e a reparar os danos não patrimoniais causados (art. 1792º).»[29] [30]

Parece-nos que o legislador de 1977 teve em linha de conta os interesses do cônjuge que pede o divórcio, a sua autorealização pessoal, no fundo o direito ao livre desenvolvimento da personalidade plasmado no art. 26.º, n.º 1 da Constituição da República, o que se acentuou com a revisão de 1998, e não já os interesses de ordem eugénica que presidiram à lei de 1910. Tanto mais quanto se não prevê a causa de raiz higienista:« *a doença contagiosa reconhecida como incurável, ou uma doença incurável que importe aberração sexual.*»

9. A União de facto

A união de facto assume-se hoje como uma outra forma de constituir família,[31] gozando de protecção nos termos da Lei n.º 7/2001, de 11 de Maio (Medidas de Protecção da União de Facto). Também o art. 2.º, al. b) desta lei impede a aplicação do regime da união de facto nos casos de «demência notória, mesmo nos intervalos lúcidos, e interdição ou inabilitação por anomalia psíquica.»

B) Novos problemas: a sida, a genética e as técnicas de procriação medicamente assistida

A *pax antibiótica,* que trouxe a (possibilidade de) eficaz combate às doenças sexualmente transmissíveis, por um lado, e as mudanças na mentalidade e na sociedade que levaram a uma dissociação entre o casamento e a procriação (actualmente cerca de 25% das crianças portuguesas nascem fora do casamento), por outro, vieram colocar em evidência o facto de o *direito matrimonial* não mais ser o instrumento adequado para a implementação de políticas eugenistas.

O desenvolvimento da genética, da medicina pré-natal e a liberalização da legislação referente à interrupção voluntária da gravidez vieram colocar a jusante a questão eugénica. Já não no momento da celebração do casamento, mas sim no momento da gravidez. Actualmente a evolução da medicina do embrião acena com a possibilidade de se poder subir um pouco o rio e recolocar a 'escolha' numa frase pré-gravidez, mas pós-concepcional, através do chamado diagnóstico genético pré-implantatório.

Assiste-se a uma promoção da mulher e do casal como sujeitos autónomos de autodeterminação da política de natalidade e de procriação da sociedade, denotando-se

---

[29] Pereira Coelho, *Divórcio e Separação Judicial de Bens na Reforma do Código Civil*, p. 41.

[30] Vide, tb, Antunes Varela, *Direito da Família*, p. 503 e Miguel Teixeira de Sousa, *O Regime Jurídico do Divórcio*, Almedina, 1991, p. 88 e ss.

[31] No plano dogmático, há porém ainda grande divergência na doutrina sobre se se trata de uma nova fonte de relações familiares. Pereira Coelho/ Guilherme de Oliveira, *Curso de Direito da Família*, Volume I, 3.ª edição, Coimbra Editora, 2003, classificam a união de facto como uma relação para-familiar.

um claro recuo do Estado na determinação das soluções nesta matéria. Ainda assim, ainda hoje podemos colocar a questão de saber se se justifica a imposição de testes pré-nupciais.

10. Testes pré-nupciais no século XXI?

A problemática dos testes pré-nupciais voltou a estar em foco devido aos problemas jurídicos ligados à SIDA e aos avanços no conhecimento da genética. Contudo, nem a lei nem a doutrina parecem estar decididas a avançar para a exigência de um exame pré-nupcial obrigatório.[32]

No domínio dos *testes genéticos*, um rastreio obrigatório dos nubentes parece de momento difícil. Ainda assim, parece ser de advogar a realização de campanhas de prevenção da paramiloidose («doença dos pézinhos») ou de talassémia dirigida aos naturais dos concelhos em que a doença está mais presente.[33]

Embora a nível internacional haja casos de sucesso na imposição de testes pré-matrimoniais obrigatórios, como aconteceu no Chipre,[34] no caso português, a experiência revela que os testes coercivos podem ser desnecessários, sendo eventualmente suficiente a existência de campanhas de higiene junto da população, bem como o rastreio das doenças genéticas, em ordem a evitar a propagação de doenças indesejadas.[35]

11. As modernas técnicas de procriação assistida

Paradoxalmente, uma sociedade profundamente envelhecida[36] e com uma taxa de natalidade cada vez mais reduzida goza de meios de procriação[37] e de controlo da

---

[32] Cfr. Guilherme de Oliveira, «HIV e SIDA - 14 Perguntas Sobre Relações de Família», *Temas de Direito da Medicina*, 1999, p. 165 e ss. e João Loureiro, «SIDA e Discriminação Social: Escola, Habitação, Imigração, Rastreio Obrigatório, Isolamento Clínico, Tratamento Forçado – uma perspectiva jurídico-constitucional», *Lex Medicinae – Revista Portuguesa de Direito da Saúde*, Ano 2, n.º 3, pp. 9-54.

[33] Guilherme de Oliveira, «Implicações Jurídicas do Conhecimento do genoma», *Temas de Direito da Medicina*, 1999, p. 130.

[34] Cfr. Guilherme de Oliveira, «Implicações jurídicas do conhecimento do genoma humano», *Temas de Direito da Medicina*, p. 128.

[35] Algo que os nossos serviços de Genética Médica têm – meritoriamente – feito em várias regiões do país. Por seu turno, o artigo 10.º da Lei 12/2005, de 26 de Janeiro, define o quem são testes de heterozigotia, pré-sintomáticos, preditivos e pré-natais. Os *testes de heterozigotia* «consistem na detecção de pessoas saudáveis portadoras heterozigóticas para doenças recessivas.» Com algum interesse numa fase pré-concepcional podem ter também os *testes pré-sintomáticos*, que passam pela «identificação da pessoa como portadora, ainda assintomática, do genótipo inequivocamente responsável por uma dada doença monogénica.»

[36] De acordo com um estudo recente «A Península Ibérica em Números», em Portugal nos finais de 2004, havia 108.7 pessoas idosas (com mais de 65 anos) por cada 100 pessoas com 14 anos ou menos.

[37] O art. 9º, n.º 2 da Lei n.º 3/84, de 24 de Março afirma: «O Estado aprofundará o estudo e a prática da inseminação artificial como forma de suprimento da esterilidade».

saúde pré-natal inimagináveis há poucas décadas atrás.[38] O planeamento familiar, a utilização de anti-concepcionais e mesmo o acesso à esterilização são hoje já um dado assente no direito e na sociedade portuguesa.[39]

Dentro do domínio da saúde reprodutiva, o acesso aos testes (genéticos) pré-natais e a possibilidade de interrupção voluntária da gravidez por indicação fetopática estão também assegurados.[40] O artigo 10.º da Lei n.º 12/2005, de 26 de Janeiro, define os testes pré-natais como «todos aqueles executados antes ou durante uma gravidez, com a finalidade de obtenção de informação genética sobre o embrião ou o feto, considerando-se assim como caso particular destes o diagnóstico pré-implantatório.»[41]

Por seu turno, a Convenção sobre os Direitos do Homem e a Biomedicina apenas dedica um artigo à problemática da medicina da reprodução: o artigo 14.º (Não selecção do sexo), segundo o qual: «Não é admitida a utilização de técnicas de procriação medicamente assistida para escolher o sexo da criança a nascer, *salvo para evitar graves doenças hereditárias ligadas ao sexo.*» Deste texto resultam duas normas. A primeira proíbe a escolha do sexo da criança através das técnicas de PMA; a outra, *implícita*, consiste na afirmação da legitimidade de «evitar graves doenças hereditárias através das técnicas de procriação medicamente assistida.»

Até que ponto isso é legítimo? Os casos Nash, Hashmi e Whitaker são um exemplo concreto da aplicação do diagnóstico genético pré-implantação (DGP). Toda a discussão que se gerou em seu redor é bem exemplificativo das dificuldades éticas com que a sociedade actual está confrontada.[42]

Epílogo

Aparentemente, após os horrores da segunda guerra mundial, a saúde deixou de ter o papel que crescentemente ia alcançando em matéria de impedimentos matrimoniais nos países ocidentais. Creio que tal facto se ficará a dever, em grande medida, não apenas à ideologia dos direitos humanos, mas também às grandes vitórias da medicina,

---

[38] De entre a muita literatura referente a estes temas, destaco: Fernando Araújo, *A procriação assistida e o problema da santidade da vida*, Coimbra, 1999; Luís Archer, «Procriação Medicamente Assistida, evolução do pensamento ético de 1986 a 1999», *Brotéria*, vol. 150, Março de 2000; João Álvaro Dias, *Procriação Assistida e Responsabilidade Médica*, Coimbra, 1996; Guilherme de Oliveira, *Temas de Direito da Medicina*, Coimbra, 1999; IDEM, *Mãe há só (uma) duas!*, Coimbra, 1992; Vera Raposo, *De Mãe para Mãe*, Coimbra, 2005.

[39] Ver, entre outras, Lei n.º 3/84, de 24 de Março (saúde sexual e reprodutiva), a Resolução do Conselho de Ministros n.º 124/98, de 21 de Outubro, e a Lei n.º 12/2001, 29 de Maio (pílula do dia seguinte)).

[40] O artigo 142º, nº 1, c) do Código Penal que admite a hipótese do aborto por razões de mal-formação ou doença grave do feto e o Despacho da Ministra da Saúde 5411/97, DR IIª Série, 6-8-1997 que regula o diagnóstico pré-natal no Serviço Nacional de Saúde. Atente-se ainda na Portaria n.º 189/98, de 21 de Março (Comissões Técnicas de Certificação da Interrupção da Gravidez).

[41] Cfr. a Recomendação 13 (1990) *sobre rastreio pré-natal, diagnóstico genético pré-natal, e aconselhamento genético* (do Comité de Ministros do Conselho da Europa).

[42] Cfr. Guilherme de Oliveira, «Um caso de selecção de embriões», *Lex Medicinae – Revista Portuguesa de Direito da Saúde*, Ano 1, n.º 1, 2004, pp. 7-13.

nomeadamente com a «*pax antibiotica*». Na verdade, a gripe, a tuberculose, o tifo, a sífilis e as múltiplas doenças venéreas que afligiam a Europa de inícios do século, foram extraordinariamente combatidas pelas vacinas e medicamentos e pela melhoria das condições de higiene e de alimentação. A verdade é que o povo não ficou «raquítico», antes pelo contrário.

Contudo, a verdade é que entre o Código de 1867 e o de 1966 há uma grande diferença: a demência notória é hoje, e não o era até 1910, impedimento dirimente do casamento! Para além disso impede a aplicação dos benefícios da Lei da União de Facto. Este impedimento eugénico enraizou-se e é hoje praticamente inquestionado.

A problemática do atestado pré-nupcial obrigatório recupera novo fôlego com o flagelo da SIDA e, sobretudo, com o avanço do conhecimento do genoma humano. Se podemos prevenir malformações ou doenças de origem genética ainda antes de os nubentes contraírem casamento, porque razão se não aposta nessa medida? Em primeiro lugar, como vimos, o casamento já não tem a força institucional que lhe estava reservada até há bem pouco tempo; em segundo lugar, desiludam-se os que pensam que os genes tudo decidem: a esmagadora maioria das doenças são multifactoriais; as doenças absolutamente genéticas são uma minoria, sem expressão importante para determinar um legislador a impor um exame aos nubentes.

Com efeito, a decisão eugénica passou agora das mãos do Estado-legislador para a Sociedade e para as Famílias. Estas têm hoje acesso a técnicas médicas de consulta pré-concepcional, de diagnóstico pré-implantatório e pré-natal que lhes permite evitar o nascimento de descendência com doenças graves.

A medicina oferece estes meios de evitar o sofrimento e a vida sem qualidade. A sociedade aceita e reclama este direito ao controlo da saúde da descendência. O Direito acompanha e enquadra, com dificuldades e debates éticos difíceis, esta realidade.

Cristiana Bastos e Mónica Saavedra (colaboração)

Instituto de Ciências Sociais, Universidade de Lisboa, Portugal

O CONTROLE DAS EPIDEMIAS EM GOA (SÉC. XIX)[1]

1. Medicina e Império

Este artigo insere-se um estudo mais amplo sobre a implantação e consolidação da medicina europeia nas colónias da Ásia e África. Começámos por examinar a documentação da segunda metade do século XIX e primeiras décadas de XX relativa aos Serviços de Saúde da Índia Portuguesa (Goa, Damão e Diu) e à Escola Médico-Cirúrgica de Nova Goa.

Foram referência de partida os volumes *Imperial Medicine and Indigenous Societies,* compilado por David Arnold, e *Disease, Medicine and Empire,* compilado por Roy Macleod e Milton Lewis, ambos datados de 1988. Os artigos contidos nestas colectâneas e os seus princípios programáticos representam uma nova abordagem ao colonialismo europeu e à história da medicina. Já não estão em causa as narrativas de feitos e descobertas, ou as biografias de pioneirismo dos heróis da medicina e da ciência, nem tão pouco a enumeração dos efeitos da expansão europeia, positivos e negativos. O que estes estudos contemplam é também a dimensão da medicina enquanto cultura e enquanto instrumento de dominação colonial. Neste sentido, a medicina pode ser vista como veículo de exercício do poder sobre os corpos e populações, com medidas sanitárias que seguem a lógica e os interesses da colonização e não necessariamente a lógica e os interesses locais. E pode também ser vista como um lugar de constante negociação entre esses interesses – por vezes convergentes, por vezes divergentes – a propósito da acção sanitária, da regulamentação da vida, da protecção contra a doença, da edificação de instituições que legitimam o saber e ordenam o exercício das práticas médicas.

[1] Estes dados resultam da combinação de dois projectos de investigação consecutivamente concebidos e coordenados por Cristiana Bastos no Instituto de Ciências Sociais, Universidade de Lisboa, com o apoio da Fundação para a Ciência e Tecnologia (com parcela de fundos FEDER): «Medicina Tropical e Administração Colonial: Um estudo do Império a partir da Escola Medico Cirúrgica de Nova Goa» (PLUS / 1999 / ANT / 15157), 2001-3, e «Medicina Colonial, Estruturas do Império e Vidas Pós-coloniais em Português» (POCTI /41075/ ANT /2001), 2003-5. Mónica Saavedra foi bolseira de investigação em diferentes momentos em ambos os projectos.

Tal perspectiva permite alargar para um horizonte temporal mais vasto as preocupações permanentes da antropologia sobre a relação entre poderes europeus e povos não europeus. Permite ainda alargar aos contextos ditos tropicais e coloniais a proposta foucauldiana de estudo do biopoder.

Estudar o biopoder nos trópicos e em português foi portanto a orientação que animou a aventura antropológica menos convencional de abrir a documentação dos serviços de saúde coloniais portugueses. A literatura de referência era escassa para o efeito: para além dos trabalhos desenvolvidos na senda de Arnold e de Macleod e Lewis, versando maioritariamente os contextos do colonialismo britânico e pontualmente outros sistemas coloniais europeus (mas não o português), contávamos com a historiografia paralela sobre a medicina tropical no Brasil, esta relativa à expansão da fronteira da «civilização» para o interior do país e ao controle sanitário das cidades, por vezes também um exercício violento do biopoder, como é exemplificado pelas campanhas de Oswaldo Cruz no Rio de Janeiro.[2] Sobre a história da medicina portuguesa nas colónias nada se inseria propriamente nesta linha; contávamos apenas com alguns trabalhos convencionais descrevendo acções sanitárias, muitos deles feitos num período de necessário auto-elogio do sistema colonial, ou seja, quando o regime português começa, depois dos anos 1940, a ficar crescentemente isolado da ordem internacional. O que constituiu a principal matéria-prima do estudo correspondeu a fontes primárias, nomeadamente os relatórios do serviço de saúde da Índia existentes no Arquivo Histórico Ultramarino.

É com base nestes relatórios que vamos explorar três casos paradigmáticos de resposta médica a epidemias e endemias – a varíola, a cólera e, secundariamente nesta análise, a peste – para caracterizar o exercício do biopoder na Índia de colonização portuguesa, que referiremos, para simplificar, apenas por Goa.

2. A Índia colonial portuguesa

Uma aproximação à sociedade goesa oitocentista através da historiografia convencional é insatisfatória; demasiadamente específica para se retratar nas generalizações propostas pelos historiadores indianos de referência britânica, e fora do período de maior atenção por parte dos portugueses, que corresponde ao primeiro ciclo imperial nos sécs. XVI e XVII. Goa terá passado a segundo plano com a emergência da economia colonial sul-atlântica e continuado num processo de decadência depois da independência do Brasil e da concentração dos interesses coloniais portugueses nos territórios africanos; esta «decadência» contrasta com o período de maior vigor administrativo inglês na Índia.

O que encontrámos na Goa que visitámos através dos manuscritos, relatórios, jornais e outras publicações foi uma sociedade de facetas múltiplas em que os jogos de poder se entrecruzavam e sobrepunham, e em que a fronteira entre nativos e agentes coloniais se desdobrava em muitas *nuances*, efeito de uma longa ocupação e

---

[2] Ver, por exemplo, José Murilo de Carvalho (1984) *A Revolta da Vacina*. Rio de Janeiro: Fundação Casa de Rui Barbosa.

apropriação mútua de símbolos do poder e instrumentos do seu exercício. A prática local da medicina europeia e da sua lógica sanitária deve ser interpretada nesse contexto; não estamos numa sociedade de fronteira, de «colonização» no sentido clássico, de ocupação de território, nem tão pouco de clara subjugação de um povo a outro, mas antes de um conjunto de formas entrelaçadas de exercício do poder e hierarquias sobrepostas e nem sempre coerentes. Mais: a profissionalização da carreira médica, definida nos termos ocidentais, deve ser entendida como parte de um jogo de poderes em que estão em causa o acesso a cargos públicos, a legitimação de autoridade, a ascensão social ou manutenção de *status quo*, e não apenas como a faceta legal do exercício das artes de curar.

Mais que uma sociedade marcada por um projecto colonial que distingue colonizadores e colonizados – como se encontra nos manuscritos do serviço de saúde em África para a mesma época, e por vezes produzidos pelos mesmos agentes da administração colonial -- o que encontramos na Índia é essa justaposição de camadas, com recortes que nem sempre são claros, sugerindo fronteiras identitárias móveis e flexíveis, fazendo os seus agentes recurso dos meios simbólicos necessários para cada situação, agrupando-se e repartindo-se por linhas que não correspondem de forma unívoca às oposições analiticamente relevantes, mas empiricamente frouxas, entre ocupantes e os locais, portugueses e indianos, ou colonizadores e colonizados. As distinções são outras, e inúmeras.

Os periódicos do século XIX mostram-nos uma profusão de querelas e pequenas guerras entre facções, ecoando algumas das que animavam os portugueses no continente (então ocupados nas guerras do liberalismo), e acirradas por distinções de religião, de pertença, de nascimento, de casta, enfim, das muitas componentes das estratégias identitárias locais. A consulta aos manuscritos mostra-nos uma administração tensa, por vezes à beira do desespero e da incapacidade de acção, lamentando-se da falta de meios, da falta de interesse da administração central, de um certo descaso, aqui e ali narrando façanhas de heroísmo sanitário, elaborando minuciosamente os relatório protocolares sobe as condições sanitárias, mas versando, quase unicamente, sobre a população mais próxima dos portugueses – os soldados, os cristãos, os descendentes – fazendo referências escassas e esparsas aos «gentios» que o sistema de saúde mal consegue captar, e deixando um grande silêncio sobre as estratégias seguidas por estes para a sua própria manutenção de saúde.

Optámos por caracterizar a acção médico-sanitária através do exame da resposta a três graves doenças colectivas: a varíola, comum a europeus e indianos, fruto de grandes especulações com caracterização religiosa, expressa em surtos «quentes», implantada nas tradições hindus que desafiavam a ordem portuguesa, reveladora de estratégias de alguma conciliação e sobreposição de tradições; a cólera, temida pelos europeus como um mal local que a todos podia assaltar, trazendo a morte fulminante e fria, expressa em surtos epidémicos bem caracterizados, gerando questões de fundo sobre etiologia, típica de um momento de transição de paradigmas; finalmente a peste, agarrada à memória social dos europeus e a vasta literatura, persistente no subcontinente, chegando a Goa em surtos posteriores aos da cólera e coincidentes com um período em que o modelo bacteriológico está já estabelecido, funcionando como o exemplo das medidas sanitárias ideias – e reveladora, também, de uma ordem sanitária que finalmente confronta uma lógica de colonização europeia e uma resistência popular local.

3. A varíola *(por Mónica Saavedra)*

A varíola provocava grande impacto social pela rapidez da sua propagação e pelo efeito visual das erupções cutâneas que a caracterizavam, e que deixavam marcas desfigurantes em alguns dos sobreviventes.

No século XIX, a vacina jenneriana preventiva da varíola era o recurso mais eficaz de resposta às moléstias epidémicas que a medicina europeia possuía, prometendo-lhe novas perspectivas de afirmação científica, social e política. Associada ao exercício do poder administrativo nas colónias, a vacina deixava a descoberto tensões e condicionalismos resultantes do confronto de diversos agentes e factores, bem como de percepções e interpretações culturais diversas sobre a varíola. É um pouco nesta perspectiva que David Arnold reflecte sobre a vacina na Índia britânica em *Colonizing the Body*.[3]

Em toda a Índia desenvolveram-se, ao longo de séculos, estratégias para explicar a varíola e lidar com ela. Segundo um modelo religioso popular, com diversidades regionais, a varíola estava associada à deusa Sitala[4]; era percebida como uma manifestação da deusa, desencadeando em torno dos afectados e das pessoas que os assistiam um conjunto de rituais com a dupla função de homenagear e apaziguar Sitala[5]. Impedir a manifestação da varíola implicava interferir com a esfera do divino. Por conseguinte, a vacina, profilático da doença, não podia ser mais contrária a esses princípios. Mas também na Índia havia um recurso para lidar com as manifestações violentas da varíola que consistia na inoculação do pus variólico (à semelhança da variolização praticada na Europa durante o século XVIII). Era uma prática centenária na Índia, reconhecida e preferida por algumas pessoas de todas as religiões presentes naquele território imenso, cristãos incluídos.

Segundo os relatórios médicos de Goa, e os documentos oficiais, a varíola era endémica naquele território. Embora não tenhamos encontrado relatos de epidemias devastadoras, havia varíola todos os anos. Mas em algumas datas a varíola parece ter dado mais preocupação aos médicos, como em 1846, 1856 e 1885. Nestes anos a epidemia de varíola estendeu-se a todo o país, não se circunscrevendo a algumas localidades, como acontecia frequentemente. Ainda assim, essas situações não mereceram relatórios especiais ou descrições apaixonadas, para além da insistência na acusação à indiferença e desconfiança da população; o seu impacto reconhece-se mais pela insistência na reformulação de regulamentos e na importância de melhorar os recursos. Mas são as epidemias que ajudam a cercar ainda mais a variolização, apontada como sua causa. Raramente se fazem comparações com a sorte duvidosa da vacina em Portugal, onde tinha de enfrentar a desconfiança da população e onde as iniciativas legislativas para a promover foram tímidas até ao século XX.

A disputa entre a variolização e a vacina jenneriana domina os documentos médicos de Goa, ao longo do século XIX. A variolização era também apontada como o principal entrave à generalização da vacina; mas apesar das sucessivas indicações legais

---

[3] David Arnold (1993) *Colonizing the Body - State Medicine and Epidemic Disease in Nineteenth Century India*. Berkeley: University of California Press.

[4] Arnold, *op. cit.*

[5] Arnold, *op. cit.*

para a sua proibição, as autoridades administrativas hesitavam em levar a repressão às últimas consequências, e os próprios médicos oscilavam entre a reprovação absoluta e a tolerância, dentro de certos limites.

Essa disputa entre vacina e variolização torna-se metáfora de outros desencontros, conflitos e tensões resultantes das relações de poder, e não redutíveis à desigualdade entre colonizadores e colonizados. No caso de Goa, as relações entre os médicos e o poder administrativo, as forças sociais e políticas locais, a afirmação das elites, a questão das castas, são também factores a tomar em atenção quando pensamos sobre a dramatização do confronto entre os médicos e a população, nas permanentes tentativas de propagar a vacina e suplantar a variolização, alcançando assim aquele que seria um dos momentos mais expressivos da colonização do corpo.

4. A Cólera

Como aponta Arnold em *Colonizing the Body*, poucas doenças terão tido a violência destrutiva da cólera na Índia de oitocentos. Ao seu carácter ameaçador e sintomatologia abrupta somem-se a sua associação simbólica aos costumes locais e a dificuldade de consenso sobre a sua etiologia (durante anos manteve-se acesa a controvérsia sobre o papel das águas e dos ares na transmissão da doença), bem como das medidas sanitárias correlatas, e temos a doença mais «altamente politizada.»[6] Para os agentes da medicina colonial, representava a Índia no seu pior: eram as peregrinações religiosas que faziam as rotas dos seus surtos, era a morte fulminante que assaltava qualquer um, era a exposição da miséria e pobreza dos que apesar de tudo mais eram atingidos. Se o rubro da varíola era mitificado numa deusa, a devastação gélida e poluente da cólera era vista com repugnância – se bem que também esta doença tenha gerado esboços de divindades[7] ou sacerdotisas *ad hoc* como a que, segundo a imprensa de Margão, teria levado atrás a casta dos curumbins.[8]

---

[6] Arnold, *op cit.*, p. 159.

[7] Arnold, *op. cit.*

[8] *O Ultramar* de 14 de Setembro de 1865 dá-nos na folha de rosto notícia de um engodo de que teriam sido vítimas os curumbins, vistos como a casta mais baixa e em quem a cristianização teria uma implantação mais frágil (há no século xx, há uma «reconversão» do curumbins ao hinduísmo, também narrada pela imprensa goesa) reza o periódico no apogeu de um dos surtos de cólera:
«Contam-nos que em Nuvém (um dos bairros desta villa) onde lavrava este mal, foi inculcada aos *curumbins*, gente semi-selvagem, uma *bottini* (sacerdotiza pagã) como quem tinha o poder de expulsar a epidemia. Os pobres homens quotisaram-se entre si uma medida de arroz por cada casa, e mais alguma coisa em dinheiro, e com este obulo recorreram á bottini. A sujeitoria que tinha mais medo do contagio da molestia do que os proprios curumbins, persuadiu-lhes que não convinha que ella fosse ao local, mas que devia fazer as suas imprecações contra o flagello, collocando no cume d'algum oiteiro proximo; e de facto assim fez, e safou-se sem mais dar copia de si. O mal porém foi augmentando; e os curumbins já hoje acreditam que é castigo dos céus, por terem recorrido a uma sacerdotiza de falso deus». Nos números seguintes há diversas referências a actos católicos, como missas e procissões, devotadas à protecção contra a epidemia, nas quais participavam, também, os curumbins. Como é exemplo o artigo *Curumbins aos pes da N. S. da Piedade,* que narrava «Na ultima sexta-feira, cerca de 400 curumbins de Nuvém foram ao monte desta villa, e ouviram com toda a devoção uma missa cantada, que elles por subscripção deram em louvor

Em Goa, a memória da cólera e outras doenças com efeitos parecidos estava bem mais enraizada nos temores das classes governantes que na jovem administração britânica da Índia: desde o século XVI que morriam vice-reis e outras altas autoridades portuguesas com a *doença das câmaras*. Padres, inquisidores, soldados, oficiais, todos estavam ameaçados de se desfazer nos seus próprios dejectos, e de repente, sem aviso prévio. O mal foi exotizado como *mordexi*, a sua etimologia menos clara interpretada como uma sugestão de «morte de cão». Um temor das Índias, uma versão portuguesa do *white men's grave*, algo bem cimentado na memória colonial portuguesa na Ásia, a que não falta as sempre omnipresentes referências a Garcia d'Orta e às suas pesquisas.

A nosologia praticada pelos clínicos goeses do século XIX distingue a cólera de outras doenças com sintomas parecidos e tradicionalmente vistas na mesma categoria. Mas nem sempre esta distinção é clara. Durante a epidemia de cólera de 1859, o físico mor recentemente importado de Coimbra Eduardo de Freitas Almeida queixa-se da confusão de alguns facultativos. Segundo ele, o surto era altamente letal, liquidando talvez dois terços dos afectados, o que o fazia suspeitar da «espantoza desproporção entre affectados e mortos»[9] patente nalguns dos relatórios das províncias. A «confusão» não seria puramente cognitiva, sugere o físico-mor, mas «devida á ma fé que os Facultativos que vão para as Aldeias, para se elogiarem, chamão cholericos a muitos doentes, que apenas tiverão diarrheias simples e mesmo leves indisposições.»[10]

Assim apontava alguém que se via mais esclarecido que os demais; mas até o seu antecessor na chefia do serviço de saúde de Goa, uma década antes, parecia confundir cólera e diarreias: em 1849 Francisco Maria da Silva Torres reporta que «desde a sua desaparição até o anno de 1845 somente se manifestara alguns, ainda que raros casos da Cholera sporadica, occasionados por alimentos indigestos.»[11] Este físico-mór contrastava a situação goesa com a de Bombaim, «onde a cholera apparece quasi em todos os annos e em estações differentes, affectando ora hum, ora outro bairro daquella vastíssima cidade, e de preferencia os habitantes por a gente mais miseravel e pobre.»[12]

---

de nossa senhora da Piedade, a fim de alcançarem o perdão da culpa de terem recorrido á sacerdotiza de deus falso, e de afastarem de si o flagello de cholera que os devastava. Era um espectaculo enternecedor. Homens e Mulheres; velhos e crianças; todos seminús imploravam, com as lagrimas nos olhos e corações arrependidos, a intercessão da mãi do nosso redemptor, para lhes valer na hora da sua afflicção!! E poderão deixar de ser escutados taes rogos?!» (*O Ultramar*, A. 7 n.º 338, 5.ª f. 21 de Setembro de 1865, p. 2).

[9] *Eduardo de Freitas e Almeida, físico-mor do Estado, para Manoel Maria Rodrigues de Bastos, presidente do Conselho de Saúde Naval e Ultramar, Nova Goa, 10-3-1860.Relatorio, pertencente ao anno de 1859 (Executando o que determina a circular de 31 de Dezembro de 1856, em explicação do Art.º 12º do Decreto de 11 de Dezembro de 1851) folha 7, Arquivo Histórico Ultramarino, Sala 12, Serviço de Saúde da Índia, maço 1983*

[10] *Ibid*

[11] Francisco Maria da Silva Torres, físico-mor, para Ignacio António da Fonseca Benevides, Presidente do Conselho da Saude Naval e Ultramar, Oficio de 5-11-1849, Lisboa . *Arquivo Histórico Ultramarino* Sala 12, serviço de saúde da Índia, maço 1987

[12] *Ibid*. Compilando referências a surtos de cólera nos relatórios e nos jornais, temos notícia de epidemias em Goa nos anos de 1845, 46, 49, 59, e 65, com um surto menor em Sanguèm e Quepém entre operários que construíam a via férrea. Em Damão houve um surto em 1883, e em Diu nos anos de 1889 e 1896.

A etiologia da cólera era ainda pouco clara, e antes da consolidação da teoria dos germes em finais do século há dois temas que recorrentemente aparecem na representação da epidemia: por um lado, a associação da cólera à pobreza e à miséria. Por outro lado, a sua representação enquanto invasão que havia que combater em termos militares – metaforicamente ou por vias de facto.

Os relatórios médicos estão repletos de evocações militares. Da epidemia de cólera de 1849 contam que «assalta de subito as duas principais povoações – a Capital –, e a Villa de Margão; – alcança algumas pessoas, rouba as vidas a humas e a outras deixa profundas impressões d'um combate disputado;»[13] era «o mais incançado dos inimigos do genero humano», que não se «combatia» desde 1845,[14] e agora se manifestava «atacando de preferencia os gentios, e os christãos da classe baixa.»[15]

O tema das «classes baixas» reaparece nos anos seguintes: «Todos os accommettidos eram mouros, ou gentios, pertencentes á *classe mais miserável*,» diz em 1865 o cirurgião-mor José António d'Oliveira;[16] «há toda a plausibilidade em crêr, que a doença de que forão accommettidos *alguns individuos miseraveis* ao N. de Bardez (...)seja o cholera epidémico;»[17] avança explicações para o facto notando que «só teem sido accommettidos individuos *da plebe*, que vivem na ausencia de todas as bôas condições hygienicas, e quasi exclusivamente se alimentam de verduras, mariscos e peixe alterado;»[18] ou, um mês depois, relatando o fim do surto, «a epidemia de cholera (...), depois de percorrer rapidamente quase todas as povoações das Provincias de Ilhas, Salcete e Bardez, fazendo apenas fincapé em alguns pontos aonde inda permanece, particularmente em Salcete, dilatou-se pelas Provincias a E. e ao S., denominadas – Novas Conquistas – ferio fatalmente *alguns miseraveis* n'aquellas piquenas, dispersas e improvidentes povoações, e desapparecêo.»[19] Tambem os jornais ecoavam a perspectiva: «sendo acommetida, pela maior parte, a gente da plebe, não se resguarda devidamente quando chegam ao estado de reacção»[20] Algo que nos lembra que as susceptibilidades epidemiológicas eram – como são – um precipitado de vulnerabilidades biológicas e sociais, a que não escapa um conjunto de preconceitos sobre a sua estatura moral.

A etiologia da cólera representa bem o momento de transição de paradigmas vivido pela medicina europeia no século XIX. A teoria dos germes não estava ainda consolidada, mas de certa forma fazia-se anunciar e convivia com outras explicações.

---

[13] José António d'Oliveira, Cirurgião-mór, para Ignacio António da Fonseca Benevides, Presidente do Conselho da Saude Naval e Ultramar, *Arquivo Histórico Ultramarino* Sala 12, serviço de saúde da Índia, maço 1987, ofício Julho 1849

[14] Idem, ibidem

[15] Francisco Maria da Silva Torres, físico-mor, para Ignacio António da Fonseca Benevides, Presidente do Conselho da Saude Naval e Ultramar, Oficio de 5-11-1849. *Arquivo Histórico Ultramarino* Sala 12, serviço de saúde da Índia, maço 1987.

[16] José António d'Oliveira, director do serviço, para Manoel Maria Rodrigues de Bastos. *Arquivo Histórico Ultramarino* Sala 12, serviço de saúde da Índia, maço 1987, ofício nº 13, 17/8/1865.

[17] *Id.,* ofício nº* nº14, 22-09-1865.

[18] *Id.,* ofício nº14, 22-09-1865.

[19] *Id.,* ofício nº 15, 22-10-1865.

[20] *O Ultramar*, 14 de Setembro de 1865.

Opunham-se as teorias de contágio e de transmissão, aquelas dando ênfase à proximidade interpessoal e aos ares, estas anotando outros vectores de transmissão (de que viria a destacar-se a água). As implicações sanitárias destas perspectivas traduziam-se em diferentes medidas: de uma quarentena total, isolando os doentes, retirando-os ao corpo social, a uma identificação de possíveis outros agentes de transmissão que não obriguem a tão destruturante intervenção. José António de Oliveira, cirurgião-mor e director em exercício durante a ausência do físico-mor Francisco Torres na capital do reino, já em 1849 expressava as suas preferências pela teoria da transmissão relativamente à do contágio:

He minha opinião que na cholera-morbus não há contagio, pelo menos que se não dá por algum dos modos conhecidos na Sciencia: as varias experiencias que em grande numero tem sido feitas por habeis praticos, estão geralmente d'accordo com este modo de pensar. He porém minha opinião, que a cholera he uma doença infecciosa; que um individuo com esta doença obra em relação aos sãos, ou a uma povoação, como um fóco de infecção, quando a sua acção seja favorecida por circunstancias ainda não bem determinada[21].

E assim recomenda medidas de quarentena para os navios. O assunto não é pacífico, e o cirurgião tem de suspender o seu julgamento uma vez que a maioria dos colegas é mais radical:

Todos os Facultativos que tem observado a molestia são unanimes na admissão do contagio; e realmente das suas participações constão muitos casos havidos successivamente nos membros d'uma mesma familia, e em individuos que entretiveram relações mais intimas com cholericos, tambem se teem observado muitos casos. O meu juizo a este respeito fica ainda suspenso, aguardando observações mais decisivas.[22]

Esta polémica iria continuar por longas décadas, assumindo a forma de publicações, discussões e debates em que se recorria à autoridade das teorias internacionais e da interpretação com base na experiência dos casos clínicos e do acompanhamento epidemiológico dos surtos.[23] A dado momento, as implicações de cada modelo etiológico extravasa o interesse científico e clínico para se exprimir directamente na política. Assim virá a acontecer com o cordão sanitário.

---

[21] José António d'Oliveira, Presidente [da Junta de Saúde Pública], para António Valente do Couto (Instruções dadas pela Junta de Saude publica ao cirurgião d'Agoada que ia visitar o barco *Patamarim* sob quarentena) *Arquivo Histórico Ultramarino* Sala 12, serviço de saúde da Índia, maço 1987, ofício n.º 4, 18/03/51

[22] José António d'Oliveira, presidente, para Ignacio Antonio da Fonseca Benevides, Presidente do Conselho da Saude Naval e Ultramar (3 pp. de ofício e 5 pp. de relação dos livros) *Arquivo Histórico Ultramarino* Sala 12, serviço de saúde da Índia, maço 1987, Oficio nº 22, 19-8-1853, (a)

[23] Republicado em *Sentinela da Liberdade* (6 de Outubro de 1865), o jornal *Revolução* (11 de Agosto de 1865), por sua vez citando a *Europa*, dava notícia de uma experiência que em Alexandria confirmava definitivamente a tese de estarem as causas da cholera morbus no ar.

A adopção do cordão sanitário permite ver uma outra face da política médica na Índia colonial, o policiamento militarizado de corpos e movimentos descrita na literatura sobre medicina e império. Todavia, a fronteira que separa o exercício do poder e a subjugação a ele não coincide claramente com uma linha que demarca colonizadores e colonizados, estando os poderes em Goa sedimentados nessa multiplicidade de camadas que já referimos. Os recortes dos poderes são outros e a este ponto da análise não estão completamente identificados. Mas os termos da discussão são familiares a quem conhece as reacções populares às medidas sanitárias mais duras.

Em Dezembro de 1884, o jornal *O Ultramar* acusa a recém empossada administração concelhia de tomar medidas contra a cólera piores que a própria epidemia, a qual, aliás, seria uma ficção: «as medidas adoptadas pelo novo administrador (...) serão exactamente o ducto conductor do cholera, que felizmente não temos em nenhum ponto deste concelho.»[24] Narrando alguns casos de opressão sobre indivíduos – levados arbitrariamente à prisão por romperem o cordão sanitário, aponta o mesmo artigo: «Não temos, pois, cholera real, mas o cholera official da oppressão, das prisões e do cordão sanitario.»[25] Queixando-se das medidas que limitavam a circulação de alimentos e bens, para além da circulação de pessoas, um leitor de Quepem lembrava que ali não tinham cólera há mais de 15 dias, mas o cordão sanitário seria como «o cholera mais terrivel que veiu substituil-o, (...) e isto por causa do cholera-morbus imaginario!»[26] Tais irracionalidades e suas consequências nefastas na saúde da população são sublinhadas no jornal, que aponta narra como as reacções dos mercadores de arroz e outros bens alimentares à exibição de soldados na fronteira sul das freguesias de Navelim e Benaulim tinha como impacto directo a escassez de comida e o aumento dos preços – algo que, segundo o articulista, poderia gerar em poucos dias «a verdadeira fome e peste.»[27]

5. A Peste

As notícias da peste em Goa apontam-nos para um quadro de intensificação na dureza das políticas de controle sanitário. A peste chega depois da cólera e quando o paradigma bacteriológico está praticamente consolidado. As medidas sanitárias reflectem-no. As autoridades apontam o dedo aos ratos e às pulgas, sem deixar de falar na *yersinia pestis* que veiculam; a população é incitada a juntar-se à racionalidade do poder, colaborando na eliminação dos ratos, denunciando-os, relatando as suas aparições, entregando-os sob recompensa às autoridades. Uma racionalidade médica partilhada é exibida em Goa: os jornais citam *ad naseum* as campanhas antipestosas desenvolvidas em São Francisco da Califórnia, e é patente a similitude entre as pro-

---

[24] *O Ultramar*, A. 26, n.º 1340, 4-12-1884

[25] *Ibid.*

[26] *Ibid.*

[27] *Ibid.*

postas de Goa a as campanhas então desenvolvidas pelos sanitaristas emergentes no Brasil da viragem do século[28]

Mesmo assim, nos interstícios desta racionalidade, veiculam-se mensagens sobre a ordem social que reina em Goa; são as referências aos comerciantes e ao seu egoísmo; aos soldados maratas, mais apreciados que os «mouros»; o descaso da população, a ignorância e maldade; são as referências ao cerco permanente pela Índia britânica, condição que marcava o horizonte das autoridades goesas e está patente em tantos dos relatórios.

6. Concluindo

A análise dos três casos de gestão médica de moléstias colectivas em Goa revela um crescendo de autoridade e autoritarismo que é paralelo à consolidação do modelo bacteriológico. Os dados da varíola apontam para uma interacção gerida à medida das conveniências entre a prática convencional europeia da vacina Jenneriana e as práticas populares vigentes, que incluíam a variolização. Os dados da cólera revelam dois tempos: um primeiro momento de incerteza sobre a sua etiologia, ainda fortemente influenciada pela ideia de miasmas, de contágio interpessoal, e de susceptibilidades das classes mais baixas (associadas à sua má alimentação e maus hábitos); o tratamento dos doentes é feito com recurso a preparados vegetais. Num segundo momento a cólera é enquadrada nas políticas sanitárias que vieram a ser as convencionais – a quarentena e o cordão sanitário – não sem despoletar as reacções populares e a preocupação dos fazedores de opinião, não sem se prestar a servir de palco à luta política e à exibição de facções. Finalmente a peste aparece em Goa estando o paradigma bacteriológico plenamente estabelecido, e suscitando as políticas sanitárias concomitantes, que não passavam já pela aplicação simples do cordão sanitário e da quarentena mas implicavam um esforço de educação da população no sentido de eliminar os veículos transmissores do bacilo da peste.

---

[28] E. g. Murilo de Carvalho, *op. cit.*

Isabel Amaral

Centro de História e Filosofia da Ciência e da Tecnologia, Faculdade de Ciências e Tecnologia, Universidade Nova de Lisboa, Portugal

NA ROTA DAS PATOLOGIAS TROPICAIS
A CONTRIBUIÇÃO PORTUGUESA SOBRE
A DOENÇA DO SONO ENTRE 1902 E 1925

«maldito clima – disse um capitão francês, François de Savigny, distribuindo as cartas – com o calor, só dá para estar nu, mas vêm os mosquitos e massacram-nos. E depois essas febres mortais que ninguém sabe a que são devidas.
– aos miasmas – disse Baltazar. – os miasmas que vêm de águas paradas! (...)».

(Pepetela, *A Gloriosa Família*, 1997)

Introdução

A prática clínica nos trópicos (Índia e África), bem como a descrição monográfica de alguns casos típicos data do princípio do séc. XVII. No entanto, existe uma diferença fundamental entre a medicina tropical e a medicina nos trópicos. A distinção entre estas duas realidades é recente na história da ciência e data apenas do séc. XX. Em 1925, o presidente da *Royal Society of Tropical Medicine and Hygiene*, A. Balfour (1873-1931), parecia esclarecer a diferença.[1] De facto, esta nova especialidade médica teve a sua origem num contexto multidisciplinar: as grandes áreas de progresso durante o séc. XIX, que eram a saúde pública e a higiene; as viagens marítimas; a história natural e a teoria da evolução; um conhecimento preciso da causa da doença (a teoria dos miasmas; a teoria bacteriana, a teoria do risco); e, o desenvolvimento clínico de áreas como a bacteriologia e a parasitologia.[2]

A medicina tropical surge como área disciplinar autónoma na transição do séc. XIX para o séc. XX, tendo Inglaterra assumido o protagonismo na valorização da medicina

---

[1] A. Balfour, «Some British and American pioneers in Tropical Medicine and Hygiene», *Transactions of Royal Society of Tropical Medicine and Hygiene*, 19, 1925, p. 189-231.

[2] C. Cook, From the Greenwich Hulks to Old St Pancras: A History of Tropical Disease in London, London, Athlone Press, 1992.

como ciência colonial.[3] Ronald Ross (1857-1932) e Patrick Manson (1844-1922), dois médicos ao serviço da marinha britânica lideram o processo de criação das Escolas de Medicina Tropical de Liverpool[4] e de Londres,[5] em 1898 e 1899, respectivamente. Estavam lançadas as bases para o reconhecimento da medicina tropical como instrumento do imperialismo colonial.[6]

Na rota das patologias exóticas em Portugal – a doença do sono

A medicina tropical foi explorada pelos colonialistas com o objectivo de reduzir os riscos da sanidade pública, não apenas nos centros colonizados como também nos países de origem. O clima, muito diferente do europeu, punha em causa a capacidade de fixação nesses territórios, com consequências graves na manutenção de um poderio militar que permitisse uma exploração eficaz agrícola e industrial.[7] Portugal não foi alheio a preocupações desta ordem mas teve naturalmente um desenvolvimento mais tardio e mais lento.

A Escola de Medicina Tropical[8] criada em 1902 serviria as ambições colonialistas nacionais. Com origem na Escola Naval, aquela instituição viria também a liderar o processo de emergência de uma nova área disciplinar no seio da medicina tradicional.

A génese de uma nova área de investigação pressupõe a análise de um conjunto de variáveis entre as quais se evidencia a dinâmica dos investigadores em torno de um programa de investigação inovador e catalizador de recursos intelectuais, científicos, culturais e políticos.[9] Este aspecto encontra-se patente na Escola de Medicina Tropical de Lisboa, no período em estudo. Se atentarmos na tabela 1, na qual se identificam

---

[3] H. Scott, *A history of tropical medicine*, 2 vol., London, Edward Arnold, 1939.

[4] H. Power, Tropical Medicine in the Twentieth Century – a history of Liverpool School of Tropical Medicine, 1898-1990, London, Kegan Paul, 1999.

[5] L. Wilkinson; A. Hardy, Prevention and Cure – The London School of Hygiene and Tropical Medicine, London, Kegan Paul, 2001.

[6] D. Arnold, (ed.), *Imperial medicine and indigenous societies*, Manchester, MUP, 1988; P. Palladino; M. Worboys, «Science and Imperialism», *Isis*, 84, 1993, 91-102.

[7] A expansão colonial portuguesa pode ser revista nas seguintes obras: Nuno Teixeira, «Colónias e colonização portuguesa na cena internacional (1885-1930)», *in* Francisco Bethencourt; Kirti Chaudhuri, *História da Expansão Portuguesa*, vol.4, Navarra, Círculo de Leitores, 2000, pp. 494-520; Yves Léonard, «A Ideia colonial, olhares cruzados (1890-1930)», *in* Kirti Chaudhuri, *História da Expansão Portuguesa*, vol.4, Navarra, Círculo de Leitores, 2000, pp.521-555; Joel Serrão; Oliveira Marques, *Nova história da expansão portuguesa*, vol. XI, Lisboa, Editorial Presença, 2001.

[8] Para um conhceimento mais aprofundado desta instituição, dos seus antecedentes e da instituição que lhe sucedeu, o Instituto de Higiene e Medicina Tropical, consulte-se: J. Fraga de Azevedo, «Esboço Histórico do Instituto de Medicina Tropical», *Anais do Instituto de Medicina Tropical*, 15, sup. 1, 1958, 10-97, ou, Pedro Abranches, *O Instituto de Higiene e Medicina Tropical – um século de história, 1902-2002*, Lisboa, CELOM, 2004.

[9] M. Worboys,» The emergence of tropical medicine: a study in the establishment of a scientific speciality» *in* Lemaine, G.; Macleod, R.; Mulkay, M.; Weingart, P. (eds) *Perspectives on the Emergence of Scientific Disciplines* Paris, The Hague and Maison des Sciences de l'Homme, 1976; Geison, G. L, «Scientific Change, Emerging Specialties, and Research Schools,» *Hist. Sci.*, 19, (1981), 20-40.

os principais entusiastas do estudo sistemático da doença do sono, verificamos que se estabelece uma estratégia evolutiva face ao reconhecimento público da medicina tropical como área científica autónoma. Verifica-se um alargamento geográfico das missões científicas, uma participação constante nos congressos internacionais de medicina e uma tentativa progressiva para o intercâmbio científico nos encontros internacionais, cada vez mais especializados.

Portugal foi o primeiro país a criar na Europa uma missão médica para África destinada ao estudo da doença do sono. Desde a fundação da Escola até 1925, foram efectuadas duas missões científicas,[10] (S. Tomé e Angola[11] e, Ilha do Príncipe[12]), com o objectivo de identificar a causa da doença ou de estabelecer formas de a debelar. Estas missões, no período em que são efectuadas englobam duas fases distintas na descoberta da doença do sono. Na primeira ainda se procurava definir o agente causador da doença; nas restantes, apenas os aspectos relacionados com a profilaxia e o tratamento. No entanto, os resultados apresentados nos relatórios da comunidade científica portuguesa e apresentados em encontros internacionais foram objecto de reconhecimento internacional, tendo sido nalguns casos traduzidos noutras línguas, particularmente em inglês.[13]

O dinamismo da comunidade médica reflecte-se também na sua presença em encontros científicos nacionais e internacionais, de medicina geral, ou de medicina tropical, como podemos visualizar na tabela 1. A participação no Congresso Internacional de Medicina realizado em Lisboa em 1906[14] reveste-se de particular importância no contexto nacional, por reunir em Lisboa os especialistas das diferentes áreas médicas nas quais a medicina tropical se incluiu. Para além disso, reflecte ainda a determinação de Miguel Bombarda, o principal mentor deste encontro, em projectar a medicina portuguesa na cena europeia. Desde então, a Escola de Medicina Tropical marcou sempre a sua presença nos vários congressos internacionais de medicina que se realizaram em Londres e em Roma. Para além desta presença, a Escola demarcou também a sua posição nos congressos da especialidade, mormente no Congresso de Agronomia

---

[10] A primeira missão científica realizada no âmbito da doença do sono foi liderada por Aníbal Bettencourt, director do Real Instituto Bacteriológico, em 1901. Aníbal Bettencourt teve como colaboradores, Ayres Kopke, Gomes de Rezende e Correia Mendes, os dois primeiros da Escola Naval, e o último, director do laboratório de bacteriologia de Luanda. A segunda missão, a primeira efectuada por médicos da Escola naval, foi efectuada em 1901 por Ayres Kopke. Dado que ambas antecedem o período considerado neste trabalho, não foram contempladas na tabela 1.

[11] A. Kopke, «Investigações sobre a doença do somno», *Archivos de Hygiene e Pathologia Exoticas*, 1 (1) 1905, 1-54.

[12] A. Correia Mendes, A. Silva Monteiro; A. Damas Mora; B. Bruto da Costa, «Relatório preliminar sobre a doença do sono na Ilha do Príncipe, 1909», *Archivos de Hygiene e Pathologia Exoticas*, 2, 1909, 3-40; B. Bruto da Costa; J. Sant'ana; A. Correia dos Santos; M. Álvares; M. Araújo, «Relatório final da missão da doença do sono da Ilha do Príncipe, 1912-1914», *Archivos de Hygiene e Pathologia Exoticas*, 5 (1), 1915, 1-255.

[13] Um exemplo ilustrativo foi a tradução do relatório elaborado por B. Bruto da Costa na Ilha do Príncipe. Cf, J. Wyllie (trad.), *Sleeping Sckiness – a record of four years war against it in Principe, Portuguese West Africa*, London, Baillière, Tindall and Cox, 1916.

[14] A. Kopke, «Trypanosomiasis Humaine», *Archivos de Hygiene e Pathologia Exoticas*, 1 (1) 1905, 159-188.

Colonial e Tropical de 1910, no Congresso Internacional de Medicina Tropical e no Congresso Congresso de Medicina Tropical da África Ocidental realizados em 1923 e ainda, na Conferência do Instituto Colonial Internacional , em 1924.

Tabela 1 - A participação dos investigadores da Escola Naval e da Escola de Medicina Tropical de Lisboa em missões e congressos científicos entre 1902 e 1925

Data	Investigadores	Encontros Internacionais	Missões científicas
1904	Ayres Kopke		S. Tomé e Angola (Beri-Beri e Doença do sono)
1906	Ayres Kopke e José de Magalhães	Congresso Internacional de Medicina (Lisboa)	
1907	Ayres Kopke	Congresso de Higiene e Demografia (Berlim)[*]	
1907	Correia Mendes, Damas Moura, Silva Monteiro e Bruto da Costa		Ilha do Príncipe (doença do sono)
1909	Ayres Kopke	Congresso Internacional de Medicina (Budapeste)	
1910	Ayres Kopke	Congresso de Agronomia Colonial e Tropical (Londres)	
1911	Silva Telles	Congresso Universal das Raças (Bruxelas)	
1913	Ayres Kopke	Congresso Internacional de Medicina (Londres)	
1923	Ayres Kopke	Congresso Internacional de Medicina Tropical (Roma)	
1923	Ayres Kopke	Congresso de Medicina Tropical da África Ocidental (Luanda)	
1924	Ayres Kopke e Silva Telles	Conferência do Instituto Colonial Internacional (Roma)	

[*] A. Kopke, «Traitement de la maladie du sommeil», *XIVe Congrès d'Hygiène*, Berlin, 1907, 299-347.

Pela análise da tabela 1, apercebe-mo-nos da forma como o quadro de investigadores da escola procurou dar resposta à necessidade de afirmação de uma nova área de investigação médica, no âmbito do intercâmbio científico além-fronteiras, não só no seio da comunidade europeia como também das colónias. O eixo de diálogo Europa-colónias foi decisivo não só para o reconhecimento da especialidade médica com o também para a definição de um quadro de valorização da medicina tropical como ferramenta do III° Império colonial português.

A valorização da investigação fundamental na doença do sono

A colonização portuguesa nos trópicos assume contornos científicos na viragem do séc. XIX para o séc. XX. As preocupações de carácter científico são apenas sentidas após a «revolução bacteriana» protagonizada em Portugal, por Câmara Pestana (1863-1899).[15]

Embora o paludismo fosse, por excelência, a patologia estudada durante estas duas décadas, a doença do sono[16] é a que nos parece enquadrar melhor uma convergência de abordagens disciplinares especializadas, esboçando assim uma tendência multidisciplinar, como forma de consolidar uma perspectiva de carácter eminentemente experimental, tão cara à história medicina na primeira metade do séc. XX. A elas estão associadas figuras como Ayres Kopke (1866-1944), Carlos França (1877-1926), Marck Athias (1875-1946), Aníbal de Bettencourt (1868-1930), e Charles LePierre (1867-1945),[17] entre outros.

A doença do sono, mais conhecida na gíria médica por tripanosomiase humana (THA), é provocada por um parasita protozoário do género Trypanossoma que é transmitido pela picada de um insecto, a mosca tsé-tsé, do género glossina. É ainda hoje uma doença endémica do continente africano e a sua distribuição geográfica depende directamente do insecto vector. São conhecidas duas espécies de parasitas, localizados inicialmente na Gâmbia e na Rodésia – distinguidos em 1910 – que transmitem a doença na sua forma crónica e aguda, respectivamente.[18]

A mosca inocula o parasita, quando infectada, e este invade todos os órgãos do hospedeiro, em particular, o sistema imunitário. Os primeiros sintomas da doença são febres altas, fraqueza e dores de cabeça. Quando o parasita se desenvolve no sangue e na linfa, os sintomas agudizam-se e surgem alterações cardivasculares, endócrinas

---

[15] Pedro Lau Ribeiro, «A Emergência da Medicina Tropical em Portugal (1887-1902)», *Dissertação de Mestrado*, Lisboa, 2002.

[16] Para melhor detalhe no conhecimento da história da doença do sono, consulte-se: M. Lyons, The colonial disease: a social history of sleeping sickness in Northern Zaire, 1900-1940, Cambridge, CUP, 1992.

[17] Charles Le Pierre, enquanto microbiologista do laboratório de Microbiologia da Universidade de Coimbra realizou uma comunicação na Sociedade de Biologia de Paris em 1898 dedicada ao «bacilo» responsável pela doença do sono, numa altura em que ainda não estava identificado o parasita causador da doença. Cf Antoine Cagical; Charles LePierre, «La maladie du sommeil et son bacile», *Comptes Rendus de la Société de Biologie de Paris*, 1928, 1-3.

[18] P. Manson-Bahr (ed.), Manson's Tropical Diseases – a manual of the diseases of warm climates, London, 21th ed, 2003, pp.1303-1338.

e urinárias. Em estágios avançados da doença, o parasita invade o sistema nervoso central e o paciente perde o controlo comportamental.

É precisamente a este nível de desenvolvimento da doença que nos interessa abordar os trabalhos dos autores acima citados. Analisando os artigos publicados nos *Archivos de Hygiene e Pathologia Exoticas*, entre 1905 e 1925, verficamos que mais de 30% dizem respeito à doença do sono. Nem todos estes artigos descrevem a vertente experimental do problema: uns referem-se a aspectos de natureza sanitária, outros a resultados na adopção de determinadas terapias e outros, ao estudo do vector transmissor da doença. Vários aspectos poderiam ser abordados com bases nestes artigos, mas para este artigo escolhemos apenas alguns. Escolhemos aqueles que abordam o problema da degenerescência neurológica e que se circunscrevem aos trabalhos de Marck Athias[19] e de Carlos França.[20]

É curioso verificar que, de entre o conjunto de artigos publicados neste período, apenas o destes autores é feito no âmbito da valorização experimental dos danos causados no sistema nervoso central pelo vector responsável pela doença. No trabalho intitulado, «Lésions histologiques dans la maladie du sommeil», os autores utilizam uma ferramenta pouco vulgar para análise deste tipo de perturbações provocadas pelo parasita no Homem. Já Ayres Kopke tinha referido e identificado o parasita em preparações sanguíneas e linfáticas de portadores da doença, mas apenas Marck Athias e Carlos França apostam numa análise histológica das lesões cerebrais. Trata-se pois de uma abordagem paralela na medicina da época que aponta no sentido da utlização da histologia como forma de valorização da prática experimental na Medicina tradicional. Não interessava apenas abordar o problema da patologia numa perspectiva clínica, sanitária ou terapêutica, mas sim, de procurar a verdadeira origem dos fenómenos e das suas consequências, utilizando a histologia nervosa como ferramenta.

No que diz respeito à medicina tropical, este tipo de abordagem reflecte dois tipos de preocupações fundamentais, que interessa valorizar do ponto de vista histórico. Em primeiro lugar, a constatação de um alinhamento a nível internacional no que diz respeito à adopção evidente da teoria epidemiológica pasteuriana de pendor positivista. Em segundo, a importância da investigação pura em medicina como ferramenta essencial para a criação de uma nova área disciplinar. Estes dois tipos de aproximação surgem no contexto colonial e evidenciam uma postura eminentemente selectiva e direccionada para o progresso científico, apoiada pelo Estado português.

Algumas considerações finais

[19] Para melhor conhecimento de Marck Athias e da sua escola de investigação consulte-se I. Amaral, «A Escola de Investigação de Marck Athias e o Surgimento de Novas Disciplinas Médicas entre 1897 e 1946,» *A ciência em Portugal na Primeira Metade do Século XX*, (S. Reprografia e Publicações da Universidade de Évora, Évora, 2003), 251-262 ou ainda, I. Amaral, A Emergência da Bioquímica em Portugal – as escolas de investigação de Marck Athias e de Kurt Jacobsohn, Dissertação de Doutoramento, Lisboa, 2001 (a editar pela Fundação Calouste Gulbenkian)

[20] Ferreira de Mira, «Carlos França,» Jornal da Sociedade de Ciências Médicas, 91, (1927), 87-129.

A dinâmica imperialista foi crucial para apoiar a investigação no domínio da medicina tropical, propiciando recursos e moldando a forma do conhecimento produzido. A emergência da Medicina Tropical como área científica independente e a sua consolidação institucional na Escola de Medicina Tropical de Lisboa foi o resultado de um conjunto de estratégias desenvolvidas na comunidade médica, que, embora suportadas por programas de investigação, foram ditadas pelos condicionalismos sociais tangíveis.

A investigação sistemática da medicina tropical inicia-se quase em simultâneo em Inglaterra e em Portugal: a Escola de Medicina Tropical de Lisboa surge quatro anos depois da Escola de Medicina Tropical de Liverpool e três anos depois da Escola de Medicina Tropical de Londres. Esta situação evidencia um alinhamento de Portugal com os outros países colonizadores, para os quais a medicina tropical constituia uma das ferramentas mais poderosas do processo de colonização.

Provavelmente por ser a patologia dominante nas colónias portuguesas em África, a doença do sono é a que envolve maior número de investigadores e de recursos capitalizados através das missões científicas, da participação em congressos internacionais e da investigação fundamental.

Tendo por base a análise da produção científica dos investigadores da Escola Naval e da Escola de Medicina Tropical de Lisboa, poderemos concluir que a medicina tropical é uma área que emerge no princípio do séc. xx, fruto de uma constelação de interesses disciplinares que concorrem de forma articulada e sinergética. Estes intersectam naturalmente a escola de investigação de Marck Athias ao associarem-se aos fundamentos da renovação da medicina tradicional, defendendo as práticas pasteurianas e a investigação fundamental.

Este estudo preliminar permite abrir um conjunto diversificado de pistas de investigação no âmbito da investigação médica e colonial. Ficam apenas alguns apontamentos...

Romero Bandeira* ; S. Gandra** ; A. Ferreira*** ; A. Galaghar**** ; R. Carvalho****

*Prof. Associado (ICBAS) - Presidente da SPHMFM (Sociedade Portuguesa de História da Medicina e Filosofia Médica), Portugal
** Aluna de Mestrado em Medicina de Catástrofe (ICBAS), Portugal
*** Médico (ICBAS), Portugal
**** Aluno da Lic.ª em Medicina (ICBAS), Portugal

EVOLUÇÃO DO SOCORRO MÉDICO-SANITÁRIO FACE À AGRESSÃO PELAS ARMAS NUCLEARES, QUÍMICAS E BIOLÓGICAS (NBQ)

Quando examinamos os dados estatísticos relativos aos serviços prestados pelos Corpos de Bombeiros no ano 2003 verificamos que em 931.426 ocorrências registadas, 804.567 dizem respeito ao socorro prestado directamente a pessoas, ou seja, no âmbito do serviço de saúde.

Nestes dados, obviamente estão incluídas situações de urgência colectiva, com envolvimento de alguns tipos de produtos, designadamente químicos e biológicos; no entanto devemos relevar que a agressão pelas armas nucleares, químicas e biológicas, têm um outro enquadramento, dado o atingimento maciço das populações, tendo sido os ataques nucleares americanos ao Japão, que despoletaram fortemente a consciência colectiva para ocorrências desta natureza.

A preocupação pelo ensinamento de métodos e técnicas de socorro é muito antigo, mas não resistimos à tentação de referenciar Pia e Gardanne (1790) que num opúsculo publicado pela Academia Real das Ciências de Lisboa intitulado «Avisos Interessantes, sobre as Mortes Apparentes, recopilados da Sociedade Humana de Inglaterra das obras de M. Pia e N. Gardanne», se chama atenção especial para os casos decorrentes de asfixias provocadas por vários tipos de compostos químicos.

Porém, quando estas ocorrências atingem largas franjas da população, como nas situações bélicas, aí há que entrar em linha de conta vários itens, como sejam: características de espaço e lugar; características da população; tipos de sinistro; material disponível; factores mais influentes no comportamento e fases de actuação, conforme podemos analisar no DT16 publicado pela Cepreven, Madrid, já em 1988.

Parafraseando Bandeira (1995), a alínea 1 do resumo apresentado no relatório do «Groupe OMS de Gestion sur le suivi de la resolution WHA 36.28» diz taxativamente o seguinte: o arsenal nuclear acumulado no mundo inteiro está estimado numa potência total de cerca de 15000 megatoneladas e não cessa de crescer. O poder destrutor destas bombas é tal, que, se somente a centésima parte dele fosse lançada sobre zonas urbanas faria em algumas horas mais mortos do que a 2ª Guerra Mundial.

Este relatório diz respeito ao papel dos médicos o outro pessoal de saúde na preservação e promoção da Paz (Bergstrom et al. 1987).

Em termos de representação gráfica e se utilizarmos duas circunferências concêntricas, a totalidade dos explosivos utilizados durante a 2ª Guerra Mundial corresponderia à primeira com um raio de 1,4 cm e a exterior, com 100 cm de raio, aos arsenais nucleares da actualidade, referidos no relatório.

No dia 6 de Agosto de 1945 às 8h e 15 m uma esquadra aérea norte-americana constituída por três aparelhos, da qual fazia parte uma super fortaleza voadora B29 donde foi lançada uma bomba A à altitude de 4000 metros, com um peso total de quatro toneladas e de uma carga útil, de urânio 235, de 12 kg a qual explodiu a 600 metros de altura, exactamente sobre o centro da cidade de Hiroshima, que era o principal centro administrativo e comercial do noroeste do Japão, comportando ao tempo, 245.000 habitantes. O caos provocado por este bombardeamento é do conhecimento geral.

Os queimados são efectivamente as vítimas que numa explosão nuclear de imediato assumem uma expressão relevante. Favre (1966) ainda em relação a Hiroshima aponta: 80% do pessoal médico e paramédico ferido ou morto; 95% dos hospitais ou clínicas destruídas, para cerca de 100.000 feridos, dos quais cerca de 40.000 queimados.

A declaração emitida, baseando-se na decisão tomada numa assembleia pública realizada durante a Conferência Anual da Sociedade Britânica de Psicologia em 10 de Abril de 1983 e denominada por «Consequências Psicológicas de uma Guerra Nuclear», cujo relato Thompson (1991) refere, quanto à natureza da ameaça, que a potência das explosões nucleares não pode compreender-se facilmente dado que nada existe na nossa experiência que se lhe possa comparar. Enquanto que os efeitos de uns quantos quilogramas de explosivos numa bomba terrorista se podem apreciar verificando os dados e as feridas que causam, não é possível conceber os efeitos que resultariam do equivalente a um milhão de toneladas de TNT.

Em relação às vítimas, a detecção e o diagnóstico são fundamentais. O estudo do síndrome agudo da radiação atómica diz-nos que os doentes que receberam 2.000 a 4.000 rads têm pouca probabilidade de sobreviver; o diagnóstico e o plano de tratamento deve ser equacionado para os doentes que receberam entre 70 e 400 rads os quais têm alguma possibilidade de sobrevivência. Uma das etapas essenciais passa pelos procedimentos de descontaminação exigindo métodos, técnicas e material adequados e pessoal devidamente preparado.

Quando em 1498, Albrecht Dürer, representou os seus célebres 4 cavaleiros do Apocalipse, iria eternizar na Arte, a pungente realidade do momento actual.

A Guerra Biológica segundo Barnaby (2002) tem uma larga história. De acordo com esta autora, os Persas, Gregos e Romanos da antiguidade envenenavam os poços dos seus inimigos arrojando dentro cadáveres. O assédio de três anos de Kaffa (hoje Feodosia) chegou ao seu fim em 1346 quando os sitiadores tártaros decidiram lançar os cadáveres das vítimas da peste por cima das muralhas da cidade para infectar os seus habitantes, segundo o relato de uma testemunha presencial e citando J.V. Derbes: «os tártaros fatigados pelo castigo de tão pestífera efermidade, estupfactos e atónitos, vendo morrer os seus sem esperança de recuperação, ordenarão colocar os cadáveres nas catapultas e lançá-los para dentro da cidade de Kaffa e por meio destes intoleráveis passageiros causar uma mortandade aos defensores. Assim, pois, lançaram montanhas de mortos e os cristãos não podiam esconder-se nem fugir, nem libertar-se daquela catástrofe.».

No número de Dezembro de 1997, a revista *Vaccine* publicou a investigação Russa sobre o antrax modificado geneticamente (Miller *et al.* 2002) e que Weber teve conhecimento pela primeira vez em 1995 e que em 1997 alarmava os cientistas civis e militares. Os síndromes provocados pelos agentes biológicos são vários, designadamente: inalação de antrax, febre Q, varíola, febres virais hemorrágicas, febres inespecíficas provocadas por alfavírus, etc. Os agentes de bioterrorismo podem ser classificados de A a C, considerados os primeiros como os de categoria prioritária.

A detecção precoce é essencial para que seja assegurada uma resposta pronta a um ataque biológico ou químico incluindo como se compreende a provisão de medicamentos terapêuticos ou profiláticos, antídotos químicos e vacinas. A gestão de uma situação de crise desta natureza torna-se crítica a todos os níveis, não só a nível político mas também a nível dos sistemas médicos de emergência e de segurança.

As agressões químicas podem ser de natureza múltipla, sendo de evidenciar: os tóxicos letais como agentes neurotóxicos organofosforados anticolinesterásicos, vesicantes, sufocantes, tóxicos intracelulares gerais; os incapacitantes psíquicos; os incapacitantes físicos.

Uma multiplicidade de cenários pode existir, nos quais sempre se tem que encarar as equipas de salvamento, devidamente equipadas mesmo antes da chegada ao terreno, as vítimas a socorrer e as populações implicadas, ainda indemnes, mas que é necessário proteger. Tudo isto se pode passar face a uma agressão química patente, uma agressão química insidiosa ou mesmo uma ameaça de agressão.

Independentemente da protecção e descontaminação local, os hospitais devem estar preparados para dar resposta a situações deste tipo com planeamento adequado, treino das suas equipas, enquadramento logístico face a um elevado número de vítimas, as reservas de medicamentos, suporte de cuidados intensivos. A mobilização do pessoal hospitalar bem como um esquema capaz de dar resposta a todos os níveis face ao elevado afluxo de vítimas é fundamental.

A adregar a toda esta panóplia de cenários possíveis há que configurar que as situações de guerra clássica não são as únicas a impor as suas acções deletérias à Humanidade, mas também a existência de uma situação de guerra permanente que se designa por Terrorismo e que pode desencadear em larga escala as acções acima referidas, e para as quais os Governos e os Cidadãos comuns têm que estar preparados.

BIBLIOGRAFIA

BANDEIRA, R. (1995) Medicina de Catástrofe - Da exemplificação histórica à Iatroética. Dissertação de Doutoramentos. ICBAS.

BARNABY, W. (2002) Fabricantes de Epidemias. El mundo secreto de la guerra biológica. Trad. Siglo Veintiuno de España Editores. Madrid.

BERGSTROM, S. ; BOCHKOV, N.P. ; LEAF, A. ; PISA, Z. ; ROTBLAT, J. ; SHIGEMATSU, I. (1987) Effets de la Guerre Nucleaire sur la Sauté et les Serviçes de Santé, 2ª ed. OMS. Geneve.

BLANCHET, J. M. ; NOTO, R. ; PAILLER, F.M. ; RENANDAU, C. ; RICORDEL, L. (1997) Les agressions chimiques. ED. France-Selections. Paris.

FARMER, J.; JIMENEZ, E. ; TALMOR, D. ; ZIMMERMAN, J. (2003) Fundamentals of Disaster Management. Siciety of Critical Care Medicine. USA.

FAVRE (1966) L'Homme et les Catastrophes. SPEI. Paris.

MILLER, J. ; ENGELBERG, S. ; BROAD, W. (2002) Guerra Bacteriologica. Las Armas Biológicas y la Ameaza Terrorista. Trad. Ediciones B. Barcelona.

PIA, M. ; GARDANNE, M. (1790) Avisos Interessantes sobre as Mortes Apparentes, recopilados da Sociedade Humana de Inglaterra. Academia Real das Sciencias. Lisboa.

THOMPSON, J. (1991) Consequências Psicológicas de uma Guerra Nuclear. Trad. Ed. Trillas. México.

Sofia do Vale Pereira* e Ricardo Vale Pereira**

* *Bióloga, Portugal*
** *Médico especialista em Angiologia e Cirurgia Vascular, Portugal*

BÁRTHOLO THUMANN DO VALLE PEREIRA
UMA VIDA DEDICADA À CIRURGIA

«Surgery is not only a craft, not only a science, not only an art, but something of all these, and therein lies its fascination»

«The Surgeon's Craft», H. Atkins

Bártholo Thumann do Valle Pereira nasceu no Porto a 25 de Maio de 1918, filho de pai português e mãe alemã, que lhe incutiu o gosto pela música e pelas artes. Matriculou-se na Faculdade de Medicina da Universidade do Porto em 1936, tendo concluído a licenciatura em 1941 com a média final de 17 valores.

A sua escolha pela Cirurgia não foi difícil pois desde tenra idade mostrou interesse pelo estudo da anatomia de vários animais usando um estojo de dissecção, saciando assim a sua curiosidade e avidez por conhecimentos e esclarecimentos acerca da natureza do Homem e da Vida; aliado a isto, também uma ambição de auto-afirmação, prestígio e um sentimento de poder ser útil e agradável ao seu semelhante, o levaram a abraçar esta profissão.

Tendo como objectivo dedicar-se ao estudo e especialização em Cirurgia obteve uma bolsa de estudo da *Alexander von Humboldt-Stiftung* para trabalhar em Heidelberg, na Alemanha com o Professor Kirschner, o que não aproveitou por ter sido chamado a cumprir o serviço militar.

Três meses após a licenciatura foi convidado para 2º Assistente da Cadeira de Fisiologia Especial (Professor Doutor Hernâni Monteiro), da Faculdade de Medicina do Porto, lugar que tomou posse em Maio de 1942. Acompanhou no entanto o Professor de Clínica Cirúrgica (Professor Doutor Álvaro Rodrigues) a partir de 1943, colaborando na realização de diversas intervenções e investigações nas áreas de Anatomia, Fisiologia e Anatomia Patológica. Em 1942 foi nomeado Assistente Voluntário de Propedêutica Cirúrgica, tendo transitado no ano seguinte, e também como Assistente Voluntário, para a Cadeira de Clínica Cirúrgica, da Faculdade de Medicina da Universidade do Porto.

Em 1946, prestou provas de Doutoramento, com uma dissertação intitulada «Embolia Pulmonar», tendo sido aprovado por unanimidade com a classificação de 19 valores, após o que tomou posse do lugar de 1º Assistente de Fisiologia Especial e, em Maio de 1948, passou a desempenhar as funções de 1º Assistente de Clínica Cirúrgica.

Após o seu Doutoramento realizou vários estágios e cursos de especialização em Portugal e no Estrangeiro contactando com mestres de maior prestígio da época, junto dos quais ampliou a sua bagagem científica especializada: em Barcelona com Puig Sureda e Soler-Roig (Cirurgia Digestiva e do Esófago); no Reino Unido, durante um ano, onde trabalhou no Brompton Hospital com Sir Clement, Mr. Price-Thomas, Mr. Russel Brock, Mr. Barrett e Mr. Cleland (Cirurgia Cardíaca e Pulmonar) e Mr. Gabriel, Mr. Normand Tanner e Mr. Alisson em Leeds (Cirurgia do Aparelho Digestivo, Cólon e Recto e Esófago); na Alemanha com Professor Bauer de Heidelberg e Professor Derra de Düsseldorf, na Suécia com Professor Crafoord de Estocolmo e em França com Professor Santy e Professor Mallet-Guy de Lyon. Durante esta fase da sua carreira pode beneficiar de bolsas de estudos de Instituições de renome, das quais se destacam *Alexander von Humboldt-Stiftung*, Instituto para a Alta Cultura, *Bristish Council* e *Royal Society of Medicine*.

Ao regressar ao Porto efectuou as primeiras esofagectomias e iniciou, na Faculdade de Medicina, a Cirurgia Cardíaca com a primeira comissurotomia mitral fechada efectuada em Portugal e operação de Blalock, procurando constituir uma equipa de Cirurgia Cardíaca, com instrumental que o próprio adquiriu em Inglaterra para esse propósito. Esse material foi entregue posteriormente ao Museu do Serviço de Cárdio--Torácica dos Hospitais da Universidade de Coimbra.

No período em que permaneceu no Porto desenvolveu intensa actividade assistencial na mesma cidade e região norte, realizando inúmeras intervenções cirúrgicas na Faculdade de Medicina, em Hospitais e Ordens Religiosas, incidindo em quase todos os sectores da Cirurgia Geral e da Cirurgia Torácica destacando-se os seguintes factos:

- Em 1952 foi nomeado Cirurgião do Hospital Sub-regional de Amarante e, em 1954, Cirurgião do Hospital de Arnoia, em Celorico de Basto.
- Em 1955 foi nomeado Cirurgião do Centro de Cirurgia Torácica da Zona Norte, do Instituto da Assistência Nacional aos Tuberculosos (Sanatório de D. Manuel II).
- Em Junho de 1957 presta provas de habilitação ao título de Professor Agregado, na Faculdade de Medicina da Universidade do Porto.
- Em 1957, convidado pelo Professor Doutor Vaz Serra, concorreu a uma vaga de Professor Extraordinário do grupo de Cirurgia da Faculdade de Medicina da Universidade de Coimbra. Na sequência desse mesmo concurso foi nomeado Professor Extraordinário de Cirurgia dessa Faculdade, assumindo assim o cargo de Director do Serviço e Regente da Cadeira de Patologia Cirúrgica e, posteriormente, do Serviço de Clínica Cirúrgica dos Hospitais da Universidade de Coimbra.
- Em 1959, presta provas para Professor Catedrático da Faculdade de Medicina de Coimbra. No serviço que dirigiu até à sua jubilação, em 1988, criou a Cirurgia Plástica e Reconstrutiva e a Cirurgia Cardio-Torácica, tendo, no entanto, já realizado em 1957 a primeira correcção de uma coartação da aorta em Portugal. Iniciou, em 1976, a Cirurgia de Coração aberto.

Várias outras técnicas Cirúrgicas foram por si introduzidas em Coimbra tais como: Pericardiectomia, Correcção da Persistência do Canal Arterial, Ressecção Pulmonar, a Esofagocoloplastia, Cirurgia da Hipertensão Portal (nomeadamente a Anastomose Porto-Cava), Duodenopancreatectomia, Exérese Pancreática, Ressecção Anterior do Recto ou mesmo a Cirurgia das Glândulas Supra-Renais.

Foi autor de inúmeros artigos e publicações, presidente e membro de direcção de diversas Sociedades de Cirurgia; recebeu, em nome da Faculdade de Medicina da Universidade de Coimbra, personalidades internacionais importantes do campo da Cirurgia como o Professor Christian Barnard, pioneiro na transplantação cardíaca mundial. Foi padrinho de doutoramento *Honoris Causa* de outro cirurgião cardíaco de renome, o Professor Doutor Zerbinni de São Paulo, Brasil.

Visita e conversa televisionada com o Professor Christian Barnard, Coimbra 1968

Formou e influenciou uma geração de cirurgiões, procurando escolher como assistentes aqueles que considerou melhores e mais bem dotados para que pudessem ser continuadores, tendo alguns ascendido ao grau de doutor e professor e que também esses, alcançaram importância e relevo na cirurgia portuguesa.

Cremos que a actividade deste Professor e Cirurgião deixou marcas profundas e avanços, na Medicina e Cirurgia Portuguesas, não só pelo seu carácter técnico-científico-cultural, mas também pelas suas qualidades éticas e humanas, testemunhado pelos seus inúmeros doentes e discípulos.

Permitimo-nos assim citar as palavras do seu último doutorado: «Não é difícil imaginar os reflexos da sua prática na Cirurgia Portuguesa. São credores de uma gratidão perene os seus inúmeros doentes e todos os seus colaboradores. (...) Mas não foi só a excelência das suas qualidades científicas e técnicas que justificam a admiração de todos que com ele trabalharam. É o exemplo de um homem justo, tolerante, compreensivo, de pensamento liberal, com uma visão holística do seu serviço e transparentemente aberto às capacidades criativas de todos os seus discípulos. É também o exemplo da dimensão ética da sua personalidade e do seu enraizado humanismo, que sempre se manifestou, seja ao nível das relações pessoais, seja na prática médica quotidiana ou nos avanços cirúrgicos que o condicionou à salvaguarda da vida do homem sempre considerado como irmão. Os seus discípulos jamais esquecerão o exemplo deste ilustre Professor e Cirurgião». Júlio Soares Leite. in *Revista Portuguesa de Cirurgia*; Ano 3, nº 4.

Agradecimentos

À Professora Doutora Marília Dourado, o nosso obrigado pela sua sincera amizade e incentivo e pelo elo de ligação com este importante Grupo de Estudos da nossa Universidade CEIS20.

À nossa mãe, por todo o apoio e pela grande mulher que é... por saber ter força para enfrentar a vida nos momentos mais difíceis.

BIBLIOGRAFIA

Bartholo do Valle Pereira, «Curriculum vitae», 1959.

Bartholo Thumann do Valle Pereira, «Oração de Sapiência - A Cirurgia Cardíaca, seus Fundamentos, sua Evolução e seu Futuro» Separata de Coimbra Médica, Vol. 9 (nº 3), 1988, 135-145.

Bartholo do Valle Pereira, «Última Lição», Separata de Coimbra Médica, Vol. 9 (nº 4), 1988.

Bartholo do Valle Pereira, «Lição de Abertura de Curso», Separata de Coimbra Médica, Fasc. IV (Abril), 1958.

Bartholo do Valle Pereira, «Aspectos da Cirurgia Geral e Torácica em Inglaterra», Separata do Jornal do Médico, XX (506) 569-579, (507) 614-627, 1952.

http://www.huc.min-saude.pt/huc5p.html

Júlio Soares Leite, «Página dos Antigos Presidentes - Bártholo do Valle Pereira», Revista Portuguesa de Cirurgia-Órgão Oficial da Sociedade Portuguesa de Cirurgia, Ano 3 (nº 4), 1995, 11.

SERVIÇOS DE PATOLOGIA CIRÚRGICA

LIÇÃO DE ABERTURA DE CURSO

POR

BARTHOLO DO VALLE PEREIRA

(Prof. Extraordinário encarregado da regência da Cadeira)

∫

COIMBRA
1 9 5 8

BARTHOLO DO VALLE PEREIRA
1.º Assistente de Clínica Cirúrgica da Faculdade de Medicina do Porto

Aspectos da cirurgia geral e torácica em Inglaterra

/

SEPARATA DO
Jornal do Médico
XX (506) 560-579, (507) 614-627, 1952

BARTHOLO THUMANN DO VALLE PEREIRA
Prof. Catedrático de Clínica Cirúrgica da Faculdade de Medicina de Coimbra

ORAÇÃO DE SAPIÊNCIA

A CIRURGIA CARDÍACA, SEUS FUNDAMENTOS,
SUA EVOLUÇÃO E SEU FUTURO

COIMBRA
1982

BÁRTHOLO DO VALLE PEREIRA

Última lição

Separata de Coimbra Médica. n.º 4, Vol. 9, 1988

Marília Dourado

Faculdade de Medicina da Universidade de Coimbra, Portugal

A DOR

A dor, indissociável da condição humana, desde sempre preocupou o Homem motivando-o na procura árdua de uma explicação e finalidade para esta. Na realidade, poucas são as doenças que em algum momento da sua evolução não apresentam dor como elemento integrante da sua sintomatologia.

A dor tem sido entendida e aceite de diferentes maneiras ao longo das diversas etapas da História da Humanidade. De fenómeno cósmico na Antiguidade, com tratamento necessariamente mágico, que apenas valia a pena valorizar caso vitimasse algum herói, deus ou semi-deus, passou a ser considerada, com o início da civilização Judaico-Cristã, como um castigo de Deus que, deste modo, punia o Homem pelo pecado original e sempre que este tentasse afastar-se do *Seu* caminho. A dor e o sofrimento são então aceites como o meio através do qual se consegue a purificação do corpo e a redenção da alma, sendo (à luz dos princípios iniciáticos do misticismo Judaico) o modo de aproximar o Homem de Deus.

Na mesma linha de pensamento em todas as suas correntes do Cristianismo se partilha a opinião de que a dor é a via privilegiada para atingir o perdão pelos pecados cometidos. A morte de Cristo, martirizado e crucificado para salvação dos Homens – um exemplo de Deus que nem o seu Filho poupou ao sofrimento e à dor – fez com que os cristãos aceitassem a tortura, o martírio e o sofrimento inerentes à dor como forma a alcançar a vida eterna e a salvação individual. A relação do Homem com a dor foi durante mais de um milénio orientada por esta concepção moral e religiosa. No entanto, já Hipócrates considerou a dor como elemento importante para o diagnóstico de doença. No *Corpus Hippocraticus* é perceptível, pela primeira vez, uma tentativa de compreender as causas potenciais de dor. O calor ou o frio, o excesso ou o defeito, são estímulos que a poderiam desencadear. Nesta obra, é feita uma tentativa de retirar o excesso de sobrenatural e de místico que, na época, envolviam a dor.

Depois de Hipócrates a dor passou a ter um significado diferente consoante a sua localização e intensidade.

Na Idade Média a dor é um teste à Fé, aceite pelos Cristãos como uma experiência mística, com resignação, um tormento eterno sustentado por uma Fé inabalável, fundamental e imprescindível por competir com as filosofias pagãs da época, mais fáceis de aceitar e de adoptar. As duas correntes de pensamento, Cristã e pagã, partilhavam, contudo, a ideia de que a dor possuía uma relação muito próxima com o pensamento e com a alma.

Descartes põe de lado tudo o que até à data tinha sido dito e especulado sobre a dor e, pela primeira vez, na sua obra «De L'Homme» em 1664, descreve a dor como «um fenómeno nervoso». *Transforma a discussão filosófica sobre a dor numa discussão fisiológica, separando a metafísica da fisiologia.*

Descartes, iatrofísico convicto, descreve um modelo de sistema nervoso, responsável pelo funcionamento do organismo humano. Para ele, os nervos são tubos condutores percorridos por criaturas minúsculas, que designou por «espíritos animais», produzidas e armazenadas no cérebro. Um estímulo que actuasse em determinada zona corporal produziria uma sensação que, ao ser directamente transmitida ao cérebro, desencadearia a libertação dos «espíritos animais»; estes, descendo do cérebro aos músculos (na periferia) originariam um impulso e um movimento de retirada. Foi desta maneira que Descartes descreveu a reacção do organismo à dor, o modelo do «puxão de corda», como ficou conhecido: a lesão, de uma zona do organismo, produzia dor numa extremidade da corda (o nervo), que na outra ponta tinha uma campainha que tocava, dando alarme para que o organismo reagisse num movimento de fuga. Explica assim, duma forma simples, o fenómeno doloroso como um fenómeno nervoso e a dor assume definitivamente o lugar que por direito lhe pertence nas Ciências Médicas.

A explicação de Descartes aperfeiçoada durante três séculos por uma constante sucessão de novas descobertas científicas, de aperfeiçoamento do conhecimento das estruturas neuroanatómicas e dos mecanismos neuroquímicos envolvidos (que levaram, por exemplo, à substituição do conceito de «espírito animal» por neurotransmissão), dominou o pensamento Ocidental sobre a dor, até há relativamente pouco tempo. A dor era explicada simplesmente pela descrição dos mecanismos corporais/físicos que a produziam.

Outro grande mérito de Descartes foi o de, ao contrário do pensamento reinante na época, chamar a atenção da Humanidade para o facto de a dor poder atingir qualquer ser humano independentemente da sua condição social ou religiosa: a dor pode ser sentida por qualquer um, em qualquer lugar, em qualquer ocasião.

Na viragem do século XIX para o século XX (no movimento romântico) o Homem torna-se de tal modo egocêntrico, amante de si mesmo e do seu bem-estar, que as técnicas para alívio da dor e do sofrimento são largamente desenvolvidas. Neste período, dá-se um impulso magnífico no desenvolvimento das técnicas anestésicas.

No pensamento Ocidental da época a opinião dominante é a da necessidade de aliviar a dor ou mesmo de a evitar se possível, o que, no campo da Medicina, foi crucial para a descoberta e o desenvolvimento da anestesia.

No século XIX, os grandes avanços no conhecimento da Anatomia e da Fisiologia contribuíram para que as até então poderosas «vozes» da Teologia e da Filosofia se tornassem cada vez mais débeis e irrelevantes quando se discutia a dor. Passou a explicar-se a dor como o resultado da transmissão de impulsos electroquímicos através do sistema nervoso, desde o local da lesão (periferia) até ao cérebro.

Apesar dos avanços científicos neste campo da Medicina, até à primeira metade do século XX a «realidade dolorosa» foi só parcialmente respeitada e compreendida uma vez que os médicos consideravam infundadas as dores que não correspondessem a uma lesão tecidular visível.

Contudo, à luz dos conhecimentos actuais é sabido que a dor, muito mais do que uma resposta mecânica e física, é um estado psicológico em que a mente pode fazer muito mais que tudo o que o indivíduo é capaz de imaginar. A dor do membro fantasma, sentida num membro amputado, prova que não é necessário ter perna para sentir dor na *perna*. É necessário apenas ter cérebro e pensamento. É também esta ideia que nos transmite a Associação Internacional para o Estudo da Dor (IASP) quando afirma que «a dor é sempre subjectiva. A actividade induzida por um estímulo nocivo não é dor, esta é sempre um estado psicológico».

No último quarto do século XX a dor ganhou, uma outra dimensão na relação médico/doente. Passou a ser colocada no complexo biocultural em que o corpo e o pensamento interagem, sendo objecto de abordagem pluridisciplinar. Trabalha-se para reunir os conhecimentos da Neurologia, da Fisiologia, da Psicologia e da Terapêutica, de modo a termos da dor um conhecimento integrado que permita a elaboração duma linguagem específica e explícita o mais possível, fundamental para a compreensão e tratamento integral da dor. Apesar de todos os esforços, tal linguagem é, ainda, raramente capaz de traduzir e fazer chegar ao interlocutor a verdadeira dimensão da dor.

Aquilo que conhecemos da dor dos outros é o que nos é transmitido por uma linguagem subjectiva que exprime as experiências anteriores, inscritas na memória do indivíduo. Não é mais do que a representação simbólica que o indivíduo faz das suas experiências passadas, dos seus conhecimentos e cultura, das suas convenções sociais e convicções religiosas. A dor é, uma experiência subjectiva complexa. Além da sensação, é também uma vivência impregnada de motivações individuais que contribuem decisivamente para a maneira como é sentida, aceite e comunicada aos outros. Esta subjectividade vai inevitavelmente condicionar a relação do indivíduo com o médico, com a família e com a sociedade.

A IASP, em 1979, definiu a dor como: «Uma experiência sensorial e emocional desagradável associada a lesão tecidular real ou potencial, ou descrita em termos de uma tal lesão». Deste modo, a dor é uma experiência sensorial eminentemente subjectiva, sempre com uma componente emocional que é o sofrimento, ultrapassando a resposta física a um estímulo. A esta resposta chamamos nocicepção, um conceito mais restrito e objectivo que implica sempre a resposta física a um estímulo capaz de lesar os tecidos. A dor é algo mais vasto: é «um estado mental associado à activação dos circuitos da nocicepção». Esta dualidade permite-nos explicar e compreender a analgesia que se observa em determinadas situações de grande stresse e luta.

Os conceitos nocicepção e dor estão estreitamente ligados. O estudo da Neurofisiologia da dor tem sido feito com base no estudo da nocicepção, uma vez que da resposta específica ao estímulo resulta uma cascata de acontecimentos bioquímicos e neurofisiológicos que permitem o estudo da dor já que, não obstante a carga subjectiva, a dor surge sempre pelos mesmos mecanismos. Os estímulos nociceptivos percorrem as mesmas vias, utilizam os mesmos neurotransmissores que por sua vez se ligam aos mesmos receptores produzindo o mesmo efeito electroquímico, qualquer que seja o ser humano. É também, portanto, um fenómeno nervoso, modulado por múltiplas circunstâncias.

Não gostaríamos de terminar sem deixar uma pequena nota pessoal. Referimos ao longo do texto o contributo (para o estudo e compreensão da dor) de grandes vultos como Hipócrates e Descartes. No entanto se tivéssemos feito referência a Frida Kahlo, Florbela Espanca ou Mário Laranjeira, não se teria deixado de falar de dor nem da dor. Por estes autores a dor é tratada de outro modo, mais subjectivo e menos preciso, talvez. No entanto não deixa nem deixará de ser «dor»: a dor que todos sentimos.

Agradecimentos

Ao senhor Professor Doutor Raul Azevedo da Bernarda meu professor, meu mestre e meu amigo, a pronta colaboração prestada à elaboração deste trabalho sem a qual este teria ficado mais pobre.

À Margarida, a revisão e a leitura crítica que fez deste texto.

À D. Leonor Salguinho, o apoio à composição gráfica.

REFERÊNCIAS BIBLIOGRÁFICAS

DOURADO, M., Fisiopatologia da Dor, Coimbra, 1995.

MORRIS, D.B.; et al., «The pain revolution», Odyssey, 1 (2) 1995, p. 52-59.

SERRÃO, D., «Mistificação e esperança», Dor, 1 (1) 1993, p. 12-15.

BESSON, J.M., «Mécanismes fondamentaux de la douleur», Rev Pract, 44 1994, p. 1867-1873.

TURK, D C , «Assess the person, not just the pain», Dor, 2 (1) 1994, p. 19-21.

PAPPER, E. M., «The influence of Romantic literature on the medical undestanding of pain and suffering - the stimulus to the discovery of anesthesia», Perspect. Biol Med, 35 (3) 1992, p. 401-415.

Romero Bandeira* ; S. Gandra** ; A. Ferreira*** ; A. Galaghar**** ; R. Carvalho****

*Prof. Associado (ICBAS) - Presidente da SPHMFM (Sociedade Portuguesa de História da Medicina e Filosofia Médica), Portugal
** Aluna de Mestrado em Medicina de Catástrofe (ICBAS), Portugal
*** Médico (ICBAS), Portugal
**** Aluno da Lic.ª em Medicina (ICBAS), Portugal

O ENSINO DA MEDICINA DE CATÁSTROFE – UMA PRIORIDADE

O conceito de Catástrofe baseia-se fundamentalmente em três componentes (Bandeira 1995):

- Afluxo intenso e inopinado de vítimas
- Destruições de ordem material
- Desproporcionalidade acentuada entre os meios humanos e materiais de socorro e as vítimas a socorrer.

Com o advento das modernas tecnologias a capacidade de intervenção no terreno modificou-se grandemente no âmbito da urgência extra-hospitalar. Hoje existe a possibilidade franca, de, com meios de intervenção eficazes, quer pessoais quer materiais levar o socorro ao doente, proceder à avaliação da situação clínica no local do sinistro, medicalizar e transportar à unidade hospitalar de referência os implicados no mesmo melhorando assim indubitavelmente as condições assistenciais conduzindo assim afectas ao bem estar do doente e ao salvamento de vidas humanas com a concomitantemente restrição de sequelas quer psíquicas quer somáticas.

A urgência extra-hospitalar, que pretende socorrer desde a univítima às multivítimas; obriga neste caso o pessoal médico-sanitário a assumir uma postura técnico-científica diferente, dado que hoje, na coabitação do socorro os profissionais são múltiplos: médicos, enfermeiros, tanatologistas (Levinson e Granot 2002), farmacêuticos, veterinários, psicólogos, engenheiros, bombeiros, pilotos de aeronaves, marinheiros, etc.

Queremos porém dizer que em nossa opinião o conceito da palavra urgência, não deixa dúvidas; porém, quanto à palavra emergência associada a imperativos de ordem médica corroboramos a opinião de Coromonas (1997), que foi professor de Filosofia Românica na Universidade de Chicago o qual escreveu no seu dicionário:

«EMERGÊNCIA» en el sentido de «alarma», «caso urgente» (de emergencia «de socorro») es reciente, inútil y grosero anglicismo. Inmersión, deriv. del lat. immergere «meter en el agua»».

Claro que o «Manual of Style» da AMA (IVERSON 1998) só menciona o vocábulo «emergency» pela simples razão que etimológica e semanticamente não tem outro equivalente para a palavra urgência.

A presença do médico auxiliado pelo enfermeiro, coadjuvado pelo auxiliar de acção médica é um quadro que continua a ser rotineiro no âmbito da urgência hospitalar, mas que nada tem a ver com o socorro no terreno numa perspectiva de catástrofe em meio extra-hospitalar.

Nesta ordem de ideias, o ICBAS preocupou-se grandemente na formação de interventores diferenciados para intervir no socorro individual e colectivo no âmbito pré-hospitalar tendo a partir de 1990 instituído o curso de pós-graduado em Medicina de Catástrofe que teve a seu cargo até 1998 a formação de cerca de 150 médicos conforme a seguir se discrimina:

90/91	43 médicos
91/92	26 médicos
92/93	30 médicos
3/94	22 médicos
94/95	13 médicos
97/98	16 médicos

A duração dos cursos foi cerca de 27 semanas com uma carga horária de 4 horas por semana.

Em função do interesse manifestado por médicos e enfermeiros que se dedicam ao exercício de medicina nesta área tão sensível foi entendido criar-se o Mestrado de Medicina de Catástrofe destinado a médicos e enfermeiros sendo presentemente único a nível nacional o qual decorre neste momento no ICBAS com a seguinte frequência:

• Candidatos oriundos do SNB – 2 médicos e 3 enfermeiros.
• Médicos: 8 (2 com bolsa INEM)
• Enfermeiros: 12
• Total: 25 médicos e enfermeiros.

A totalidade dos alunos do mestrado exercem funções de socorro a nível extra-hospitalar quer no âmbito do SNB (Serviço Nacional de Bombeiros) quer no âmbito do INEM.

Paralelamente a esta actividade tem havido uma preocupação constante no ensino das técnicas do Suporte Básico de Vida (SBV) dos alunos do 2º ano do curso de Medicina; assim frequentaram a aludido curso ministrado pelo INEM, sem onerar a escola, 92 alunos em 2001 tendo obtido aprovação de 05/03 a 10/03, 50 formandos e de 19/03 a 23/03, 42 formandos.

No ano de 2002 foi agendado um curso que funcionou de 23 a 28 de Setembro no Centro de Formação do INEM do Porto, com a frequência de 75 alunos. Prevê-se que estes formandos venham a efectuar estágios práticos em ambulância do SNB com base no protocolo estabelecido com aquelas Instituições.

O coordenador do Mestrado foi ainda abordado por alunos que neste momento se encontram nos 3º e 4º anos com vista a que lhe seja ministrado o respectivo curso de SBV; torna-se necessário explicitar que se encontra em vigor um protocolo de colaboração assinado entre o Instituto Nacional de Emergência Médica e o ICBAS com data de 07 de Julho de 2001, bem como um outro entre o ICBAS e o SNB em vigor desde 04 de Dezembro de 1997.

Neste momento estão criadas as condições para que os mesmos sejam alargados ou negociados para o ensino pré-graduado bem assim como, um outro, com a Escola Nacional de Bombeiros (ENB).

Face ao acima exposto pensamos que existem os pressupostos necessários para a criação e desenvolvimento de uma unidade pluridisciplinar do ensino do socorro de urgência extra-hospitalar na nossa Escola, a partir do ano em curso.

No socorro urgente a perspectiva hospitalocêntrica ainda é dominante, com uma dinâmica centrípeta em deterimento da centrífuga que leve com eficácia socorro ao doente (Noto *et al.* 1994), excepto se não houver condições de segurança para o funcionamento eficaz do PMA (Posto Médico Avançado).

Porém, um anestesista-reanimador, um cirurgião, um orto-traumatologista ou qualquer outro especialista que confinaram a sua acção à vivência hospitalar, pautando-a por elevados níveis de competência científica e dedicação, podem não ser capazes de optimizar a sua acção em situações de catástrofe; *mutatis mutantis* o mesmo se pode dizer para os especialistas de Medicina Geral e Familiar, pelo simples facto de não terem sido adequadamente preparados para tal.

Em nossa opinião a cadeira de Saúde Pública, dada a especificidade da sua acção e a aptidão vocacionada para o terreno é aquela que mais habilitada estará para o exercício especializado do seu múnus no âmbito da Medicina de Catástrofe.

Além domais, um médico, um enfermeiro, um farmacêutico, um veterinário não possuem, em princípio, conhecimentos quanto à sua protecção individual (Asepal 2002) de molde a serem eficazes no socorro, sentido também grandes dificuldades no terreno, quanto ao domínio global das comunicações, as quais são fundamentais para se obter um resultado benéfico para as vítimas (Leiva 2002).

Há pois que formar em Medicina de Catástrofe.

BIBLIOGRAFIA

ASEPAL (2002) Guia de Seleccion de Equipas de Proteccio Individual. Madrid

BANDEIRA, R. (1995) Medicina de Catástrofe - Da exemplificação histórica à Iatroética. Dissertação de Doutoramentos. ICBAS

COROMINAS, J. (1987) Breve Dicionáro Etimológico de la Lengua Castellana. 3ª ed. Editorial Greds. Madrid

IVERSON, C. (1998) AMA, Manual of Style, 9ª ed. Lippincott Williams e Wilkins. Philadelphia

LEIVA, C. (2002) Manual de Atencion a Múltiples Víctimas y Catástrophes. Aran. Madrid.

NOTO, R., Huguenard, P., Larcan, A.(1994) Medecine de Catastrophe. 2ª ed. Masson. Paris

PARTE VI

•

Viagens, Expedições e Museus

Fanny Andrée Font Xavier da Cunha

Museu Nacional da Ciência e da Técnica de Coimbra, Portugal

A HERANÇA DOS DESCOBRIMENTOS - ROTAS DE CIÊNCIA E BELEZA

De todos os tempos os navegadores, os cronistas, os naturalistas, os boticários e os médicos portugueses contribuiram para o desenvolvimento das Ciências, sobretudo médicas e ciências subsidiárias. Mesmo fora das escolas médicas houve numerosos «curiosos»da Natureza, os quais foram os precursores da Biologia e da Medicina modernas. No ano de 1494 o Papa Alexandre VI, sugeriu que se dividisse o mundo ainda por descobrir entre Espanha e Portugal, as duas potências marítimas dominantes da época. A linha divisória estabelecida através do Atlântico, depois de os dois países terem chegado a um acôrdo sobre o seu traçado, atribuía para o ocidente da linha as terras inexploradas a Espanha, e para oriente a Portugal.

A cobiçada zona das especiarias ficava inteiramente na zona da expansão portuguesa, enquanto que a costa do Brasil também se encontrava na metade portuguesa.

Da cobiçada zona das especiarias, um escritor, António Galvão, viajante científico escreveu «Tratado dos vários e diversos caminhos, por onde nos tempos passados a pimenta e a especiaria veio da Índia às nossas partes, e assim de todos os descobrimentos antigos e modernos, que são feitos até à era de 1550, com os nomes particulares das pessoas que os fizerão, em que tempos, e suas alturas (1563)».

Assim foram criadas verdadeiras Rotas da Natureza que vieram a influir na construção científica do Mundo. Os Espanhois e os Portugueses foram os primeiros viajantes europeus a adquirir e a transmitir vastos conhecimentos sobre as doenças, os animais, as plantas, os frutos, as sementes, as raízes, as gomas, etc., totalmente desconhecidos antes dos Descobrimentos Ibéricos.

Sendo mais antigo o conhecimento das espécies animais do que o dos vegetais, é com a descoberta do caminho marítimo para a Índia e com a subsequente exploração de novos territórios, que uma verdadeira ressurreição das Ciências biológicas, as quais pouco ou nada progrediam desde os Gregos, se vai produzir.

No domínio da Botânica são os «Colloquios dos simples e drogas medicinaes» (1563) de Garcia d'Orta, que fazem época nessa ciência, o mesmo sucedendo com a terapêutica, pois que a sua obra revelou o uso dos simples e das drogas vegetais para o tratamento de doenças desconhecidas no sistema médico de Galeno. A sua obra revelou ao mundo a botânica e a farmacologia das misteriosas regiões do Oriente, e conhecimentos que interessavam toda a Europa.

Plantas tão úteis na botica, como na cozinha e na higiene corporal, são inúmeras.

Encontrando-se a costa do Brasil na metade atribuída a Portugal e sendo os jesuítas das pessoas mais cultas que visitaram o Brasil na época quinhentista, é nos seus escritos que encontramos os mais remotos dados sobre as maravilhas naturais do Novo Mundo. A disseminação mundial das plantas úteis deve-se aos portugueses e espanhóis. É o caso das laranjeiras, de origem asiática, introduzidas na América logo na primeira metade do século XVI, pelos portugueses e pelos espanhóis. A laranja de umbigo, ou da Baía, é descendente, por mutação, das laranjeiras que introduzimos no Brasil. Também a cana de açúcar foi introduzida no Brasil na primeira metade do século XVI, pois que se sabe que em 1518 os portugueses tinham muitos engenhos no Brasil. Por sua vez o trigo, principal cereal do Ocidente, teria sido introduzido no Novo Mundo pelos espanhóis cerca do ano de 1520. No capítulo alimentar foram missionários que introduziram na Capitania do Pará a couve marciana, a lombarda, a galega, e os pepinos. Ao primeiro que cultivou alface «appelidarão» o «alfacinha»

Já o cronista Pêro Vaz de Caminha, o qual seguia na Armada descobridora do Brasil, no ano de 1500, como escrivão, dizia em carta a D. Manuel ser a terra graciosa que aproveitada, dar-se-á nela tudo, mas então sem outro préstimo, além de aguada no caminho das Índias. Nos nossos dias, é o historiador Oliveira Marques, que diz «Não concebemos o mundo de hoje sem os Descobrimentos, sem o café, o cacau, o tabaco, as drogas, tudo o que faz parte da civilização quotidiana».

Foi um português, o sargento-mór Francisco de Melo Palheta que levou sementes de café para o Brasil em 1727. Em fins do século XVIII ainda o café era considerado um medicamento na cidade de S. Paulo, vendendo-se nas farmácias.

Também o cacaoeiro *(Theobroma cacao L.)* é de origem americana. Cacau e chocolate são palavras de origem asteca, tendo sido o conquistador Fernando Cortêz o primeiro que enviou para a corte de Carlos V de Espanha sementes de cacau com as instruções para preparar o chocolate. Ao cacau também se atribuem malefícios. É Madame de Sévigné que assevera ter certa dama tomado tanto chocolate durante a gravidez, que dera à luz uma criança « preta como o diabo»!

Que dizer do tabaco *(Nicotiana tabacum L.)*, oriundo da América, e sem o qual o que seria o quotidiano de muitos ocidentais? Teria sido, segundo Damião de Góis, introduzido na Europa pelos portugueses, desde 1500: «esta erva trouxe primeiramente a Portugal Luis de Goês». E foi cerca do ano de 1500 que João Nicot, embaixador de França em Lisboa, «recebeu um dia, de um dos guardas do jardim do Rei esta herva florida que levou para um jardim onde ela cresceu e se multiplicou abundantemente». Estes exemplares, de origem brasílica, cultivados no Horto Real, foram mandados para França, pois Nicot verificara as suas propriedades curativas apreciadas por nós portugueses. Daí o seu nome de «erva santa»

João Nicot enviou a Catarina de Médicis pó de tabaco destinado a curar as enxaquecas da rainha. Era fármaco de que se usou e abusou, a pontos de em França ter sido proibido por Luis XIII a sua venda e o Papa Urbano VIII excomungar os fumadores. Mas face à inutilidade de tais persecuções , os governos conformaram-se e dela fizeram uma fonte de rendimentos, decretando Colbert, em França, o seu monopólio desde 1674 e em Portugal o mesmo sucedeu até 1781. Note-se que esta planta não só já era fumada pelos índios no decurso das suas cerimónias como também aplicavam o seu fumo para tratamento de feridas. De qualquer forma Nicot apenas se limitou a introduzir a planta em França, porque o tabaco já se usava em Espanha e Portugal, muitos anos antes. O desenvolvimento da Botânica, e consequentemente da Agricultura foi uma das Heranças dos Descobrimentos, pois que os exploradores e navegadores levaram para os seus países de origem amostras da flora das regiões descobertas.

No domínio da alimentação, citaremos a batata e o milho.

A Batata (*Solanum tuberosum Li*), originária dos Andes, na América do Sul, foi introduzida na Europa no fim do século XVI. Este legume apenas se tornou alimento de base em fins do século XVIII, tendo-se tornado o legume mais universalmente disseminado no mundo. A batateira constitui com o milho um dos presentes do Novo ao Antigo Continente. A introdução da batata marcou para a Europa uma data fundamental na luta contra a desnutrição crónica das populações. Parece que a batateira só pode ter sido introduzida na Europa pelas costas atlânticas da América, onde chegou após o estabelecimento das comunicações terrestres, atravessando o continente americano. O país que a recebeu foi a Espanha apontando-se 1565 como data provável. De Espanha os frades carmelitas levaram-na para Itália.

A favor da origem americana da batata, há o facto de figurar entre os produtos oferecidos por Cristóvão Colombo à Rainha Isabel.

Também o milho (*Zea mays*), cujo cultivo, no Novo Mundo, constituía a base alimentar das civilizações précolombianas, sendo largamente cultivado pelos indios, só foi conhecido e difundido na Europa, e mais tarde em África e na Ásia, depois das grandes viagens das Descobertas, concretamente depois da descoberta da América. Tendo sido cultivado em Portugal ou talvez antes, no século XVI. Ainda no século XVI os portugueses foram responsáveis pela introdução da cultura na costa ocidental de África e posteriormente introduziram-no na Índia e na China. No Congo os indígenas chamavam ao milho, em fins do século XVI, grão de Portugal. Contudo deve-se a Cristóvão Colombo a introdução da planta na Europa. Foi cultivada como ornamental em Espanha (Cádiz) e daí passou para a Europa e Itália, via Sicília. Os Espanhóis, que primeiro que nós o devem ter conhecido, não o cultivaram como alimento senão mais tarde, por recearem os seus efeitos. De entre os legumes que alteraram os hábitos alimentares do Velho Mundo citaremos ainda o feijão (*Phaseolus spp.*), o tomate, o pimento, e outros «viajantes» como o girassol e o amendoim. De entre os frutos «viajantes», além do ananaz, citaremos a pêra abacate, a anona ou fruta do Conde, a manga, o maracujá, a banana, a papaia, e acima de todos, os citrinos Esta palavra citrino designa colectivamente os frutos das diversas espécies do género. Com a excepção da toranja e da lima, limetta, pensa-se em geral que os citrinos são todos originários da China e da Ásia do Sudoeste. Com os navegadores portugueses e espanhois inicia-se a sua disseminação por várias regiões da América.

Se a laranjeira (*Citrus sinensis L.*) e (*Citrus aurantium L.*) é de origem asiática, ela foi porém introduzida em Portugal na época dos Descobrimentos em fins do século XV, com a viagem de Vasco da Gama. A primeira laranjeira da China que se plantou em Portugal em Lisboa, trouxe-a D. Franscisco de Mascarenhas, em 1635, da China a Goa e da Índia para o seu jardim em Xabregas. No século XVI a sua cultura generalizou-se não só em Portugal como em todos os seus domínios coloniais, incluindo o Brasil.

Mas nem só de «pão vive o homem» e com os Descobrimentos novos motivos de beleza surgem, com a introdução e disseminação de animais, flores e plantas ornamentais. Era de Portugal que saíam para delícia e recreação de outros europeus, «muitos buzios de diversas feições e papagaios de lindas cores e grandes habilidades, e outros animais raros».

De entre as plantas ornamentais, citaremos o tabaco, pois que foi primeiro cultivado como planta decorativa, o mesmo sucedendo com as laranjeiras, que revolucionaram a arquitectura dos jardins. O mesmo quanto ao girassol, ao Arachis, e às palmeiras. Mesmo a Baunilha que não produzia frutos fora do seu país de origem, o México, permaneceu durante muito tempo como planta ornamental. O Aloês (*Aloe variagata*), originário do Cabo da Boa Esperança e introduzido no Velho Mundo, não pela beleza das suas flores vermelhas e elegantes, mas sim pela beleza da sua folhagem. Hoje abunda como planta decorativa em todos os jardins.

Outras plantas universalmente conhecidas como plantas decorativas são as Begónias sendo o Brasil a pátria da *Begónia semperflorens*, enquanto que o Perú, a Bolívia e o México forneceram outras espécies.

A Cana da Índia (*Canna indica L*), originária da América tropical e da Índia Ocidental, de há muito cultivada nas regiões mais quentes da Europa como ornamental, em canteiros e bordaduras, devido à beleza e ao vivo colorido das suas grandes flores. Já no século XVI Clusius dá uma descrição da planta, afirmando que a viu bastante frequentemente cultivada em Portugal junto às paredes dos mosteiros onde florescia a meio do verão. Clusius acrescenta ainda que os espanhóis e portugueses a designavam por cuentas (contas), pois que faziam rosários com as suas sementes.

As Chagas (*Tropaeolum majus*), originárias do Perú e da Columbia eram antigamente consumidas sob o nome de «agrião da Índia», comendo-se as folhas e outras partes da planta em salada: os botões florais e os frutos eram conservados em vinagre, e usados como condimento semelhante às alcaparras

Citaremos ainda tantas e tantas outras flores, como os Cosmos, o Cravo da Índia, as Dálias, de origem mexicana; os Gladíolos e as Strelitzia, (Aves do Paraíso), da África do Sul, e dentre essas tantas outras uma se destaca: os gerânios, sardinheiras ou pelargónios (*Pelargonium*), nome comum «gerânio», cultivado a partir das espécies selvagens da África do Sul. Numerosas e belas variedades foram criadas, contando-se esta flor entre as mais apreciadas tanto como planta de interior como de jardins, sacadas, varandas, janelas e vasos.

Contudo não foi apenas nos domínios científicos e de disseminação de plantas úteis ou decorativas que se reflectiram as navegações Ibéricas da 2ª metade do século XV, mas em todas as fases da vida quotidiana europeia: na higiene corporal, com o uso de perfumes, na do vestuário, com o advento do algodão, e na gastronomia, com o uso das especiarias.

A própria literatura substituiu as antigas lendas e os romances de cavalaria por relatos de viagens e aventuras em países longínquos e até então inacessíveis.

O Tratado de Tordesilhas (1494), dividindo o mundo ainda por descobrir, entre Espanha e Portugal, apesar da divisão geográfica, tornou portugueses e espanhóis responsáveis por uma «aculturação» da própria Natureza, com a disseminação e troca de plantas e sementes realizadas a partir do século XVI, irmanando-os na busca da Ciência e da Beleza as quais não conhecem fronteiras.

BIBLIOGRAFIA

ALBUQUERQUE, Luís de, *As Navegações e a sua Projecção na Ciência e na Cultura*, Lisboa, Ed. Gradiva, 1987.

ANCHIETA, José d', Carta de 1585, *Informações e fragmentos históricos do P. José d'Anchieta*, S. J., Rio de Janeiro, Imprensa Nacional, 1886.

BARROS, João de, Ásia. *Dos feitos que os Portugueses fizeram no descobrimento e conquista dos mares e terras do Oriente*, 4 vols., Lisboa, Ed. Henâni Cidade, 1945-1946.

CUNHA, Fanny A. Font Xavier da - *Viagens e viajantes científicos. Sobre a flora exótica farmacêutica e alimentar lusíada*, Actas Congresso Internacional Bartolomeu Dias e a sua Época. Vol. II, Universidade do Porto/ Comissão Nacional para as Comemorações dos Descobrimentos Portugueses, Porto, pp. 483-503.

FRANÇA, Carlos - *Os portugueses do século XVI e a História Natural do Brasil*, Sep. da Revista de História, vol. XV, Lisboa, 1928.

FRANÇA, Carlos - *Subsídios para a história de algumas plantas cultivadas*, Porto, ed. Araújo & Sobrinho, Março de 1928. Col. «Natura».

GALVÃO, António - *Tratado dos vários e diversos caminhos, por onde nos tempos passados a pimenta e a especiaria veio da Índia às nossas partes. ..*, Lisboa, 1563 e 1731; ed., Porto 1744.

GANDAVO, *Pero de Magalhães - História da Província de Santa Cruz a que vulgarmente chamam Brasil*, Lisboa, 1576. 2.ª ed. da Acad. Real das Ciências, Lisboa, 1858.

NÓBREGA, Padre Manuel da - *Cartas do Brasil e Mais Escritos do Pe Manuel da Nóbrega (Opera Omnia)* Int. *Notas Históricas e Críticas de Serafim Leite*, Coimbra, Por Ordem da Universidade, 1955.

ORTA, Garcia d', *Coloquios dos simples e drogas e cousas medicinais da Índia*, Lisboa., ed. fac-similada da Academia das Ciências, 1963.

SOUSA, Gabriel Soares de, *Notícia do Brasil* (MS 1587), Impr: Ac. Real Sc. de Lisboa, 1825. Coment. e notas por Varnhagen, Pirujá da Silva e Edelweirs, Ed. C. Falcão, São Paulo, Brasil, Col. «Brasiliensia Documenta», 7, 1974.

Isabel Serra e Elisa Maia

Centro Interdisciplinar de Ciência, Tecnologia e Sociedade da Universidade de Lisboa, Portugal

A ROTA DOS CIENTISTAS[1]

A migração de cientistas teve efeitos consideráveis sobre a ciência portuguesa do século xx. A partir da década de vinte, um grande número de universitários vai para o estrangeiro, com carácter temporário ou definitivo, por razões de formação ou de ordem política. Acontece também, na mesma época, alguns cientistas estrangeiros imigrarem para Portugal. Os dois fenómenos serão aqui caracterizadas através de exemplos concretos e do seu enquadramento na situação da ciência em Portugal.

As migrações de cientistas

O fenómeno de migração de cientistas é tão antigo como a própria ciência. O primeiro representante da matemática grega, Thales, um viajante incansável, foi colher os seus conhecimentos de matemática no Egipto e na Babilónia. Desde essa época, as deambulações dos cientistas pelo mundo fora sucedem-se, multiplicam-se, e fazem história. As razões de tais viagens, com ou sem regresso ao lugar de origem, são as mais diversas. Procurar fontes de saber, vender a sua sapiência noutros lugares, ou fugir de perseguições políticas, são algumas dos motivos que, ao longo dos séculos, levaram alguns homens de ciência a emigrar.

Durante o século xx, essa emigração assume o aspecto de êxodo. Vários factores contribuem para esse fenómeno. Em primeiro lugar, há a transformação do trabalho de investigação científica ao longo desse século. A ciência deixa de ser um projecto individual, produzida no isolamento de um gabinete ou de um pequeno laboratório, muitas vezes financiado pelo próprio cientista, trabalhando sozinho ou rodeado de uns quantos discípulos. A ciência colectiviza-se, transfere-se para Universidades ou para Centros de Investigação, dirigidos por cientistas-gestores que devem saber escolher os projectos científicos adequados e também os investigadores capazes de os realizar. A angariação de cérebros passa então a ser feita à escala do planeta. É essa uma das causas da emigração de cientistas em grande escala, desde o século xx até aos nossos dias.

---

[1] Projecto POCTI, HCT/41185/2001.

Outra razão para a transferência de cérebros é de ordem política. A chegada dos nazis ao poder, na Alemanha dos anos trinta, provocou o êxodo de grande número de talentos. A maior parte deles emigraram para a América do Norte, contribuindo para o notável desenvolvimento científico dos Estados Unidos no pós-guerra.

Em Portugal houve um fenómeno semelhante ao da Alemanha embora, evidentemente, em menor escala. O regime do Estado Novo foi responsável pela saída do país de muitos cientistas. Pode mesmo dizer-se que a ciência portuguesa foi delapidada à nascença por essa fuga de alguns dos maiores e mais activos investigadores dessa época.

Quatro cientistas migrantes

É difícil medir exactamente os efeitos desse êxodo, mas serão dados exemplos de casos ocorridos precisamente no momento em que começava a formar-se uma comunidade científica no país. Será também analisada, muito brevemente, a situação da Universidade e da investigação em Portugal na época em causa, com a finalidade de contextualizar o fenómeno da emigração dos nossos cientistas durante o século xx. Durante o mesmo período deu-se também a imigração de cientistas estrangeiros para Portugal, nalguns casos igualmente por razões de ordem política. Numericamente muito menos importante do que a perda, a aquisição de talentos científicos tornou--se relevante pelos seus efeitos positivos na ciência portuguesa pelo menos em dois casos, ambos na química: Kurt Jacobson, de origem alemã, cuja presença em Portugal determinou a emergência da Bioquímica no nosso país; Charles Lepierre, um francês que viveu em Portugal toda a sua carreira de investigador e que pode considerar-se um exemplo típico de uma certa maneira de fazer ciência. Serão aqui focados alguns aspectos da sua obra e da sua personalidade científica que permitem caracterizar um trajecto que, sem deixar de ser bem português, foi sem dúvida influenciado pela formação francesa.

Emigração de cientistas portugueses no século xx

A implantação da República originou a reforma das Universidades, criando assim condições para a emergência da investigação científica em moldes modernos, como existia já noutros países europeus desde o século xix. De facto, poucos meses após a proclamação da República, foram criadas as Universidades de Lisboa e Porto[2] que compreendiam, entre outras, as Faculdades de Ciências. Nos objectivos da Universidade está explicitamente designado o de fazer progredir a ciência e iniciar os estudantes nos métodos de descoberta e invenção científica. As reformas do ensino da República resultam de um pensamento inovador que vê na ciência um fim em si mesma e já não um mero instrumento de preparação básica para carreiras militares, ministeriais ou liberais. Em vários documentos aparece explicitamente essa intenção. Para Pedro José da Cunha a Faculdade de Ciências deveria tornar-se «não só num estabelecimento de

---

[2] Decreto de 19 de Abril de 1911

ensino modelar, mas também num verdadeiro centro de estudos científicos, em que os trabalhos de investigação tomassem apreciável desenvolvimento»[3].

Encontram-se inúmeros sinais da transformação que se preparava na Universidade Portuguesa e que, embora não tivesse chegado a ser verdadeiramente concretizada, existiu nas intenções e nos projectos de muitas personalidades. Um dos sinais de mudança na ciência portuguesa foi a criação da Junta Nacional de Educação em 1929[4,5]. Este organismo destinava-se a financiar a investigação, sob a forma de bolsas de doutoramento no estrangeiro ou no país. Muitos cientistas portugueses fizeram a sua pós-graduação à custa dessas bolsas de estudo. Esses investigadores, uma vez regressados a Portugal, dinamizaram programas de investigação, fundaram revistas científicas e dirigiram a formação de novos investigadores. É nesse período que surgem as revistas especializadas, em Física a *Portugaliae Physica*, e em Matemática a *Portugaliae Mathematica* que ainda hoje se publica.

Entre os que beneficiaram das bolsas da Junta contam-se alguns dos nossos cientistas migrantes. Tendo emigrado uma vez, embora temporariamente, para se especializar em centros e laboratórios estrangeiros, voltaram a fazê-lo mais tarde, definitivamente, porque as condições políticas em Portugal, entretanto alteradas, não permitiram a sua permanência em Portugal.

O caso de Manuel Valadares é representativo dessa geração de cientistas que aprendeu a fazer investigação no estrangeiro e que, ao regressar, lutou pela internacionalização da ciência portuguesa. Tendo feito doutoramento no Laboratório Curie, como aliás muitos outros portugueses[6], ao regressar a Portugal, Manuel Valadares estabelece um programa de investigação para o Centro de Estudos de Física da Faculdade de Ciências de Lisboa. Na Gazeta de Física este físico português explicou as razões das suas escolhas[7]. Sem grandes meios materiais, mas com o apoio de Cyrillo Soares[8], professor da Faculdade e fundador do Centro de Estudos de Física, Manuel Valadares faz investigação de grande qualidade. Os seus principais colaboradores nesse empreendimento são Aurélio Marques da Silva e Armando Gibert, também doutorados no estrangeiro com bolsas da Junta Nacional de Educação. Durante um período de mais de dez anos (entre 1933 e 1947) vários cientistas portugueses adquirem formação e doutoram-se no laboratório dirigido por Valadares. Em 1947 os três principais colaboradores do Centro, aqui citados, são demitidos pelo Governo, por razões de ordem política.

---

[3] Pedro José da Cunha, «A Escola Poltitécnica de Lisboa - Breve Notícia Histórica», Lisboa, 1937, p. 83

[4] Monteiro, H., *A Junta de Educação Nacional*, Anais da Faculdade de Ciências do Porto, nº 20, p. 248, Imprensa Portuguesa, Porto, 1935.

[5] Monteiro, H., *A Junta de Educação Nacional*, Anais da Faculdade de Ciências do Porto, nº 21, pp. 51-53, Imprensa Portuguesa, Porto, 1936

[6] Kabzinska, K., *Os estudantes do Laboratório Curie no Instituto do Rádio, em Paris, e os pioneiros do estudo do cancro em Portugal*, Gazeta de Física, 12 (1989), p. 102.

[7] Valadares, Manuel, *O Laboratório de Física da Faculdade de Ciência de Lisboa, sob a direcção do Prof. Dr. A. Cyrillo Soares e a investigação científica.*, Gazeta de Física, Vol. II, 1950, pp. 93-106.

[8] Gil, F. B.; Serra, I. e Peiriço, N. M., «*Cyrillo Soares e a Ciência em Portugal*», actas da XIV Reunião da Rede de Intercâmbios de História e Epistemologia das Ciências Químicas e Biológicas, S. Paulo, 2004.

Manuel Valadares parte para França, onde continua a trabalhar em Física Nuclear e, tendo chegado a director de investigação no CNRS, permanece nesse país até ao fim da sua vida, em 1988. Assim se perdeu, para Portugal, um dos motores do processo de modernização da ciência no século XX.

Outros cientistas que emigraram por razões de ordem política durante o regime do Estado Novo são os matemáticos Ruy Luís Gomes, Aniceto Monteiro, Hugo Ribeiro e Pilar Ribeiro, participantes do «movimento matemático»[9] que lutava pela modernização do trabalho científico em matemática, em particular pela sua internacionalização. Esse movimento é assim interrompido, em grande parte pelo desaparecimento de muitos dos seus membros da cena científica portuguesa que passaram a alimentar outros «movimentos matemáticos». Ruy Luís Gomes no Brasil, Aniceto Monteiro na Argentina, onde fundou uma escola de matemáticos que adquiriu proeminência internacional.

De entre os cientistas portugueses afastados das instituições universitárias por razões políticas, os que emigraram foram aqueles que continuaram a trabalhar para a ciência. Para os que não puderam ou não quiseram emigrar, a carreira científica tornou-se difícil ou mesmo impossível. Foi o caso de Aurélio Marques da Silva, considerado um muito brilhante investigador mas que nunca mais fez investigação científica, depois de 1947[10].

Existem, para além da tentativa de estruturação do trabalho de investigação científica, outros indicadores que traduzem o aparecimento de uma consciência colectiva sobre a importância da ciência, no Portugal dos anos trinta e quarenta do século XX. Os discursos e comunicações nos congressos científicos e noutros actos públicos são testemunhos dessa consciência. Ferreira da Silva (1853-1923), Químico, lente de Química Orgânica e Analítica na Academia Politécnica e depois na Faculdade de Ciências do Porto, fundador do Laboratório Municipal do Porto, escreve[11] que a ciência é «civilisadora», «educadora», «emancipadora» e «constitui um princípio de concordia» entre os homens, «não é só porque cria riquezas, porque fomenta os progressos materiais», mas por todas as virtudes apontadas, a ciência «é verdadeiramente a benfeitora da humanidade».

Outros sinais desse «despertar para a ciência» são as Universidades Populares e as diversas revistas de divulgação científica. Nas áreas da Física e da Matemática surgem duas revistas: a *Gazeta de Física* e a *Gazeta de Matemática* que, embora com várias interrupções durante a sua existência, ainda hoje se publicam.

As purgas políticas na Universidade e o afastamento de grande número de homens de cultura e de ciência, provocaram um abrandamento da vida intelectual e científica do país. No entanto, as estruturas criadas pelas reformas republicanas continuavam a existir. Embora privados de alguns dos seus investigadores mais activos e talentosos, o país tinha acordado para a moderna investigação científica. Os Congressos Luso-

[9] Gil, F. B., *Núcleo de Matemática, Física e Química: uma contribuição efémera para o movimento científico português*, Boletim da Sociedade Portuguesa de Matemática, 49, 2003, pp. 77-92

[10] Pereira, A. E Serra, I., *La Physique et le Pouvoir Politique au Portugal dans les années 40»*, Proceedings of the XXth International Congress of History of Science, Vol. I, pp. 181-189, 1997.

[11] Silva, Ferreira da, «*A importância e dignidade da sciencia e as exigencias da cultura scientifica*», Anais da Academia Politécnica do Porto, nº 6 (1911) (discurso pronunciado na sessão de abertura solene da Universidade do Porto no ano lectivo 1911-1912)

-Espanhóis para o Progresso das Ciências continuaram a realizar-se[12]. Todas essas circunstâncias prepararam a grande transformação da ciência portuguesa que se acabaria por se dar durante os anos setenta e oitenta do século XX, apesar das restrições em que foi mantida durante o regime do Estado Novo.

Charles Lepierre e Roberto Duarte Silva

Em Portugal a abertura à ciência europeia havia começado mesmo antes das reforma republicana do ensino superior. É exemplo dessa modernização a Escola Politécnica[13], onde alguns dos professores, entre os quais o já citado Pedro José da Cunha, realizaram trabalho de investigação e também se pronunciaram pela necessidade de a estimular.

Na Química destaca-se José Júlio Rodrigues responsável, entre outras realizações, pela montagem de um laboratório exemplar – O Laboratório de Química Mineral da Escola Politécnica[14]. A necessidade de encontrar pessoal qualificado para o Laboratório levou este químico português a convidar Charles Lepierre para trabalhar em Portugal. O contacto com o então jovem francês foi feito através de Roberto Duarte Silva (!837-1889) um químico português, professor de Lepierre na *École de Physique et Chimie Industrielles*. Contratado pelo Governo Português, em 1888, como chefe de trabalhos de química da Escola Politécnica e também preparador de tecnologia química no Instituto Industrial, Lepierre permaneceu em Lisboa até 1889. Foi então para Coimbra onde ensinou primeiro na Escola Brotero e depois, até 1911, no Laboratório de Microbiologia da Universidade. Nesse ano regressou a Lisboa para ensinar no Instituto Superior Técnico, cuja recente criação fizera parte das reformas promovidas pelo regime republicano. Foi professor no Instituto durante vinte e seis anos e, a partir de 1919 ensinou também no Instituto de Hidrologia. Nessa altura os seus trabalhos em análise de águas eram já bem conhecidos. Foi também director do Laboratório do Instituto Português de Conservas de Peixe, cargo que desempenhou até à sua morte, em 1945.

A obra científica de Charles Lepierre é extensa e variada, repartindo-se por diversas áreas: Química analítica, Química Mineral, Bromatologia, Hidrologia e Bacteriologia. Trabalhou para sectores importantes da economia portuguesa, tal como as águas minero-medicinais, as conservas de peixe e o azeite. Publicou cerca de cento e vinte artigos, a maioria dos quais «têm atrás de si trabalho experimental próprio, por ele feito, ou executado sob a sua orientação e inspiração»[15].

Charles Lepierre, ao contrário do que acontece com muitos cientistas em fim de carreira, não produziu trabalhos ligados à História ou à organização do ensino e da

---

[12] Estes Congressos eram uma realização conjunta da Associação Espanhola Para o Progresso das Ciências, constituída em 1915 e da sua congénere Portuguesa, fundada em 1921.

[13] Cunha, Pedro José da, «A Escola Politécnica de Lisboa - Breve Notícia Histórica», Lisboa, 1937.

[14] Ana Luísa Janeira, Maria Elisa Maia, Pilar Pereira, Ed., *O Laboratório de Química Mineral da Escola Politécnica de Lisboa,* Livraria Escolar Editora, Lisboa, 1996.

[15] Carvalho, H., *A obra científica de Charles Lepierre,* Memórias da Academia das Ciências, Classe de Ciências, tomo V, 1947, pp. 21-46.

investigação. No entanto deixou alguns artigos dedicados a personalidades da ciência que conheceu pessoalmente, todos eles seus mestres. Esses artigos, escritos com o intuito de prestar homenagem, traduzem, ao mesmo tempo, as concepções do autor sobre a ciência e sobre a maneira de a exercer a actividade científica. A forma e conteúdo dos seus textos permitem caracterizar o discurso sobre as ciências produzido em Portugal durante essa época. De facto, as palavras de Lepierre nesses artigos são típicas de um certo grupo de cientistas durante a primeira metade do século XX em Portugal. O químico francês, assumindo plenamente a sua migração, adopta a postura daqueles cientistas portugueses que reclamavam o reconhecimento da actividade de investigação.

Como já referimos anteriormente, Charles Lepierre veio para Portugal por intermédio de Roberto Duarte Silva, seu professor e por quem ele nutria enorme admiração. Dois artigos da *Técnica* e são testemunha do apreço do aluno pelo seu antigo mestre. No primeiro desses artigos[16], em que Lepierre traça a história do seu professor, lê-se: «Depois de Lourenço é certamente Roberto Duarte Silva o químico português de maior nomeada; não exerceu infelizmente a sua actividade no solo natal». Roberto Duarte Silva é, tal como Charles Lepierre, um cientista que emigrou e fez toda a sua vida profissional no estrangeiro. O processo de identificação de Lepierre com o seu mestre é perceptível em todo o artigo. Intencionalmente ou não, ele vai buscando pequenas analogias, como a de ambos terem usado capelas como laboratórios, Duarte Silva em França, no palacete da Thorigny, Lepierre em Portugal, no antigo noviciado de Santa Cruz, (Coimbra).

Mais adiante no mesmo artigo conta Lepierre: «Roberto Duarte Silva tem a sua quota parte importante no desenvolvimento que essa Escola (*École de Physique et Chimie Industrielles)* devia ter no progresso das indústria físico-químicas em França. Em Portugal, não é demais dizê-lo, constatamos resultados análogos pela influência benéfica exercida na industria portuguesa pelos alunos do I.S.T.»: um outro ponto de encontro entre os dois químicos. De facto, o Instituto Superior Técnico é precisamente a escola onde Charles Lepierre foi professor durante vinte e seis anos, e onde desenvolveu, simultaneamente, uma actividade ligada à química aplicada.

Lepierre escreve de novo na *Técnica* sobre Roberto Duarte Silva, em 1937[17], no centenário do seu nascimento. Este artigo serviu também de base uma comunicação à Academia das Ciências e à Sociedade Portuguesa de Química e Física, quando das sessões de homenagem prestadas ao químico português na ocasião do centenário. Lepierre relata, em traços largos, a vida de Duarte Silva, referindo-se sobretudo à sua actividade científica nos laboratórios *Wurtz* e ao seu trabalho como professor. Expõe, por ordem cronológica, os estudos laboratoriais em química orgânica, realizados pelo químico, e os resultados obtidos, um dos quais foi, em conjunto com C. Friedel, a síntese da glicerina, em 1873. Charles Lepierre semeia essa descrição dos estudos de química de Duarte Silva, por pequenas observações acerca da qualidade do seu trabalho laboratorial. Refere também a interacção entre esse trabalho e o ensino, interacção que o químico português tinha sempre presente. Essas observações podem também

[16] Lepierre, C., *Roberto Duarte Silva*, Técnica, nº 13, pp. 129-131, 1928.

[17] Lepierre, C., *Centenário de Roberto Duarte Silva*, Técnica nº 83, pp. 137-143, 1937.

aplicar-se ao próprio autor, segundo o que é possível deduzir das palavras de Herculano de Carvalho, alguns anos mais tarde[18].

Ao abordar a questão de ensino da química, Charles Lepierre refere-se à teoria atómica, citando Wurtz: «A teoria atómica é apenas um hipótese, mas oferece um carácter tal de simplicidade e de generalidade que a torna verosímil, servindo de ligação entre as duas ciências que tratam da constituição da matéria - a química e a física.» (...) «Por muito entusiasta que Wurtz fosse da teoria atómica não podia ele imaginar que trinta anos não seriam decorridos sem que se verificasse a realidade da existência dos átomos, a complexidade da sua estrutura, etc.».

A preocupação de Lepierre em tratar esta questão, e as citações das palavras de Wurtz põem bem em evidência uma das qualidades científicas do próprio autor do artigo, neste caso, o cuidado em articular resultados experimentais com modelos teóricos.

Dois mestres de Charles Lepierre

A propósito de outro centenário de nascimento, o de Paul Schützenberger, Charles Lepierre fez uma conferência na Faculdade de Ciências, também publicada na *Técnica*[19]. Tal como Duarte Silva, Schützenberger foi seu professor na *École de Physique et Chimie Industrielles* e é a ambos que deve a sua formação química. No seu artigo, depois de falar sobre os químicos da Escola Politécnica, Lepierre inicia o seu discurso sobre o homenageado afirmando, «Toda a obra científica de Schützenberger se ressente da influência do meio em que viveu quando rapaz: *ligação íntima da sciência pura e da técnica*». Esta era sem dúvida uma questão importante para Charles Lepierre e na qual ele, ao longo da sua vida profissional, tomou uma posição bem clara, contrária à de muitos professores, em França que «julgavam rebaixar a sciência, tratando das suas aplicações»[20].

A descrição de Lepierre dos trabalhos de Schützenberger é acompanhada de comentários sobre as suas qualidades de investigador. «Ousadia das concepções», «rigor da técnica», invenção de métodos tornados «clássicos», «agudeza de interpretação» «permanência das conclusões». É possível perceber que Charles Lepierre conhecia a obra do mestre, o seu significado na investigação em química e o seu impacto nas aplicações e que, inegavelmente, se identificava com a sua forma de fazer investigação.

Quase todos os investigadores têm os seus modelos e os seus heróis, figuras célebres da ciência e da cultura, que existiram por vezes num passado longínquo. Para Charles Lepierre, se atentarmos nos seus escritos de carácter histórico, os heróis científicos são homens do seu tempo. Primeiro os seus dois professores, Duarte Silva e Schützenberger, a quem «devia a sua formação química» e sobre os quais escreveu, não apenas com o intuito de homenagear mas também a de descrever qualidades e particularidades que ele tomou como referência para a sua própria forma de fazer ciência. O que torna interessante esses textos, para quem está a estudar a vida científica de Charles Lepierre,

---

[18] Cf ref.ª 14.

[19] Lepierre, C., *Paul Schützenberger,* Técnica, nº 26, pp. 275-281, 1930.

[20] Ibid, p. 276.

é o processo de identificação do seu autor com os homenageados. Por um lado, é possível ver nas descrições feitas algumas das características do químico francês. Por outro, há também uma tomada de posição relativamente a questões polémicas no meio científico. Uma dessas questões, atrás referida, foi a das aplicações da química, a propósito do artigo de Charles Lepierre sobre Schützenberger. Num outro artigo, este sobre Emile Duclaux[21] (1840-1904), que também foi professor de Lepierre, a tomada de posição é ainda mais clara.

Emile Duclaux foi um físico francês cuja vida científica pode, segundo Lepierre, «dividir-se em duas partes: 1) a *parte científica* propriamente dita, criadora, que é bastante valiosa – 2) a *parte crítica* e *analítica da obra de Pasteur*, que é a mais importante e a mais duradoura da vida científica de Duclaux.» Depois de referir rapidamente a obra científica de Duclaux, Lepierre descreve, em três páginas, a luta daquele físico para divulgar a obra de Pasteur, obra que, nessa época não era ainda reconhecida. Uma das características dessa obra, que Duclaux descreve demoradamente no seu livro de 1896, *l'Histoire d'un esprit*, é a sua continuidade e a sua unidade. Não é só Duclaux que acha isso admirável, é também Charles Lepierre que admira Pasteur, através de Duclaux.

Escreve Lepierre: «Tal é a feição e o valor do «espírito» de Pasteur, exposto por Duclaux: partindo de fenómenos essencialmente materiais de física cristalográfica chega aos fenómenos mais complexos que o homem pode encarar: o problema da saúde, da doença – o problema da Vida!...». É também significativo que o autor destas palavras dê valor a essa especificidade da obra de Pasteur e divulgue o trabalho do divulgador.

Em 1938 a Academia das Ciências de Lisboa comemorou o 40ª aniversário da descoberta do rádio e, nessa ocasião Charles Lepierre fez uma comunicação sobre os Curie[22]. Pierre Curie tinha sido também seu professor na *École de Physique et Chimie Industrielles* e, mais uma vez, a adesão de Charles Pierre a esta grande figura é também de ordem pessoal. Embora em relação a Pierre Curie a distância entre o aluno e o professor fosse maior do que nos casos de Duarte Silva e de Schützenberger, a admiração de Charles Lepierre assenta também num conhecimento directo e numa valorização de qualidades que implica proximidade de tempo e de lugar. Para o aluno, Lepierre, os estudos de Pierre Curie «sobre piezoelectricidade e magnetismo foram, no seu tempo, com raras excepções, mal apreciados dos físicos da época. Eram revolucionários demais para o conservatorismo da ciência de então.»(...) «Ele bem o sabia, mas não se incomodava com isso»[23]

Charles Lepierre, ao debruçar-se sobre a figura de Curie, chama a atenção sobre o aspecto anti-conservador da sua obra, tal como tinha feito no caso de Schützenberger. Outro aspecto focado no artigo é a recusa dos Curie em registar patentes das suas descobertas. Embora este facto seja citado por quase todos os autores que escrevem sobre os Curie, é preciso reparar que Charles Lepierre fez a sua comunicação em 1938 e, nessa data, não se escrevia ainda muito sobre os Curie.

---

[21] Lepierre, C., *Emile Duclaux*, Memórias da Academia das Ciências, classe de Ciências, tomo III, pp. 177-180, Lisboa, 1940.

[22] Lepierre, C., *Pierre e Maria Curie*, Memórias da Academia das Ciências, classe de Ciências, tomo II, pp. 197-210, Lisboa, 1938

[23] Ibid, p. 201.

Os artigos aqui apresentadas não dão conta da extensa obra científica de Lepierre nas diversas áreas da Química Aplicada, tarefa essa já realizada por Herculano de Carvalho no seu citado artigo. Pretendeu-se apenas caracterizar o pensamento sobre a investigação científica de um cientista migrante, uma das personalidades que, durante a sua época, foi capaz de realizar obra, na ciência que se podia fazer em Portugal. De facto, dadas as severas restrições de ordem económica e a mentalidade dos responsáveis institucionais durante a primeira metade do século xx, as áreas de trabalho na ciência estiveram sempre ligadas à actividade económica imediata. A existência, na Química, de aplicações economicamente interessantes, tornou possível a Lepierre o desenvolvimento de um trabalho continuado em Química Analítica. Os seus artigos de memória levam a pensar que esse trabalho, embora de ciência aplicada, foi executado com o rigor, o método e a perfeição que costumam associar-se à ciência fundamental.

Gabriela Tristão Ferreira* e Maria Inês Bolinhas**

Arquitecta, Portugal
**Universidade Católica Portuguesa, Portugal*

REPEGANDO O FIO DE ARIADNE...
À CONVERSA COM QUATRO CIENTISTAS E SUAS VIAGENS

Reza a mitologia grega que, graças ao fio oferecido por Ariadne, se salvou Teseu da morte da desorientação no labirinto. Quer o labirinto, quer o engenho, são metáforas vitais, como referiu Ernst Cassirer, que, no séc. XX, alertou a comunidade pensante para a urgência duma filosofia da cultura empenhada em lançar luz sobre a confusão existente no campo cognitivo, dominado pela dissociação e isolamento epistemológicos, ameaçadores da compreensão do homem por si mesmo e, por arrasto, da vida humana enquanto tal[1]. Chamámos *o fio de Ariadne* para o título da nossa reflexão porque, destacando a fundamentação da importância que um aspecto particular do *modus faciendi* científico assume em quatro áreas do saber contemporâneo, procurámos encontrar uma unidade de sentido epistemológico entre as diferentes perspectivas sem, contudo, renunciar às suas especifidades.

Questionando a pertinência da viagem expedicionária no trabalho científico hodierno – já que, graças à sofisticação dos meios técnicos, é hoje possível fazer a quase totalidade das observações a milhares de quilómetros de distância – entrevistámos quatro investigadores que têm nos seus *curricula* viagens em trabalho de campo[2].

---

[1] Ernst Cassirer, *Ensaio sobre o Homem*, trad. de Carlos Branco, Lisboa, Guimarães Editores, 1995[1]; p. 30: «Nenhuma época anterior esteve em posição tão favorável no tocante às fontes do nosso conhecimento da natureza humana. A psicologia, a etnologia, a antropologia e a história reuniram um corpo de factos espantosamente rico e em constante crescimento. Os nossos instrumentos técnicos para observação e experiência melhoraram imensamente e as nossas análises tornaram-se mais agudas e penetrantes. Parecemos, todavia, não ter encontrado ainda um método para dominar e organizar este material. *Comparado com a nossa abundância, o passado pode parecer muito pobre, mas a nossa riqueza de factos não é necessariamente riqueza de pensamentos.* A não ser que consigamos encontrar *um fio de Ariadne* que nos conduza para fora do labirinto, não poderemos ter uma verdadeira visão do carácter geral da cultura; ficaremos perdidos numa massa de dados desconexos e desintegrados a que parece faltar toda a unidade conceptual». Itálicos nossos.

[2] O texto que se segue é a síntese da investigação realizada no âmbito do seminário em «Cosmologia e Ambiente», orientado pelas Professoras Doutoras Alexandra Escudeiro e Ana Luísa Janeira (2º semestre do ano lectivo 2002/2003), do curso de mestrado «A Acção na Filosofia Ocidental: A Acção Ética, Social, Política e Ambiental» da Área Científica de Filosofia da UCP (Lisboa). Encontra-se disponível em http://www.amazonia.no.sapo.pt([2003] projecto coordenado pela Doutora Ana Luísa Janeira) a investigação completa – que versa também sobre as diferentes posições dos entrevistados sobre outros temas de relevân-

Optámos, portanto, pelo testemunho directo, oral, do cientista-viajante; procurámos, efectivamente, *a Ciência feita na primeira pessoa*, conversando com os dois geólogos João Mata[3] (Geologia Pura) e Fernando Marques[4] (Geologia Aplicada), com o biólogo e ilustrador científico Pedro Salgado[5] e com a socióloga Alexandra Arvéola[6]. A selecção não foi aleatória: escolhemos a Ciência das coisas não vivas, a Ciência das coisas vivas – neste caso unida à sensibilidade estética – e a Ciência das coisas conscientes, agrupadas em sociedade.

A viagem

Poder-se-á fazer Ciência sem o recurso à viagem? Isto porque parece ter sido comum o papel da experiência *in loco* do observador com o objecto observado enquanto paradigma da *práxis* científica. Será ainda a viagem indissociável da existência humana? Estas foram algumas das questões que tentamos deslindar, analisando o modelo de abordagem científica presente em cada um dos quatro investigadores entrevistados, os quais, quando confrontados com a importância da viagem no «fazer» Ciência, foram unânimes quanto ao carácter essencial da investigação no terreno na colecta de dados para posterior tratamento e investigação. As suas teses partiriam duma actividade racionalista *a posteriori* fortalecida pelos sentidos, enquanto auscultadores privilegiados no contacto directo, empírico, com o objecto de estudo, experiência geradora de uma ligação afectiva pessoal e intransmissível. Paradigma este diametralmente oposto à *epistéme racionalista* desafectada do passado: em Lévi-Strauss[7] a viagem, a ida ao terreno,

cia para a prática científica (a título de exemplo, salientemos a problemática entre ciência e verdade/ética/interdisciplinaridade) – e também os apêndices – que englobam o modelo e a transcrição completa das entrevistas, a matéria-prima da nossa reflexão. Por todas as citações no corpo de texto se encontrarem nos anexos acessíveis no *site* atrás indicado, não as referimos em nota de rodapé.

[3] Docente, desde 1982, do Dep. de Geologia da Universidade de Lisboa. A sua investigação centra-se essencialmente em dois temas: caracterização magmática e metamórfica da evolução do sector ibérico varisco; processos de génese e evolução dos magmas oceânicos intraplaca – suas implicações para a composição e evolução do manto. O grande interesse que lhe despertam os processos de formação das ilhas oceânicas reflecte-se na tese de doutoramento, feita sobre a ilha da Madeira – intitulada *Petrologia e geoquímica das lavas da Ilha da Madeira: implicações para os modelos de evolução mantélica* – e na sua participação em missões geológicas nos arquipélagos das Canárias (1988, 1990), São Tomé e Príncipe (1995) e Cabo Verde (1998, 2001).

[4] Mestre (1988) e Doutor (1997) em Geotecnia, é docente, desde 1984, do Dep. de Geologia da Universidade de Lisboa. Conta com vários trabalhos de campo efectuados no nosso país. Tem desenvolvido actividades de investigação e docência na área da Geologia de Engenharia, com particular incidência no estudo da evolução de arribas litorais, na estabilidade de taludes, no desenvolvimento de técnicas de fotointerpretação e na caracterização geotécnica de solos rijos e rochas brandas.

[5] Formado em Biologia pela Universidade de Lisboa, apostou em aliar a Ciência à arte, sendo o impulsionador da ilustração científica portuguesa. O ilustrador Pedro Salgado é também professor de desenho.

[6] Licenciada em Sociologia pelo ISCTE, obteve na mesma instituição (onde é investigadora do Centro de Estudos Africanos), o grau de Mestre com a tese *A configuração da paisagem organizacional e articulação entre agentes externos, em Cuamba, Moçambique*, onde fez trabalho de campo.

[7] C. Lévi-Strauss, *Tristes Trópicos*, trad. Gabinete Literário de Ed. 70, Lisboa, Ed. 70, 1993[1]; p. 12: «[...]ser explorador é agora uma profissão a qual não consiste, ao contrário do que poderia parecer, em

mais não seria do que a confirmação das teses há muito desenvolvidas na segurança e pacatez no gabinete do investigador. Ao iniciar o relato das suas expedições ao Brasil, refere a «repulsa» que sentiu pelos expedicionários seus contemporâneos, criticando a aproximação *empirista* à Ciência exaltada no relato de trivialidades gastas nas semanas de expedição que, segundo ele, acabavam por escravizar – pelo tempo perdido – o investigador, limitando o atingir imediato do seu objecto de estudo. Era a recusa da experiência lúdico-emocional do expedicionário documentalista.

Pretendemos mostrar que, para além de muitas outras diferenças, o cientista-viajante actual enfrenta alguns dos desafios que o expedicionário primitivo – esse *argonauta*, ser-homem – viveu ao partir para um outro mundo, desconhecido, hostil, sendo forçado a adaptar-se e a maravilhar-se com toda a *dynamis* rodopiante do *locus* envolvente. Este é, afinal, o movimento essencial da existência humana e da sua aventura no planeta, mas também o é de todos os seres que com ele habitam esse espaço físico, forçosamente vivo, cuja ordem reguladora é a constante mutação numa adequação mútua mediante fluxos de energia circulares. A viagem é existência. É auto-conhecimento; mundividência; experiência consciente da vida.

Os conceitos de naturalismo e de natureza vistos pelos investigadores

A consciencialização da existência de um mundo natural, do qual fazemos parte – a Natureza percepcionada, objectivada como o «outro» com que convivemos – só é atingida quando esse mundo é percebido enquanto mundo de fenómenos, em movimento, dinâmico, o mundo vivo, existente. Por esta razão, quando questionados sobre os conceitos *naturalismo* e *Natureza*, os diversos investigadores mostraram-se coincidentes relativamente ao entendimento sobre os mesmos. Se para P. Salgado, *naturalismo* é «tudo o que tem a ver com o ser natural», do qual o homem faz parte, e que tem a ver com

> [...] a História Natural, a Biologia, em particular, mas também com a Geologia e [...] compreensão do tempo. Uma vez que o tempo é fundamental para desfazer a arrogância, para não ficarmos aqui a olhar para o nosso próprio umbigo [...] porque na verdade, estamos todos de passagem,

para J. Mata, o planeta Terra é uma entidade móvel e dinâmica, concorrendo para a definição dada pelo biólogo anterior isto porque a Terra vai evoluindo e nesse aspecto é um ser vivo. A esse respeito afirma que «mesmo os colegas paleontologistas estudam nas rochas sedimentares os tipos de formas de vida que existiram. Nesse aspecto não é muito diferente da biologia. O que eles estudam é a natureza morta, é a Terra nos seus mais variados aspectos e na sua relação com os seres vivos». F. Marques partilha

---

encontrar, ao final de anos e anos de estudo, factos até então ocultos, mas sim em percorrer um grande número de quilómetros, juntando diapositivos e filmes, de preferência coloridos, que permitirão lotar uma sala, durante vários dias seguidos, com uma multidão de ouvintes para os quais frases ocas e banalidades irão se transmutar em revelações, pelo simples facto de o autor, em vez de situá-los em local próximo, tê-las santificado com um percurso de 20 000 quilómetros».

igualmente desta posição acerca do planeta, exemplificando que «todos os dias, e mais do que uma vez ao dia, temos deformações causadas pelo efeito da maré». Já A. Arvéola vê o homem como um ser natural, mas considera que há casos e casos, porque se interroga acerca do «grau» desse naturalismo. As suas reservas, vão sem dúvida, consoante o caso, para a evolução, ou regressão, de que a nossa espécie está a ser alvo.

P. Salgado, porém, exclui o homem do conceito de Natureza. Considera que «dentro da Natureza o homem, como ser natural é um elemento de distúrbio, auto--destrutivo – obtuso a ponto de não ver que ao destruir a natureza se vai destruir a si próprio». Visão idêntica é partilhada por A. Arvéola, referindo que quem trabalha em África dificilmente terá uma visão optimista, falando mesmo em «Afro-pessimismo... provavelmente porque lá as coisas são muito mais evidentes do que são aqui!», não auspiciando nada de positivo no percurso civilizacional humano. Do mesmo modo pensa F. Marques, para quem, contudo, o protagonismo atribuído actualmente à Ecologia poderá, talvez, atenuar a «acção destruidora do homem», ou não... embora tenha dúvidas quanto a essa «acção destruidora» estar integrada na própria evolução.

O caderno de campo

No fazer ciência dos nossos quatro cientistas-viajantes, o «caderno de campo» apresenta uma característica comum a todos os investigadores. O seu uso é feito posteriormente como auxiliar de memória, relativamente às notas e apontamentos tirados no local pelo cientista, que tanto podem ser números, como fórmulas químicas, coordenadas de localização das amostras recolhidas, ou ainda desenhos ou esquemas explicativos da composição ou organização dos materiais recolhidos; podendo também servir de testemunho para outros investigadores que pretendam enveredar pelas pistas legadas pelos colegas. O caderno de campo é um registo, sempre mais ou menos normalizado, consoante a área científica, que contém as motivações, impressões e objectivos particulares do investigador, assim como as metodologias da expedição realizada, possuindo um cariz particular, porque personalizáveis e intercambiáveis. Os cadernos de campo são ferramentas indispensáveis de trabalho, passíveis de poderem adquirir um certo pendor artístico provido de rigor científico.

A objectividade e a afectividade

Um dos maiores problemas que se põe à validade do conhecimento, à sua ob-jectividade ou subjectividade, é o da afectividade. Quando o cientista se deixa levar pelas suas valorações e emoções subjectivas, trai a ideia de ciência como saber válido em si e por si mesmo. Por outra parte, a evidência de que a própria actividade da investigação principia com o desejo[8] coloca a própria dimensão afectiva como prévia

---

[8] Só investigamos e valorizamos a investigação porque consideramos que o conhecimento *é bom*, por-que *gostamos de conhecer*. Por outra parte, quando escolhemos um objecto de estudo, escolhemo-lo porque *nos interessa*.

à investigação. As *razões* para investigar só são *boas razões* porque as reconhecemos como tais.

A viagem evoca todas estas questões, ao pôr o cientista no trabalho de campo, em contacto imediato com o objecto de estudo, até então conhecido mediatamente. Porque toda a experiência humana é, à vez e indissociavelmente, cognitiva e afectiva, concluímos que na viagem expedicionária – quer no âmbito das ciências puras, quer no das aplicadas, quer ainda no das ditas exactas, como no das ditas humanas – se cruzam as dimensões díspares, mas complementares, da inteligência e do afecto. O sujeito cognoscente encontra-se diante de algo (uma rocha/falésia, uma planta/animal, uma pessoa/sociedade) que o toca na dimensão prévia à epistemológica: a da pessoa.

Os nossos investigadores partilharam connosco como se vive e se gere a coabitação da actividade científica com a esfera do afecto. J. Mata afirmou que a prática da investigação em Geologia implica experiências afectivas, pois mesmo quando o nosso objecto de estudo não interage connosco, como é o caso do mineral, o investigador reage emocionalmente ao que se oferece aos olhos e ao pensamento:

— Quando olho para esta pedra, eu digo que é uma pedra. O Professor dir-me-á que ela é um corpo constituída por x elementos químicos. Ou não?
JM – Nós afeiçoamo-nos a esta pedra... Eu trabalhei muitos anos em trabalho de campo na Madeira. Quando não estava no campo, estava cá e pensava na Madeira. A Madeira ocupa em mim um lugar, e ocupará sempre, devido a ter trabalhado lá para o meu doutoramento.

F. Marques, afirmou que também na área da Geologia Aplicada é complicado lidar com os afectos:

Estou a lembrar-me de um caso em que essa questão se me pôs... e eu procurei, também, tratar do assunto de uma maneira mais fria e mais distante. Isso deu-se particularmente nos planos de ordenamento da orla costeira. [...] De facto, a costa é de uma beleza espantosa! Estando envolvido nos consórcios com a missão de definir faixas de risco e faixas de protecção [...], eu poderia ter a tentação de exorbitar das minhas competências e produzir faixas que não fossem única e exclusivamente baseadas em princípios de ordem técnica [...].

O questionamento sobre a interferência da afectividade na consecução da exactidão do conhecimento assume as proporções simultaneamente mais altas e imperativas quando toca à investigação sobre aquele objecto de estudo que me olha, que me interpela, que joga comigo: o Outro ser humano. A. Arvéola deu-nos conta das dificuldades que defronta:

A imparcialidade científica é muito difícil de conseguir. [...] No nosso caso, tudo se baseia na sinceridade [...]. Quando vou a uma organização, não lhes digo que estou ali para resolver os problemas deles. Explico o que é que lá estou a fazer e depois logo vejo a empatia [...] e a disponibilidade que eles mostram para colaborar. Como é no meio das organizações, é mais fácil ter um certo distanciamento, porque a pessoa que está ali representa um cargo, assume uma função. [...] Agora, quando vamos para o campo e estamos com os agricultores, onde vivemos com eles, comemos com eles, torna-se mais complicado; sobretudo porque aí têm que se estabelecer relações de confiança muito fortes se se quiser fazer um trabalho que seja minimamente aproximado das situações verídicas. De outro modo, só saberemos de coisas que não nos interessam, o que faz com que se perca a própria pertinência da investigação.

Para este tipo de investigação em Ciências Humanas, o investigador, para além de ter que gerir os seus próprios afectos (se estes dominam, a investigação fracassa), deverá também ter sabedoria e honestidade suficientes para conseguir cativar os dos outros. A condição bi-direccional torna esta experiência simultaneamente rica e desgastante.

No caso da actividade profissional de P. Salgado, a ligação afectiva com o objecto de estudo assume outros contornos, enquanto motivadora do próprio desenho:

> Eu sempre me distanciei um bocadinho dessas escolas matemáticas, desses modelos matemáticos para entender fenómenos ecológicos [...]. No estudo da Ecologia que se faz por aí, aplicam-se modelos matemáticos para entender como é que as coisas funcionam, e muita gente acaba por chegar às mesmas conclusões às quais os naturalistas já tinham chegado! Tinham observado durante vinte ou trinta anos de experiência no campo e já então percebiam como as coisas funcionavam!

O afecto e a contemplação têm relação com um outro tipo, entretanto desvalorizado, de conhecimento, baseado sobretudo na observação. O contacto directo com o objecto de estudo permite *outro modo* de fazer ciência.

Nota conclusiva

No seguimento da afirmação nietzscheana da inexistência da arte pela arte, cremos também na inexistência da ciência pela ciência. Como toda a actividade humana, a ciência é despoletada pela experiência, e continuamente alimentada e movida pelos afectos nela concorrentes. Todo o conhecimento é, por conseguinte, conhecimento da pessoa, e a pessoa é, por si, viagem. O que impõe o alargamento e aprofundamento do paradigma científico.

Manuel Melo e Margarida Rodrigues

Departamento de Química e Bioquímica da Faculdade de Ciências da Universidade de Lisboa, Portugal

VIAGENS À AMAZÓNIA: DE QUE FORMA
A BUSCA DO CONHECIMENTO É CONDUZIDA?

A Amazónia que, segundo alguns, é um lugar habitado por mulheres guerreiras e que assim lhe dá o nome, é sem dúvida um lugar único. Único pela sua dimensão, beleza, riqueza, importância e influência que detém sobre todos nós, sobre todo o Mundo.

A chegada dos Europeus ao Brasil ocorreu há 500 anos; há 500 anos que se sabe da existência da Amazónia, e há 500 anos que se continua a desconhecer a sua essência. O seu estudo, está hoje, em primeiro plano e é considerado prioritário pela importância que tem, ao influenciar a Vida em toda a Terra.

O empirismo e o racionalismo são duas correntes contemporâneas que surgiram no século XVII. A primeira foi proposta por filósofos como Jonh Locke e David Hume (1711-1776) e defende que o recurso à experiência é impreterível na construção do conhecimento. Esta corrente filosófica afirma que, em última análise, todo o conhecimento provém da experiência, por outras palavras, o uso da razão não é negado mas não lhe é conferido a capacidade de gerar conhecimento por si só. Nega-se, portanto, a existência de quaisquer princípios ou ideias inatas, uma vez que, só um ser humano com a capacidade de sentir pode ter experiências.

As ideias, que constituem o objecto do pensamento, provêm da sensação ou reflexão. Esta última opera exclusivamente sobre ideias e conhecimento que têm sempre origem, directa ou indirectamente, na experiência. O conhecimento é então alcançado pelo estabelecimento de relações de concordância ou discordância entre duas ideias.

A segunda corrente filosófica, o racionalismo, foi proposta por Gottfried von Leibniz, entre outros, no livro «Noveaux Essais Sur L'Entendement Humain», livro este, que surgiu em oposição ao de Jonh Locke «An Essay Concerning Human Understanding». Nesta «resposta» ao proposto por Locke, Leibniz defende que apenas o conhecimento construído pela razão tem validade universal. Assim, os dados obtidos pela experiência não passam de verdades particulares, pelo que não se pode a partir apenas de observações, construir uma teoria, ou generalização das verdades particulares observadas. Ao contrário do defendido por Locke, Leibniz admite a existência de ideias inatas, como sejam as noções de: se A é diferente de B, então A não pode ser igual a B; A não pode ser A e não A ao mesmo tempo. Este filósofo não nega a experiência como fonte de conhecimento, no entanto, esse conhecimento carecerá sempre de validade universal.

Para Karl Popper (1902-1994), esta última afirmação origina uma nova perspectiva sobre a construção do conhecimento: é impossível conferir validade universal a uma teoria. Qualquer observação particular que esteja de acordo com uma teoria (um acontecimento que seja previsto, por exemplo) não a refuta mas também não lhe confere validade universal, seja qual for o número de situações concordantes que se observem. No entanto, basta uma observação (reprodutível) que vá contra o previsto para a teoria para que esta seja refutada. Assim, segundo Popper, progride-se na busca do conhecimento, não pela comprovação de teorias propostas, mas na procura da sua refutação e na elaboração de novas teorias, mais válidas (mas nunca universalmente válidas), que consigam explicar o que as anteriores não conseguiram. Popper afirma ainda que só será uma teoria aceitável aquela que contemple a sua própria refutação.

É a partir destas três perspectivas sobre como se alcança o conhecimento que iremos reflectir e interpretar as diferentes viagens à Amazónia, realizadas em diferentes épocas. Iremos fazer uma análise comparativa de diferentes modos de «fazer conhecimento», que foram surgindo desde o século XIX até ao presente. Se não defendermos muito radicalmente nenhuma das teorias, elas não se excluem, por isso, ficamos com liberdade suficiente para fazermos a nossa própria interpretação.

No século XIX, o grupo que se dedicava ao estudo das ciências naturais era o dos naturalistas. Este grupo mostrou grande interesse no estudo científico de lugares distantes como sejam, as colónias africanas e sul-americanas, aliados às tendências da época de querer alargar os horizontes científicos e filosóficos.

Os naturalistas não eram, no entanto, unânimes quanto à forma como era conduzida a busca do conhecimento, sendo que uns privilegiavam o trabalho de campo e outros, radicalmente, adoptavam apenas o trabalho de gabinete.

Destacam-se do primeiro grupo, pelo seu estudo da Amazónia, naturalistas como Alexandre Rodrigues Ferreira (1756-1815) e Alexander von Humboldt (1769-1859). Este grupo de naturalistas sente uma necessidade de «ver com os olhos», ou seja, de ter sensações e emoções *in loco*, como primeiro passo do processo de alcançar o conhecimento. Era dada tanta importância a esta experiência que se tornava indispensável a uma viagem destas a colaboração de desenhistas, pintores e de alguém que descrevesse pormenorizadamente tudo o que era vivido. Assim, eram parte integrante do acto de conhecimento o gosto e a sensibilidade individuais. O conhecimento obtido desta forma, é portanto, numa primeira fase, caracteristicamente empírico devido à importância dada à experiência vivida. Estes naturalistas não põem de parte a reflexão sobre os dados adquiridos pela experiência e consideram-na uma etapa bastante importante de todo o processo de fazer conhecimento. No entanto, é de salientar que o sujeito que se debruça sobre os dados e relatos da viagem deve ser aquele que viveu a experiência de os recolher, caso contrário, faltará ao conhecimento alcançado a contribuição de todas as dimensões da experiência que não são passíveis de ser descritas num suporte físico, como sejam, o cheiro, o sabor e todas as outras sensações bem como as emoções. A etapa dedicada à reflexão não retira o cunho empírico do conhecimento obtido, uma vez que se trata de um fase que, segundo Locke, corresponderia à conjugação e comparação de ideias obtidas pela experiência. É, contudo, esta a fase que mais se aproxima do método racionalista de fazer conhecimento, pois é usada a razão para alcançar as leis gerais explicativas dos vários fenómenos observados.

O outro grupo de naturalistas (os naturalistas «de gabinete» ou sedentários), dos quais se notabilizou, pela sua teoria do catastrofismo, Georges Cuvier (1769-1832), defendia que «ver com os olhos» não era necessário. Para eles, estar no gabinete significava a possibilidade de analisar simultaneamente uma grande quantidade de informação e alcançar, por meio da razão, leis e relações muito mais gerais dos que as formuladas pela análise de fenómenos particulares. Os naturalistas chegavam mesmo a considerar pejorativa participação do cientista na recolha dos dados, uma vez que o trabalho de campo era muito moroso e desgastante física e psicologicamente. Criticavam ainda este método de fazer conhecimento por não permitir um distanciamento suficiente do objecto de estudo para que, livre da influência das emoções e sensações inerentes à experiência vivida, o cientista pudesse fazer o uso adequado da razão. Esta postura relativamente à maneira de fazer conhecimento é marcadamente racionalista, quer por dar mais importância à razão quer por pretender alcançar leis universais.

> «... O viajante percorre apenas um caminho estreito. É unicamente no gabinete que se pode percorrer o universo em todos os sentidos; mas é necessário, para tanto, um outro tipo de coragem: aquela que provém de uma devoção sem limites pela verdade e que só permite o abandono do tema quando, por meio da reflexão, da observação e da erudição, ele foi iluminado por todos os raios que o estado momentâneo dos nossos conhecimentos pode oferecer.» (Outram, 1984, p. 62)

Na continuação das expedições à Amazónia surge, Claude Lévi-Strauss (1908 -) que, na primeira metade do século XX, e após ter passado um período de vários anos no Brasil, desenvolveu um nova perspectiva antropológica: a antropologia estrutural

A antropologia estrutural surge numa época em que o estruturalismo, aplicado pela primeira vez por Ferdinand de Saussure (1857-1913) ao estudo da linguística, estava em expansão nos vários campos do conhecimento. Esta nova abordagem da antropologia vê o indivíduo como elemento de uma estrutura social em que cada interveniente tem um papel próprio consoante a classe a que pertence. Esta estrutura apresenta-se comum intertemporal e interculturalmente, ou seja, em todas as sociedades existem os mesmos papéis, ainda que possam ser desempenhados por diferentes classes e de diferentes maneiras. Isto pressupõe que o Homem é idêntico em todo o lado. A antropologia estrutural considera que, na passagem do natural para o social, o Homem obedece a regras que não inventa: é um mecanismo do cérebro humano.

Lévi-Strauss propôs a antropologia estrutural após ter dedicado parte da sua vida ao estudo aprofundado das tribos amazónicas. O modo como terá chegado a esse conhecimento não é tão facilmente enquadrável nas correntes filosóficas descritas na introdução deste trabalho como o dos naturalistas do século XIX, uma vez que não se sabe se Lévi-Strauss terá ido para a Amazónia à procura da confirmação de uma ideia já desenvolvida, ou se, pelo contrário, terá apenas formulado a sua visão antropológica após o contacto com os índios.

Fazendo uma análise das hipóteses, considerar-se-á claramente racionalista a elaboração de toda a teoria antropológica se esta tiver surgido após a confirmação de uma ideia formulada *a priori*, ou seja, segundo esta hipótese, a viagem de Lévi-Strauss ao Brasil terá servido para verificar fenómenos particulares de uma teoria já parcialmente formada na sua mente. Se, de facto, esta for a hipótese verdadeira, Popper criticaria o método utilizado pois a viagem ao Brasil não deveria servir para confirmar uma teoria, uma vez que isso é impossível, mas sim para a tentar refutar.

Por outro lado, se Lévi-Strauss tiver apenas formulado a sua teoria após a experiência vivida, este método toma contornos empiristas pois sem esta talvez não tivesse sido desenvolvida a visão estrutural da antropologia. A elaboração de uma teoria não poderá, assim, ser feita sem a experiência, uma vez que faltariam as ideias sobre as quais ocorre a reflexão, gerando conhecimento. Esta interpretação mais empirista acaba por ser ultrapassada pelo peso da componente racionalista, uma vez que Lévi-Strauss ao reflectir, mesmo que sobre dados da experiência vivida, procurou sempre alcançar leis gerais subjacentes a todos os fenómenos particulares (as várias tribos, sociedades) chegando mesmo a introduzir conceitos abstractos como os de estrutura e símbolo que nunca terão sido experimentados. Esta última análise não só se sobrepõe à visão empirista como corrobora uma atitude racionalista do autor, independentemente da sua predisposição para a viagem.

Segundo o descrito no seu livro *Tristes Trópicos*, Claude Lévi-Strauss revela uma constante preocupação em enquadrar o que vai aprendendo com os índios de uma forma esquemática que é frequentemente comparada com outras tribos da Amazónia e não só. Um exemplo disto é o estudo, quase matemático, que Lévi-Strauss faz na tribo dos Bororos sobre a disposição das casas (palhoças) e clãs na aldeia. A forma como analisa permite-lhe descobrir mais facilmente os elementos comuns às várias sociedades. Este cuidado em obter esses elementos comuns pode derivar de três situações: ou Lévi-Strauss foi para a Amazónia com a preocupação de comprovar a perspectiva estruturalista da antropologia, já presente no seu espírito, ou limitou-se a desenvolver exaustivamente o seu trabalho como etnógrafo e só depois correlacionou estruturalmente os dados, ou, por último, toda esta análise comparativa será fruto de uma reflexão posterior à sua estadia na Amazónia uma vez que o livro apenas foi escrito vinte anos após o seu regresso. O conhecimento obtido por Lévi-Strauss neste exemplo é, independentemente do modo como se processou a reflexão, marcadamente racionalista, quer pelo tratamento quase matemático dos dados, quer por se integrar este fenómeno particular numa teoria explicativa a um nível muito mais lato.

O LBA – Large Scale Biosphere-Atmosphere Experiment in Amazonia – é um projecto a nível internacional que, neste início de século, tem como objectivos o estudo aprofundado de vários domínios, como o funcionamento climatológico, ecológico, biogeoquímico e hidrológico da Amazónia, bem como a sua inserção num contexto global.

Embora o objecto de estudo seja a floresta amazónica os locais de tratamento de dados podem encontrar-se em locais tão distantes como Potsdam na Alemanha ou Oak Ridge nos EUA. Os diferentes tipos de dados, à excepção das medições por satélite, são, no entanto, recolhidos e tratados numa primeira análise em laboratórios relativamente próximos dos locais de recolha.

Existem vários projectos em curso dentro do LBA, sendo que aquele sobre o qual nos debruçaremos será o estudo do ciclo do carbono na Amazónia (Carboncycle – LBA). Este projecto tem como objectivo estudar a influência da quantidade de CO_2 absorvido pela floresta amazónica no ciclo global de carbono que, por sua vez, tem repercussões climáticas, e não só, a nível mundial. Iremos fazer uma análise do método como é estudado este parâmetro e como daí será retirado conhecimento.

O Carboncycle – LBA tem uma metodologia para a obtenção do conhecimento que é comum a todos os projectos do LBA. São estabelecidos objectivos à partida que revelam já algum conhecimento sobre o objecto de estudo que deverá ser aprofundado. No caso particular do Carboncycle – LBA um dos objectivos é dar uma estimativa da quantidade de carbono absorvida (pela floresta por ano) mais precisa e realista que outras estimativas anteriores. Esta fase serve de base (dados) para um objectivo mais ambicioso que pretende compreender os mecanismos de absorção de carbono. Este segundo objectivo implica já o tratamento aprofundado dos dados que o primeiro não exige. Correndo o risco de estar a fazer uma análise muito simplista defendemos que a fase de recolha de dados será uma parte que, vista individualmente, trará pouco conhecimento e que por isso terá sempre que ser complementada por uma fase de reflexão à qual é indispensável o uso da razão (segundo objectivo). No entanto estão também subjacentes à fase de recolha de dados princípios racionalistas pois aqui, ao contrário do que se passava com os naturalistas de campo, a recolha é selectiva e os parâmetros a analisar pré-definidos.

Deste projecto consta ainda um terceiro objectivo que visa a elaboração de modelos tendo em conta as relações alcançadas no segundo objectivo. Estes modelos prevêem as evoluções dos diversos parâmetros directamente influenciados pelo ciclo do carbono, como seja o clima. O modelo é também uma ferramenta preciosa no que respeita às decisões que possam ser, ou não, tomadas (por aqueles que têm o poder de decidir) relativamente às suas conclusões.

Um modelo é, actualmente, a explicação mais racionalista que se pode ter do real e, em casos extremos, pode ser construído sem recorrer à experiência. É racionalista porque pretende prever e explicar, a um nível mais ou menos universal, vários fenómenos particulares, e porque se baseia principalmente em relações logico-matemáticas, provenientes da razão.

Para Popper o aparecimento de novos modelos serviria para colmatar as falhas que levaram a que os modelos anteriores fossem refutados. O conhecimento constrói-se assim à medida que se criam novas teorias (modelos). Nos artigos publicados pelos investigadores do LBA não está explícita esta evolução do conhecimento, no entanto, pensamos que terão existido fases desse processo que não chegaram a ser publicadas, uma vez que se tratariam de teorias refutadas ou menos explicativas.

Depois da análise destas diferentes formas de fazer conhecimento sobre o mesmo objecto, defendemos que houve uma evolução na forma como esta é conduzida: passou-se de um extremo, maioritariamente empirista, para um modo «mais racionalista» de fazer conhecimento. No entanto esta evolução não foi, de todo, linear, pois já no século XIX, coexistiam duas perspectivas muito diferentes face a esta questão.

Como o conhecimento construído pretende sempre descrever e formular leis explicativas do real, é indispensável uma fase de recolha de dados: experiência. Por isso, apesar de defendermos que o conhecimento é cada vez mais alcançado de uma forma maioritariamente racionalista, será sempre necessário que este tenha por base informações que apenas podem ser obtidas *in loco*.

Admitimos que nunca chegaremos a uma perspectiva única sobre a maneira de fazer conhecimento e que exclua quer a experiência, quer a razão. Nenhuma teoria que se construa será universalmente aplicável para diferentes épocas, investigadores e objectos de estudo.

Admitimos também que não será possível chegar a teorias «perfeitas», explicativas do real, tendo em conta as limitações inerentes ao próprio conhecimento e à condição humana. No entanto, a construção, mesmo que incompleta, do conhecimento é imprescindível: por exemplo, os modelos elaborados pelos projectos do Carboncycle – LBA podem não explicar a realidade em todas as escalas e em todas as suas dimensões, mas se os dirigentes mundiais tiverem em conta as directivas que advêm destes modelos, o Mundo será, com certeza, um lugar melhor...

Agradecimentos

Professora Heloísa Domingues, do Museu de Astronomia e Ciências Afins – Rio de Janeiro, Brasil.

Professora Ana Luísa Janeira, da disciplina de Filosofia das Ciências – Faculdade de Ciências da Universidade de Lisboa.

Colegas Andreia Carvalho, Lara Lourenço e Lígia Nobre.

BIBLIOGRAFIA

Gottfried Leibniz, Noveaux Essais Sur L'Entendement Humain, Paris, Garnier-Flammarion, 1966.

Lorelai Kury, «Viajantes-naturalistas no Brasil oitocentista: experiência, relato e imagem», História, Ciências, Saúde — Manguinhos, vol. VIII (suplemento), 2001, 863-80.

Claude Lévi-Strauss, Tristes Trópicos, Lisboa, Edições 70, 1955.

Karl Popper, The Logic of Scientific Discovery, London, Hutchinson, 1972.

REFERENCIAS ELECTRÓNICAS

John Locke, An Essay Concerning Human Understanding, ILT Digital Classics, 1995. http://www.ilt.columbia.edu/publications/locke_understanding.html

Experimento de Grande Escala da Biosfera-Atmosfera na Amazônia (LBA) http://lba.cptec.inpe.br/lba/

Pedro de Andrade

Faculdade de Belas Artes da Universidade de Lisboa e
Centro de Estudos de Comunicação e Linguagem da FCSH, Portugal

O MUSEU E A LITERACIA DA VIAGEM CULTURAL

O museu constitui um destino na cena da contemporaneidade, a duplo título. Por vezes, visita-se o museu enquanto lugar de destinação menos ou mais casual. O museu recebe aqui o sentido ou o estatuto de destinação cultural que fecunda a agenda quotidiana do 'visitante de museu' a curto prazo (ou *cultural destination*).

Outras vezes, o museu é entendido como espaço vitalício de vida cultural, ou seja, um local que sedimenta, a médio ou a longo termo, a própria carreira de 'viajante de cultura' (Cf. Fig. 1). Neste caso, mais abrangente, o museu é conotado como um destino cultural ou *cultural destiny* (Kirshenblatt-Gimblett, 1998; Andrade, 2003a).

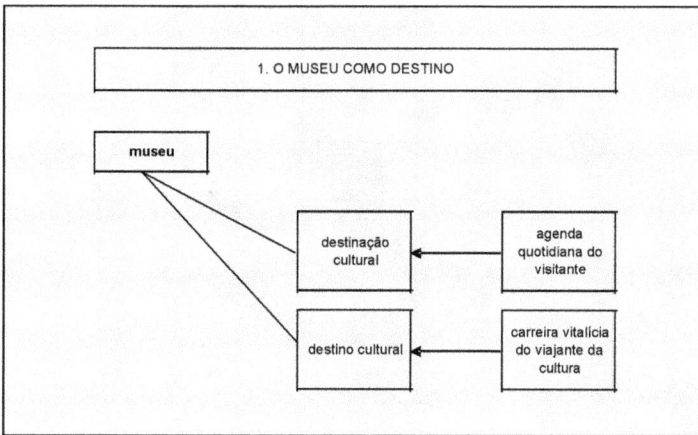

Figura 1

Assim sendo, o museu mudou, e ao transformar-se, metamorfoseou as nossas vidas. Hoje, o museu não se aparta da dinâmica da viagem cultural, que se quotidianiza paulatinamente (Clifford, 1997; Wood,1992). Da mesma forma que se 'vai às compras', ou se 'vai de férias', também, cada vez mais, se 'vai à exposição' (Gunther, 1999).

Esta deslocação ao museu pode desdobrar-se em diversos tipos de visita, relacionado com a multiplicidade de estilos de vida nas nossas sociedades complexas. Eis alguns exemplos (Veja a Fig. 2). Em primeiro lugar, a *corrida de consumo*, no caso das compras de objectos decorativos na boutique do museu ou aquando da aquisição de objectos científicos num evento como a Feira de Minerais, Gemas e Fósseis, organizado anualmente pelo Museu Nacional de História Natural em Lisboa. Em segundo lugar, a *excursão familiar ou de amigos*, visitantes recrutados em redes familiares, de amizade ou locais; em terceiro lugar, pode ocorrer uma espécie de *turismo étnico* ao museu, quando o visitante procura dados sobre o Outro, especialmente em museus de antropologia e arqueologia (Pratt, 1992; King, 1996).

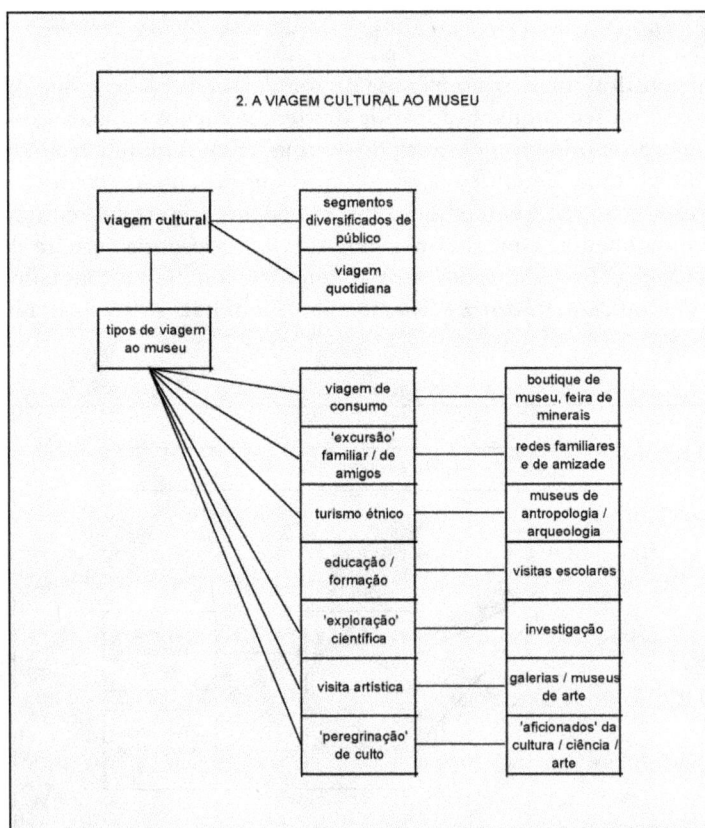

```
2. A VIAGEM CULTURAL AO MUSEU

viagem cultural ──┬── segmentos diversificados de público
                  └── viagem quotidiana

tipos de viagem ao museu
    ├── viagem de consumo ──── boutique de museu, feira de minerais
    ├── 'excursão' familiar / de amigos ──── redes familiares e de amizade
    ├── turismo étnico ──── museus de antropologia / arqueologia
    ├── educação / formação ──── visitas escolares
    ├── 'exploração' científica ──── investigação
    ├── visita artística ──── galerias / museus de arte
    └── 'peregrinação' de culto ──── 'aficionados' da cultura / ciência / arte
```

Figura 2

Em quarto lugar, a *viagem educativa* que ocorre no momento das visitas promovidas por um estabelecimento de ensino; em quinto lugar, a *'exploração' científica e heurística* com intuitos de investigação (Duclos, 1999); em sexto lugar, a *escapadela artística* à galeria ou ao museu de arte; em sétimo lugar, a *'peregrinação' de culto*, empreendida pelos aficionados da cultura, da ciência ou da arte (Andrade, 1986); finalmente, a navegação no museu virtual (Andrade, 1996, 1997, 2003b; Mitra, 1997).

Para cada uma destas idas e voltas distintas ao museu, existe uma figura igualmente singular de literacia de viagem.

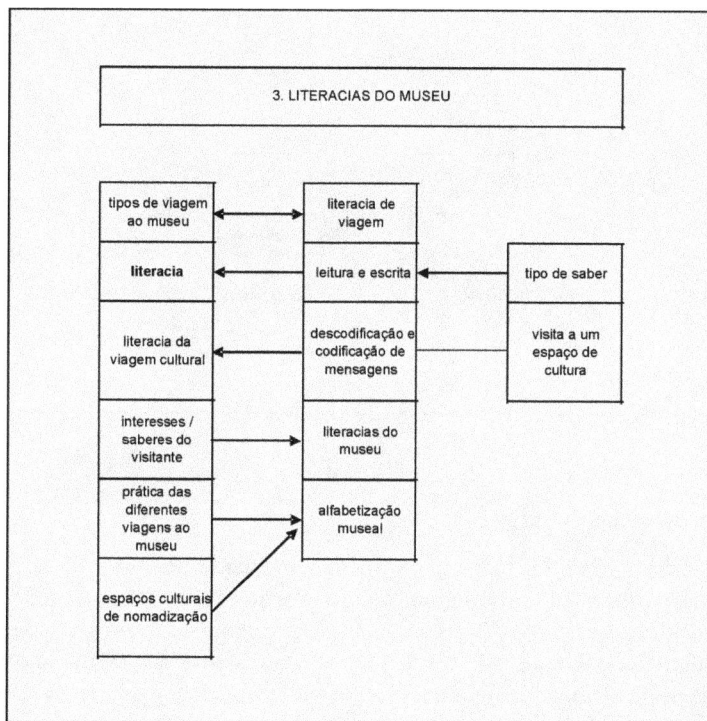

3. LITERACIAS DO MUSEU

tipos de viagem ao museu	literacia de viagem	
literacia	leitura e escrita	tipo de saber
literacia da viagem cultural	descodificação e codificação de mensagens	visita a um espaço de cultura
interesses / saberes do visitante	literacias do museu	
prática das diferentes viagens ao museu	alfabetização museal	
espaços culturais de nomadização		

Figura 3

A literacia é a capacidade de leitura e de escrita relativamente a qualquer tipo de saber. Por exemplo, a literacia da viagem cultural consiste na habilidade de descodificar e codificar mensagens no decorrer de uma visita a um espaço de produção ou de consumo de cultura, como o museu. Por outras palavras, emergem tantas formas de ler e de escrever o museu quantos são os interesses e respectivos saberes específicos mobilizados pelos seus visitantes.

Daí que se mostre necessário promover uma alfabetização museal (Andrade, 2001) que considere a prática destas viagens plurais, literacia essa articulada com um seu maior conhecimento de causa e melhor usufruto. Por conseguinte, a literacia museal não encerra apenas modos de escrita e de leitura inerentes a um espaço cultural imóvel, mas também investe em regimes de argumentação e de interpretação de natureza nómada (Ver a Fig. 3).

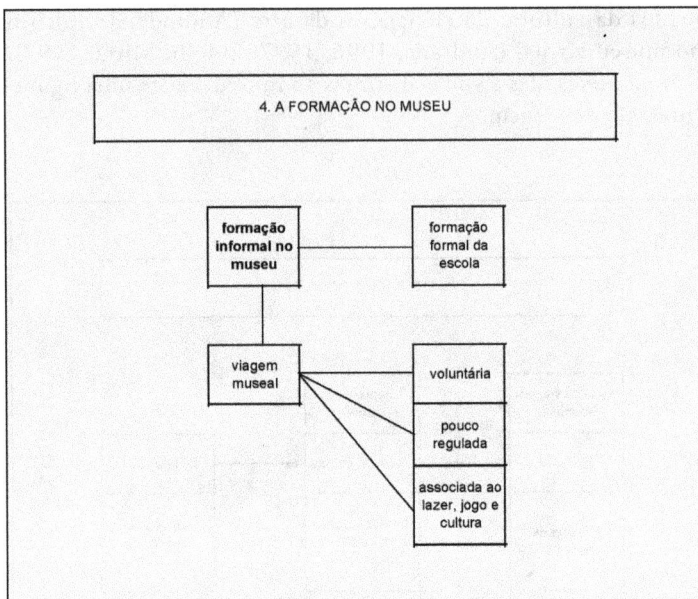

Figura 4

Para além disso, uma tal formação informal veiculada pelo museu surge em contraponto, mas tembém em complemento, à formação formal que subjaz à instituição escolar (Consultar a Fig. 4). A viagem museal apresenta-se menos regulada do que as práticas escolares, e mais associada ao lazer, ao jogo e à cultura. Como Eilean Hooper-Greenhill (2000: 5) nos esclarece: «O estilo pedagógico refere-se à maneira como qualquer coisa é dita, ou seja, o seu método de aprendizagem; nos museus isto refere-se ao estilo de comunicação apresentado, que inclui o modo como os objectos são usados ou colocados, a forma como o texto é escrito, o aprovisionamento no seio da exposição no que respeita as várias formas de comprometimento sensorial...» O carácter voluntário da formação informal pressupõe que os visitantes dos museus, hoje mais do que ontem, tomam a opção de viajar, a uma velocidade intensa mas não resvalante, nas auto-estradas e redes da cultura, do conhecimento e da informação, através de meios, regras e rituais pedagógicos cada vez mais inéditos e estimulantes (Giroux, 1992).

BIBLIOGRAFIA

ANDRADE, Pedro, 2003a «The Museability of Science: Consumption, Citizenship, Culture and Communication», *Atalaia/Intermundos* (12/13), pp. 15-25.

— 2003b, «Virtualidades do museu e o museu virtual», *Atalaia/Intermundos* (12/13), pp. 36-46.

— 2001, «Literacia científico-tecnológica e opinião pública no quadro do Movimento Museabilidade», In: C. Morais, N. M. Peiriço, T. Scalco (Eds.), *Comunicação Pública da Ciência*, Cabral Ed. Universitária,

Taubapé, Brasil. (proposta do *Thesaurus das Ciências e das Tecnologias em Sociedade*, e do *Manifesto do Movimento Museabilidade*).

— 1997, «Navegações no cibertempo: viagens virtuais e vitualidades da ciberviagem», *Atalaia* (3), pp. 111-124. (explicitação do conceito de *cibertempo* e definição da *ciberviagem*).

— 1996, «Sociologia (Interdimensional) da Internet», In *Actas do 3º Congresso Português de Sociologia, 7-9 Fev*. [Editado em CD-ROM].

— 1993, «Sociologia da viagem: deslocações diárias e anti-quotidiano nómada», *Revista Crítica de Ciências Sociais*, (37) pp. 51-77. (crítica do conceito de viagem, e caracterização da viagem nas redes de informação).

— 1986, «A arte Excursionista», *Colóquio-Artes*. Lisboa, Fd. C. Gulbenkian (68) Mar., pp. 5-11.

— 1979, «Sociologia Urbana: pequeno anúncio digestivo, tipo correspondência sentimental, acenando aos equipamentos, retóricos e outros, da cidade-campo do prazer informativo», *Sema*, (3), Outono, pp. 106-111.

CLIFFORD, J, 1997, *Routes: Travel and Translation in the Late Twentieth Century*, Harvard University Press, Cambridge (Mass.).

DUCLOS, R., 1999, «The cartographies of collecting», In Knell, S. (ed.) *Museums of the Future of Collecting*, Ashgate, Aldershot and Boookfield, pp. 48-62.

GIROUX, H., 1992, *Border Crossings*, London, Routledge.

GUNTHER, C, 1999, «Museum-goers: life-styles and learning characteristics», In Hooper-Greenhill, E., (ed.), *The Educational Role of Museums*, London, Routledge, pp. 118-130.

HOOPER-GREENHILL, E., 2000, *Museums and the Interpretation of Visual Culture*, London, Routledge.

KING, G, 1996, *Mapping Reality: An Exploration of Cultural Cartographies*, Baingstoke, London.MacMillan Press.

KIRSHENBLATT-GIMBLETT, B., 1998, *Destination Culture: Tourism, Museums and Heritage*, Los Angeles / London, University Of California Press.

MITRA, A, 1997, «Diasporic websites: ingroup and outgroup discourse», *Critical Studies in Mass Comunication*, (14), pp. 158-181.

PRATT, M.L., 1992, *Imperial Eyes: Travel Writing and Transculturation*, London, Routledge.

WOOD, 1992, *The Power of Maps*, NewYork/London, The Guilford Press.

Ana Luísa Janeira* ; Luísa Borralho** ; Mário Fortes**

*Departamento de Química e Bioquímica da Faculdade de Ciências da Universidade de Lisboa; Centro Interdisciplinar de Ciência, Tecnologia e Sociedade da Universidade de Lisboa (CICTSUL), Portugal
**Arquitectos Paisagistas, Portugal

INOVAÇÃO-TRADIÇÃO-GLOBALIZAÇÃO.
AS CIÊNCIAS MODERNAS À DESCOBERTA DO MUNDO.
MAPEANDO A NATUREZA BRASÍLICA
NAS ROTAS DOS MARES DO SUL

A bibliografia tem enaltecido a qualidade da iconografia europeia, logo nos primeiros contactos com as riquezas naturais brasileiras. Isso acontecendo quando os exemplares são autónomos, ou quando figuram como ilustrações de textos. Paralelamente, é comum lamentar-se a ausência deste tipo de informações por parte dos portugueses, em períodos similares.

A desproporção entre esta e aquela presença na magnífica exposição *O Brasil dos Viajantes*, apresentada no Centro Cultural de Belém, serviu para nos evidenciar uma questão, no meio de um certo mal-estar. Depois, motivados por algumas observações, aquando da preparação da exposição *O Jardim do Éden*[1], fomos revivendo a questão sem qualquer saída imediata, pelo que nos mantivemos dentro da linha interpretativa comum[2].

Curiosamente, a invisibilidade documental pode reverter-se numa demanda fascinante.

Ao longo dos últimos meses, resolvemos explorar a seguinte hipótese de trabalho: perspectivar portulanos e cartas portugueses como complementares dos textos, quer dizer relevar o conhecimento da realidade natural brasileira a partir destas fontes.

Na verdade, parece importante aprofundar e aferir conexões entre o conhecimento dos Três Reinos da Natureza e as suas representações em mapas. Com isto, pretende-se contribuir para reduzir uma lacuna epistemológica e aumentar o número de estudos que relacionem a Cartografia com a História Natural.

---

[1] Os autores deste texto fizeram parte do Comissariado Científico da exposição *O Jardim do Éden*, prevista pela Comissão Nacional dos Descobrimentos Portugueses para o Mosteiro dos Jerónimos, 2000.

[2] Ana Luísa Janeira – «*Todo o Brasil parece hü jardim*». «Episteme», Porto Alegre, publicação prevista para Maio de 2003. Luísa Borralho, Mário Fortes - *Descrições do Reino Vegetal - Do jardim do Éden às Terras de Vera Cruz*, «Episteme», Porto Alegre, publicação prevista para Maio de 2003.

A iconografia europeia de Vera Cruz

A desproporção entre a presença portuguesa diminuta e a presença maciça de outros europeus na magnífica exposição *O Brasil dos Viajantes*, apresentada no Centro Cultural de Belém, em Lisboa, serviu para mostrar uma realidade com certo mal-estar.

Durante a preparação da exposição *O Jardim do Éden*[3], a questão foi revivida sem qualquer saída imediata, pelo que prevaleceu a linha interpretativa comum[4].

Mas ao longo dos últimos meses, começámos a explorar uma hipótese de trabalho inovadora: perspectivar portulanos e cartas como testemunhos informativos complementares para as Ciências da Natureza em Portugal e no Brasil. Ou seja, avaliar a cartografia portuguesa relativamente ao conhecimento da realidade natural brasileira. Atitude que se alicerça numa demanda onde se interceptam a Filosofia das Ciências, procurando desbloquear vazios e alargar o alcance testemunhal das fontes para a História das Ciências, e a Arquitectura Paisagista, indagando a constituição da natureza brasílica e a representatividade da sua Paisagem.

Quando interroga a tipologia das fontes que constituem o universo heurístico dominante, o questionamento filosófico evidencia como ainda não foi colmatada a lacuna epistemológica, criada pela falta de estudos que relacionem Cartografia e História Natural. Neste sentido, será importante iniciar uma abordagem, visando localizar, aferir e aprofundar nexos entre as representações nos mapas e o conhecimento dos Três Reinos da Natureza.

Apesar das novidades com que os europeus se depararam no Novo Mundo, – «e digam lá os sábios da Escritura, que segredos são estes da Natura» –, é indiscutível que a mentalidade vigente não estava preparada para tanta novidade, o que não lhes permitiu uma abordagem adequada, de imediato.

Para colmatar estas fragilidades, a imaginação e o simbólico intervieram, no sentido de dar uma maior solidez às posições. Por outras palavras, face à *natura* desconhecida – coisas nunca vistas –, a *cultura* intervém – paradigmas, modelos, regras –, como património a assegurar-lhes a convicção de uma supremacia, quer no contacto primário, quer na interpretação secundária. Assim, o legado cultural servia como cabedal de respostas aos desafios de uma envolvência recém-descoberta, interferindo na perceptibilidade do exterior.

Facto que nem sempre equivaleu à melhor estratégia, mas que correspondeu seguramente a estratégias possíveis.

Geralmente, as mudanças súbitas facilitam situações opostas, ao ocorrerem entre termos extremados: ou o recurso a um estilo pré-concebido, apesar de postiço para a situação nova – primeiro caso –; ou o recurso a um tempo de espera, tido por necessário à adaptação futura – segundo caso –.

Enquadramos os desenhos, pinturas e gravuras dos europeus não portugueses no primeiro caso - recurso a um estilo pré-concebido e postiço para a situação nova: as

---

[3] Os autores deste texto fizeram parte do Comissariado Científico da exposição *O Jardim do Éden*, prevista pela Comissão Nacional dos Descobrimentos Portugueses para o Mosteiro dos Jerónimos, 2000.

[4] Ana Luísa Janeira – *«Todo o Brasil parece hü jardim»*. «Episteme», Porto Alegre, publicação prevista para Maio de 2003. Luísa Borralho, Mário Fortes - *Descrições do Reino Vegetal - Do jardim do Éden às Terras de Vera Cruz*, «Episteme», Porto Alegre, publicação prevista para Maio de 2003.

magníficas frutas tropicais emergem entre céus e paisagens românticas ou neoclássicas, o traçado da ilustração em livros faz-se segundo cânones ao bom estilo tradicional.

Isto sendo possível, logo desde a chegada, apesar destes registos serem seguidos por muitos outros estilos, diversificados no tempo:

«O estudo da iconografia e da literatura produzidas pelos viajantes estrangeiros no decorrer do século xv ao xix revela a mudança de enfoque do olhar sobre nossa gente, fauna e flora, constituindo uma revisão da imagem do país. A iconografia produzida no século xvi manifesta, muitas vezes, um processo de construção de imagens geradas pelas crônicas e não representações reais. Além de mostrar todo o exotismo da fauna e da flora, do ponto de vista do europeu, as obras foram responsáveis pela formação da imagem do índio americano. O canibalismo é cena freqüente desse imaginário. Durante o período de ocupação dos holandeses no Nordeste, entre 1636 e 1645, o governador Maurício de Nassau contratou uma comitiva de artistas, dentre os quais pintores e desenhistas, com o objetivo de registrar e documentar diferentes aspectos da vida brasileira. Nessa produção, destacam-se as paisagens que retratam vistas pa-norâmicas, portos e fortificações de Frans Post, e os tipos etnográficos e exóticos de Albert Eckhout.» [5]

Como nota Nereide Santa Rosa[6]: «Frans Post e Albert Eckhout foram os artistas holandeses que vieram junto com Mauricio Nassau.... Repare na amplidão dos espaços, nos detalhes, e no horizonte desta obra de Post [Paisagem com construção, sem data]. Parece até que os artistas usavam luneta para enxergar tão longe!

Eles foram considerados os primeiros paisagistas do Novo Mundo. Eles buscaram registrar o cotidiano de um país recém-descoberto pala Europa. O povo e seus cos-tumes, os indígenas, e principalmente as paisagens tropicais, eram imagens exóticas para os olhares europeus. Repare no grupo de pessoas que aparece nesta obra de arte [Tropical Landscape, 1649], na sua postura, e até mesmo nas suas roupas. O artista não lhes dá destaque, ele está preocupado em inseri-las na paisagem. Vemos um cri-tério amplo, com detalhes importantes como o horizonte, a vegetação, as palmeiras, elementos particularmente interessantes para os europeus.

No ano de 1644, Maurício de Nassau foi expulso pelos portugueses, e os artistas retornaram à Holanda, onde continuaram a pintar as lembranças que tinham do Brasil. As obras de arte desse período mostram representações do Brasil com uma certa dose de imaginação do artista, fruto das recordações de viagem. Além de serem influen-ciadas pelo Barroco, movimento artístico que predominava na Europa, nessa época.»

A Natureza Brasileira na Cartografia Portuguesa

Visibilidade equivale a existência? Verdadeiro. Invisibilidade significa inexistência no passado ou no presente? Falso. Logo, importa acrescentar: não ser/estar visível não quer dizer que não tenha existido, perdendo-se depois. Até poderá querer dizer que existe, está escondido, mas ainda não foi encontrado. No caso, ter sido destruído pelo

---

[5] *Site* do Instituto Itaú Cultural

[6] Nereide Schilaro Santa Rosa - *Cidades e Florestas: os artistas viajantes entre os séculos XVII e XIX*. Rio de Janeiro, Edições Pinakotheke, 10-13.

Terramoto de 1751. Ou permanecer perdido (Biblioteca Nacional de Lisboa, Biblioteca de Mafra, Biblioteca de Ajuda, Biblioteca do Escorial, Biblioteca Nacional do Rio de Janeiro, Biblioteca de França, etc.).

Na situação presente, e no que respeita a divulgação artística e científica, o comportamento dos portugueses parece enquadrável no segundo caso – recurso a um tempo de espera, tido por necessário à adaptação futura: foram percorridos anos até que irrompeu uma iconografia ilustradora de traços mais adequados, com menos preconceitos e clichés transferidos.

Na verdade, houve necessidade de um percurso diacrónico, articulado entre o olhar, o ver e o observar.

Numa primeira fase – o olhar – século XVI. A imagem solta ou em livros está ausente[7].

O espanto inicial, escalonado entre o choque desconhecido e o entusiasmo pela novidade, descreve uma panóplia de sensações imediatas, eivadas de ecos espontâneos, onde a formalização dos conteúdos não tem lugar, nem significado.

Apesar da escrita estar a braços com a imensa tarefa de descrever novidades nunca vistas não recorre à imagem para facultar a inteligibilidade, processo que favorece presumíveis desajustes entre significantes e significados, em quem a lê deste lado.

Numa segunda fase – o ver – século XVII. O desenho aparece[8].

A familiarização com a realidade circundante gera proximidades, onde o quotidiano joga efeitos continuados, com recurso a uma intelectualização apetrechada e alargada pelo traço linear.

A mutação nas formas de comunicação, com destaque para o risco inclui fauna e flora. A partir de agora, essa expressão suprime as fragilidades, quando a palavra não consegue exprimir nem transmitir os objectos envolventes.

Numa terceira fase – o observar – século XVIII. A ilustração científica é já uma realidade[9].

Apesar das qualidades realistas que a escultura já trazia do gótico, só agora a representação a uma dimensão atinge uma densidade volumétrica desconhecida anteriormente. E isso, na medida mesma em que a pintura e o desenho avançam para um maior realismo científico.

Com efeito, paisagens, testemunhos sociais, peixes, plantas e rochas adquirem uma força nova, seja pelo traço linear, seja pela aguarela, feitos ao serviço do rigor requerido pelo universo teórico-experimental, na sua faceta comparativa.

Embora a discursividade entre as palavras e as coisas tivesse escalonado a aproximação entre os termos, é fora de dúvida que a lógica inerente foi percorrendo intervalos, entre a percepção imediatista e a inteligibilidade científica.

Entretanto e enquanto aquelas duas últimas fases não chegavam, foram os mapas, copiados e recopiados, que guardaram informações importantes sobre a natureza brasílica.

Quem já tem visto destas imagens, mas não está familiarizado com o *corpus,* poderá pensar que a colecção com representações naturais é grande. Mas a realidade é

---

[7] Pêro Vaz de Caminha (? - 1501), Gabriel Soares de Sousa (1540 - 1592), Pero de Magalhães Gandavo (? - 1579), Fernão Cardim (1542 - 1625).

[8] Exemplo significativo: Frei Cristóvão de Lisboa (? - 1652).

[9] Alexandre Rodrigues Ferreira (1756-1815) e companheiros.

bem outra: a falsa sensação de quantidade resulta da beleza e qualidade dos originais, facultando várias reproduções dos pormenores.

A primeira colonização do Brasil só podia ter sido costeira: porque éramos poucos e continuávamos ainda a investir no Oriente, e porque a geografia local – com a Serra do Mar e outras «muralhas» – dificultava a penetração terras dentro.

Sendo assim, sabiam-se cartografar as áreas junto à costa, reconhecidas até do barco, mas tudo além continuava bastante desconhecido.

Não podendo ser retratado com base na realidade, o vazio territorial correspondia a uma série de lacunas pujantemente desconcertantes. E porque não senti-la como uma incapacidade simbólica devendo ser esconjurada?

Foi assim que num rasgo de originalidade, e para deleite estético dos vindouros, os cartógrafos pegaram nos seres naturais vislumbrados na terra perto do oceano ou dos rios e ocuparam, desde logo, o imenso continente a descobrir mais para dentro.

Brilhante, de facto.

Quando bem aproveitadas, há dificuldades que se tornam favoráveis à criatividade, pois permitem formas inteligentes de contornar os obstáculos e vias inovadoras para o futuro. Na verdade, esses desafios propiciam desbloqueamentos sucessivos, por meio de uma imaginação desafiante e sem peias, juntando tradições e misturando estilos.

No caso, encontros onde sobressaem por contraste: linhas delineando contornos, (efeitos de uma navegação mais costeira), linhas cruzando-se (efeitos da navegação mar fora) linhas abrindo lugar para iluminuras, pincelando uma fruta exótica ou uma animal exótico. Ao lado de belíssimas rodas dos ventos, também.

Gestos reveladores de uma configuração científica e epistemológica que acolhe a possibilidade de juntar cálculos matemáticos, servidos pelas exigências de um desenho preciso, e pinturas de seres vivos, mais espontâneas, livres e adequadas à especificidade destes entes.

Mestiçagem cultural, sem dúvida.

Dá a impressão que a iconografia faz prevalecer o real - os fenómenos impostos ao desenho – em desprimor do imaginado – os sonhos paradisíacos que a bibliografia continua a transmitir, apesar de tudo. Por isso, sentem-se movimentos e dinâmicas corporais.

Como os padrões portugueses simbolizam marcas indeléveis de passagem-presença, os mapas apoderam-se simbolicamente da arara ou do ananás, os mais exuberantes para o olhar recém-chegado. E isso mesmo antes de haver quem vai encaixá-los ou engaiolá-los, com destino ao mundo europeu. Comportamentos que mostram como as ciências modernas estiveram sempre ligadas à descoberta-conquista do mundo, incluindo os avanços, as ambiguidades e os subterfúgios coloniais.

Assim sendo, a territoralização do continente sul-americano resulta, quer da «real--idade» simbólica projectada – pelos mapas –, quer do domínio efectivo «real-izado» – com armas –. Entre ambos, múltiplas actividades e múltiplos agentes, suportados pelas ciências antes do desembarque, e acalentadas pelas ciências terras além, numa penetração sob a égide do ouro e conseguida pouco a pouco.

Por outras palavras, a apropriação política portuguesa implicará, não só a conquista furando a Mata Atlântica ou a Floresta Amazónica, como o deleite provocado por um qualquer exotismo, num qualquer Gabinete de Curiosidades.

Para as ciências modernas, por seu turno, implicará mapas, viagens filosóficas e descrição taxonómica, já no contexto científico de estudos desenvolvidos no interior de Jardins Botânicos e de Gabinetes de História Natural.

Por isso, as narrativas desmultiplicam-se em formas configurantes diversificadas, das palavras aos desenhos, dos livros a outros objectos.

O que irá permitir leituras de tipo gnoseológico, com mais-valias para uma melhor aproximação de como foram vividos e ilustrados os primeiros espantos e choques, a partir de desenhos esparsos naqueles documentos.

Mas não só. Pois também revelam outras tantas especificidades epocais – por restrições nuns casos (o índio não é homem) e amplificações noutros casos (o Reino Animal inclui o índio) – nos conteúdos inerentes ao conceito de Natureza.

Na verdade, a cartografia incluiu símbolos e ícones dos Três Reinos da Natureza: montanhas e rochas/mineral, plantas/vegetal, e bichos (que é diferente de animais mas integram as referências)/Animal, desde tempos remotos. Mas os selvagens indígenas de Vera Cruz, que na perspectiva de então não eram homens, aproximavam-se dos animais e como tal estavam em cenários naturais pouco antropologizados.

Contudo, os mapas integravam também representações de carácter etnográfico em que se isolava e destacava o europeu (e o oriental) da paisagem, e se lhe relevavam atributos etnográficos. De forma pouco consciente, os índios do Brasil acabaram por receber os atributos etnográficos que eram devidos aos europeus. É que os homens da Renascença, que concebiam e realizavam as cartas e que não os compreendiam como Homens-Pessoas, não tiveram outro remédio senão associar os atributos de Homens Europeus aos Seres Selvagens. Assim, parece que já nos primórdios do século XVI se começava a esboçar (aquilo que se repudiava e que só terá sido (?) resolvido no séc. XIX): os selvagens do Brasil por mais que se quisesse tinham atributos de Homens!

Com efeito, apesar das novidades do Renascimento e dos avanços introduzidos pelo Humanismo terem servido uma ideia de Homem diferente da tradição cristã mais genuína, importa ter presente quanto a ideia de Natureza permanecia diferente do que virá a revelar-se na Modernidade. Em síntese, o conceito de Natureza comportava, ainda, uma Criação una e universal: centrada na figura do Criador e dominada por um tipo de raciocínio marcadamente analógico.

Tal como as limitações geográficas reduziam a visão do planeta a cerca de um quarto por parte do Islão[10], talvez o mesmo se possa entender na perspectiva da História Natural. As limitações geográficas testemunhavam certo desconhecimento dos variados objectos dos Três Reinos da História Natural. E até mesmo no espaço desconhecido as limitações impostas pela mentalidade medieval restringiam o reconhecimento de exemplares concretos e favoreciam a imaginação traduzida nas mais diversas aberrações e monstros que apenas existiram nos mapas então realizados.

A persistência desta mentalidade fechada documenta-se até muito tarde – tal como se pode ver nas ilustrações, desenhos e até mapas executados pelos séc. XV e XVI. Reveja-se as imagens típicas de seres acéfalos e monstros fantásticos atribuídas às geografias das regiões etiópicas segundo Charles d'Angoulême nos *Secrets de l'Histoire Naturalle*[11].

---

[10] Luís Filipe Barreto, *Portugal en la Apertura del Mundo*, 11.

[11] Luís Filipe Barreto, *Portugal en la Apertura del Mundo*, 11.

No planisfério de Ebstorf (até 1240) a realidade é completamente distorcida pelas limitações técnicas e pelo recurso ao exagero dos marcos ou referências geográficas específicas. Neste planisfério, cidades, fortificações, animais e até algumas plantas servem de ícones que permitiriam o reconhecimento fácil de determinadas regiões, solução que viria a arrastar-se nalguma cartografia do Brasil.

No planisfério designado como «de Cantino» datado de 1502 (Biblioteca Estense, Modena) o abandono dos registos medievos é óbvio e apenas se realizam referências à flora e a fauna brasileira. A densidade da selva pode consistir numa alusão à Mata Atlântica, mas aparentemente nenhuma das espécies traduz a realidade. Já a fauna por distinta é pormenorizada embora limitada à espécie das araras.

O Mapa-Mundo datado de 1545 tem apenas registos toponímicos densíssimos. Não inclui alusão alguma específica ao Brasil, exceptuando-se algo parecido com um papagaio verde e um índio marcadamente heráldico, cujo escudo transporta as armas de Portugal, tal como os negros de África e alguns dos orientais. Os motivos vegetais são desprovidos de especificidade que permta o reconhecimento.

Por sua vez na *Carta das Linhas Costeiras de Parte da Europa, África e América* de Sebastião Lopes, 1558 (Biblioteca Britânica, Londres) as referências iconográficas llimitam-se a um índo na actividade do corte de madeira, actividade imposta pelo europeu, e algumas aves. As árvores são incaracterísticas, não traduzindo realidade alguma da botânica local.

No atlas de Diogo Homem de 1558 (Biblioteca Britânica, Londres) as representa-ções da costa do Brasil incluem apenas indios caracterizados pelos respectivos atributos etnográficos em actos de canibalismo, caça, etc. As representações do reino vegetal limitam-se a formas pouco específicas que apenas contextualizam as actividades dos índios e decoram o atlas, Os animais , talvez felinos, replicam soluções e cânones he-ráldicos. E um dragão-montanha pode ser uma alusão aos fenómenos de vulcanismo do hemisfério Sul – Patagónia.

Em algumas plantas como o Mapa do Brasil, com a divisão das capitanias, como no *Roteiro de Todos os Sinais (...)* do Brasil, atribuído a Luís Teixeira (até 1586) (Biblioteca da Ajuda, Lisboa) não há referências iconográficas algumas, predominando a toponímia e os registos das linhas de água.

É curioso ver que nos registos de marinha, como no *Livro de Marinharia de João de Lisboa* (até 1560) (Arquivo Nacional da Torre do Tombo, Lisboa) os levantamen-tos da costa incluíam alguns registos dos maciços arbóreos, aqui de Moçambique, e o mesmo se pode destacar na observação cuidada de uma representação do cabo de Santo Agostinho, no *Roteiro de todos os Sinais (...) do Brasil*, atribuído a Luís Teixeira, até 1586 (Biblioteca da Ajuda, Lisboa)

Nalguns exemplares posteriores como a Carta Atlântica de Luís Teixeira datável até 1600 (Biblioteca Nacional Central, Florença) não há registos alguns a espécies brasileiras, direccionando-se a maior parte dos motivos decorativos como palmeiras e aglomerados fortificados à Costa de África, bem como outros que patenteavam a devoção religiosa cristã dos aborígenes.

No planisfério do Atlas – Comografia de João Baptista Lavanha e Luís Teixeira, até 1597-1612 (Biblioteca Reall, Turín) não há registos iconográficos específicos aos Três Reinos, senão alusões a manchas densamente arborizadas, montanhas e rios caudalosos.

Podem destacar-se publicações de trabalhos de portugueses nas quais as representações gráficas de exemplares botânicos acompanham descrições pormenorizadas. Cite-se apenas o *Tratado das Drogas e Medicinas das Índias Orientais* de Cristóvão da Costa, Burgos, 1578

E em paralelo refira-se as representações vegetais na tradução italiana da *Asia de João de Barros* (1563). Estas cumprindo funções distintas das expectáveis no âmbito de registos mais pormenorizados

Sendo vasta a cartografia com registos do Brasil que não tem imagens dos Três Reinos;

Sendo a cartografia que inclui imagens dos Três Reinos se refere apenas a algumas representações pouco fidedignas e a muito poucas que permitem a identificação através de caracteres fisionómicos realistas (talvez as da capivara e a das araras;

Neste contexto, as referências iconográficas limitadas a um tão reduzido número de espécies podem indiciar pouco interesse no contexto da Cartografia (a não ser numa perspectiva iconográfica) e podem indiciar ainda pouco interesse pela História Natural, dado o ínfimo número de espécies face à variedade botânica, animal e mineral a que os portugueses tinham sido sujeitos no decurso das viagens e colonização.

Concluindo, também por esta via, somos levados à conclusão de quanto foi notória a novidade biblioiconográfica – emergência de uma História Natural no contexto luso-brasileiro – trazida pela viagem filosófica de Alexandre Rodrigues Ferreira e seus companheiros.

BIBLIOGRAFIA

Fontes

Alexandre Rodrigues Ferreira a quem Acompanhárão os Desenhadores Joseph Joachim Freire e Joachim Joseph Codina E o Jardineiro Botanico Joaquim Agostinho de Cabo, «Roteiro Das Viagens que fez Pelas Capitanias Do Pará, Rio Negro, Mato grosso e Cuiabá». Lisboa, Biblioteca da Ajuda, c. 54-XI-27, nº15, na.1783, ms..

ANTONIL, André João - *Cultura e Opulência do Brasil*. Belo Horizonte, Ed. Itatiaia, 1997.

BAP, «Solicitação de 12 de Setembro de 1795». Códice 622, *apud* Arthur Cezar Ferreira Reis, «*O Jardim Botânico de Belém*». In «Boletim do Museu Nacional. Botânica», Rio de Janeiro, (7), Set. 1946, p. 14.

BRANDÃO, Ambrósio Fernandes - *Diálogos das Grandezas do Brasil*. Rio de Janeiro, Dois Mundos Editora, [1943].

Breves instrucções aos correspondentes da Academia das Sciencias de Lisboa sobre as remessas dos productos e notícias pertencentes à Historia da Natureza para FORMAR HUM Museo Nacional. Lisboa, Regia Officina Typographica, 1781.

BROTERO, Felix de Avellar - «Catalogo geral de todas as Plantas do Real Jardim Botanico d Ajuda distribuidas segundo o Systema de Linneo, da edição do D.ᵒʳ Wildennow», Lisboa, Instituto Superior de Agronomia. Biblioteca, s.d., ms..

CALDAS, António Pereira de Sousa - *Ode ao homem selvagem. Obras poeticas*. Coimbra, 1836.

CAMINHA, Pêro Vaz de - *Carta a el-rei dom Manuel sobre o achamento do Brasil (1 de Maio de 1500)*. Lisboa, Imprensa Nacional-Casa da Moeda, 1974.

CARDIM, Fernão - Fernão Cardim, *Tratados da Terra e da Gente do Brasil.* Belo Horizonte-São Paulo, Editora Itatiaia-Editora da Universidade de São Paulo ,1980.

Coisas Notáveis do Brasil. vol. I, Rio de Janeiro, Instituto Nacional do Livro-Ministério da Educação e Cultura, 1966.

DURÃO, Frei José de Santa Rita - *Caramuru*, Lisboa, Imprensa Nacional, 1836.

«Expedição Filosofica do Pará de que hé Naturalista o Doutor Alexandre Rodrigues Ferreira, os Riscadores, José Codina, e José Joaquim Freire, e Agostinho do Cabo, Jardineiro Botanico, o qual partio aos 14 de julho de 1783. Relação do que levou o ditto Naturalista deste Real Gabinete de Ajuda», Lisboa, Museu Bocage, Maço 5, n° 7.

FERREIRA, Alexandre Rodrigues - *Viagem Filosófica pelas capitanias de Grão Pará, Rio Negro, Mato Grosso e Cuiabá (1783-1792).* Texto - 2 vols., Rio de Janeiro, Conselho Federal de Cultura, 1972-1974. Gravuras - 2 vols., São Paulo, Editora Monumental, 1971.

-*Florae Fluminensis de Fr. José Mariano da Conceição Veloso. Documentos.* Rio de Janeiro, Arquivo Nacional, 1961.

GAMA, José Basílio da - *O Uraguay.* Rio de Janeiro, Livraria Agir Editôra, 1941.

GANDAVO, Pero de Magalhães - *Tratado da Terra do Brasil. História da Província de Santa Cruz.* Belo Horizonte, Editora Itatiaia-Editora da Universidade de São Paulo, 1980.

LISBOA, Frei Cristóvão de - *Historia dos animaes e arvores do Maranhão.* Lisboa, Arquivo Histórico Ultramarino e Centro de Estudos Históricos Ultramarinos, 1967.

SEPP, Padre António - *Viagem às Missões Jesuíticas e Trabalhos Apostólicos.* São Paulo, Livraria Martins Editora-Editora da Universidade de São Paulo, 1972 (A *Viagem*, primeiro texto sobre estas reduções, é um conjunto de cartas quase todas enviadas pelo jesuíta tirolês ao irmão. Os *Trabalhos* incluem a fundação da Redução de São João Batista).

S,L., S.D., MSI.II, 33,17,14 *apud* Leopoldo Collor Jobim», *Os Jardins Botânicos e o fomentismo português no Brasil*, «Sociedade Brasileira de Pesquisa Histórica», São Paulo, 1984.

SOUSA, Gabriel Soares de - *Tratado descritivo do Brasil em 1587.* São Paulo, Companhia Editora Nacional, 1987.

VANDELLI, Domingos, «Relaçao da origem, e estado prezente do Real Jardim Botanico, Laboratório Chymico, Muséu de Historia Natural, e Caza do Risco», Lisboa, Arquivo Nacional da Torre do Tombo, Archivo do Ministério do Reino, Maço 444, c. 1.54.103, s.d., ms..

VANDELLI, Domingos, «Memorias Inéditas», Lisboa, Biblioteca da Ajuda, c .54-V-14, s.d., ms.

Outros

ALMEIDA, Luís Ferrand de - *Páginas Dispersas. Estudos de História Moderna de Portugal.* Coimbra, Faculdade de Letras, 1995.

ALVES, Ana Maria – *As Entradas Régias Portuguesas: Uma visão de conjunto.*, Livros Horizonte, Lisboa.

AÑON, Carmen e SANCHO, José Luís (Ed.) – *Jardín y Naturaleza en el reinado de Felipe II.* Sociedad Estatal para la Commemoración de Los Centenarios de Felipe II (1998) y Carlos V (2000), 1998.

BARRETO, Luís Filipe - *Portugal en la Apertura del Mundo.* Ed. Comissão Nacional para as Comemorações dos Descobrimentos Portugueses, Lisboa,

CASTEL-BRANCO PEREIRA, João (coord.) – *Exotica: Os descobrimentos Portugueses e as Câmaras de Maravilhas do Renascimento.* Museu Calouste Gulbenkian, 2001.

DOMINGUES, Heloísa Maria Bertol Domingues, *El Jardin Botánico del Rio de Janeiro y los Intercambios Internacionales.* Comunicação ao Coloquio Materia Médica, Terapéutica y Farmacia Intercontinental, Puebla, 1996.

FARIA, Miguel Figueira – *A Imagem Útil*. Universidade Autónoma Editora. Lisboa. 2001.

GONÇALVES, Maria da Conceição Osório Dias - *O Índio do Brasil na Literatura Portuguesa dos séculos XVI, XVII e XVIII*. Coimbra, 1961, Separata de *Brasília*, vol. XI.

HOLANDA, Sérgio Buarque de - *Visão do Paraíso. Os motivos edênicos no descobrimento e colonização do Brasil*. 4ª ed., São Paulo, Companhia Editora Nacional, 1985.

JANEIRA, Ana Luísa - *Humanismo. Logocentrismo. Etnocentrismo*. «Revista Portuguesa de Filosofia», Braga, 38 (4) Out.-Dez. 1982, 221-240. Actas do 1º Congresso Luso-Brasileiro de Filosofia.

JANEIRA, Ana Luísa - *Viagem filosófica pelo espaço-tempo dos Jardins Botânicos*. in Ana Maria Alfonso-Goldfarb, Carlos A. Maia (orgs.), «História da ciência: o mapa do conhecimento», São Paulo, Editora da Universidade de São Paulo, 1995, pp. 543-550.

JANEIRA, Ana Luísa; MOURÃO, José Augusto; GUEDES, Maria Estela - *A Paixão do Coleccionador: Espaços de Colecção*. In «Encontro sobre Alcipe e as Luzes», Lisboa, Fundação das Casas de Fronteira e Alorna, 1997, pp. 75-87.

JANEIRA, Ana Luísa; FORTES, Mário - *Floras do Novo Mundo. Curiosidades e Recursos*. Actas do 5º Encontro de Évora de História e Filosofia das Ciências, Évora, Universidade de Évora (no prelo).

JANEIRA, Ana Luísa (org.) - *Gabinete de Curiosidades*. Lisboa, Centro Interdisciplinar de Ciência, Tecnologia e Sociedade da Universidade de Lisboa (CICTSUL), 1999.

JOBIM, Leopoldo Collor - *Os Jardins Botânicos e o fomentismo português no Brasil*, «Sociedade Brasileira de Pesquisa Histórica», São Paulo, 1984.

LEITE, Serafim - *Artes e Ofícios dos jesuítas no Brasil (1549-1760)*. Lisboa-Rio de Janeiro, Edições Brotéria-Livros de Portugal, 1953.

SILVA, Maria Beatriz Nizza da - *A Cultura Luso-Brasileira . Da Reforma da Universidade à independência do Brasil*. Lisboa, Editorial Estampa, 1999.

SIMON, William Joel Simon - *Scientific Expeditions in the Portuguese Overseas Territories (1783-1808) and the role of Lisbon in the Intelectual-Scientific Community of the late Eighteenth Century*. Lisboa, Instituto de Investigação Científica Tropical, 1983.

THEVET, André - *Le Brésil d'André Thevet. Les Singuralités de la France Antarctique*. Paris, Editions Chandeigne, 1997.

PARTE VII

•

ENCERRAMENTO

Ana Luísa Janeira

Coordenadora da Red de Intercambios para la Historia y la Epistemologia de las Ciencias Químicas y Biológicas (RIHECQB) em Portugal

ROTAS DA NATUREZA NOS 10 ANOS. DA RED DE INTERCÂMBIOS PARA LA HISTORIA Y LA EPISTEMOLOGIA DE LAS CIÊNCIAS QUÍMICAS Y BIOLÓGICAS (RIHECQB)

Rota, se olharmos para o céu a palavra lembra planetas e cometas. Mas também caminho, caminho por terra, marítimo ou pelo ar. Rumo. O rumo das coisas, das gentes, das ideias.

Num processo com várias rotas anteriores, realcemos como, neste particular, os descobrimentos ibéricos reinventaram as conquistas, ao mesmo tempo que aproximaram os mundos. Trouxeram a novidade, o exotismo, a matéria-prima, o conhecimento endógeno, os indígenas. Mestiçaram flora, fauna, pessoas. Misturaram e relançaram o formato da miscigenação como base do desenvolvimento moderno. Somos o produto desse processo.

A Ciência, a Tecnologia, e as suas Histórias, reflectem necessariamente estes movimentos: expedições científicas, colecções, museus. E também os (in)fluxos entre conquistadores e conquistados, amos e escravos, Oriente e Ocidente, Velho e Novo Mundo, metrópoles e colónias, Norte e Sul.

Que rotas continuaram ou desapareceram desde há muito, como continuam ainda agora, ou estão a emergir, marcando o quotidiano de muitos e a comunidade científica em geral?

Rotas são passagens. De ponto para ponto. Os intercâmbios apoiam-se nelas. Quem passa nas rotas são seres, artefactos, conhecimentos.

Como se foi transformando e se transforma ainda o mundo, na apregoada globalização?

O desafio destas Comemorações reside em determinar os ingredientes e a fórmula da Mistura que lhes subjaz: para cada lugar e num tempo determinado, que elementos novos introduzidos, que descontinuidades provocadas, que salto em frente no processo, que agentes de mudança?»

Escrito por Isabel Cruz[1], este texto sintetiza de uma forma basilar o espírito que norteou a forma como interiorizámos e exteriorizámos o desejo que as demais coor-

---

[1] Membro da direcção do CICTSUL e principal dinamizadora do Colóquio Internacional I.

denadoras exprimiam, quando voltavam a escolher Portugal para a reunião celebrativa dos dez anos.

Assim a **Red de Intercambios para la Historia y la Epistemologia de las Ciencias Químicas e Biológicas** – RIHECQB – foi criada, em 1992, pelas professoras doutoras Patrícia Aceves Pastrana, coordenadora (UAM-Xochimilco, México), Ana Luísa Janeira (Universidade de Lisboa, Portugal), Ana Maria Alfonso-Goldfarb (PUC – São Paulo, Brasil) e Celina Lértora Mendonza (CONICET-Argentina), vivamente empenhadas em incrementar o intercâmbio entre investigadores em História da Ciência, actuando em diversas áreas e oriundos de diferentes regiões, nomeadamente a América Latina e a Península Ibérica.

Na verdade, tendo nascido à volta de uma refeição muito animada, com variados e suculentos pratos de bacalhau, num conceituado restaurante de São Cristóvão no Rio de Janeiro, logo ali se decidiu que a primeira reunião seria em Lisboa, um ano depois.

Desde então, a RIHECQB vem realizando, anualmente, entre um a dois encontros, em países diferentes (México, Brasil, Argentina, Portugal, Espanha).

O seu produto mais visível encontra-se materializado em «Estudios de história social de las ciencias químicas y biológicas», colecção organizada por Patrícia Aceves Pastrana, com já sete números publicados, bem como noutras publicações, incluindo trabalhos do grupo de professores que a compõem.

Entretanto, insista-se nesta especificidade, ao longo deste período, medraram várias actividades, nomeadamente através de uma presença bem integrada entre Colóquios organizados inteiramente pela Red, ou Seminários integrados em grandes Congressos Internacionais. Com efeito, os membros têm-se mostrado capazes de desenvolver uma dinâmica, em prol de uma participação sintonizada e de conjunto em congressos internacionais da área, apresentando pesquisas subordinadas a um tema comum.

Dada a virtualidade e a concretização deste processo geral de intercâmbio, que faz juz ao segundo termo do seu nome, a *Red* tem criado uma rede de afectos que vêm sendo renovados pela capacidade de marcar um ritmo de persistências e de reencontros.

Sendo esta a energia que preside às reuniões gerais, foi nossa intenção que o encontro de 2003 propiciasse, por si mesmo e na estutura, a concretização de uma percurso enriquecido por diferenças e misturas, em vários sentidos.

Assim, o Colóquio comemorativo dos 10 anos da Red de Intercambios para la Historia y la Epistemologia de las Ciencias Químicas y Biológicas (RIHECQB) desdobrou-se em dois momentos sequenciais com complementaridade intrínseca, mas autónomos:
 • Colóquio Internacional I. Rotas da Natureza: Senso Comum, Vivências e Conhecimento Científico, Lisboa, 27 a 29 de Junho de 2003, Organização do Centro Interdisciplinar de Ciência, Tecnologia e Sociedade da Universidade de Lisboa (CICT-SUL) e do Instituto de São Tomás (ISTA)
 • Colóquio Internacional II. Rotas da Natureza: Cientistas, Viagens, Expedições e Instituições, Coimbra, 30 de Junho a 2 de Julho de 2003 Organização do Centro de Estudos Interdisciplinares do Século 20 (CEIS20)
Anote-se ainda como o espírito de intercâmbio presidiu ao convívio interdisciplinar que norteou as instâncias organizativas de ambos os eventos.

Deste modo, presidiu-lhes a Comissão Científica da Red com Ana Goldfarb (Química, Brasil), Ana Luísa Janeira (Filosofia, Portugal), Celina Lertora (Direito,

Argentina), Javier Puerto (Farmácia, Espanha), Márcia Ferraz (Química, Brasil), Patrice Bret (História, França) Patricia Aceves (Química, México); e a Comissão Executiva com Alexandra Escudeiro (Biologia, U. Lisboa) A. Amorim da Costa (Química, U. Coimbra), Ana Leonor Pereira (História, U. Coimbra), Isabel Cruz (Química, U. Autonoma Madrid), João Rui Pita (Farmácia, U. Coimbra), José Augusto Mourão (Semiótica, U.N. Lisboa), a quem muito agradeço a colaboração empenhada e frutuosa.

www.ingramcontent.com/pod-product-compliance
Lightning Source LLC
Chambersburg PA
CBHW060152280326
41932CB00012B/1732